Hans-Eberhard Lex

Frankreich

Geheimnisvoll und unbekannt

Reisebuch für
Individualisten

Rasch und Röhring Verlag

Die Deutsche Bibliothek – CIP-Einheitsaufnahme

Lex, Hans-Eberhard:
Frankreich: geheimnisvoll und unbekannt / Hans-Eberhard Lex.
Hamburg: Rasch und Röhring, 1995
ISBN 3-89136-533-0

Großer Burstah 42, 20457 Hamburg, Fax 040/37 13 89
Umschlaggestaltung: Peter Albers
Satzherstellung: KCS GmbH, Buchholz/Hamburg
Druck und Bindearbeiten: Ebner, Ulm
Printed in Germany

Inhalt

IV. STATIONEN DER DICHTER

V. PARISER GESCHICHTEN

VI. 26MAL FRANKREICH – ABSEITS DER GROSSEN STRASSEN

Ich will alle Geheimnisse entschleiern:
Geheimnisse der Religion oder der Natur,
Tod, Geburt, Zukunft, Vergangenheit,
die Entstehung der Welt, das Nichts.
Ich bin Meister in Zauberkünsten . . .
Hört zu!

Arthur Rimbaud, Höllennacht

FÜR HILLU

Vorwort

Auf den Plätzen vieler französischer Städte, oft vor dem hôtel de ville, spreizt der gallische Hahn sein Gefieder. In Stein gehauen oder in Bronze gegossen, gemahnt dieses nationale Symbol aus den Anfangstagen der Dritten Republik (1870) heute an die Toten zweier Kriege und erinnert an die Größe der Nation. Nichts mit Heldengedenken und Patriotismus im Sinn hat sein popbunter Gockelbruder im Brunnengeviert am Centre Pompidou in Paris (siehe Umschlag): Als Verkünder einer multikulturellen Gesellschaft ruft er zu internationaler Verständigung und Verbrüderung auf.

Kein anderes europäisches Land bietet dazu bessere Voraussetzungen als der Welt größter Weingarten. Seine Bewohner – Provenzalen und Burgunder, Bretonen, Normannen und Elsässer – entwickelten sich trotz des Konglomerats von Kelten, Franken und Römern, die ihre Urväter sind, zu einer harmonischen Völkereinheit. Gedauert hat dies allerdings Jahrhunderte, bevor die Menschen im alten Gallien nach endlosen Auseinandersetzungen zwischen Rhein und Pyrenäen, Atlantik und Alpen im pragmatischen Gleichmaß ihre Individualität in nationaler Identität fanden. Das Resultat hallte 1789 als Echo durch die ganze Welt: les droits de l'homme – die Menschenrechte. Mit Parolen, die wie Raketen zündeten: Liberté. Égalité. Fraternité.

Es war vor allem diese Ideologie, die Frankreich zum Land für Freidenker und Freigeister werden ließ. Mit einer Metropole im Zentrum, die heute mit Fug und Recht *die* Kulturstadt Europas ist. Aber auch hier, in dieser Kapitale der Vernunft und Zivilisation, existiert wie überall im Land auch noch eine andere Welt, jene hinter den Schleiern, in der Ordnung ohne Zerstörung und Pragmatismus ohne Chaos nicht denkbar sind. Wie primitive Knollen wurzeln Mysterien tief in der Geschichte.

Es ist das Universum der Sagen und Legenden, der Rätsel und Metamorphosen mit vielen unbekannten Biographien und Begegnungen. Wer den Eingang in dieses Zwischenreich finden will, muß Spiegel durchschreiten und sich im Gestern verlieren; er muß Millionen von Türen und Fenstern öffnen und durch nie erleuchtete Straßen und Gassen gehen können ... Ährensammler der Vergangenheit und Lumpensammler der Geschichte in einer Person.

Wenn Sie das sein wollen, sollten Sie vergessen, was in Reiseführern über Drei-Sterne-Restaurants und Bistros, über Wein und Käse und savoir vivre geschrieben wird. Schlagen Sie einen Bogen um jene Sehenswürdigkeiten, die jeder gesehen haben muß, um mitzureden.

Besuchen Sie statt dessen das kleine Dorf *Bram* in den *Corbières* oder das Burgen-Quartett von *Lastours*, wo sich die katharischen Ketzerdramen ereigneten. Machen Sie einen Abstecher nach *Loudun*, wo nur noch ein verstaubtes Refektorium von den besessenen Nonnen des 17. Jahrhunderts erzählt. Sie werden dort alleine sein und intensiver meditieren als in der Wallfahrtskirche von *Lourdes*. Reisen Sie nach Rimbauds *Charleville* und nach Prousts *Cabourg* oder zur Templer-Burg *Gisors* und in die *Vendée* des Joseph Bara. Hier spüren sie Frankreichs Herz pulsieren und bekommen eine Ahnung vom Essentiellen dieses Landes und seiner Menschen. Vertiefen Sie sich in das Mysterium, das eine Jeanne d'Arc ebenso umgibt wie die Schriftsteller Camus und Beckett im *Lubéron* und den Maler Picasso auf *Château Vauvenargues*. Erfahren Sie, wer jene Marianne war, die in vielen Bürgermeisterämtern als Skulptur mit dem Gesicht der Bardot oder der Deneuve steht.

Frankreich ist voller Geheimnisse und Rätsel. Ich habe versucht, einige zu benennen. Das Ergebnis kann nur ein Bruchteil dessen sein, was unter der Oberfläche der »civilisation« im Hexagon brodelt. Viele dieser ungelösten Mysterien weisen Ihnen wie Flammenzeichen den Weg zurück in die Jahrhunderte. Als Signale werden sie Ihnen die Welt hinter den Kulissen der Zeitläufte erleuchten, und das nicht nur okkultistisch und esoterisch. Manches liegt in der Hitze einer quälenden Sonne vor Ihnen . . . Sie müssen nur die Buchstaben an den Wänden entziffern und den richtigen Weg einschlagen . . .

Die Ordnung in diesem Buch entspricht der einer gegen den Uhrzeigersinn rollenden Tour de France. In Nordfrankreich beginnend, geht es in jedem der sechs Themenkreise (Mythen, Sagen, Märchen – Schatzsuche – Metamorphosen oder Heldengedenken – Stationen der Dichter – Pariser Geschichten – 26mal Frankreich) über Nord-, West-, Südwest-, Süd- und Ostfrankreich zum Herzen des Landes, zur Île de France.

Ich bedanke mich für ihre Mithilfe bei Madame Pierette Lion und Madame Catherine Meyer.

Hans-Eberhard Lex *Hamburg, im Januar 1995*

I.
MYTHEN, SAGEN, MÄRCHEN

Normandie: *im Land der heiligen Bäume*

Auf der Karte Frankreichs ähnelt die *Normandie* einer gestrandeten Wikingerbarke. Ihr Bug, das *Cap de la Hague,* reckt sich hochmütig Richtung Norden, dorthin, von wo die Wikinger einst kamen. Von oben betrachtet, sieht das Land wie ein oft benutztes Leichentuch mit stark angenagten Rändern aus. Unzweifelhaft faszinierend ist das, aber angefressen haben es nicht nur die Elemente, sondern auch die vielen Versuche, es zu urbanisieren und für die Landwirtschaft zu nutzen. Das Meer jedoch – es ist hier überall und begrenzt den Horizont. Es bockt immer wieder aufs neue störrisch auf und hinterläßt Markierungen.
Wenn es eine bestimmte Sorte von Glücksrittern häufig hierhin zog und noch zieht (um ebenso schnell wieder zu verschwinden), dann deshalb, weil *Paris* der *Normandie* so nahe liegt, viel zu nahe auch, um diesem Gebiet die natürliche Attraktivität einer zentralen Macht zu gewähren, die seit der Angliederung im Jahr 1204 latent immer vorhanden war.
Nur hat die *Normandie* diese Unabhängigkeit nie ausgeübt. Auch der unverzagte Wikinger Rollon, der 911 das Land annektierte, besser gesagt, von Charles III. (le Simple – der Einfache) geschenkt bekam, nahm diese Chance nicht wahr.
Dabei vereinte Rollon, wahrlich eine Gestalt ohne Minderwertigkeitskomplexe, in sich große Pläne mit einem unbeugsamen Willen. Und er hatte die Tatkraft, sie zu verwirklichen. Unter ihm und einem seiner Nachfolger, Guillaume le Conquérant (Wilhelm der Eroberer), rückte die *Normandie* als ein wichtiger

Faktor manchmal auf den vorderen Platz der französischen, ja, der europäischen Geschichte. Sie manifestierte sich als jene Region, von der aus Sprache, Kriegskunst und Lebensart der französischen ritterlichen Gesellschaft die Welt des Mittelalters eroberten . . .

Unglaublich, daß ausgerechnet die Wikinger den Grundstein dazu gelegt haben. Im achten Jahrhundert waren diese Seefahrer, Walfänger und Krieger an Europas Küsten aufgetaucht. Sie hatten Städte überfallen, Klöster geplündert, Dörfer angezündet, Frauen vergewaltigt, Männer und Kinder getötet. 822 segelten sie die *Seine* hinauf bis nach *Paris* und belagerten die Stadt 885. Erst in letzter Minute handelte der einfältige Charles III., schloß mit ihrem Führer Rollon Frieden und sprach ihm das Gebiet der heutigen *Haut-Normandie* zu. Ein neues Herzogtum wurde auf dem Geschichtsatlas eingetragen. Mit einem Mann an der Spitze, der das pelzige Wams des Barbaren schnell gegen gegerbtes Leder und linnenes Tuch eintauschte. Rollon ließ sich taufen und unterstützte mit dem gleichen Feuereifer, mit dem er sie früher zerstört hatte, Kirchen und Klöster. Sein Sohn Guillaume vergrößerte das Gebiet, indem er die Bretonen aus dem *Cotentin* vertrieb. Der Enkel Richards I. (Cœur de Lion – Löwenherz) heiratete die Tochter des Grafen von Paris, dessen Sohn Hugo die Dynastie der Kapetinger begründete. So verschmolzen Normannen und französisches Königshaus. Aber noch sollte das unbeherrschte Temperament der Wikinger die Nachkommen dominieren. Robert le Magnifique (der Herrliche), in der Legende der Teufel genannt, ist dafür ein Beispiel. Sein Name ist bei den Normannen bis heute nicht in Vergessenheit geraten.

Und die sind, das schätzt man seit Jahrhunderten in der Hauptstadt, deren Bauch nie aufhörte, von ihnen Tribut zu fordern, und sich ungehemmt ihrer Kraft und Vorräte bediente, stets spendable Landeskinder gewesen. Fleißige, aber auch trotzige Bauern. Nicht immer offen und einnehmend, gewiß nicht. So wie die lebten und leben . . . Des Normannen Haus ist eine Strohkate mit tiefer Decke und kleinen Fenstern. Blickrichtung Meer. Vom

eigenen Grund und Boden. Und auf »la terre« sind sie stolz. Dem Wald der Vorzeit haben sie sie entrissen und bis heute vor der gierigen See retten können. Es ist »das wellige Land, das Täler durchschneidet . . . Bäche, die in Wiesen glänzen«, und »Erlen, in deren Kronen die Strahlen der Sonne leuchten« (Maupassant). Hecken und Baumreihen ließen die Normannen als Windschutz stehen für das Vieh, das sich hier am immer frischen Grün vollfressen kann. Dort, auf den Wiesen im *pays de Bray* und *Caux,* im *Ouche* und *Auge,* im Landesinnern ebenso wie an der Küste, im *Cotentin,* feiert die *Normandie* im Frühling nicht nur die Blüte der Apfelbäume und die Geburt eines neuen Calvados-Jahrgangs, sondern auch die Mai-Milch.
Die *Normandie* ist dieses Land der Widersprüche geblieben. Die alten Sitten der Wikinger sind noch immer im Schwange und lassen Spott und Skepsis in den Augen der Normannen funkeln, wenn sie darauf zu sprechen kommen. Und überall dieses Meer, das ständig neue Räume öffnet. Räume des Lichts, geädert und gezeichnet von den Nuancen seiner widersprüchlichen Liebe zu dem Land. Einer Liebe, die ein Kampf ist, mit einer großartigen Fermate, dem *Mont-Saint-Michel,* wo sich die Magie des Lichts ebenso heftig niederschlägt wie in den fleckenlos-arroganten Kalkstein-Bastionen des *Caux.*
Die Normandie läßt sich nicht leicht porträtieren. Malern wie Boudin und Sisley, Monet und Pissarro gelangen maritime Idyllen unter einem immer blauen, leicht hingetupften Himmel. Aber eben nur . . . Impressionen.
Die Schriftsteller konnten das Land und seine Leute eindringlicher darstellen. Nachdem Malherbe im 17. Jahrhundert der französischen Klassik den Weg bereitete und Corneille deren erster Vertreter wurde, machten die Naturalisten Maupassant und Flaubert die Charaktere des Landes zu Bestandteilen ihrer Bücher. La Varende und Michel de Saint-Pierre schwärmten von der Seelengröße derer im Bauernland. Alphonse Allais sezierte seine Landsleute erbarmungslos, während Marcel Proust sie mit literarischer Gewichtigkeit aufwertete. Es ist wahr, daß er sich vor

allem in den Salons des *Grand Hôtel* von *Cabourg* aufhielt, wo die Pariser Clique den Ruf der *Normandie* als Ausflugsgebiet für träge Ferientage begründete. »*Deauville,* so nahe Paris und so weit vom Meer!« bespöttelte Tristan Bernard diesen Tick seiner Zeitgenossen, die mehr auf den Genuß von Muscheln, Hummer und gesalzenen Rippchen aus waren, als dem Land unter die rauhe Haut zu kriechen und seine Rätsel zu lösen.

Dabei stellen sich dem Besucher der *Normandie* viele Fragen. Jeder Landstrich verfügt über einen Fundus an dunklen und unbegreifbaren Geschichten, die die Historiker, die Folkloristen und die Spezialisten der Dämonologie heftig interessieren. Wer sich auf eine Entdeckungsreise durch die Region macht, wird überrascht sein, wie sehr die Vergangenheit hier die Gegenwart bestimmt. Es ist so und nicht anders in der *Normandie,* und doch: Die Originalität des normannischen Mysteriums wurzelt in der paradoxen Tatsache, daß diese alte Provinz einerseits, tolerant und weltoffen, den Tourismus befürwortet, andererseits ihre Mysterien und Geheimnisse unter der Schwatzhaftigkeit über Scharlatanerien und Kuriositäten verbirgt.

Ihre Mythen, oft zu Alpträumen verstärkt, werden aus verschiedenen Quellen gespeist. Wie aus dem traditionellen Geist der Unabhängigkeit, der durch die Invasionen der Eroberer aus dem Norden gegen Ende des vorigen Jahrhunderts noch immer genährt wird. Was macht es schon, daß die Welt der Legenden und Sagen meistens blutig und immer heidnisch gewesen ist. Das Leben der Normannen war nie problemlos. Um sie und ihr Land stritten sich die Großen ihrer Zeit. Da gab es die französisch-englischen Konflikte der Häuser Valois gegen Lancaster und der Plantagenêts gegen die Kapetinger; vom 17. Jahrhundert an erschütterten lokale Revolten das Land. Es folgten Aufstände der Chouannerie während der Revolution (1795–1798), Hungersnöte (1812) und Invasionen und Besetzung durch die Deutschen (1870–71, 1940– 44), die in den Städten *le Havre, Caen* und *Rouen* große Schäden hinterließen. Unersetzliche Baudenkmäler gingen damals verloren. In *Lisieux* wurden alte Häuserviertel und Straßenzüge, die malerischsten und schönsten der *Normandie*, Opfer der Flammen.

Geblieben sind Traumen. Wie jenes der autoroute, die in den Normannen immer noch ungute Gefühle weckt. Zweifach durchschneidet sie das Land: von *Paris* kommend einmal über *Rouen* bis *Caen* (A 13) und ein anderes Mal über *Chartres* und *le Mans* und *Rennes* Richtung *Bretagne* (A 11). Diese Schnellstraßen verschmutzen nicht nur die Luft, zerstören die an den Rändern wachsenden Bäume und verursachen Lärm ... Nein, sie greifen brutal in das Leben der Menschen ein. Als man sie baute, trennten sie sogar Nachbarn, deren Familien seit Jahrhunderten Seite an Seite arbeiteten und eng nebeneinander lebten.
Natürlich protestierten sie vor Jahren gegen den Bau dieser Straßen. Vergeblich. Seitdem sind diese autoroutes verbotene Zonen, die man jenen Fremden reserviert hat, die nicht lange im Lande bleiben, die schnell durchfahren an die Küste und nur haltmachen an Raststätten und Tankstellen. Den eingefleischten Normannen erfüllen diese Menschen im Sommerlook mit Mißtrauen. Früher einmal war die Antipathie noch ausgeprägter, als jene Fremden in Lieder und Legenden eingingen als beunruhigende Zeitgenossen für den Hühnerstall und was so auf dem Land passiert, wenn irgendwelche Typen durch die Gegend streifen ...
Damals jagte man diese Leute weg, bis die Wälder sie schluckten. Oder man schlug sie tot oder verbrannte sie, weil sie Hexen waren oder Wunderheiler. Eben so ganz anders ...
Viel anders in jedem Fall als die wahren Geister, die die Normannen kennen und mit denen sie vertraut sind, die in den Bäumen sitzen, oft selbst Bäume geworden sind, die man schmückte mit Statuen der Jungfrau und der Heiligen. Alte Eichen erfuhren diese Ehre, Bäume, wie man sie älter immer seltener in Europa findet.
Bei *Bourtheroulde* steht so eine 400 Jahre alte Eiche mit einem Stammumfang von 5,70 Metern. Sie ist der Jungfrau geweiht. Im Wald von *Vernon* erregt ein weiteres Uralt-Exemplar – ebenfalls

der Jungfrau gewidmet – mit 4,90 Metern Umfang und 14,30 Metern Höhe Aufsehen.
Der heiligste Baum der *Normandie* steht in *Allouville-Bellefosse,* sechs Kilometer östlich von *Yvetot.* 18 Meter ragt er in die Höhe. Schon 1696 ist er urkundlich erwähnt, als ein Priester seine Kapelle in die Aushöhlung des Stammes baute. Dort plazierte er eine Statue, natürlich die der Heiligen Jungfrau, behängte die Höhlung mit Wandteppichen und verschloß sie durch eine Gittertür. Dann umgab er die Eiche mit einer Außentreppe, die zu einer Balustrade führte, auf der sich immer noch die Kanzel befindet.
Nichts ist einleuchtender, als in der Eiche einen Kultbaum zu sehen. Sie war immer ein Gewächs von hoher Symbolkraft. Die keltischen Druiden ernteten nicht nur die auf Eichen als Schmarotzer wachsenden Misteln, sondern aßen vor ihren religiösen Seancen die Eicheln, um ihre Prophetie zu stimulieren und sich in Trance zu versetzen.
Diese heiligen Versammlungen fanden oft im Bereich jener megalithischen Zentren statt, die in der *Normandie* reichlich vorhanden sind. Jeder Stein hat hier seine Legende. Der Dolmen von *Kocherel* war zugleich Altar, Wohnstätte und Tempel eines Druiden-Priesters; die Steine von *Saint-Gelven* und *Brennilis (Finistère)* umtanzen noch immer Feen; andere wurden von Waldgeistern errichtet. Oder von Zwergen, den »Gorrikets«, bewacht, die Schweine hüten, welche nachts die Dolmen umgeistern.
Dolmen und Menhire führen ein Eigenleben. So können sie sich, glaubt man dem Volksmund, bewegen, tanzen, sich von ihrem Standort entfernen, zum Meer wandern, dort baden und zurückkehren oder sich um sich selbst drehen. Sie tun das an bestimmten Tagen und zu bestimmten Stunden, aber nur einmal im Jahr, manche nur alle hundert Jahre einmal, andere immer um Mitternacht. Der Menhir von *Quintin (Côtes-du-Nord)* tanzt dann, und der von *Culey-le-Patry (Calvados)* dreht sich während der Nacht mehrmals um sich selbst, um beim ersten Hahnenschrei wieder zu versteinern.
Vielleicht bewirkt diese Beweglichkeit der Geist jenes Riesen

dem in der *Normandie* so viele dieser Steine geweiht sind: Gargantua.

Um 1530 entwarf François Rabelais in kräftigen Farben sein Bild von diesem gutmütigen Goliath und seinem Sohn Pantagruel als Mischung aus antiken Reminiszenzen und Schwänken, Satiren und Utopien, Reden und vor allem Gegenreden, in denen der Dichter sein Bild von humaner Bildung und Erziehung formte. Gewaltige Sinnenfreude und geistiges Epikureertum verbinden sich in diesem Werk. Aber aus den Grimassen und Fratzen der Zeit warnt auch ein tiefer Ernst vor den ungeheuerlichen Polaritäten des Lebens.

Solchen Tiefsinn unterbrechen immer wieder jene gallische Heiterkeit und übermütiges Gelächter, die Vater und Sohn zu den populärsten Figuren der französischen Literatur werden ließen. (Ihnen zu Ehren legte man nördlich von *Paris* den Vergnügungspark *Mirapolis* mit haushohen Figuren der Helden an.) In dem mit seinen unmäßigen Kräften hausierenden Pantagruel sehen die Normannen sich selbst, zumal Rabelais viele Geschichten in ihrer Heimat ansiedelte. »Eines Tages«, hatte der Dichter geschrieben, »riß Pantagruel aus einem großen Felsen, der Passelourdin genannt wurde, ein großes Stück von zwölf Klaftern im Quadrat und setzte es auf vier Säulen mitten auf ein Feld, gut geeignet für einen Sitz . . .«

Ob die Steine für einen so eigenwilligen Rastplatz geeignet waren, sei dahingestellt. Immerhin führte Rabelais als erster Menhire und Dolmen in die Literatur ein.

Seine Normannen griffen den Hinweis dankbar auf und entdeckten fortan überall Spuren und Hinterlassenschaften der Rabelaisschen Helden, die allerdings auch von den Bewohnern im *Saumur* für sich in Anspruch genommen werden. Dort wurde 1509 nahe *Chinon* in der *Touraine* der Dichter schließlich geboren, und dort sei es auch passiert, daß Gargantuas Vater und seine Hirten bei *Sully* und *la Roche-Clermault* die Armee des Picrochole bekämpften und siegten.

Die Normannen ficht das nicht an. Für sie gehören die Riesen zur Familie. So ist heute in *Varengeville* Gargantuas »kleiner Zeh« zu bewundern, in *Veulettes* sein Grab. Zwischen *le Havre* und *Caudebec* sind Reste des in der Dichtung beschriebenen Stuhles zu sehen, der dort einst 77 Meter hoch in den Himmel geragt haben soll. Ein weiteres Dutzend Steine sind dem Riesen in *Neufchâtel-en-Bray, Saint-Pierre-de-Varengeville, Verneuil-sur-Avre, Port Mort, Thuit, Sarceaux* und auf freiem Feld zwischen *Granville* und *Avranches* gewidmet.

Eine andere Figur geistert seit Jahrhunderten durch das Land am Meer und beschäftigt die Phantasie seiner Bewohner. Obwohl vor 900 Jahren traurige Realität, ist sie Legende geworden. Die Rede ist von »Robert dem Teufel« (Robert le Diable), dem Sohn von Richard le Bon (der Gute) und Vater von Guillaume le Conquérant. Über Robert berichtet die Historie, daß sein Charakter grausam und unberechenbar war. Er habe seinen Bruder Richard vergiftet. Seine Herrschaft (1027–1035) markiert eine aggressive Politik gegen die Kirche. Ihren Besitz, Ländereien und Klöster, verteilte er nach Enteignung großzügig an seine Freunde. In der zweiten Periode seines Lebens jedoch, unter der Herrschaft des Königs Henri I., wurde aus dem Teufel ein Heiliger. So baute er die von ihm selbst zerstörte Abtei von *Cerizy* wieder auf und unternahm als reuiger Sünder einen Kreuzzug nach Jerusalem. Bei seiner Rückkehr soll er in Anatolien gestorben sein.
Roberts Leben wird in den Chroniken der *Normandie* als exemplarisch für eine Zeit beschrieben, in der das wilde Erbe der Wikinger noch nicht von französischem Esprit verdrängt war. Fürstengewalt dominierte das Land. Den Wünschen und Befehlen der regionalen Potentaten entsprachen Vasallen, die – im Namen ihres Herren – die Bevölkerung drangsalierten und rupften wie eine Weihnachtsgans.
Damals entstanden jene trutzigen Burgen, in denen sich Symbole öffentlicher und privater Macht miteinander vermischten: auf der einen Seite der Turm (donjon) als drohend aufragendes Sinnbild der Zwangsgewalt; auf der anderen Seite die Einfriedung

oder Burgmauer (chemise) als Sinnbild häuslicher Freiheit. Diese Burgen waren absolut autonom.
In der *Normandie* gibt es viele Burgen aus dieser Zeit. Sie sollten bei Grenz- und Gebietsstreitigkeiten die Könige von Frankreich beeindrucken und vor Interventionen abschrecken.
»Robert der Teufel« verfügte über mehrere solcher Nester. Auf *Falaise,* wo der Donjon noch sehr gut erhalten ist, wurde sein unehelicher Sohn Guillaume, anfangs »der Bastard«, später »der Eroberer« genannt, geboren. Robert selbst übte sein strenges Regiment von der Burg *Moulineaux* bei *Rouen,* mit Blick auf die *Seine,* aus.
Einen ähnlich strategisch übersichtlichen Standort wählte später Richard I. Cœur de Lion als er *Château Gaillard* bei *Petit-Andely* an der Grenze der *Île-de-France* bauen ließ. Nachdem Philippe-Auguste um 1200 die *Normandie* erobert und dem Königreich einverleibt hatte, ließ auch er – meistens am Rande der Städte und zu deren Schutz – solche Festungen errichten.
Mehr als 20 000 Burgen und befestigte Ortschaften gab es im Hexagon. Von den meisten stehen noch die Ruinen, einige hundert Örtlichkeiten sind erhalten (restauriert) und zu besichtigen. Der Norden Frankreichs, und ganz speziell die *Normandie,* verfügen mit *Ardres, Arques, Caen, Château Gaillard, Coucy, Gisors, Guise, la Ferté-Milon* und *Verneuil* über die imposantesten Beispiele frühmittelalterlicher Baukunst aus dem 11. und 12. Jahrhundert.
Die Macht des Teufels Robert stand also auf solidem Boden. Daß er sie so brutal mißbrauchte, wie Legenden noch heute berichten, sich später aber reumütig in Staub und Asche wälzte, entspricht der Mythenbildung, wenn sich ein solches Leben verselbständigt und mündliche Überlieferung Geschehnisse miteinander mischt, die es allerdings wieder unglaubwürdig machen.
Ins Reich dieser Legenden gehört auch die Episode, in der Robert von einem normannischen Eremiten bekehrt und verurteilt wird, sieben Jahre Buße zu tun. Was war vorher geschehen?
Schon die Geburt des Wüstlings stand unter einer dunklen Wolke. Weil sein Vater Richard le Bon (der Gute) seiner Frau

Château Moulineaux bei Rouen am Unterlauf der Seine

Robert le Magnifique (der Herrliche),
auch genannt le Diable (der Teufel) als büßender Pilger

Inde das Gebet mit dem Beichtvater verbot und statt dessen mit ihr schlief, war das Ergebnis dieses Schäferstündchens mit einem Fluch belastet. Und so hatte der Knabe für die Sünde des Vaters zu büßen: Er wurde ein böser Mensch. Als Kind prügelte er seine Spielgefährten, tötete seinen Lehrer mit einem Messerstich, vergewaltigte als Jugendlicher Nonnen, raubte Klöster aus, kurz: er war ein Satan in Menschengestalt. Trotzdem überredete Inde ihren Gemahl, den Sohn zum Ritter zu schlagen, in der Hoffnung, aus ihm ein wertvolles Mitglied der herrschenden Klasse zu machen. Den Ritterschlag mißverstand Robert, indem er seinerseits das Schwert zog und seinen Vater attackierte, der nur mühsam von seinen Vasallen gegen den unbeherrschten Sohn verteidigt werden konnte. Mit einigen Waffengefährten ließ Robert sich auf *Moulineaux* nieder und startete von hier aus seine Raubzüge. Einen Boten des Vaters, der ihn aufforderte, dieses wilde Treiben einzustellen, blendete er kurzerhand und schickte die Augen dem Vater zurück.

Schließlich brachte ihn ein Gespräch mit der Mutter zur Einsicht: Aufgeklärt über die Stunde seiner Zeugung, versprach er, sich zu bessern. Bevor er sich aber als reuiger Sünder auf den Weg nach Rom machte, erschlug er seine Spießgesellen noch mit einer Keule.

In Rom beichtete Robert dem Heiligen Vater. Der empfahl ihm einen Eremiten, der ihm seine furchtbaren Dämonen austreiben würde. Robert gehorchte und unterwarf sich dem päpstlichen Exorzisten, der ihn vom Stigma der Sünde befreite und ihm befahl, nach Rom zurückzukehren und dort den Narren zu spielen, nicht zu reden und nur das zu essen, was man den räudigen Hunden zuwarf.

Aber den Römern ging der Verrückte aus der *Normandie* auf die Nerven. Als sie ihn totschlagen wollten, flüchtete sich Robert auf die Stufen des königlichen Palastes. Dort wurde er als Hofnarr in Dienst genommen, der aber nur das Stroh als Bett und Knochen als Nahrung akzeptierte.

Und dann geschah das Wunder. Als die Sarazenen über die Ewige Stadt herfielen, hörte Robert eine Stimme, die ihm befahl, am Kampf teilzunehmen. Eine weiße Rüstung umschloß ihn plötzlich, ein Schimmel bebte unter ihm. Dreimal spielte er den »deus ex machina«, dann war der Feind besiegt und die Tochter des Königs, die heimlich seine Verwandlung in den weißen Ritter beobachtet hatte, unsterblich in den Narren verliebt. Als der König Robert die Hand des Mädchens anbot, lehnte er ab. Er blieb allein, bis eine Nachricht von dem Eremiten eintraf und die Rolle des Teufels als Büßer beendete.

Die letzten Jahre seines Lebens erzählen die Chroniken der *Normandie* in vielen Variationen. Robert habe die Königstochter geheiratet, behaupten die einen. Er habe sich in die Einsamkeit zurückgezogen und Buße getan, bis er dann in der Kirche von *Saint-Jean-de-Latran,* nach seinem Kreuzzug ins Heilige Land, begraben wurde, sagen andere. Und die Anhänger dunkler Romantik sehen seinen Schatten durch die Burg *Moulineaux* (heute ein Wikinger-Museum) geistern und wollen wissen, daß er sich um Mitternacht in einen zähnefletschenden Wolf verwandelt.

Das Leben Roberts entspricht in all seinen Facetten dem eines Libertiners im Feudalzeitalter. Das Paradies der Lüste durchtobend und dafür büßend, erlangt er schließlich, durch Reue gereinigt, Gnade.

Dabei ist Roberts Verhalten eindeutig geprägt durch seine Vorfahren, die Wikinger. Ihre Gewalt steckte ihm als Erbe im Blut. Seine Verwandlung in einen Heiligen entspricht den Biographien jener Zeit. So tat Herzog Guillaume d'Acquitaine, nachdem er in jungen Jahren alle Klöster geplündert hatte, Buße und schuf eine Zone geistlicher Freiheit, indem er um 910 sein Jagdhaus *Cluny* in der *Bourgogne* den Benediktinern schenkte. Andere Herren von Adel gingen ins Kloster, um den paradiesischen Urzustand wiederzufinden. Und mancher Kreuzritter kehrte aus dem Heiligen Land geläutert zurück, um fortan in ekstatischer Verzückung zu leben.

»Robert der Teufel« war also keine Ausnahme. Erst die Legende machte ihn dazu. Und dieses Land, die *Normandie,* das an Rätseln und Geheimnissen noch mehr zu bieten hat.

Bretagne: *auf der Suche nach König Artus*

Westen. Was für ein Wort! Welch ein Mythos! Da ist Poesie enthalten. Und Magie. Und Weite. Und Sehnsucht nach der vollendeten Schönheit der am Horizont untergehenden Sonne in jenem Zwischenreich von Tag und Nacht, Wirklichkeit und Traum. Westen! So groß ist dieses Wort, daß es Respekt verlangt, Respekt vor der Unendlichkeit, die unsere Einbildungskraft beflügelt und uns auf Reisen schickt.

Europas Westen ist Frankreich, und vor allem jener Teil des Hexagons, der sich auffächert in der Landschaft um *Saumur* und von da, wo die Weinstöcke sich träge durch die Kalkerde der *Loire* zur Sonne winden, seine ganze Kraft hineinpumpt in jenes Land am Meer, das man *Bretagne* nennt. Ja, dieser Westen explodiert geradezu in der *Bretagne* und findet seinen stärksten Ausdruck dort, wo die Sicht so klar und die Luft so durchsichtig ist, wo aber auch die Atlantiknebel manchmal so dick gegen die Küste wabern, daß »lands end« in ihren Schwaden verschwindet. Dann verwandeln sich Dolmen und Menhire in Weiße Frauen und Riesen, und die mystischen Figuren der »calvaires« (Kalvarienberge) in den geheiligten Bezirken der Dorfkirchen hört man weinen und klagen in einer uns fremden Sprache.

Dieser Westen ist das Land der Kelten, deren Legenden und Sagen Frankreichs Schriftsteller und Poeten mit Kraft aufluden und sie inspirierten, in Worten zurückzugeben, was ihnen an Geist und Mystik zugeflossen war.

François René de Chateaubriand ließ die Romantik hier erblühen; Victor Hugo lud sie mit der Kraft seines Genies auf. Für

André Breton wurde das Land am Meer zum Inbegriff des Surrealismus. Jules Verne startete von hier zu seinen Reisen in das Innere der Erde oder die Tiefen der Ozeane. Barbey d'Aurevilly propagierte den Satanismus, Alfred Jarry den absurden Symbolismus. Der Sprachenreichtum von Céline, die Prophetie von Alexis de Tocqueville, die mystische Philosophie von Lamennais, die Kostbarkeit der Gedanken von Roland Barthes, die ätzende Ironie von Jacques Prévert und die anrührende Schlichtheit in den Gedichten von Max Jacob – das alles gäbe es nicht ohne diesen Himmel des Westens, ohne seine Farben und Formen, die Millet und Boudin, Dufy und Gauguin von ihrer Palette auf die Leinwand übertrugen.

Aber dieser Spannung des Westens trat auch immer eine tragische Magie entgegen. »Kriege der Giganten« fanden statt, als die ersten Kelten im 5. und 6. Jahrhundert vor Christus hier landeten und sich, seßhaft geworden, später gegen Roms Legionen verteidigen mußten und . . . unter Vercingetorix unterlagen. 400 Jahre blieben sie unter römischer Herrschaft und Verwaltung. Erst um 460 nach Christus wurde eine neue Einwanderungswelle, von den germanischen Sachsen und Angeln aus England vertrieben, auf den Kontinent gespült und konnte endlich Wurzeln schlagen. Diese Einwanderer brachten jene Sagen und Mythen mit, die man sich noch heute erzählt und von denen in diesem Kapitel die Rede sein soll: von einem König namens Artus, von einem Liebespaar Tristan und Isolde, von dem reinen Toren Parzival, von dem Druidenpriester Merlin, von Hexen- und Teufelsspuk und vom Heiligen Gral und einem Zauberwald namens *Brocéliande* im bleichen Licht des Mondes.

Diese Legenden und ihre Magie überlebten die blutigsten Etappen der Geschichte. Die Kriege der bretonischen Könige gegen ihresgleichen und einfallende Normannen konnten ihnen ebensowenig anhaben wie die Wirren der großen Revolution von 1789, deren blutigste Auswüchse aus der *Vendée,* als sich dort die Royalisten gegen die Revolutionäre erhoben, ins Land der Bretonen schwappten. Diese hart-knochige *Bretagne* überstand auch den

Zweiten Weltkrieg, als an den Stränden von *Utah Beach, Sainte-Mère-Église* und *Arromanches* am 6. Juni 1944 die alliierten Truppen landeten und Freiheit für ganz Europa brachten.

Neun Jahrhunderte zuvor hatte sich von hier aus Guillaume le Conquérant auf den Weg gemacht, um die Sachsen zu rupfen. Man muß die Stürme hören, die am *Cap de la Chèvre* das Meer aufwühlen, um zu begreifen, was eine solche Ausfahrt in den Schiffen jener Zeit bedeutete. Man muß aber auch den Menschenschlag dieses Landes sehen, immer noch Kelten von Gesinnung, mit viel Sinn für das Mystische, und den lateinischen Rationalismus der Franzosen ablehnend. 700 Jahre lang unabhängig waren diese Bretonen und wollen es heute wieder sein. Beweis: 450 000 von 2,5 Millionen sprechen noch das keltische Idiom, in 70 Dialekten. Sie beten zu 500 Heiligen, und ihre Frauen kleiden sich zum Kirchgang in 66 verschiedene Trachten und stülpen sich 89 verschiedene Spitzenhäubchen über die Haare. Sie alle verzeihen der Herzogin Anne de Bretagne nie, daß sie 1499 dem Werben des französischen Königs nachgab und eine Tochter, Anne, gebar, die 1532 endgültig den Anschluß des Landes am Meer an Frankreich besiegelte.
Selbstbewußt und dickköpfig, mit Gesichtern wie gemeißelt aus den Felsen der Küste – so sind diese Menschen, die ihren Nachkommen mit dem Willen zur Eigenständigkeit auch die Kraft ihrer Phantasie und jenen großen Traum vom Abenteuer vererbten, den schon ihre Ahnen, Ritter und Seefahrer, träumten. Jacques Cartier, Yves de Kerguelen de Trémarec und René Caillié, der Sohn eines Zuckerbäckers, waren in vergangenen Jahrhunderten die großen Segler und Kapitäne, die aus bretonischen Häfen hinaus ins Unbekannte stießen. Ins Meer verliebte Narren! Helden heute für ihre Nachkommen, die aus den Häfen von *la Trinité-sur-Mer, la Baule, Bénodet, Concarneau* und *Saint-Malo* auf ihren Schiffen mit so phantasiereichen Namen wie »Rubis«, »Émeraude« oder »Améthyste« zu jeder Jahreszeit auszulaufen bereit sind – dorthin, von wo die Ahnen früher einmal kamen,

die Kelten, deren Lieder, begleitet von Dudelsack und Bombarde, auch sie noch immer singen.
Nichts hat sich geändert. Oder? Gewisse Inseln, Leuchttürmen gleich, gibt es immer in unseren Träumen. Nur in unseren Träumen?

Ein solcher Traum ist der bretonische Wald, dunkel, dicht, feucht, wuchernd, nebelverhangen, dampfend; Bäume mit einem Grün, das hineinspielt ins Blau. Eine uralte Landschaft.
Ein Wald des Mittelalters.
Und diese Heide. Voller Ginster bis zum Horizont. Zwischendrin Moorseen. Eichenhaine. Buchen. Weißtannen. Fichten. Stechendes Unterholz. Und überall diese Steine. Menhire. Heilige Zeugen einer alten Religion, von der wir noch immer nicht viel wissen. Das Geheimnis ruht in ihnen. Sie haben Energie gespeichert und geben Kraft ab, sagen die Esoteriker und berühren sie voller Ehrfurcht, umarmen sie, umtanzen sie auf Sonnwendfeiern und an Maifesten und umstellen sie mit Fackeln.
Hat der Teufel sie hier aufgestellt und zu Kreisen oder Reihen formiert? Hat der Druide Merlin sie im Flug hierher gebracht?
Beginnen wir unsere Fahrt ins Herz der *Bretagne,* dorthin, wo sie so unbekannt und geheimnisvoll ist wie die Spuren, die ein König und seine Tafelrunde hier hinterließen, in den Bergen von *Arrée* (von *Brest* aus zu erreichen über die E 165 Richtung *Châuteaulin* bis zur Abfahrt *le Faou).* Es ist ein Weg der Mysterien, dessen Ziel *Brocéliande,* der Zauberwald des Druiden Merlin, ist.
Die Berge von *Arrée!* Hier gibt es kaum Ortschaften. Nur zehn Personen leben – oft ohne Wasser und Elektrizität – auf einem Quadratkilometer. Und geheuer ist selbst denen nicht in dieser Welt . . . Hier irren, sagen sie, die Geister der Verworrenen mit Klagelauten herum und werden gejagt vom Ankou, dem Skelett mit der nach innen gekehrten Sense und umflattert von einem Leichentuch. Über den macht keiner ungestraft Witze. Sein Abbild schmückt Giebel der Gebeinhäuser ebenso wie Tauf- und Weihwasserbecken in den kleinen Dorfkirchen. Pech für den, der

ihm leibhaftig begegnet in der kargen, nur mit Heide und Stechginster bedeckten Landschaft. Sogar starken bretonischen Seelen schaudert's bei dem Gedanken, diese Region passieren zu müssen, durch die nächtens Geister und Irrlichter taumeln und wo im Mondlicht die Silhouette der Berge wie ein sich sträubender Hahnenkamm in den Himmel ragt.

Machen Sie sich trotzdem auf den Weg! Starten Sie im Dorf *Saint-Rivoal,* dort, wo in öder Einsamkeit Filmleute aus Hollywood vor Jahren die Kinoserie »Planet der Affen« drehten. Von hier aus geht es direkt hinein ins Zentrum der Berge, zum Moorsee von *Yeun Ellez,* der von den Felsen kreisförmig umstellt ist. Fast immer weht hier ein kalter Wind, der den Stechginster erzittern läßt. Er heult in den Ohren wie die Klagen der Verstorbenen. Durchs *Youdig* irren die, durch das Unterholz und durch das Moor, das einen Mann samt seinen Pferden in wenigen Sekunden in die Tiefe saugen kann.

Die menschliche Phantasie steht in Flammen. Kein Wunder! Nicht nur den Ankou treibt's hier um. Auch jene Weißen Frauen, die die Bretonen »Wäscherinnen der Nacht« nennen. Wenden Sie sich ab, wenn Sie eine sehen, und berühren Sie niemals das Linnen, das sie Ihnen reichen. Und biegen Sie, wenn es zu dunkeln beginnt, von den Nebenstraßen wieder auf die D 785 ab. Und sollten Sie doch einmal dem bleichen Charme einer »Wäscherin« verfallen, dann suchen Sie sofort einen Exorzisten auf, der Ihre besetzte Seele befreien und den Geist in einen jener schwarzen Hunde verpflanzen wird, die mit stechendem Blick durchs *Youdig* irren.

Basparts ist ein Ort, in den Sie sich retten können. Ein Kultplatz bretonischer Esoterik. »Keltische Zirkel« treffen sich hier regelmäßig und bretonische Musikanten, die bei jeder Gelegenheit die Liebe zur Heimat vertonen und die Kraft ihrer Sprache betonen. Ihr Repertoire ist unerschöpflich. Die neuen Barden sind seit 1968 aktiv: Studenten waren es damals, heute Menschen aus allen Bevölkerungsschichten, die von einer Rückkehr zur Mutter Erde träumen . . . Ein keltischer Traum . . . Sie wollen die *Bretagne,* für sie neben Irland, Schottland, Wales, Cornwall, Galicien und der Isle of Man eine letzte keltische Bastion, als politisch eigenständiges Gebiet auf der Landkarte existent wissen. Mit Folklore hat das wenig zu tun. So plädieren sie wie die im Baskenland für Unabhängigkeit. Ein Streit ohne Ende! In diesem Jahrzehnt sind die Esoteriker dazugestoßen und fügen der politischen Botschaft die Lehre von den natürlichen Heilkräften hinzu ... Im Geiste der Druiden, jener bärtigen Priester in weißen Gewändern, die, so schrieb Cäsar in seinem »Gallischen Krieg«, »an der Spitze der Gottesdienste stehen«, denen die Rechtsprechung oblag und die also auch für Menschenopfer zuständig waren. In heiligen Hainen sei das geschehen, auf Berggipfeln, an abgelegenen Seen, in der Stille der Wälder ...

Also auch hier in *Brasparts*. Der Figurenreichtum der Kapelle *Notre-Dame-de-Brasparts* läßt daran keinen Zweifel. Christlicher Glaube vermengt sich da mit heidnischem Brauchtum. Und wieder dominiert der Ankou das Geschehen. Arrogant und drohend. Neben ihm streckt der heilige Michael den Drachen nieder. Ihn anhimmelnd posiert ein gehörntes Wesen mit entblößten Brüsten und einem Schlangenleib. Ist das Morgana, die Königin der Seen? Heidnisches auch in der Bilderwelt des Kalvarienberges nebenan: Eine dunkle, rätselhafte Pietà mit drei Gesichtern von unglaublicher Härte thront im Zentrum. Eine dreifach gebenedeite Jungfrau Maria? Oder »Wäscherinnen der Nacht«?

Wie der Ankou sind auch sie überall gegenwärtig. Auch an der Kirche des Weilers *Saint-Herbot,* von deren 30 Meter hohem quadratischen Turm der Blick weit über das Land geht bis hin zur Berghöhe, die ein Felsenchaos bedeckt. Ein riesiger Kelte soll dort begraben sein, sagt man. Also ein Dolmengrab?

Hier bei *Saint-Herbot* beginnt der *Argoat,* das Land der Wälder, einst ausufernd quer durch das Zentrum der *Bretagne* bis hinüber nach *Paimpont.* Durch Rodungen, Stürme und Brände wurde der Baumbestand in der Neuzeit stark reduziert und läßt seine einstige Größe nur noch erahnen. Ein Rest blieb, nur rund 4 000 Hektar hinter den Bergen von *Arrée,* das Doppelte bei *Paimpont.*

Nicht viel, aber Raum genug, um in ihm zu träumen von Rittern und Druiden, Feen und Eremiten und die profane Alltagswelt zu vergessen.

Bevor Sie auf der D 164 von *Carhaix-Plouguer* die etwa 120 Kilometer hinüberfahren in das Artus-Land vor *Paimpont,* sollten Sie noch ein wenig dem Verlauf des Flusses *Argent* von *Saint-Herbot* Richtung *Huelgoat* folgen. Da ist das »Chaos der Mühle« – Felsen mit riesigen Fußabdrücken, die vom Kampf prähistorischer Giganten zeugen könnten. Gaoun heißt einer der keltischen Riesen, der seine Domäne nahe der »Grotte des Teufels« hatte. In ihr ist Satan zu Hause. Der Eingang in die Hölle führt, dem Flußverlauf folgend, unter die Felsen. Verführerische Sirenen reichen Getränke auf dem zehn Jahre währenden Weg ins Jenseits. Aber Glück hat nur, wer nicht berauscht im Reich der Schatten ankommt. Der darf wieder zurück ans Tageslicht.
Fahren Sie weiter Richtung *Paimpoint,* ins bretonische Fantasialand, in den Wald von *Brocéliande.* Halten Sie die Augen offen, dann sehen Sie Prinzessinnen an einem See auf Felsen sitzen und sich mit goldenen Kämmen das blonde Haar glätten. Sie wachen über König Artus, der sich hier, nach seinem irdischen Tod auf dem Schlachtfeld, gesundschlafen soll. Viviane, die Dame vom See, und Königin Morgana haben ihn hierhin gebracht . . . nach *Avalon?* Eine Fata Morgana? Die Nebel von *Avalon* haben die Wahrheit längst geschluckt. Wenn es überhaupt eine gab . . .
Aber hier, im Wald *Brocéliande,* ist dieser Artus so lebendig, wie es eine Traumfigur aus Historie, Sage und Illusion nur sein kann. Dichtung oder Wahrheit? Die Literaten kreierten diesen Sagenkönig schon vor Jahrhunderten. Die Schlüsselfigur des Artus-Kults war ein keltischer Heerführer, der Anfang des 5. Jahrhunderts in England als Verbündeter Roms gegen die aufmüpfigen Iren und Pikten, Scoten, Angeln und Sachsen kämpfte. Riothamus oder Riotimus oder Riogthamus (keltisch: Hochkönig) habe er geheißen. Ein Statthalter Roms? Vielleicht. In jedem Fall war er ein gewaltiger Krieger, der in zwölf Schlachten 900 Gegner

eigenhändig tötete, um dem Land Frieden und Ordnung nach römischem Vorbild zu geben. Gelebt haben soll er auf Burg Tintagel, an der Nordküste Cornwalls.

Dort beginnen alle Geschichten, die sich seit der im Jahr 1136 erschienenen zwölfbändigen Legendensammlung des Engländers Sir Geoffrey of Monmouth um Artus bildeten. Seine Quellen waren die »Historia Brittonum« des Nennius aus dem Jahr 820 und eine Erwähnung des Königs in den bretonischen »Legendes de St. Goeznovias« aus dem Jahr 1019. Mönche kopierten das in lateinischer Prosa geschriebene Werk Sir Geoffreys, das zu einem Bestseller unter den Gebildeten der damaligen Zeit wurde.

Monmouths Legendensammlung ist, verglichen mit den Fassungen späterer Autoren, simpel. Sie schildert ausführlich und überschaubar unter anderem die Geburt des Sagenkönigs, seine Kämpfe und Siege gegen andere keltische Könige und Riesen, bei denen ihm der Zauberer Merlin und das Schwert Excalibur halfen, das ritterliche Leben auf Camelot und die Abenteuer der Artus-Ritter, des Königs Heirat mit Ginevra und schließlich die kriegerische Auseinandersetzung mit seinem Sohn Mordred, nach der Artus, tödlich verwundet, von der Fee Viviane und der Königin und seiner Halbschwester Morgana ins heidnische Totenreich *Avalon* gebracht wurde. Dort fiel er in den Schlaf jenes Gerechten, der in seinem Leben alles verkörperte, was einen Herrscher auszeichnen sollte: Menschlichkeit, Güte und ritterliche Fairneß Freund und Feind gegenüber.

Monmouths Zeitgenosse Robert Wace erweiterte die Geschichte von Artus um die berühmte Tafelrunde, die er dem bretonischen Sagenkreis entnahm und die seitdem ebenso unverzichtbarer Bestandteil der Legende ist wie der Gral, den der französische Romanzendichter Chrétien de Troyes in seine Versromane (»Der Ritter im Karren«, »Iwain – der Ritter vom Löwen« und »Perceval« oder »Die Geschichte vom Gral«) um den Kelten-König einbrachte. Womit er ein damals noch heidnisches Symbol des Abend- und Morgenlandes (einen Becher, in dem die Götter alle Elemente der irdischen Schöpfung mischten, der ewige Jugend

König Artus (oben)
und die Gralsrunde

spendete, der Speise und Trank im Übermaß bescherte und sogar den auf dem Schlachtfeld getöteten Helden wiederbelebte) zum Heilsmythos aufwertete und das diffuse Nebelreich des keltischen Königs kirchlich-christlich sanktionierte.
Ist der Gral (altfranzösisch: graal, provenzalisch: grazal, altenglisch: grail oder sangraal) bei Chrétien de Troyes eine Goldschale, in der Jesus' Onkel Joseph von Arimathia das Blut des Gekreuzigten auffing, so mutierte er im »Parzival« des Wolfram von Eschenbach zu einem wundertätigen Stein, der auf der Burg Munsalvaesche *(Montsalvatsch* in Galicien? *Montségur* im *Languedoc?)* zusammen mit der Lanze, die ein römischer Legionär dem Gekreuzigten in die Hüfte stieß, verwahrt wird. (Dieter Kühn spricht in seinem Buch über Eschenbach und dessen Parzival von einer »Nacherzählung, frei nach Chrétien de Troyes . . . erstaunlich, ja befremdlich . . .« – also mehr Kopie als Eigendichtung.) Er ist so leicht, daß eine keusche Jungfrau ihn tragen, und so schwer, daß ein Sünder ihn mit aller Kraft nicht aufheben kann. Am Karfreitag, so Wolfram, schwebt eine Taube vom Himmel und legt eine Oblate auf den Stein. Woher dieser Gralsstein stammt, geht aus der deutschen Parzival-Dichtung nicht hervor.
Stärker noch als die Botschaft vom Gral, die das esoterische Denken heute mehr beschäftigt, verführte im Mittelalter die Tafelrunde zur Nachahmung. 1344 wollte der englische König Edward III. in Schloß Windsor eine solche Tafelrunde ins Leben rufen; Graf René d'Anjou, ein Plantagenêt, ließ 1446 einen runden Tisch für seine Artus-Burg bauen. In der Artus-Dichtung nehmen die edelsten Ritter an diesem runden Tisch Platz. 150 sind es bei Monmouth; spätere Autoren reduzierten die Wahl der Auserwählten im christlichen Sinne auf zwölf. (Auch internationale Konferenzen heutzutage werden vorwiegend an runden Tischen geführt.) Königin Ginevra saß neben ihrem Mann, der allerdings nicht verhindern konnte, daß sie in diesem Kreis den feurigen Blicken und untadeligen Manieren des Ritters Lanzelot erlag. Für Artus selbst war diese Runde eine Art Konzil über Christentum und Rittertum. Gelegentlich schwebte, begleitet von Donner

und Blitz, beim Abendessen der Gral durch den Raum, und die Gnade des Heiligen Geistes verzückte alle Anwesenden.
Dieser Gral, für die einen der Kelch, der das Blut Christi auffing, für die anderen ein Stein mit geheimnisvollen Kräften, ist ein Symbol, das eine immense Kraft ausstrahlt, eine Energiequelle. Sie spendet Nahrung, heilt Wunden, blendet ... Manche sehen im Gral einen Stein des Weisen, andere das Symbol einer kosmischen Energie. Die Literatur darüber ist endlos.
So war es nur natürlich, daß der König seine Leute auf die Suche nach diesem Wunderding schickte. Er selbst beteiligte sich nicht an diesen Sondereinsätzen ... Im Gegenteil: Sich immer tiefer in den Schatten seiner Vasallen zurückziehend, verwandelt sich Artus in einen schwermütigen Melancholiker und zur Nebenrolle in seiner eigenen Legende. Gefunden hätte er den Gral ohnehin nicht. Denn wie die Botschaft sagte: Kein Blutschänder würde je den Gral erblicken dürfen. Und ein solcher war der edle Ritter-König. Unwissend hatte er mit seiner Schwester (oder Halbschwester) Morgana in seiner Jugend den Sohn Mordred gezeugt.
Der Order des Königs folgend, gingen drei seiner Ritter – Parzival, Galahad und Bors – auf Gralsuche. Nach Jahren fanden sie ihn und brachten ihn in die heilige Stadt Sarras und wurden zu »templeisen« (Wolfram von Eschenbach) gekürt, zu Templern, die über den Gral wachen. Dieses Sarras vermutet man heute im englischen Glastonbury. Dort, ausgerechnet in einem druidischen Heiligtum, hatte sich Joseph von Arimathia niedergelassen, als er mit Kelch und Lanze aus Palästina flüchtete und über Frankreich nach England kam. Mit seinem Geld ließ der Kaufmann, der mit Zinn gehandelt haben soll, dort eine Kirche bauen (nachdem er in der *Bretagne* bereits das Kloster *Morlaix* gegründet hatte). Glastonbury ist heute ein »magnetisches Zentrum« mit Alternativcharakter, das Esoteriker aus allen Ländern anzieht, weil sie hier Keltentum in Einklang bringen können mit überweltlichen und surrealen Botschaften, die sie aus dem Niemandsland zwischen Legende und Historie empfangen und die manchmal auch von Überirdischen aus dem All gefunkt werden.

Aber zurück in die *Bretagne*, in den Wald von *Brocéliande,* wo die Erinnerungen an König Artus und seine Tafelrunde so üppig wuchern. Wieso ausgerechnet hier?
Durch mündliche Überlieferung wuchsen sie während der ersten Einwanderungswelle in dieser Region zu Legenden und Sagen an. So richtig populär jedoch machte den Sagenkönig Chrétien de Troyes durch seine Dichtungen, zumal er den Themenkreis um Artus mit Ereignissen und Personen aus dem bretonischen Raum bereicherte. Er umgab ihn mit Paladinen, erdichtete neue Stammbäume, erfand die elysische Insel Avalun *(Avalon)* und verlagerte große Teile des Epos in die *Bretagne.*
Dort regierte König Ban, dessen Sohn Galahad alias Lanzelot von Viviane, der Dame vom See, entführt wurde und in der Anderwelt, auf dem Grund eines Sees, aufwuchs.
Dort heiratete Tristan seine Isolde, mit Beinamen Weißhand und Tochter des Königs Howell, nachdem er seiner Liebe wegen aus Cornwall verbannt wurde.
Dorthin, nach *Avalon,* wurde Artus, zu Tode verwundet, gebracht, um unter der Obhut der Feen zu genesen und eines Tages wieder zu erwachen. Oder ging des Königs letzte Reise nach Burgund, wie Monmouth schrieb?
»En matière de Bretagne« – mit Bezug auf den keltisch-bretonischen Sagenkreis schrieb de Troyes seinen Text, in dem er die keltischen Legenden mit den gallischen Märchen über Druiden und Feen, über Helden, Heilige und Eremiten des Landes am Meer verband. Eine Welle kam ins Rollen. Viele französische Autoren berauschten sich nach ihm an dieser Thematik und huldigten einem romantischen Überschwang.
Das Ihrige dazu taten die Plantagenêts (Sie stammten aus England und waren 1485 im Krieg der Rosen durch die Tudors entmachtet worden.), die sich gerne und oft der Mystik bedienten, um ihre Macht zu legitimieren und sich selbst in der Geschichte zu verwurzeln. Sie ermutigten die Poeten ihrer Zeit, über die *Bretagne* und ihre Legenden zu schreiben und die Abenteuer der Helden dort mit ihrem Haus zu verbinden.

Im 12. Jahrhundert, als die Geschichten des Chrétien de Troyes über König Artus und die Tafelrunde erschienen, war die *Bretagne* ein dicht von Eichen bewachsenes Gebiet. Wald pur, denn Megalithen zum Beispiel gibt es ausgerechnet im Gebiet von *Paimpont* nicht.

Missionare aus Irland christianisierten das Gebiet, schrieben aber auch die alten Legenden nieder und verarbeiteten sie zu einer mit heidnischen Elementen angereicherten Religion, um den halsstarrigen Bretonen den Übergang zum Christentum zu erleichtern. Im 12. Jahrhundert wurde ein Mönch angeklagt, eine heidnische Sekte gegründet zu haben. Der keltische Humus blieb also lebendig, vor allem nachdem Chrétien de Troyes und andere den Wald und seine Bewohner in Literatur verwandelt hatten.

Einer dieser Schriftsteller, Hersart de La Villemaque, preßte Troyes' Dichtungen 1837 dann auch noch in eine pseudohistorische Wirklichkeit und entsprach damit, wie viele andere, dem romantischen Zeitgeist. »In meiner Kindheit habe ich so viele Geschichten über Merlin gehört . . . Über sein Grab, den Wald, die Quelle von *Barenton* und das Tal von *Concoret,* daß ich diese Örtlichkeiten einfach sehen mußte . . . Ja, es mußte so gewesen sein, daß die Ritter der Tafelrunde eine große Leidenschaft für gefährliche Abenteuer hatten und hierhin kamen. In Ermangelung von Feinden, die sie besiegen konnten, waren sie sicher, diese hier in der Natur zu finden . . .«

Im Wald von *Paimpont* soll also alles passiert sein. Hier war *Brocéliande.* Lebten hier wirklich einmal jene Menschen aus Fleisch und Blut, die die Sagen um Artus bevölkern?

Es ist ein hügeliges Gelände, 8 000 Hektar groß. Hohe Bäume – Eichen zumeist – ragen aus dichtem Unterholz nach oben. Ist das wirklich der Wald des Mittelalters, in dem Ritter gegen Riesen und Drachen kämpften, Feen an stillen Seen ihr Make-up auffrischten und Luzifers Sohn, der Zauberer Merlin, seine magischen Kräfte vom Himmel und aus der Hölle gleichzeitig bezog?

Brocéliande ist wild und romantisch. Er strahlt jene Atmosphäre aus, die auch den Wäldern Germaniens zu eigen war, in denen ein Arminius die Römer schlug.

Andrerseits ist das heutige *Brocéliande* ein höchst reales Gebiet. Vieles wurde in ihm verändert durch Aufforstungen, durch künstlich angelegte Wege, um die Besucher leichter an jene Plätze zu führen, die an Artus und seine Welt erinnern sollen. Da ist ein riesiger Dolmen (in der Neuzeit herbeigekarrt?), der als Grab Merlins bezeichnet wird. Ein Steinkreis soll die letzte Ruhestätte Vivianes sein. Eine Waldschlucht mit üppiger Vegetation und murmelndem Quell ist das »Tal ohne Wiederkehr«, wo Morgana Ritter und Liebende gefangen hielt. Und dann ist da die Quelle von *Barenton* und . . . und . . . und . . .

Der Tourismus machte vor Jahren Schlösser und Kapellen, Schluchten, Abteien und Ruinen als Örtlichkeiten der Artus-Legende aus und heiligte sie. Um 1800 war der Boom ausgebrochen, als in Frankreich die Legende vom alten gälischen Sänger Ossian aufblühte und von den Malern jener Zeit – Berthélémy, Couder, Gérard, Girodet Trioson – in vielen Bildern festgehalten wurde. Dieser Ossian, ein literarischer Schwindel des schottischen Dichters James Macpherson, grüßte mit Gesängen aus dem dritten Jahrhundert herüber und rühmte in ihnen die kriegerischen Taten heldischer Kelten. In rauher Wald- und Küstenlandschaft und im Nebeldunst brausender Wasserfälle schlugen die sich durch die Unbill des Lebens. »Fingal« und »Temora« hießen die Legendensammlungen, die noch während der Revolution von Chateaubriand übersetzt wurden und nicht nur Maler inspirierten. Auch Napoléon war von dem Lügenwerk des keltischen Homers mit der Leier begeistert. Eine Neomystik begann die Literatur und Malerei zu überschwemmen. Und scheint auch heute wieder »in« zu sein, was die Flut der esoterischen Publikationen über das Thema Gral, die Filme und Comics über Artus und seine Tafelrunde beweisen.

Die Bewohner des Waldgebietes von *Paimpont* betrachten diese Entwicklung mit sehr gemischten Gefühlen. Sie bemühen sich seit Jahrzehnten, den magischen Zauber von *Brocéliande* zu erhalten. So wetterte 1932 Charles Le Goffic gegen jene, »die eine Identität schaffen wollen zwischen dem Wald der Literatur und dem des Katasteramtes. Existiert denn dort dieser Wald nur als Holzindustrie? Ist das nicht ein literarischer Wald, eine Schöpfung von Merlin und bestätigt in seiner Einmaligkeit von vielen Dichtern und Sängern?«

Diese Schöpfung wird heute immer stärker von der Industrie bedroht. Die Magie mancher Orte existiert nicht mehr. So verlegten die Departements-Gewaltigen einfach das »Tal ohne Wiederkehr«, um eine Metallfabrik zu errichten und zu dokumentieren, daß Erz nun mal nicht von einer Fee auf dem Grund eines Sees zu einem Wunderschwert verarbeitet werden kann. Immerhin suchten sie Ersatz und fanden ein neues Tal für Morgana. Die Hänge dort sind steil, der Wald wuchert üppig, und das Unterholz bildet ein undurchdringliches Hindernis, das man nicht ohne Blessuren durchqueren kann.

Die Legende darf also weiterexistieren. Und Einfluß ausüben. Wenn auch nicht immer erfolgreich. 1942 verwandelte der Abbé Gillard, überzeugt davon, daß *Brocéliande* der Wald des Heiligen Grals sei, eine Kirche in einen Heilstempel »voller Symbole und merkwürdiger Wahrheiten«, in ein »kleines Jerusalem«, und interpretierte zwanzig Jahre lang die Heilige Schrift im Sinne der Legende. Diese Auslegung widersprach in ihrer esoterischen Ausdeutung selbstverständlich den Dogmen seiner Kirchenoberen, die es nicht ertragen wollten, daß nach Merlin ein neuer Druiden-Priester durch die Wälder um *Paimpont* spukte. 1962 mußte Gillard seinen Sprengel verlassen.

Andere Erleuchtete sind geblieben. Und auch Touristen, zehntausend pro Jahr, vorwiegend Engländer und Skandinavier, kommen immer wieder. Die Bewohner sind nicht nur glücklich darüber. Oft schon mußten sie Brände löschen, die durch die Unachtsamkeit der Waldbesucher entfacht worden waren. 1990 hatte ein Feuer 700 Hektar zerstört. Nun will man Konsequenzen ziehen und eine Gralsburg errichten. Ein Euro-Merlin-Land?

Aquitaine: *Aliénor und Mélusine – eine Symbiose*

Alles beginnt hier immer in einem schwül-feuchten Sommer. Insektenschwärme hängen über dem Ginster, Mauersegler steigen in die Bläue. Die Tage sind wie mit Seide ausgeschlagen. Über den im Schattenspiel des Lichts träge ruhenden Bauernhöfen wacht prall die Sonne. Auch auf das Meer wirft sie ihr Feuer. Aber das Wasser verweigert die Aufnahme und reflektiert es zurück in den Himmel. Einige Wolken scheinen es dort oben zu bündeln, und die verwandeln sich später, unter der Hitze des späten Nachmittags, in rosarot aufflammende Cumuli. Diese Elfenbeinwolken über dem *Médoc,* die Halbschatten des *Poitou,* die stechende Sonne der *Chalosse* und ihr letztes Verzucken auf den weißen Felsen des Tales von *Aspe* machen das aus, was man die Seele dieser Region nennen könnte.
Fünf Departements vereinen sich unter dem Namen *Aquitaine*: *Gironde, Dordogne, Landes, Lot-et-Garonne* und *Pyrénées-Atlantiques.* Aber das ist geographisch nicht präzise. Denn *Aquitaine* erstreckt sich auch in südöstlicher Richtung, sogar bis ins Departement *Gers,* nach *Nogaro* hin und seine toskanischen Landschaften. Es verlängert sich gen Norden bis weit in die *Charente* und die *Charente-Maritime (Poitou).* Andrerseits verzichtet es im Osten – geographisch, versteht sich – auf die Hälfte von *Lot-et-Garonne,* wenn es in *Agen* plötzlich aufhört. Ja, man kommt in diese so platt daliegende Stadt aus der immer feuchten *Gascogne* und verläßt sie am anderen Ende, und der *Midi* ist da. Knochentrocken und immer irgendwie erhitzt.
Von dort drangen um 60 vor Christus die römischen Legionen unter der Führung des Licinius Crassus über dieses *Agen* in das Land am Meer ein, um die Barbarenstämme zu zivilisieren. Je mehr sich die Besatzer dem Atlantik näherten, desto stärker wurde der Regen. Es muß ein peitschender Regen gewesen sein, der in großen Tropfen fiel und dem man zutrauen konnte, daß er wohl ewig dauern würde. Die Wälder, die Bäume, die Blätter und

die Farne saugen sich dann mit Wasser voll. Die Römer, deren militärische Kraft und pragmatische Sprache für alle Probleme Lösungen finden wollte, tauften das Land Aquitania. Wasserland. Dann aber vertrieb der Wind die Wolken und trocknete die Erde. Eine dicke Feuchtigkeit stieg hoch, Nebel bildeten sich, und die Sümpfe stanken nach verfaulendem Holz. Neun Barbarenstämme boten den Eindringlingen die Stirn. Ja, die Eroberung *Aquitaines* war kein Kinderspiel.

Zwanzig Jahrhunderte später ist es immer noch der Regen, der manchen Urlauber an den Stränden des Landes, das noch immer *Aquitaine* heißt, zur Verzweiflung treibt. Aber nicht nur dieser Regen ist geblieben. Da lebt in den Städten und Tälern und Ebenen der Geist jener neun Stämme – oder Völker – aus der Römerzeit, die sich miteinander vermischten und doch nie einswurden. Denn Unterschiede gibt's weiterhin zwischen den Basken und Landaisen, zwischen den Bordeaulaisen und den Armagnacs, zwischen Angoulèmen und den Niortaisen. Der Baske küßt auf dem Dorfplatz die Sonne; der Medocain sucht den Himmel nach Tauben ab; der Bauer in den *Landes* deckt das Dach seines Hauses mit Ziegeln, der in den *Pyrénées-Atlantiques* zieht Schieferplatten vor. Nichts Gemeinsames ist da, was sie einen könnte, es sei denn, die Regierung in Paris treibt sie durch eine neue EU-Bestimmung zusammen auf die Barrikaden. Oder eine Überschwemmung und eine schlechte Ernte wecken Träume von einem Umzug in die Städte, um dort vielleicht zu überleben. Aber wo sind dort die Stürme in den Köpfen, die man daheim in *Aquitaine* hat, wenn die gelben Sturmfluten des Herbstes die Flüsse über die Ufer treten lassen und im Meer enden, das sich nicht zähmen läßt? Wo bleibt der Wind im Herzen, der die Wolken auch wild über den Himmel hetzt? Wo sind die ausgetrockneten Pinien, Baumfossilien, die, weißgescheuert, aus dem Dünensand auftauchen, immer noch nicht tot genug, um sich zu einem großen Wald, gewaltig wie ein ganzes Departement, auszudehnen? Die *Landes*. François Mauriac lebte dort und hat die Genesis dieser Region oft beschrieben.

Ein Land mit tausend Geschichten und nur einer Natur. Das ist die der erstickenden Tage zwischen Mai und Oktober, die der glühenden Spätnachmittage, an denen spanischen Toreros in den Arenen von *Bayonne* und *Mont-de-Marsan* die letzte Stunde droht. Und da sind diese Winter, in denen man lieber sterben würde, als beim Rugby zu verlieren. Und wieder die Familientreffen von Herbst bis Frühling, wo man regelmäßig Fettammern, Tauben, Trüffeln, Steinpilze, Gänseleberpastete und die große Käseplatte (es gibt ca. 50 Sorten »chabigou«) auftischt.

Einige Kilometer weiter sind – überall – die Strände des Atlantik: trockener Sand im Südwind. Um ans Meer zu kommen, muß man die größten Weinanbaugebiete der Welt, nahe den berühmten Austernbänken von *Marennes* und denen von *Oléron,* passieren. Und dort hängt dann jener feine Staubvorhang, an dem man *Aquitaine* erkennt, am Horizont. So wie in den weiten Ebenen die Abendnebel über das Land herfallen, und die Bäche ihre Wege noch unter den Baumwurzeln durch suchen. Dort wie überall steigt diese lähmende Mattigkeit auf, die den Menschen viel Zeit gibt, für eine Zeit, die vergeht, und Gefühl für die Sprache und das Schweigen zugleich in einem Land, in dem träumende Seelen ihr ganz eigenes Leben führen können.

Das Südportal der ehemaligen Abteikirche *Saint-Pierre* in *Aulnay,* die als herausragende Erscheinung der Romantik im Südwesten des Hexagons jeden Umweg rechtfertigt (von der Autoroute A 10 *Paris–Bordeaux* Abfahrt *Saint-Jean-d'Angely,* dann D 220 Richtung *Melle),* ist ein Spiegelbild jener Phantasien, die auch in den Volksdichtungen dieses Landstriches ihren Niederschlag finden. Neben den Aposteln und Propheten und 31 apokalyptischen Königen paradieren da allein 36 Figuren aus der Sagen- und Märchenwelt *Aquitaines* und sprengen bei weitem den theologischen Rahmen eines solchen Gotteshauses. Denn vor allem Wesen aus dem Zwischenreich geben sich hier ein Stelldichein: Tiermenschen und Menschentiere. Sie als Mittler des Menschen zwischen der Herrlichkeit Gottes und dem Reich Satans anzusehen fällt schwer, nachdem man viele der Figuren als Monster und

Dämonen identifiziert hat. Aber dieses Bestiarium der mittelalterlichen Bilderwelt verbindet sich in orientalischer Fülle naiv und selbstverständlich mit dem Heiligen – gefallene Engel vereinen sich mit musizierenden Eseln, Steinböcken und Hirschen in einem phantasmagorischen Bilderbogen des Wunderbaren. Geister des Guten und des Bösen, die ihren Ursprung im keltischen Kulturkreis haben – viele von ihnen Zitate aus hethitischen, syrischen, iranischen und kretisch-mykenischen Religionen: altorientalische Fabelwesen.

Unter ihnen erscheint – wie in vielen Kirchen *Aquitaines* – die Fee Mélusine (In der Kirche von *Parthenay-les-Vieux* ist sie 37mal im Badezuber zu sehen!). Die fischschwänzige Nackte ist im Südwesten der Star in der Menagerie der Mischwesen, die oft grotesk, aber auch ergreifend Glaubens- und Naturvorstellungen miteinander verbinden. In der altindischen Mythologie heißen Mélusines Schwestern »Apsaras«.

Schon den Babyloniern war die Frau mit dem Fischschwanz vertraut. Odysseus begegnete ihr auf seinen Irrfahrten als einer von jenen beunruhigenden Sirenen, vor deren süßem Gesang er sich die Ohren mit Wachs verstopfen und sich an den Schiffsmast binden ließ. So geschehen vor der Küste des Tyrrhenischen Meeres, wo diese Töchter des Flußgottes Acheloos und der Muse Terpsichore ihr Unwesen trieben. Najaden hießen sie damals, oder Nereiden, Sirenen, Undinen. Die Häretiker des frühen Mittelalters deuteten das Abenteuer des Odysseus mit den nackten Verführerinnen auf ihre Weise: Der Mann aus Ithaka symbolisierte für sie Jesus am Kreuz, die Sirenen seinen satanischen Versucher. In der Renaissance nahmen sich Dante, Petrarca und Boccaccio des Themas an. Dann saugte die romanische und gotische Kunst des zentralen Europas diese Figuren auf und gab ihnen eine neue allegorische Bedeutung. Und noch später, in der Romantik, mutierte die Sirene zur Muse der Dichter. Eichendorff und Heine schrieben Gedichte auf sie. François Aubert komponierte 1844 seine Oper »La Sirène«, und ein Jahr später stellte Lortzing seine Zauberoper »Undine« vor.

Die Heimat der Melusinensage ist Frankreichs Südwesten. Märchenhaftes verband sich hier schon immer mit Historischem. Ende des 14. Jahrhunderts schrieb Jean d'Arras einen Roman über Mélusine; Couldrette fügte sie in die Geschichte des Hauses Lusignan ein, und der Herzog von Berry ließ sie von den Brüdern von Limburg in einem prächtigen Stundenbuch verewigen.
Die Verbindung Mélusines mit der Historie des Landes ist augenfällig. Stand für sie etwa Aliénor d'Aquitaine Modell? Denn wie Mélusine ist auch »Eléonore remarquable« eine rätselhafte Person. Ihr Großvater Guillaume, einer der ersten Troubadoure und Kreuzfahrer an der Seite Godefroi de Bouillons (Gottfried von Bouillon), aber auch Betreiber eines Bordells, in dem Nonnen anschafften, vermählte seine Liebschaft Dangerosa mit seinem Sohn. Dessen Tochter und Alleinerbin Aliénor bekam als Erbschaft den Hang zum leichten Leben in die Wiege gelegt. Immerhin heiratete sie als Erbin *Aquitaines* 1137 den Kapetinger Louis VII. und brachte als Mitgift die *Guyenne,* das *Périgord, Poitou, Angoumois,* das *Limousin,* die *Saintonge* und die *Gascogne* mit in die Ehe. Er war 16, sie 15, als dies geschah. Auch damals gingen Frühehen oft zu Bruch: Der Papst sprach die Scheidung aus. Der Grund: Eifersucht und religiöse Bedenken des Königs. Aliénor fand 1152 einen neuen Mann in Henri Plantagenêt, der zwei Jahre nach der Heirat als Henry II. den englischen Thron bestieg und nicht nur England, sondern auch den Südwesten Frankreichs unter seiner Krone vereinigen konnte. Die Kapetinger blieben zwar Lehnsherren, aber zu sagen hatten sie nichts. Und was die Ehe betrifft: Glücklich wurde Aliénor wieder nicht. Zwar gebar sie Richard Cœur de Lion, aber sie legte durch ihre Verbindung mit dem Engländer den Grundstein für den Hundertjährigen Krieg und ermöglichte so den Auftritt einer weiteren Frau der französischen Geschichte, der Jungfrau von Orléans, Jeanne d'Arc.
Die Verknüpfung von Aliénor mit Mélusine ist den Troubadouren jener Zeit zuzuschreiben, die an ihrem Liebeshof ein- und ausgingen. Sie war jene feinsinnige Mäzenin, die die Dichter ihrer Zeit zu Romanen um Artus und die Tafelrunde inspirierte

und damit den höfischen Liebeskult auf seinen Höhepunkt trieb. Daß es zur Verschmelzung mit Mélusine kam, entspricht der Verehrung, die der Königin von den Minnesängern entgegengebracht wurde. Denn so wie eine Begegnung mit der Wasserfee einem Mann Macht und Reichtum verhieß, so brachte Aliénor ihren jeweiligen Gatten als Mitgift die Herrschaft über den gesamten Südwesten Frankreichs. Aber bedeutungsvoller noch als alle politischen Utopien (Das Reich der Plantagenêts konnte sie nicht vergrößern.) war Aliénors mythische Rolle als Königin zweier Länder. So wie auch Mélusine sowohl dem Menschen- wie dem Tierreich angehörte.

Die Geschichte von Mélusine, heute in viele Sprachen übersetzt, kennt verschiedene Versionen. Hier jene, die in *Aquitaine* historisch verbrieft ist:

Mélusines Eltern waren der König Elinas von Schottland und die Fee Pressine. Geheiratet hatte sie Elinas nur, nachdem er versprach, die gemeinsamen Kinder in den ersten Lebensmonaten nicht anzuschauen. Der stolze Vater konnte sein Versprechen nicht halten und beobachtete einmal, wie seine Frau die drei Mädchen in einem heidnischen Ritual badete. Pressine verließ den König sofort und verbrachte ihr Leben mit den Kindern fortan auf einer abgelegenen Insel. Als die Töchter herangewachsen waren, zogen sie zurück nach Schottland, wo sie mittels magischer Kräfte den wortbrüchigen Vater in einem unzugänglichen Schloß einkerkerten. Pressine war entsetzt, als sie davon erfuhr, denn noch immer liebte sie ihren Mann. Zornig belegte sie die Töchter mit einem furchtbaren Fluch. In jeder Nacht von Sonnabend auf Sonntag sollten sich Unterleib und Beine in einen schuppigen Fischschwanz verwandeln. Würde sie je ein Sterblicher in diesem Zustand erblicken, wäre ihr Leben auf der Erde verwirkt. Sie würden zurückkehren ins Reich der rastlosen Geister.

Von nun an ist nur noch von der jüngsten Tochter Mélusine die Rede. Sie flieht aus dem Haus der Mutter und verbirgt sich im Wald von *Couloumbiers,* wo sie jede Nacht in der Quelle von *Cé* badet. Hier entdeckt sie während der Jagd der Neffe des Grafen von *Poitiers,* Raymondin. (So hieß übrigens auch Aliénors Onkel, der schöne Raimond von Poitiers, den Louis VII. verdächtigte, ein Verhältnis mit seiner Frau zu haben.) Er verliebt sich in das Naturgeschöpf und führt sie als Frau heim auf sein Schloß von *Lusignan (Château des Comtes).* Auch er muß das Versprechen ablegen, das schon Mélusines Mutter von ihrem Mann gefordert hatte. Sie garantiert ihm Macht und Reichtum, wenn er standhaft bleibt. Anfangs geht alles gut. Mélusine tut Segensreiches für Aquitanien. Nachts, wenn ihr Mann schläft, verwandelt sie sich in einen gefiederten Drachen, der das Land überfliegt und Steine fallen läßt, aus denen sofort Burgen und Städte wachsen. *Pouzauges* und *Tiffauges, Pons* und *Parthenay* und der Turm *Saint-Nicolas* in *la Rochelle* sollen so entstanden sein. Mélusines Mann wurde durch diese Wunder immer reicher und mächtiger. Daß ihre Kinder, zehn Söhne, mit Zeichen ihrer übernatürlichen Herkunft behaftet waren – einer hatte ein rotes und ein grünes Auge, ein zweiter übergroße Ohren, ein dritter eine dichtbehaarte Nase und der jüngste statt der Hand eine Löwenpranke –, störte den Vater wenig. Viele von Geburt her benachteiligte Kreaturen bevölkerten damals die Welt. Erst als sein Bruder Mélusine der Hexerei verdächtigte, wurde Raymondin argwöhnisch. Und in einer Nacht geschah es: Raymondin bohrte ein Loch in die Tür des Badezimmers und mußte mit ansehen, wie sich seine Frau vom Bauchnabel an abwärts in einen schuppigen Fisch verwandelte. Sein entsetzter Schrei verurteilte Mélusine zum Geisterdasein. Als geflügelter Drachen, verdammt von nun an, nur noch mit dem Jenseits zu kommunizieren, sucht sie das Weite.

An diesem Punkt der Legende teilen sich die Interpretationen. Für die einen ist Mélusine eine Hexe, die aus Rache an den Menschen nur Unheil stiftet. Andere sehen in ihr, die sogar allnächtlich nach *Lusignan* zurückkehrte, um ihr letztes Kind zu stillen, eine Fee. Später sei sie immer dann über dem Schloßturm von *Poitiers* aufgetaucht, wenn der Tod einer ihrer Söhne bevorstand.

Das Südportal der Pilgerkirche von Aulnay

Das Kloster von Roncevaux

Und Raymondin? Er soll sich als Einsiedler auf den Berg *Montserrat* zurückgezogen haben. Sein Nachfolger war sein Sohn Geoffrey, der nach einem Kampf mit einem Riesen entdeckte, wer seine Mutter und Großeltern in Wirklichkeit waren. Aber das ist eine ganz andere Geschichte ...

Pyrenäen: *der Riese Roland – überlebensgroß und gar nicht deutsch*

Bist du auf dem Weg in die *Pyrenäen?* Oh, wie ich Dich beneide, ich liebe sie ja so! Tollkühne Wanderungen habe ich dort unternommen ... Ist das schön dort! Du wirst hoffentlich nicht in diese Gegend fahren, ohne Dir den *Cirque de Gavarnie* und den Weg, der dort hinaufführt, anzuschauen? Und *Cauterets,* und den *Lac de Gaube?* Und die Straße nach *Saint-Sauveur?*« schrieb George Sand am 5. Juli 1872 ihrem Freund Flaubert, der in *Luchon* weilte und sich langweilte ... »Mein Gott, wie glücklich man ist auf Reisen, beim Anblick von Bergen, Blumen, Schluchten ...«
Mit 68 Jahren noch demonstrierte die Schriftstellerin den gleichen Enthusiasmus, mit dem sie als Zwanzigjährige *Cauterets* in den *Pyrenäen* entdeckt hatte. Die heilende Wirkung des *Pyrenäen*-Wassers war damals schon hinlänglich bekannt. Aber noch immer war es schwer, die Berge überhaupt zu erreichen. Erst nach dem Ausbau der ersten Straßen stieg auch die Zahl der Bäder an. Per Zug konnte man *Tarbes* erst ab 1859 erreichen, zu spät für Madame Sand, die sich als junges Mädchen noch der Kutsche anvertrauen mußte.
Sie alle waren in einem solchen unbequemen Gefährt angereist, in der knarrenden Diligence, schlecht ernährt während der Fahrt und immer unausgeschlafen – Reisende aus einer anderen Welt, aus dem *Paris* der literarischen Salons. Die meisten von ihnen hatte es in die Berge getrieben, um wie der Deutsche Heinrich

Heine dort Heilung zu finden. *Pau* zog durch sein Klima vorwiegend Engländer an, die es mit dem in *Nice* und Neapel verglichen. Alfred de Vigny, der dort als Soldat Dienst tat, schwärmte vom sensiblen Charme der Frauen – »von diesen blonden Geschöpfen Ossians«. »Wie natürlich es ihnen gelingt, königlich einherzuschreiten!« Wenige Tage nachdem er diese Eloge geschrieben hatte, heiratete der junge Offizier, gelangweilt vom Garnisonsleben in *Oloron* und *Urdos,* die Engländerin Lydia Bunbury.
Diese Berge! Grandiose Landschaften mit wilden Kontrasten. Die Besucher wurden verwirrt durch das Licht und durch die Farben des Himmels. Und durch diese Menschen, deren Dialekt die Literaten nicht verstanden, deren Folklore sie jedoch begeisterte. »Ihre Kleidung harmoniert in idealer Weise mit dem Himmel«, notierte Taine. »Wir befinden uns vor der Tür nach Spanien, einem Land der Mysterien und der Leidenschaften, des Feuers und des Todes, das Mérimée in ›Carmen‹ gezeichnet hat.« Und Flaubert schrieb an George Sand: »Ich bin gestern in Spanien gewesen, ich habe Spanien gesehen, ich bin stolz darauf und glücklich ... Ich würde gern ein Maultiertreiber sein ...«
Ein Maultiertreiber im Nebel der Berge – ein Vergnügen wäre das für den empfindsamen Riesen aus der *Normandie* wirklich nicht. An manchen Tagen hüllte die Besucher die Feuchtigkeit ein. Dann schmerzten die Knochen vor Rheuma, unter dem sie damals fast alle litten. Und der Frust wuchs mit jeder Stunde. Wie sollten sie mit Genuß den Zauber dieser gebirgigen Provinzen atmen? Wie konnten sie bei der Beschränktheit des damaligen Reisens den Geist dieser Bergwelt in sich aufnehmen, die sich auf zwei Seiten dem Meer öffnet, dieses Ambiente einer alterslosen Vergangenheit, das sich mit jener bedächtigen Langsamkeit verbindet, in der zwischen Atlantik und Mittelmeer das Leben genossen wird?
Die *Pyrenäen,* das ist wahr, bieten sich auch heute auf Erholung erpichten Gästen nicht nur als Sonnenparadies und bequemer Freizeitpark an. Diese Bergwelt will erobert werden, ohne daß sich die Aura der Einsamkeit, die in ihr brütet, verletzen läßt. Da sieht vieles sehr gemütlich aus in den Ortschaften, wo alle Brünn-

lein fließen und Geranientöpfe in den Fenstern stehen. Aber auch krasse Gegensätze existieren hier – verlorene Dörfer irgendwo in den Tälern, die von der Wut der Sonne erbarmungslos heimgesucht, von Regenfluten überschüttet oder durch Schnee von der Außenwelt radikal abgeschnitten werden.

Und dann wieder fügt sich alles zusammen, vorausgesetzt, Poesie und Verstand ergänzen einander so, wie die technischen Wunder Caravelle und Concorde – in *Cahors* und *Villefranche-de-Rouergue* zusammengebaut – mit dem Geläut der Glocken in den Dörfern harmonieren, auch wenn sie über die im Testflug hinwegfetzen und dabei auf die Wasserfläche der *Garonne* leichte Schatten werfen. Ebenso paßt die Klimastation von *Font-Romeu,* wo gewaltige Spiegel ins All gerichtet sind, in diese Welt. Wo anders könnten Außerirdische besser landen als hier oder den großen Wüsten Afrikas?

Sind die Alpen für die Europäische Union eine große Verkehrsachse für den Transport und darüber hinaus auch noch ein touristisches Zentrum, so sind die *Pyrenäen* für viele nur ein Durchreisegebiet auf dem Weg nach Spanien. Man sieht ja die Schlangen an den Grenzübergängen *Hendaye* im Westen und *Cerbère* im Süden. An der Bergkette auf gut ausgebauten Nationalstraßen und Autobahnen entlangschnürend, kennen die wenigsten die detaillierten Maße der schönen Prinzessin Pyrène. Zwischen Baskenland und Katalonien streckt sie ihren attraktiven Körper über 400 Kilometer Länge aus. Ihr Brustumfang beträgt 70 Kilometer *(Albères* im Westen), ihr Hüftumfang 140 Kilometer *(Zentralmassiv).* Auf ihrer orientalischen Flanke stürzen sich die Berge steil an der *Côte Vermeille* ins Mittelmeer. Die okzidentale Grenze ufert ungenau aus. Für viele Geologen ist sie der *Pic d'Anie;* einige Geographen ließen sie Anfang dieses Jahrhunderts noch in der kantabrischen Bergkette in Galicien auslaufen. Das waren jene Romantiker der Jahrhundertwende, deren pragmatische Nachfolger heute die letzten baskischen Höhen und damit das Ende der *Pyrenäen* im Westen von San Sebastian sehen. Dort, auf der anderen Seite des Flusses Oria, beginnt in der Tat die kantabrische Welt.

Aber wie heißt die Hauptstadt dieser Berge? Für die Franzosen

Toulouse. Warum nicht Saragossa? fragen die Spanier, für die die *Pyrenäen* immer iberisch und nie gallisch waren. Die Tourismusindustrie ergreift Partei für sie, weil sich die höchsten Gipfel, der Aneto (3408) und der Perdido (3355), auf ihrer Seite befinden.
Auf französischer Seite hat eine administrative Einteilung in Regionen stattgefunden. Die jedoch widerspricht der menschlichen Vernunft. Da sind die *Midi-Pyrénées,* die, so scheint es selbst vielen Franzosen, die Allgewalt über die Bergkette ausüben. Völlig falsch. Zu den *Pyrénées-Atlantiques* gehört *Aquitaine;* die *Pyrénées-Orientales* schließen das *Languedoc-Roussillon* ein; den *Hautes-Pyrénées* schlug man die *Ariège* zu, und die *Haute-Garonne* wiederum ist den *Midi-Pyrénées* angeschlossen.
Diese politische Zerstückelung haben die Menschen in den Bergen ebenso ignoriert wie die Grenze zwischen Spanien und Frankreich. Tun es immer noch. Denn auf beiden Seiten leben Basken, die eine Sprache sprechen. Die Berge haben sie geeint, auch wenn für den spanischen Schüler Baskisch Schulpflicht, für den französischen nur ein Wahlfach ist.

Aber lassen wir die Politik beiseite. Genießen Sie diese Bergwelt, wenn Sie schon einmal dort sind. Nehmen Sie Platz im Garten eines Gasthauses, irgendwo in einem der idyllischen Dörfer, entspannen Sie sich unter einer alten Linde, deren Blätter das aschgraue Licht filtern, verinnerlichen Sie einen Herzschlag lang die Berge, deren weiße Spitzen sich an manchen Tagen in einem milchigen Dunst verstecken. Irgendwo schnattern Enten, und dann sehen Sie sie mit lärmiger Tolpatschigkeit, mit großen gelben Schnäbeln und einem enorm gewölbten Brustkorb, der sie einander alle so ähnlich macht wie zum Schlaganfall neigende Domherren auf ihren Prozessionen, über eine Wiese stolzieren. Sie sehen freilaufende Kühe und Pferde, und hoch oben an den Berghängen braun-weiße Kühe mit großen Glocken und Ziegen und ihre Böcke mit kunstvoll gedrechselten Hörnern. Und die Männer in den Bars tragen das schwarze Barett, die Baskenmütze.
Vielleicht reisen Sie im Herbst in die *Pyrenäen,* wenn die Blätter der

Bäume sich färben und die Fensterläden wie träge blinzelnde Augen, die das Licht fürchten, nur noch halb geöffnet sind unter einer ständig verschlafenen Sonne. Der Herbst ist die schönste Zeit in dieser Bergwelt. Klarheit herrscht dann überall, wenn Sie von oben hinab in die Täler schauen, auf das noch immer grüne Fleckenmuster der von Steinmauern eingefriedeten Wiesen oder auf die rostbraunen Wälder, auf die Spielzeugdörfer mit den grauen Schieferdächern, auf die Festungstürme der Kirchen mit ihren sichtbaren Glocken, den Stundenzählern, langsam und allesamt einander so ähnlich und doch so verschieden.

Fahren Sie dann auch hinauf in die Gipfel, auf den *Serrère* (2912), den *Valier* (2838), den *Aubisque* (1709) und den *Midi* (2800), über den sich im Juli die lange Karawane der »Tour de France« schiebt. Oder steigen Sie hinab in die Höhlen von *Bétharram, Canalettes, Médous* und *Sare* oder balancieren über bemooste glitschige Steine durch die Schlucht von *Cacaouetta*. Oder machen Sie einen Abstecher zum *Cirque de Gavarnie,* von *Lourdes* aus talaufwärts über die D 21 und die D 920 zu erreichen, jenes Naturwunder, das für Tucholsky (von dessen *Pyrenäen*-Reise noch die Rede sein wird) eine »Zwangsvorstellung« war, während er gleichzeitig von diesem magischen Felsenbecken, von einer Steilwand im Halbkreis umgeben, fasziniert war. Zu Mittag werden Sie einen Wildschweinbraten essen, über dessen Qualität sich die Kenner ebenso einig sind wie über die Garbure (Gemüsesuppe) und das Confit. Oder Sie entscheiden sich für Speck mit Bohnen. Oder lassen sich zu einem Rindernacken verführen, der nach Himbeeren riecht und bei Einheimischen die Sehnsucht nach »Bel Canto, Rugby, der Corrida und vor allem nach Freiheit« weckt.

Viele vor Ihnen sind dem Zauber dieser Bergwelt und ihrem herben Liebessaft erlegen und genießen auch den trockenen Wein dieser Region. Berauscht vom Licht und der Sonne und von ihren Schattenspielen in den Tälern waren es vor allem Maler und Bildhauer, die in diesen Bergen, wenn auch nur periodisch, arbeiteten. In *Albi* wurde Henri Toulouse-Lautrec 1864 als jenes Genie geboren, als das er in die Kunstgeschichte einging, in *Collioure* waren zeitgleich Matisse und Vlaminck, Braque, Gris, Foujita und Picasso tätig; nach *Céret* in die *Pyrénées-Orientales* verschlug es während des Sommers 1911 Braque und Picasso, die gemeinsam in einem Atelier in der *rue des Invalides 3* den Kubismus entwickelten. Soutine, Chagall und Tzara quartierten sich später dort ein.

Desgleichen, Sie würden es kaum glauben, wenn da nicht irgendwo ein Denkmal stünde vor einem Hôtel de Ville, eine Säule mit ihren Namen, ein Gut nicht nach ihnen benannt wäre, ist dieses Land die Heimat auch jener Kadetten, die unter Richelieu Musketiere des Königs wurden: die d'Artagnans und Montclus. Auch andere Haudegen wuchsen hier für die »grande nation« auf: Lannes und Murat, Soult und Bertrand, Foch und die Galliénis... Und Berühmtheiten wie François La Pérouse, der die Osterinseln und Hawaii entdeckte; Évariste Huc, der als erster die Reise zu den Mongolen, Chinesen und Tibetern wagte; Clement Adler, der die Luftfahrt mitbegründete; Dominique Larray, Napoléons Leibarzt; der Biologe und Nobelpreisträger Paul Sabatier; der Hyroglyphenentzifferer Champollion; der Mathematiker Pierre de Fermat und der Lexikograph Claude Auge. Und die Politiker Léon Gambetta, Émile Combes, Jean Jaurès und Vincent Auriol. Sie alle und andere bewiesen, daß dieses Bergland zwischen den Meeren immer offen war und die freie Entfaltung einer Persönlichkeit garantierte, auch wenn sich hier in den Bergen oft die Intoleranz gegen Andersgläubige blutig austobte.

Die, die dort heute immer noch leben und nicht in die Städte geflüchtet sind, gehören zu jenem Schlag liebenswerter Zeitgenossen, die, gebannt von der Sonne und der oft feuchten Erde, erpicht sind auf Tauben und Pilze, auf Maronen und Wildschwein. Es sind jene, die der Poesie der Gebirgsflüsse und -seen und den Geheimnissen und Wundern dieser Welt verfallen sind: Menschen der Morgendämmerung, pfiffig und kauzig, solche, die mühelos jene Besucher verwirren können, die noch nicht in die Tiefen des Bergsees von *Padirac* getaucht sind oder die Schluchten von *Aveyron* durchwandert haben oder den schweren Aufstieg hinauf zur Katharer-Burg *Montségur* bewältigten. Dieses buckelige Land zwischen Mittelmeer und Atlantik besteht nicht nur aus der Harmonie seiner Berge. Seine Legenden und Sagen erstaunen und faszinieren heute, wie sie es früher taten. Für Victor Hugo gab es »nichts Schrecklicheres und Schöneres als die Märchen von der guten Wasserfee«.

Schrecklich und schön zugleich! Mit den *Pyrenäen*-Geistern lassen sich Schauerdramen und Sommernachtsträume ideal besetzen. Mit den Wächterinnen von Schätzen, mit Hexen und Riesen und mit Titanen, die aus dem Nebel auftauchen und sich in Felsen verwandeln. Und umgekehrt. All diese Gestalten sind an bestimmte Orte und Regionen gebunden.

Im *Roussillon* vereinen sich die encantades (Wassergeister), mehr Magierinnen als Zauberinnen, mit den Hexen des Landes.

In *Corbassil* befindet sich in einer Felsspalte die *Cova de las Encantades,* wo die nächtlichen Wäscherinnen (»lavandières de la nuit«) ihr Unwesen treiben; in *Reynès, Tautavel, Montferrer* und *Arboussol* besitzen diese encantades Wohnungen; in *Corbère* durchgeistern sie die Grotten von *Montou.* Wer sie dort einmal nackt sehen sollte, wird für den Rest seines Lebens nie mehr arm sein. Und wer die encantades bei ihren nächtlichen Zusammenkünften an der Brücke von *Bruixas* belauscht, wird in eine schwarze Katze verwandelt. In den Augen der Bergbewohner symbolisieren diese Wäscherinnen ebenso wie die dames blanches (Weißen Frauen) die Häresie. Sie stehen für ketzerische Doktrinen und verführen jene, die sich unbedacht an verlassene Orte begeben, ohne sich auf gängigem Gelände (steht für Konformismus) zu halten. Im Katharerland um *Rennes-le-Château* werden diese Erscheinungen minoutes genannt.

Auf dem Grund der Seen und Bäche leben Feen in prachtvollen Palästen, die kein Sterblicher je geschaut hat. Diese Wesen sind schön und jung und sonnen sich nackt auf Wasserrosen. Manchmal gebieten sie auch den Quellen Einhalt, wenn der Teufel im Anmarsch ist, um aus ihnen zu trinken.

Regelmäßig halten sie Versammlungen ab. In *Juzet* an der *Garonne* geschieht das immer bei Vollmond am Fuß des *Mont Cagire.* Am

Eingang der Grotte von *Gleyseta* vereinen sie sich zu rituellen Tänzen. Andere nehmen ihr Bad in der Grotte von *Espuga*.
Die Hirten träumen von diesen Feen, aber nur wenigen gelang es, sie zu sehen. Denn einmal betört von der Liebe eines solchen Hirten, verwandelt sich ein solches Wesen in eine hingebungsvolle Gattin, die sowohl auf dem Feld als auch im Haus ihre Pflichten perfekt erledigt. Nur eines muß der Mann beachten: Er darf sie nie nackt sehen. Geschieht das, löst sie sich in Luft auf.
In *Enveigt* steht ein Haus, in dem zu Zeiten Karls des Großen ein Mann gelebt hat, der mit einer solchen Fee verheiratet war. Als er sie einfing, hatte sie ihn gewarnt: »Ich werde deine Frau sein, wenn du dich mir weder jung noch alt, weder bekleidet noch nackt, weder zu Fuß noch zu Pferd zeigst.« Der Mann nahm drei Gerstenkörner in den Mund, warf sich ein Fischernetz über und bestieg eine Ziege, als er sie um ihre Hand bat ... Diese Ehe, so sagt man, soll ein Jahrhundert lang gewährt haben.
Neben diesen filigranen Geschöpfen geistern durch die *Pyrenäen* noch andere Wesen wie die Laminaks, die keinen Wert auf Begegnungen mit den Menschen legen. Dabei tun sie, so sagt der Volksmund, nur Gutes. In Burgruinen oder unter Brücken lebend, haben sie sich ganz in den Dienst der Lebenden gestellt. Wie die Heinzelmännchen bauen sie, wenn es nottut, in einer Nacht eine Brücke wie die von *Licq* im *Soul* oder restaurieren Schlösser wie die von *Laustania* und *Donamartia*. Statt Lohn verlangen sie nur einen wärmenden Ofen, um während der nächtlichen Arbeit nicht zu frieren.
Weniger hilfreich als sie benimmt sich der Riese Tartaro. Wie der Zyklop des Odysseus trägt er mitten auf der Stirn ein furchtbar rollendes Auge. Diese Bestie bevorzugt, sagt die Mythologie der Basken, vorwiegend Menschenfleisch. Aber wer fällt diesem Untier schon in die Arme, das sich so leicht mit einem Stück toten Viehs abspeisen läßt. So beschränken sich seine Abenteuer meistens auf den Sieg über einen boshaften Flötenspieler, genannt Martin der Kleine (Mattin-ttipi) oder Martin die Flöte (Mattinchirula).
Der König der Berge und seiner undurchdringlichen Wälder ist Basa Yaun. Er ist nicht bösartig, nur sein Humor entspricht nicht

dem der Menschen. Um sie zu foppen, legt dieser baskische Rübezahl den Waldbauern und Hirten oft ausgerissene Eichen als Hindernisse auf die Wege. In seinen Felshöhlen soll er im Gold wühlen. Manchmal sieht man auch seine Gemahlin, die wilde Frau (dame sauvage) am Eingang einer Grotte sitzen und sich mit einem goldenen Kamm die strähnigen Haare entwirren. Beide haben eine höllische Angst vor Glockengeläut und frommen Einsiedlern.

Basa Yaun und Tartaro sind nicht die einzigen Riesen, die die Geisterwelt der *Pyrenäen* dominieren. Solche Giganten gibt es hier überall. Manche tragen überhaupt keine Namen. Ein Treffen dieser Gesellen soll es einmal jährlich am *Pic du Géant,* am Berg des Riesen, in den *Pyrénées-Orientales* geben.

Der älteste ist Hercule, der durch seine Heirat mit Pyrène untrennbar mit den Bergen verbunden ist. Ihm huldigten schon die Römer, wie Skulpturen in *Chiragan* beweisen. Aber sein Name ist heute aus den meisten Legenden verschwunden. Nur in den Bergen um *Roncevaux (Roncevalle)* ist die Erinnerung an ihn noch lebendig. Dort war der christliche Gigant Christoph einst sein Gegner. Im 5. Jahrhundert wurde der zur Figur einer Heiligenlegende, die bis heute Bestand hat. Geboren als Riese Offero oder Reprobus aus dem wilden Volksstamm der Kynokephalen, trug er das Kind Jesus über einen Fluß. Dabei wurde diese Last so schwer, daß es den wilden Mann fast unter das Wasser drückte. Christophous – Christusträger wurde er getauft. Unter Kaiser Decius soll der Riese mit dem immer grünenden Stab in der Hand den Märtyrertod gestorben sein.

Aber sogar Hercule und Christoph haben in den *Pyrenäen* ihren Meister gefunden. Denn der wahre Herrscher über die Berge, das Baskenland und das *Roussillon* ist kein geringerer als Roland.

Dort oben in *Roncevaux,* im Niemandsland zwischen Frankreich und Spanien, das von *Saint-Jean-Pied-de-Port* über die D 993 zu erreichen ist, tauchte Hroudland, der Markgraf der *Bretagne,* am 15. August 778 auf, um sich – nach einer vernichtenden Niederlage – für immer als strahlendes Symbol des Mutes und der

Gerechtigkeit in der europäischen Welt einen Stammplatz zu erobern. Daß ihm das gelang, beweisen die in vielen deutschen Städten ihm gewidmeten Roland-Statuen – Symbole der Rechtshoheit und bürgerlichen Freiheit – ebenso wie die Lieder und Erzählungen, die allerdings auch verschweigen, daß dieser Ritter ohne Furcht und Tadel nur ein Verlierer war.

Wie kam es dazu? – Im Sommer des Jahres 778 durchquerten zwei karolingische Armeen die *Pyrenäen* auf ihrem Weg nach Barcelona und Ostspanien. Die eine, zusammengesetzt aus Leuten des Nordens und Ostens des Frankenreiches, nahm ihren Weg über den *col du Perthus;* die andere, vorwiegend rekrutiert aus dem Südwesten Frankreichs, aus *Aquitaine,* passierte nach dem Überqueren der *Garonne* und Durchqueren der *Gascogne* die Berge bei *Roncevaux* und erreichte dann Pamplona. Von dort ging es nach Saragossa, wo sich beide Heere vereinten. Ihrer beider Anführer, Karl der Große, hatte gerade die Lombardei erobert, die Sachsen unterworfen und wollte nun gegen das muselmanische Spanien Krieg führen. Er rechnete dabei auf die Hilfe mehrerer Yeminitenfürsten, die mit einigen zum Islam übergetretenen Goten-Familien den Norden Spaniens beherrschten. Ihr gemeinsamer Feind war Emir Abd er Rahman I.

Nach einigen Erfolgen in kleinen Gefechten scheiterte Karl der Große jedoch vor Saragossa. Der Emir schlug zurück, und Karls Verbündete wechselten die Seiten. Außerdem habe ihn sein Stiefvater und Intimfeind, Ganelon, verraten, wird es später in den zahlreichen Legenden heißen. Der Frankenkönig mußte sich zurückziehen, nicht ohne vorher Pamplona zu schleifen. War das der Grund für den Überfall der Basken aus *Navarra* auf Karls Nachhut, die bei *Roncevaux* während des Aufstiegs zum *col du Lepoéder,* auf den Hängen des *Altobiscar* angegriffen und total vernichtet wurde? Von oben Steine und Speere schleudernd, drückten die Bergbewohner Karls Soldaten in einen Hohlweg, töteten sie und machten sich mit der erbeuteten Bagage aus dem Staub.

Roncevaux – oder *Roncevalle* – ist heute wie damals ein Kloster inmitten von Buchen in den Bergen von *Navarra.* Hier wurde die

scheinbar unbesiegbare Elite der Ritter um Karl den Großen – der Graf Anselm, der Seneschall Eginhardt und Roland – brutal abgeschlachtet. Nur ein paar hundert Meter entfernt vom Kloster, brach sich der Lärm der Waffen und das Röcheln der Sterbenden tausendfach als Echo in den Bergen. Hier blies der sterbende Roland in sein Horn Olifant und reckte, tödlich verwundet unter einer Fichte liegend, den Arm mit dem Schwert Durendal gen Himmel, um dort oben ein Vasall Gottes zu werden, nachdem er sich hier unten, auf Erden, für seinen Kaiser aufgeopfert hatte.
Der Tod des Roland wird in dem Epos »Chanson de Roland« ausführlich beschrieben. Es ist ein großer und dramatischer Tod, einer mit Orgelklang und Himmelschören und großen Gesten. Roland wird hier ins Monumentale überhöht dargestellt, ebenso wie die toten Freunde und Begleiter, die der Held vorher auf dem verlassenen Schlachtfeld zusammensuchte. Dann erst legt er sich zum Sterben mit dem Gesicht Richtung feindliches Spanien, »weil er aufrichtig wollte, daß Karl und sein ganzes Volk sagen sollten, der edle Graf sei als Sieger gestorben«.
In *Roncevaux* mußte der Frankenkönig eine bittere Niederlage einstecken. Und die prominenten Opfer konnte Karl nicht einmal rächen. So kehrte er nur mit dem von ihm geführten Heer zurück, um die Toten zu bestatten. Die Legende breitete später ein romantisches Leichentuch über das Gelände und ließ Rosen aus den Körpern der Christen erblühen, um sie von den Heiden unterscheiden zu können. In Wirklichkeit konnte man für die Erschlagenen nicht viel tun. Die bekanntesten nähte man in Tierfelle ein, um sie mitzunehmen. Der große Rest wurde in ein Massengrab gebettet, um sie vor Geiern und Wölfen zu schützen. Über diesem Grab erhebt sich die in Pyramidenform erbaute Kapelle *Saint-Esprit.* Unter ihr der *silo de Carlomagno,* ein großer Keller mit gewaltigen Knochenbergen . . .
Das Gelände, auf dem das Heer angegriffen worden war, ist jetzt Weidegebiet für Pferde und Kühe. Es fällt von den Gipfeln der Berge hinab bis zum Kloster *Roncevaux* und erstreckt sich von hier bis nach *Valcarlos.* Im Osten grenzt es der geheimnisvolle Wald

Orion ab. Für viele Historiker haben Roland und seine Gefährten die Sonne zum letztenmal auf den Südhängen des *Altobiscar* gesehen. In dieser Todesarena zwischen *Roncevaux* und *Burguete* fand man noch im 16. Jahrhundert Waffen und Knochen unter den Wurzeln umgestürzter Eichen.
Heute erstreckt sich zwischen dem Kloster und der kleinen Stadt eine verlassene Hochebene. Eine Kapelle, dem heiligen Sauveur geweiht, soll, wenn auch in anderer Form, Zeuge der Schlacht gewesen sein. Ihre Glocke erinnert an die Abfahrt, bevor die Nacht über die kurvenreiche Strecke nach *Altabicar* hereinbricht.
Besucher hat es hier immer gegeben. In früheren Jahrhunderten waren das Pilger auf dem Weg nach *Saint-Jacques-de-Compostella.* Aus drei Richtungen kommend (1. Route: *Notre-Dame-de-Puy, Sainte-Foy-de-Conque, Saint-Pierre de Moissac;* 2. Route: *Sainte-Marie-Madeleine-de-Vézelay, Saint-Léonard en Limousin, Périgeux;* 3. Route: *Saint-Martin de Tours, Saint-Hilaire de Poitiers, Saint-Jean-d'Angely, Saint-Europe de Saintes, Bordeaux),* passierten sie immer *Roncevaux.*
Der Winter muß ihnen damals hart zugesetzt haben. Man stelle sich nur einmal vor, wenn durch das Tal von *Valcarlos* ein Eissturm pfiff. Schnee bedeckte meterhoch die Wege. Wie viele haben damals aufgegeben und sind erfroren? Als Elisabeth de Valois in dieser Jahreszeit einmal die Abtei *Roncevaux* besuchte, um sich dort von den Gesandten Philippes II. als zukünftige Königin begrüßen zu lassen, mußten hundert Zwangsverpflichtete die Strecke freischaufeln. Hundert Jahre später sah Robinson Crusoe, damals zu Gast in Barcelona, im Winter Reisende nach Frankreich wieder in die Stadt zurückkehren, weil ihnen Schneemassen den Weg über die Berge versperrten.
Aber auch im Sommer war die Durchquerung der Berge nach *Compostella* kein Vergnügen. Aymeri Picaud zeichnete in seinem Buch »Pilgerführer nach Saint-Jacques« ein Horrorgemälde von einem solchen Unternehmen im 12. Jahrhundert. »Lügen muß, wer weit kommen will«, notierte er da, womit er die Überfälle der Basken meinte, und empfahl, seinen Glauben zu verleugnen, um von den Bergbewohnern weder ausgeraubt noch als Mulis miß-

braucht zu werden, nur weil ein Huhn gestohlen worden war. »Räudige Schafe« nannten die Einheimischen die Pilger und schikanierten sie bis aufs Blut. Ruhe trat erst ein, als Richard Cœur de Lion auf der Bildfläche erschien und mit den Varraisen auf der französischen Seite freies Wegerecht für die Pilger aushandelte. Da konnte auch die Abtei *Roncevaux,* 1130 von dem Bischof von Pamplona, Sanche de la Rosa, und dem König von Navarra und Aragòn, Alphons dem Kämpfer, gegründet, endlich ungestraft Gutes für die Reisenden tun. Von nun an wurde im Kloster jeder betreut, der um Hilfe bat: Mann und Frau, Christen und Mauren, französische Navarreser ebenso wie die verfolgten Häretiker und, zwischen 1596 und 1624, die Karawanen der Hugenotten, die zur Erntezeit aus dem *Béarn* hinüber nach Kastilien wechselten. Die Bemühungen der Mönche waren unglaublich. Nach dem Empfang durch den Abt wurden die Ankommenden gebadet; man schnitt ihnen den Bart oder die Haare, flickte ihr Schuhwerk, stopfte ihre Kleidung oder gab ihnen neue und versorgte sie mit Speisen und Getränken. *Roncevaux* war ein Traum für die Pilger . . . Einer, der bevölkert war von singenden Engeln und geheimnisvollen Lichtern und wundertätigen Quellen . . .

Roncevaux war auch ein Ort des Aberglaubens. Da ist immer wieder die Rede von geheimnisvollen Erscheinungen wie der schönen Pompelona, die, begleitet von der Königin Doña Ocena, die Erde beben und die Hirsche mit Altarkerzen auf dem Geweih röhren läßt. Und natürlich erschien vielen Pilgern die Jungfrau, während ein unsichtbarer Engelschor das »Salve Regina« sang. Die »Quelle der Engel« ist heute eine von Moos bewachsene Mauer auf einem Feld hinter der Abtei. Aber das »Salve Regina« wird immer noch in der Kapelle gesungen. Und mancher hört auch noch die Engel antworten.

Im Kloster, das dem Escorial nachempfunden ist, gibt es eine in der Tat seltene Kollektion religiöser Merkwürdigkeiten zu bestaunen. Neben kostbarem Schmuck aus Gold, Silber und Elfenbein, den die Domherren im Lauf der Jahrhunderte von betuchten Pilgern als Dank erhielten, werden in 32 Schreinen rare Reliquien gehütet. Da verblüfft nicht nur das Blut Christi, sondern auch die Milch der Jungfrau und einer der dreißig Silberlinge des Verräters Judas. Und natürlich einige Waffen, die Roland zugesprochen werden. Und das Schachbrett Karls des Großen, an dem er spielte, als sein tödlich verwundeter Vasall auf dem Horn Olifant das letzte Halali blies.

In der Kirche des Klosters thront auf dem Hauptaltar eine Madonna mit drei Rosen in den Händen. Sie wurde dem Kloster von einem Goldschmied aus *Toulouse* geschenkt, nachdem ihm die Jungfrau erschienen war.

Hinauf zu dieser Kirche steigen jedes Jahr, am Tag von Christi Auferstehung, aus allen Tälern der Umgebung die »cruceros«. Tief gebückt unter der Last der Kreuze, die sie symbolhaft für die Sünden der Welt die steilen Rampen hinaufschleppen, huldigen sie der Jungfrau. Nichts hat sich geändert seit den Zeiten der Könige von Navarra. Das wilde Fieber des Mittelalters ergreift noch immer die Menschen diesseits und jenseits der Grenze. Der Navarrese kann ebenso als »Athlet der Buße« der Jungfrau huldigen wie auch »für einen Sou einen Franzosen töten, wenn er will«.

Roland und seine Leute haben das an jenem Frühlingstag am eigenen Leib erfahren müssen. Aber der Tod des Helden sollte nicht anonym bleiben. Die Realität dieses Lebens begann sich 300 Jahre später in eine Legende zu verwandeln, als um 1080 das »Chanson de Roland« (Rolandslied) geschrieben und schnell verbreitet wurde. Es ist ein frühes Meisterwerk der höfischen Literatur, dessen älteste Handschrift aus dem Umkreis der großen Kirchengeschichte des Ordericus Vitalis stammt. In diesem Epos werden nur drei Personen namentlich genannt: Roland, sein Onkel Karl der Große und der intrigante Stiefvater Ganelon. Den Zauber des Schlachtortes *Roncevaux* beschreibt der unbekannte Dichter ebensowenig, wie er die Pilgerstraße nach *Compostella* erwähnt. Leidenschaftlich dagegen schildert er die Schlacht. Aber vor allem geht es ihm darum, den Ruhm der Karolinger zum Glänzen zu bringen und seine eigene Treue zu diesem alten Geschlecht unter Beweis zu stellen. Roland dient ihm dazu nur als Vorwand.

Trotzdem brachte diese erste Dichtung dem Ritter in der damaligen Welt Ruhm und Ehre ein. Die Geschichten um und über ihn begannen sich zu vervielfältigen. Aber erst spätere Dichtungen – von dem Pfaff Konrad von Regensburg (1170, Das Rolandlied) Boiardo (1495, Rolando amoroso), Ariost (1532, Rolando furioso) und Garay de Montglave (1852, Le Chant d'Alzabiscar) – verwandelten die Figur in einen Übermenschen, in dessen mächtigem Schatten Karl der Große ein Mauerblümchendasein führte. Noch weiter gingen Erzähler aus dem *Béarn* und der *Gascogne.* In ihren Legenden befreit Roland das Land von *Cize* von mächtigen Riesen, den Mairiak, die die Burgen von *Laxagne, Ostabat* und *Juxue* geschleift und die Menschen terrorisiert hatten. In den Bergen entbrannte eine furchtbare Schlacht, während der Roland, auf der Suche nach einer Quelle, mit seinem Schwert Durendal einen Felsen in zwei Teile spaltete. Wasser sprudelte, Roland trank und starb durch die Eiseskälte des Trankes.

Eine andere Legende berichtet, daß sein Pferd Bayard einmal im Jahr an der Brücke von *Bidarray* erscheint und ein wildes Wiehern hören läßt. Dann ziehen sich die immer noch lebenden Mairiak erschreckt in ihre Berghöhlen zurück und geben erneut Ruhe.

Im Tal von *Laurhibar* soll Roland einen flachen Stein in die Luft geworfen haben, den man auf einem Feld, nahe dem Dolmen von *Arniaga,* sehen kann. Im benachbarten Tal der *Soule* habe Roland einen Felsbrocken hinüber nach Spanien geworfen, sei aber, da der Boden sehr feucht war, ausgerutscht. So blieb der Felsen vor der Grenze auf dem *la Madeleine* liegen. Die Furchen auf ihm sind, sagt man, Rolands Fingerabdrücke.

Die Autoren der italienischen Roland-Dichtungen, Boiardo und Ariost, hatten selbst am Tatort, in den *Pyrenäen,* recherchiert, bevor sie über Roland schrieben. Einer von ihnen soll für den Bergrücken von *Gavarnie* den Namen »Rolandsbresche« (»Brèche de Roland«) erfunden haben. Auch ein anderer Felsen bei *Itxassou,* am Ufer der *Nive,* trägt diesen Namen. Über die letzte Ruhestätte des Ritters sind sich die Roland-Forscher nicht einig. Die einen vermuten sie im Gebirge bei *Foix,* die anderen in *Blaye* an der *Gironde.*

II.
SCHATZSUCHE

Normandie: *rätselhaftes Gisors – Wohin verschwand das Gold der Templer?*

»Ein Schatz der Templer? Nie gehört.« – Der Alte, der die Besucher durch das *Château Gisors* führt, reagiert mit gespielt-gleichmütigem Desinteresse. Für Schatzsucher hat er kein Verständnis. Hier sei nichts zu holen, fügt er mit Nachdruck hinzu und warnt vor nächtlichen Expeditionen auf das Gelände. Man wird schießen. Ohne Vorwarnung.

Tatort *Normandie.* 50 Kilometer entfernt von *Rouen* und 30 Kilometer abseits der *Autoroute de Normandie,* die man bei *Mantes* Richtung Meer (D 183) verläßt, befindet sich das *Château Gisors.* Erhalten ist noch einer der zwei Donjons, der *Tour du Prisonnier,* der von Philippe-Auguste errichtet wurde. Und hier, wo sich auch der zugeschüttete Brunnen befindet, pflegt der Guide allzu neugierige Touristen zu warnen. Sehr entschieden. Mit sich verengenden Augen und schmalen Lippen. »Der Schatz der Templer?« Noch mal ein Achselzucken, ein sekundenlanges Schweigen, und weiter geht's in der Geschichte der ehemaligen Wehrburg, deren Grundstein der Graf Thibaud im 12. Jahrhundert legte, die später von König Henri I. weitergebaut wurde und 1158 treuhänderisch an die Templer übergeben wurde.

Am 13. Oktober 1307 schlug ihnen hier die letzte Stunde, als sie der Friedensrichter von *Gisors* auf Befehl König Philippes IV., auch der Schöne (le Bel) genannt, verhaften ließ. Seitdem existiert diese Gleichung mit zwei Unbekannten: Templer gleich Schätze gleich Geheimnis. Seit Jahrhunderten heizen die gottesfürchtige Bruderschaft der Mönchsoldaten und ihre unermeß-

lichen Reichtümer die Phantasie an, vor allem hier in *Gisors,* wo sich im Jahr 1944 so ungeheure Dinge ereigneten . . .
Seitdem sind die Templer »en vogue«, was auch die Publikationen über sie beweisen, die vor allem in Frankreich in den letzten zehn Jahren über sie erschienen sind. In den meisten ist da die Rede von einem Schatz, der irgendwo verborgen ist, verschwand oder außer Landes gebracht wurde. Aber die Jäger lassen sich nicht abschütteln. Die Erleuchteten unter ihnen versuchen sich dem Gold der Templer mit Esoterik und Kabbalistik zu nähern. Und die nur auf Kostbarkeiten aus sind, recherchieren und finden . . . natürlich nichts Außergewöhnliches. Einige Ziegel oder glasierte Porzellanstücke vielleicht, aber genug eben, um beunruhigt zu bleiben. Der gemeinsame Wille, ein Geheimnis zu lüften, vereint sie.
Lassen Sie uns ein wenig in dieser Geschichte der Templer blättern, bevor wir in *Gisors* auf die Suche nach jenem Schatz gehen, der bereits aufgetaucht war und dann wieder auf rätselhafte Weise verschwand. Die, die ihn im Laufe der Jahrhunderte ansammelten, hatten sich im Jahre 1118 unter der Führung eines gewissen Ugo de Paginis in Jerusalem zu einem Orden der armen Ritter Christi formiert. Es waren Mönche mit dem Schwert in der Hand, vereint in einem monastischen Orden, die sich der Armut, der Keuschheit und dem Gehorsam verschrieben und nichts anderes im Sinn hatten, als nach Kräften für die Sicherheit der Straßen zu sorgen (insbesondere der zwischen Jerusalem und Jaffa), also den Pilgerzügen nach Jerusalem Waffenschutz zu geben und das Heilige Grab zu verteidigen sowie den salomonischen Tempel wieder instand zu setzen . . . um dabei etwas zu finden? Balduin II. räumte den Mönchsrittern Wohnrecht in einem Gebäude neben diesem ein (der ehemaligen Aksa-Moschee auf dem Tempelberg), im früheren Tempel des Königs Herodes, der von den römischen Legionen des Titus zerstört und ausgeraubt worden war. Die Ritter aus Europa – neun waren es – nannten sich »arme Ritterschaft Christi vom salomonischen Tempel« oder einfach Templer, als die sie in der ganzen damaligen Welt schnell bekannt wurden.

Nicht zuletzt dank Bernard de Clairvaux, der die Ritter als Militia Christi bestätigte und Papst Honorius II. 1128 bewog, das Konzil von *Troyes* einzuberufen, um sie als Orden in der klerikalen Welt zu manifestieren. Eine ungewöhnliche Ehrung, denn nie war für die Gründung eines Ordens bisher die Einberufung eines Konzils notwendig gewesen.

Warum eine so außergewöhnliche und feierliche Proklamation? Hatten sie bei ihren Grabungen unter Salomons Tempel in Jerusalem die Gesetzestafeln des Moses entdeckt und damit jene »Formel des Universums«, in der unter anderem schon von der Erde als Kugel die Rede war oder auch andere »kosmische« Gesetze genannt wurden? Oder jene Methode, von der Gott in der »Genesis« spricht: »Ich habe die Welt mit dem Maß, mit der Zahl und mit dem Gewicht geschaffen.«

»Weihte« sie dieses in Jerusalem gefundene Wissen, in Frankreich 200 romanische und vor allem gotische Kathedralen entstehen zu lassen? Ja, man kann sagen, daß mit dem Auftauchen der Templer die Gotik entstand, deren Bauweise und Herkunft immer noch im dunkeln liegt. Wie aus dem Nichts waren auf einmal die Baumeister da, die diese Kathedralen erdachten und entwarfen. Und ihre Auftraggeber, die Templer, beaufsichtigten nicht nur die im 12. und 13. Jahrhundert entstehenden »Baustellen« unter anderem in *Paris, Laon, Chartres, Rouen, Toulouse, Strasbourg, Clermont-Ferrand* und *Narbonne,* sie gaben auch das Geld, mit dem Material und Handwerker bezahlt wurden.

Aber zurück zum Konzil von *Troyes,* wo Bernard de Clairvaux jene 72 Regeln ausarbeitete, die den Rittern nicht nur die weißen Mäntel mit dem achtarmigen roten Tatzenkreuz (das dem Kreuzgrundriß einer Kathedrale gleicht) auf der linken Seite als Uniform verordneten, sondern auch dreifache Gelübde abverlangten.

»Sie meiden und verabscheuen die Mimen, die Taschenspieler und Gaukler, die ungehörigen Lieder und Farcen«, schrieb Bernard de Clairvaux ihnen in seinem Regelwerk »De laudae novae militiae« (»Lob der neuen Ritterschaft«) vor; »sie schneiden sich die Haare kurz, da sie vom Apostel gelernt haben, daß es eine Schande sei für einen Mann, die eigene Haartracht zu pflegen. Nie sieht man sie gekämmt, selten gewaschen, ihr Bart ist struppig, sie stinken und starren vor Schmutz in ihren Rüstungen und in der Hitze.« Im Kampf habe jeder Gottesstreiter es mit drei Feinden gleichzeitig aufzunehmen ... Verkehr mit Frauen war ihnen ebenso verboten wie Haltung von Sklaven.

Daß der Orden rasch mächtig und reich wurde, verdankte er der Bulle »Omne datum optimum«, mit der Papst Alexander 1163 in *Sens* die Templer dann auch noch für unabhängig erklärte. Kein weltlicher oder kirchlicher Fürst sollte ihnen in Zukunft Befehle erteilen, sie kontrollieren und sich in ihre inneren Angelegenheiten einmischen dürfen. Einzig und allein dem Heiligen Vater blieb diese Fremdenlegion des Mittelalters unterstellt. Zentrale aller Ordenshäuser war das Mutterhaus in Jerusalem.

Der Orden vergrößerte sich in kaum faßbarer Weise. Die besten Familien des Landes rissen sich um das Privileg, ihre Söhne in der kleidsamen Tracht der Templer zu sehen. Nicht zuletzt auch, weil Bernard de Clairvaux so ungehemmt Werbung machte. »Eine neue Ritterschaft ist im Land der Inkarnation erschienen«, jubelte er. »Sie ist neu, sage ich, denn sie hat sich noch nicht bewährt in jener Welt, in der sie einen Doppelkampf führen muß, einerseits gegen die Widersacher des Fleisches in sich selbst, andrerseits gegen den Geist des Bösen im Himmel. Daß ihre Ritter genug innere Kraft haben, dem inneren Feind zu widerstehen, betrachte ich nicht als Wunder, weil ich es für selbstverständlich halte. Aber daß sie mit der Kraft ihres Geistes gegen Laster und Dämonen kämpfen, kann ich nur wunderbar nennen ...« Und er fährt fort: »Sie gehen und kommen auf ein Zeichen ihres Kommandeurs ... Sie mißtrauen jedem Übermaß an Lebensweise und Kleidung ... Sie leben zusammen ohne Frauen und Kinder ... Sie leben unter einem Dach mit nichts, was ihnen eigen ist ... Sie ehren den Besten, nicht den Berühmtesten ...«

Der Zulauf war gewaltig. Ein Grund war wohl der siegreiche Einsatz des Ordens für das Heilige Land, bei dem sechs Tempel-Großmeister im Kampf fielen; andrerseits inspirierten die Heldengedichte um die Tafelrunde des Königs Artus, die damals die literarischen Bestseller waren, zum Beitritt und zu einer Gesinnung, die den Einsatz des Schwertes zur Verteidigung der Schwachen und Armen, sofern sie Christen waren, empfahl.

Ende des 13. Jahrhunderts waren die Templer reich. Im Orient durch die Kriegsbeute, im Abendland durch Schenkungen. Man spendete für sie aus dem gleichen Grund, aus dem man früher den Abteien Geld und Land schenkte: aus Buße, aus Angst vor dem Jenseits und für das Heil der Seele. Das waren nicht immer nur bescheidene Gaben.

An die 15 000 Ritter trugen den weißen Mantel mit dem Kreuz und verfügten neben einer Flotte im Hafen von *la Rochelle* (die lange vor Christoph Columbus Amerika entdeckt haben soll) über 10 000 Lehnsgüter und Komtureien in Europa und Kleinasien. Mitbringsel, meistens von reichen Adligen, die dem Orden beigetreten waren und sich ebenso spendabel zeigten wie die Mächtigen der Zeit: König Alfons von Aragonien hatte den Templern Burgen geschenkt, die Königin von Portugal Land. Ordensprovinzen entstanden auf Zypern und in Rumänien, in Sizilien und Apulien, in der Lombardei, in Portugal-Kastilien und in Aragonien-Katalonien. Und im heutigen Frankreich in der *Provence,* in *Aquitaine,* in der *Normandie* und in der *Bourgogne.* Zwei Millionen Hektar Land waren das insgesamt, vielleicht auch das Doppelte. Zu diesem Grundbesitz kam ein beträchtliches Vermögen an Gold und Edelsteinen angeblich im Wert von heutigen zehn Milliarden Mark, das von dem Großmeister des Ordens, gewählt aus dem Großen Rat (13 Mitglieder), eigenmächtig verwaltet wurde. Das Armutsgebot war also so gut wie außer Kraft getreten.

Dieser Reichtum der Templer sollte nicht ohne Folgen bleiben. Ihre irdische Macht verdrängte die spirituelle, mit der sie als Gottesstreiter Gutes tun wollten und sollten. Statt dessen entwickelten sie sich zu einem multinationalen Konzern, der vor allem seine Finanzen vermehrte. Als Finanziers für den Bau von Kathedralen, Bankiers und Diplomaten für Fürsten und Könige wurden sie zu den maßgeblichen Drahtziehern. Sie führten als erste den »Wechselbrief« ein und machten es so den Reisenden möglich, bargeldlos durch die gefährliche Welt des Mittelalters zu reisen. Umberto Eco beschreibt ihre Situation in seinem Roman »Das Foucaultsche Pendel« treffend und genau so: »Der Großmeister hatte den Rang eines Fürsten von Geblüt, er befehligte eine Armee, verwaltete einen immensen Grundbesitz, war gewählt wie der Kaiser und besaß eine unumschränkte Autorität. Der französische Staatsschatz befand sich nicht in den Händen des Königs, sondern wurde im Pariser Tempel (dem Hauptquartier der Templer) gehütet. Die Templer waren Depositäre, Prokuristen und Verwalter eines formal auf den Namen des Königs eingetragenen Kontos. Sie kassierten, bezahlten, spekulierten mit den Zinsen, kurzum: Sie benahmen sich wie eine große Privatbank, aber mit allen Freiheiten und Privilegien einer Staatsbank. Und des Königs Schatzmeister war ein Templer . . . Kann man unter solchen Bedingungen ernstlich regieren?«

Mit ihrer vom Papst garantierten Allmacht und Unabhängigkeit mochte sich ein auf Zentralisierung erpichter Monarch wie Philippe le Bel (der Schöne) nicht abfinden. Ohnehin ruiniert durch die Aufgabe von Flandern und Guyana, unfähig, neue Steuern zu erheben, und statt dessen gezwungen, bei Juden und Lombarden Kredite aufzunehmen, beschloß er die Zerstörung des Ordens. Sein vornehmliches Ziel war der Templer-Schatz. Nachdem der Großmeister de Molay abgelehnt hatte, ihn zum Ehrenmitglied zu machen und einen seiner Söhne als Tempelritter aufzunehmen, und den Orden, um Einfluß zu gewinnen, mit dem der Johanniter vereint hatte, blieb nur noch die Verleumdung. Hier boten die Templer eine breite Angriffsfläche.

Da waren zuerst ihre Kontakte im Heiligen Land zu Heiden wie den Sarazenen und den Ismaeliten (»Assassinen«), einer fanatisch-religiösen Sekte der Moslems unter der Leitung des »Alten vom Berge«. Vor ihren Kämpfen mit indischem Hanf »gedopt«, waren diese Terroristen für die heiligen Mönchsritter aus Europa nicht nur kämpferische, sondern auch geistige Vorbilder. Ständige Kontakte und Pakte mit diesen Heiden beunruhigten die Kirche, die den Templern auch Kontakte mit den Katharern vorwarf. Schlimmer noch, sie seien vom Katharismus durchdrungen.

Ein weiteres Gerücht betraf die Moral der Mönchsoldaten. Gotteslästerliche Zeremonien, Abkehr vom christlichen Glauben und seine Vermischung mit jüdischer Esoterik und gnostischen Strömungen der Kabbala seien bei ihnen an der Tagesordnung gewesen sowie schwarze Magie, Sodomie und Homosexualität.

Für eine offizielle Anklage hätten diese Vorwürfe gereicht, aber immer noch, knapp zweihundert Jahre nach Gründung des Ordens, unterstanden die Templer dem Papst. Das war im Jahr 1307 Clement V. (Bertrand de Got), der einer Vernichtung der Templer zwar nicht zustimmen konnte, aber immerhin seine Genehmigung für ein offizielles Verfahren gab, um, wie er dem Großmeister Jacques de Molay mitteilen ließ, die gegen den Orden erhobenen Vorwürfe aus der Welt zu schaffen. Ehe es dazu kam, schlug Philippe IV. in einer Nacht-und-Nebel-Aktion zu. Am 14. Oktober ließ er alle Templer in Frankreich von seiner Soldateska verhaften. Sie ergaben sich kampflos, da ihr Glaube ihnen verbot, gegen andere Christen ihr Schwert zu erheben. Der Papst protestierte. Aber es war zu spät. Die königlichen Kommissare hatten, unterstützt von kirchlichen Inquisitoren, bereits mit ihrer blutigen Arbeit begonnen, und viele ihrer Gefangenen gestanden unter Folter, bei ihren Initiationsritualen Christus verleugnet und auf das Kreuz gespuckt, sich wechselseitig dem Beischlaf hingegeben und einen Götzenkopf, den des »Baphomet«, angebetet zu haben (eine Art Dualismus aus dem Orient, der in alchimistischen und magischen arabischen Schriften als »Goldkopf« erwähnt wird und Fragen mit ja oder nein beantworten konnte).

Gewiß gab es seltsame Rituale (Mutproben?) bei den Tempelrittern und eine sehr eigenwillige Interpretation der Heiligen Schriften, aber sie als Ketzer zu verurteilen und viele von ihnen dem Scheiterhaufen zu überantworten, ging als Kollektivmord eines Königs, der mit dem Reichtum des Ordens seine Staatskasse aufbessern wollte, in die Geschichte ein. Der Schatz, den er so begehrte, Gold und Silber und vielleicht auch das Geheimnis, wie man Gold macht, blieb unentdeckt. Nur Ländereien, Komtureien und andere Immobilien wurden zwecks Verwaltung den Hospitalitern übergeben. Lange konnte sich auch Philippe seines Triumphs nicht erfreuen. Die Prophezeiung des Großmeisters Jacques de Molay am 18. März 1314 auf dem Scheiterhaufen, daß König und Papst sich in einem Jahr bzw. 40 Tagen vor Gottes Richterstuhl zu verantworten hätten, erfüllte sich: 37 Tage nach der Hinrichtung Molays starb Clement an einer Darmentzündung, acht Monate später stürzte Philippe in *Fontainebleau* bei einer Wildschweinhatz von seinem Pferd und starb wenig später an der Lähmung, die er sich bei diesem Sturz zugezogen hatte.

Geblieben ist das Rätsel von dem verborgenen Schatz der Templer. Aber da ist nichts. Seltsam. Rein gar nichts. Nicht der geringste urkundliche Hinweis auf Gold und Geld.
»Dieser Schatz ist von geistiger Natur«, behaupten die, die an ein Mysterium der Templer glauben, also an die Alchimie, die Transmutation der Metalle, den »Stein der Weisen« und die Weltformel, nach der unsere Welt entstand, und an das, was uns in Bewegung hält. Die das glauben, treffen sich zu bestimmten Zeiten am Donjon von *Gisors* und in anderen Templerburgen zu einem Ritual. Sie alle kennen sich, die Direktoren, Polizisten, Weinbauern, Prokuristen, Busfahrer und Unternehmer, nennen sich da Brüder und huldigen unter einem flammenden Schwert dem großen unbekannten Meister. Es sind zwei Dutzend, die dastehen und vor Erregung zittern unter den wehenden weißen Mänteln mit dem Kreuz und unter der Fahne des Ordens, dem Banner im schwarzweißen Schachmuster. Ein Priester segnet sie mit drei gestreckten Fingern der rechten Hand.
Rätselhaftes *Gisors.* Warum vermuten so viele ausgerechnet hier den Schatz der Templer? Weil es dafür Indizien gibt. Kurz vor seinem Gang auf den Scheiterhaufen befahl Jacques de Molay

dem jungen Guichard de Baujeu, den Schatz – unter anderem die Krone des Königs von Jerusalem und den siebenarmigen Leuchter des Salomon – aus dem *Pariser Temple* in Sicherheit zu bringen. Ein von Ochsen gezogener Heuwagen verließ die Stadt Richtung *Normandie.* Hieß das Ziel Schottland, das damals ein unabhängiges Königreich war und den Mönchsrittern Zuflucht gewähren wollte? Kamen die Hüter des Schatzes wirklich nicht weiter als bis nach *Gisors?* Und wenn doch: Hätte ihr Ziel nicht auch *Rennes-le-Château* sein können? Oder schlugen sie von *Paris* die andere Richtung längs der *Seine* ein, Richtung *Troyes,* um ihre Reichtümer im dichten Walds von *Orient* zu verstecken?
Aber auch hier fand man nichts, obwohl dieses zwanzigtausend Hektar große Waldgebiet (zu erreichen von *Troyes* über die N 19 Richtung *Chaumont)* das Stammland der Templer war. Hier vereinten sie ihre Komtureien und Höfe hinter einem dreifachen Festungsring zu einem gewaltigen Stützpunkt, der von einem dichten Wald umgeben war. Verstecken konnte man hier alles. Nicht nur im Gehölz, sondern auch unter jenen vielen künstlich angelegten Weihern, die inzwischen vertrocknet sind oder zugeschüttet wurden. Niemand forschte unter ihnen nach einer unterirdischen Anlage.
Im Wald von *Orient,* auch »Wald des Tempels« genannt, erinnern heute Namen an die Templer: »Waldhaus des Tempels«, »Waldstraße des Tempels«, »Bach des Tempels«. Sonst blieb nichts . . .
Und trotzdem: »Irgend etwas schwingt hier«, behaupten Schatzsucher, wenn sie sich, mit Karten und Pendeln ausgerüstet, durch das Gehölz kämpfen. Man läßt sie suchen und graben. Auf eigene Gefahr. Denn es sollen hier auch noch Depots von Minen und Granaten aus dem letzten Krieg verborgen sein. Ein wahrhaft explosiver Schatz!

Zurück nach *Gisors,* wo die Schatzsucherstimmung verfilzt ist. Man weiß, daß hier etwas gefunden wurde. Aber was? Offiziell wurden genau 11 359 königliche Goldmünzen, französischer und

englischer Herkunft, unter der Terrasse im Hof eines Eisenwarenhändlers entdeckt. Das war 1970. Aber was war da 1944 geschehen?
Roger Lhomoy, Amateurarchäologe und seinerzeit Schloßwärter der Templerburg, war ohne offizielle Grabungsgenehmigung in den Brunnen der Festung hinabgestiegen und von dort in einen blinden Seitengang eingedrungen. Das Unternehmen zog sich zwei Jahre hin, bis Lhomoy ein Loch geschlagen hatte und sich einer Entdeckung gegenübersah, die ihn zur Salzsäule erstarren ließ: 19 Sarkophage und 30 kostbare Metallkisten (1,8 Meter hoch, 2,5 Meter lang, 1,6 Meter breit), flankiert von Jesus- und Apostelstatuen, standen vor ihm in einer unterirdischen Kapelle. An das Tageslicht zurückgekehrt, berichtete Lhomoy sofort der Stadtverwaltung von seinem Fund. Die Reaktion des Bürgermeisters ist bis heute rätselhaft: Er ließ den Brunnen zuschütten.
1959 offenbarte sich Lhomoy dem Redakteur der Nachrichtenagentur »Agence France Press«, Gérard de Sède. Unter dem Titel »Die Templer sind unter uns« informierte der in einer Artikelserie die Nation über Lhomoys Fund und bewies anhand astronomischer Berechnungen, daß *Gisors* als Geheimversteck für den Templerschatz geradezu prädestiniert gewesen sei. Vertreter des Ministeriums für Kultur, dem damals André Malraux als Minister vorstand, erschienen vor Ort, legten den Brunnen ein zweites Mal frei und schütteten ihn dann erneut wieder zu, ohne überhaupt bis in die Kapelle gekommen zu sein. 1964 geschah dann das Unfaßbare: Das Verteidigungsministerium erklärte das Gelände *Château Gisors* für einige Monate zum Sperrgebiet.
Heute ist *Gisors* wieder zu besichtigen. Der Brunnen und die unterirdische Kapelle sind zugemauert worden. Man hat den Eindruck, daß das, was dort geschah, geschehen mußte, weil es besser ist, die Wahrheit nicht zu wissen. Die Akte scheint geschlossen zu sein. Aber die Menschen in der Gegend von *Gisors* wissen mehr. Nicht wenige sollen vom Schatz der Templer profitiert haben. Sie flüstern von kostbaren Waffensammlungen in Privatbesitz. Aber gesehen hat die noch niemand.

Normandie: *der Gentleman-Dieb im Tresor der Könige*

In der Kirche von *Quillebeuf-sur-Seine* (zu erreichen von *Rouen* über die A 13, Abfahrt *Bourneville,* Richtung *Pont de Tancarville)* wird ein Schiffsmodell gezeigt, das den Namen »Télémaque« trägt. Die Fregatte wurde berühmt nach ihrem Untergang, der sich nicht weit von dieser kleinen Kirche im Departement *Eure,* direkt in der *Seine*-Mündung, ereignete, wo man mehrere Versuche machte, das Wrack zu bergen und damit einen Schatz zu finden, der sich angeblich auf der »Télémaque« befunden haben soll.
Am 3. Januar 1790 war das Schiff, vor einem Sturm Zuflucht suchend, in den Hafen von *Quillebeuf* eingelaufen und hatte jene gefährlichen Sandbänke noch rechtzeitig passiert, die bei einsetzender Ebbe eine große Gefahr bilden, wenn das Wasser aus der *Seine* hinausdrängt ins Meer. Aber dann, zu schlecht im Hafen vertäut, kenterte die »Télémaque« und sank in wenigen Minuten. Offiziell hatte sie Holz und Talg für den Bestimmungshafen *Brest* geladen. Sehr schnell jedoch wuchsen Zweifel an dieser Fracht . . .
Frankreich ist voller Schätze. Immer wieder berichtet die Presse über Kostbarkeiten, die noch in der Erde ruhen oder unter Burgfrieden und Kirchenruinen vergraben sein sollen. Jährlich treibt es Tausende auf die Jagd nach privaten, kirchlichen und militärischen Kleinodien. Manchmal mit Erfolg. So fand 1954 ein Dutzend Pfadfinder beim Spielen in den Ruinen der Abtei *Saint-Wandrille* unter einigen Steinen 500 Goldmünzen in drei Tonkrügen im Wert von drei Millionen neuen Francs. In *Paris* wurde ein spanischer Straßenarbeiter fündig, als er in der *rue Mouffetard* 3000 Goldmünzen entdeckte, die der Stallmeister Ludwigs XV., Nivelle, dort versteckt hatte. Das belegte ein Schriftstück, welches dem Schatz beilag und ihn als Erbe für Nivelles Tochter Anne-Louise auszeichnete.
»Als ich ein kleiner Junge war, lebte ich in einem alten dunklen Haus, von dem die Legende berichtet, daß dort ein Schatz verborgen ist. Niemand hat ihn je entdecken können. Aber er

erleuchtete das ganze Haus«, schrieb Antoine de Saint-Exupéry über ein Mysterium seiner Kindheit. Auch der Schriftsteller Michel Leblanc wurde von ähnlichen Erinnerungen so inspiriert, daß er mit der Suche seines Helden Arsène Lupin nach dem Schatz der Könige ein Fieber entfachte, das noch heute glüht. Besonders heftig in der *Normandie,* wo die Spekulationen über Schätze noch immer gang und gäbe sind.

Es sind die Anfangsjahre der Revolution, in denen Frankreichs Königin Marie-Antoinette beschließt, dem blutrünstigen Wahnsinn ihrer Untertanen zu entfliehen und sich unter den Schutz des jenseits der Grenze wartenden Königs Leopold, ihres Bruders, zu begeben. Aber der Fluchtplan des schwedischen Offiziers von Fersen wird 1791 scheitern. In *Varennes,* nur noch wenige Kilometer von den preußischen Truppen entfernt, werden die königlichen Flüchtlinge gestellt und nach *Paris* zurückgeschickt. Womit auch das Ende jener konspirativen Pläne gekommen ist, die man vor allem der Königin nachgesagt hat und die nicht nur sie und ihre Familie, sondern auch die Monarchie mit Unterstützung der preußischen und österreichischen Interventionstruppen retten sollten. Aber es war ihr noch gelungen, einen Teil des königlichen Vermögens aus *Paris* herauszuschaffen, um bei gelungener Flucht auch in der Emigration standesgemäß weiterleben zu können.

Ihr Hab und Gut in Sicherheit bringen wollten Adel und Klerus in jenen revolutionären Jahren. England und Holland waren die Ziele. Per Schiff über die *Seine* also, hinauf zu den Häfen an der Mündung des Flusses, oder Richtung belgische Grenze, quer durchs Land, durch die »Läusechampagne«, führten die Flucht- und Transportwege. Im Volk von *Paris* gärten solche Gerüchte, und es genügte, über einen königlichen Schatz zu munkeln, als der Graf de la Luzerne im Namen Louis XVI. die »Télémaque« 1792 zu bergen versuchte. 300 Männer waren für dieses Unternehmen in den Hafen von *Quillebeuf* beordert worden. Sie arbeiteten fast eine Woche. Ohne Erfolg. Das Schiff blieb auf dem Grund. Auch ein erneuter Bergungsversuch durch Louis XVIII.

im Jahr 1818 scheiterte. Aber das Interesse der Bourbonen genügte vollauf, um die These von einem Schatz nur noch stärker zu verbreiten.

1842 wurde der englische Ingenieur Taylor von diesen Gerüchten infiziert. Zuerst publizierte er eine Schrift, in der er präzise Angaben über das auf dem Hafengrund liegende königliche Vermögen machte: 80 Millionen Francs in Gold und Diamanten. Der Beichtvater Louis' XVI. habe ihm persönlich diese Informationen gegeben, verriet Taylor. Aber auch seine Bergungsversuche waren nicht von Erfolg gekrönt. Eine lange Regenperiode zwang ihn zur Aufgabe. Die sperrige »Télémaque« mußte auf dem Grund des Hafenbeckens verbleiben.

Ein vierter Bergungsversuch wurde kurz vor Ausbruch des Zweiten Weltkriegs von den Pariser Bauunternehmern Théodore Lafitte und André Crestois gestartet. Ihre aufwendige Ausrüstung schien den Erfolg zu garantieren. Ein Lastkahn wurde als Brücke benutzt: Von ihm sollten Taucher und Förderkörbe hinab in die Tiefe gleiten. Aber zuerst mußte das Wrack lokalisiert werden. Die seit 1850 neu entstandenen Dämme und Deiche sowie eine Vertiefung der Fahrrinne hatten die Navigation und damit die Strömung des Flusses stark verändert. Wie wollte man die »Télémaque« ausfindig machen und auch noch von vier weiteren Wracks unterscheiden, die während der revolutionären Jahre im Hafen von *Quillebeuf* gesunken waren?

1939 hatte man das Schiff, so glaubte man, entdeckt. Zwanzig Eichenholzstämme und mehrere Tonnen Talg wurden nach oben gehievt. Das entsprach exakt der offiziellen Ladung der »Télémaque« und überzeugte Lafitte und Crestois, dem Schatz auf der Spur zu sein. Aber dann schwand diese Hoffnung, als nur einige bronzene Kerzenleuchter, Türschlösser und eine Uhr gefunden wurden. Keine Spur von Gold und Juwelen. Vielleicht befand sich der Schatz im Achterdeck, in der Kajüte des Kapitäns, die man vom Treibsand noch nicht hatte befreien können. Als die Gefahr durch Angriffe der Deutschen immer größer wurde, mußte die Schatzsuche abgebrochen werden.

Aber die Legende vom Schatz der »Télémaque« sollte nicht so schnell in Vergessenheit geraten. 1984 brachte sie Willem Verloop, ein pensionierter Kapitän der niederländischen Marine, wieder ins Gespräch, als er vollmundig verkündete, das Schiff des Königs sei nicht im Hafen von *Quillebeuf* gesunken, sondern ruhe zehn Meter unter dem Wasserspiegel in einem heute zugeschütteten Seitenarm der *Seine*. Genau dort, wo sich ein Fußballplatz befinde. Wenn man den abtrüge, käme man an das Gold des Königs heran, etwa 2,5 Millionen Louis d'or, die damals, während der Revolution, von den Adligen gespendet worden seien, um der Monarchie das Überleben zu sichern.
Der Bürgermeister von *Quillebeuf,* Monsieur Poniatowski, ließ sich von dem Holländer überzeugen und mobilisierte einige einheimische Archäologen, deren Probebohrungen auf dem Fußballplatz nichts zutage brachten. Was hätte das auch sein können?

Der Schatz der »Télémaque« geistert noch immer durch die Köpfe. Die einen vermuten, daß das Schiff die geheimen Papiere des Königs in Sicherheit bringen sollte, andere träumen von Gold und Juwelen. Regionale »Experten« können darüber nur lächeln. »Die Menschen von *Quillebeuf* standen früher in dem Ruf, in nur wenigen nächtlichen Stunden ein gestrandetes Schiff komplett leerzuräumen.« Dann kippen sie schmunzelnd einen Calvados und erzählen von jenen Häusern, in denen Rüstungen und Waffen aus dem Besitz der Bourbonen aufbewahrt werden . . . Oder sie erzählen von einem versunkenen Schiff, von der »Blanche-Ne«, die 1770 vier Kilometer vor *Barfleur* unterging. An Bord waren damals die zwei Töchter Henrys I. von England und 200 Mann Besatzung und viel Gepäck und noch viel mehr Gold . . .
Die schönsten Geschichten über die Schätze der *Normandie* erzählt Maurice Leblanc (1864–1941). Und in allen spielt ein gewisser Arsène Lupin die Hauptrolle. Wie in jener über die Kapelle *Barre-y-va,* die 1216 fünf Fischer aus Dank erbaut hatten, nachdem sie sich auf wundersame Weise aus einem Sturm retten konnten. Das kleine Gotteshaus, das zur Ortschaft *Radicatel* (auf der Strecke

Tancarville—Lillebonne, D 982) gehört, liegt am Flüßchen *Aurelle,* das zu bestimmten Jahreszeiten noch immer Gold mit sich schwemmt. Dieses, so Leblanc, stamme aus dem Grab eines römischen Prokonsuls, der um Christi Geburt in *Radicatel* gewohnt habe und dort samt seinem Gold, körnig zermahlen, unter einem Hügel *(la Butte-aux-Romains)* beigesetzt worden sei. Zur Zeit der großen Fluten würde davon Erde in die *Aurelle* geschwemmt.

Arsène Lupin zog nicht nur persönlichen Nutzen aus dieser Entdeckung, sondern heizte in den von Leblanc geschilderten Abenteuern die Schatzsuche seiner Landsleute an. Geld und Gold vermutete der Romanheld auch in den Klöstern des Landes, die vor der Revolution reich und mächtig waren. Zugang fand er durch einen simplen Schlüssel: Sieben Klöster in der Region *Caux* verband er mit den sieben Sternen des Großen Bären und entdeckte in ihrem Zentrum, unter einem mächtigen Grenzstein in *Jumièges,* jenes Gold, das ihn zum reichen Mann machte.

Wer war dieser Arsène Lupin? Ein Einbrecher, der nicht zu fangen war, eine rätselhafte Persönlichkeit, ein einfallsreicher Gentleman-Dieb, der am liebsten in den Schlössern und Stadtwohnungen der Reichen arbeitete. Er war ein Mann der tausend Verkleidungen, der ebensogut als Chauffeur wie als Tenor, als Buchhändler wie als Handlungsreisender, als Greis wie als Jüngling aufgetreten ist — ein charmantes Filou, »das nicht nur die Kunst des Schminkens beherrschte, sondern auch die wunderbare Fähigkeit besaß, selbst die Proportionen seines Gesichtes zu verändern . . .«

Als Arbeitsgebiet bevorzugte Lupin das Dreieck zwischen den Städten *le Havre, Dieppe* und *Rouen,* wo der »Cyrano der Unterwelt« (so Jean-Paul Sartre) sich auskannte. Dabei hatte sein »Vater« Leblanc mit ihm gar nicht soviel im Sinn, als er ihn 1905 zum erstenmal in dem Magazin »Je sais tout« in einer Erzählung vorgestellt hatte. Der Titel der Story — »Die Verhaftung des Arsène Lupin« — sprach mehr für ein Ende als für den Anfang einer Gaunerkarriere. Aber dann mußte Leblanc seinen bereits verurteilten Helden auf Wunsch der Leser aus dem Gefängnis befreien und ihm

eine Karriere als Gentleman-Dieb bescheren, die in 25 Sprachen übersetzt wurde und seinen Autor, der zuvor im Geist seiner Vorbilder Maupassant und Flaubert neun erfolglose Bücher zu Papier gebracht hatte, zu Bestsellerehren brachte.
Es sind die Wege des Arsène Lupin im *Caux,* denen jeder folgen kann zu jenen Lokalitäten, an denen der Gauner im teuren Zwirn seine Schätze zusammenraffte. Durch die in viele Sprachen übersetzten Abenteuerromane »Die Gräfin von Cagliostro« und »Die hohle Nadel« wurde er international bekannt.
In den Lupin-Büchern stattete Leblanc seinen Helden auch mit einer Biographie – geboren im Mai oder Juni 1874 in *Blois* als Sohn eines Aristokraten – aus, die allerdings von dem Bürgermeister von *Étretat,* Raymond Lindon, 1959 korrigiert wurde, als der unter dem Pseudonym Valère Catogan die wirkliche Identität von Lupin enthüllte: der Gentleman-Dieb sei im August 1864 als ausgesetztes Baby auf den Stufen des Sprungturms der Badeanstalt gefunden worden.
Waise oder Aristokrat, egal, Lupin war jener typische Tausendsassa, der dank seiner Gaunereien blendend durchs Leben kam. Und gelegentlich Entdeckungen machte, die immer noch für bare Münze genommen werden. So regt sein Abenteuer in der »hohlen Nadel«, einem kolossalen Felsobelisken, den jeder mit eigenen Augen 50 Meter entfernt von der Küste am Strand von *Étretat* sehen kann, die Phantasie von Lesern und Schatzsuchern gleichermaßen an. Es ist alles noch da, so wie Leblanc es in seinem Buch beschrieben hat.
Das Abenteuer beginnt mit einem Einbruch Lupins in ein normannisches Schloß in der Nähe von *Varengeville.* Der Detektiv Isidore Beautrelet findet während der Untersuchung ein Dokument mit mysteriösen Zahlen und Punkten in vier Reihen. Mühsam dechiffriert er einige Wörter, indem er die Zahlen, die nicht über die Fünf hinausgehen, durch Vokale ersetzt und die Punkte durch Konsonanten. So kommt er auf die Wörter »aiguille« (Nadel) und »creuse« (hohl). Ein weiteres Wort entziffert er als »demoiselles« (Fräuleins). Ziel weiterer Recherchen ist für Beautrelet *Château*

d'Aiguille in der *Creuse*. Ein Irrtum! widerspricht ihm Arsène Lupin in einem Zeitungsartikel und legt seine Version vor:
Es handele sich hier um ein historisches Geheimnis, das bislang nur den Königen von Frankreich bekannt gewesen sei. Gemeint sei jener kapitale Staatsschatz, der schon seit dem Krieg der Gallier gegen Julius Cäsar existiert habe. Er sei dem ersten Normannenfürsten Rollon ebenso bekannt gewesen wie später Guillaume le Conquérant, François I. wie auch Henri IV. Mit der Exekution Marie-Antoinettes und Louis' XVI. sei er jedoch im Dunkel der Historie verschwunden. Nicht ohne Absicht. Denn eines Abends, wenige Tage vor seiner Hinrichtung, habe Louis XVI. einem seiner Offiziere ein Dokument in die Hand gedrückt, das mit einigen Linien, Zahlen und Punkten bekritzelt gewesen sei.
»Geben Sie das der Königin, und sagen Sie ihr: ›Vom König für Sie und Ihren Sohn . . .‹ Und wenn sie nicht versteht . . .«
»Ja, Sire, und wenn sie nicht versteht?«
»Dann fügen Sie hinzu: Es handelt sich um das Geheimnis der Nadel. Dann wird sie Bescheid wissen.«
So geschah es. Als Marie-Antoinette das Dokument entgegennahm, schien sie sofort zu verstehen. Sie lächelte den Überbringer an. »Es ist zu spät«, sagte sie dann und legte das Papier in eine Schatulle.
Seitdem sprach niemand mehr über das berühmte Geheimnis, bis zu jenem Augenblick, als Arsène Lupin seine Spur aufnahm . . . weit entfernt von der *Creuse* und dem *Château d'Aiguille*. Und natürlich heftete sich Beautrelet an seine Fersen. So kam der Detektiv nach *Étretat* (zu erreichen von *Paris* über die A 13, Abfahrt *Bourneville* auf der A 185, dann über *Tancarville* und *Bolbec* über die D 910 bis *Goderville* und von dort über die D 139) und sah zu seiner Linken, den Strand abschließend und flankiert von einem gewaltigen Felsen *(l'Aiguille creuse)*, die Steilküste von *Aval*. Zur Rechten hatte das Meer einen gigantischen Torbogen geformt *(la porte d'Aval)*. Auf dem Gipfel der Steilküste erhob sich ein mittelalterliches Bauwerk, das *Fort Fréfosse*, und nicht weit davon befand sich, ein wenig über dem Rand der Steilküste hängend, eine Grotte, von

den Einheimischen *la chambre des demoiselles* genannt. Die noch fehlenden Worte ließen sich nun mühelos in die vier Zeilen des Dokuments einfügen und ergaben folgenden Text:

Stromabwärts von Étretat
Das Zimmer der Demoisellen
Unter dem Fort von Fréfosse
Hohle Nadel

Beautrelet begab sich in die Grotte, fand dort eine Geheimtür, gelangte in das Innere der »hohlen Nadel« und stieß auf Lupin, der ihn bereits erwartete. Ja, hier habe sich wirklich jener Schatz der Könige von Frankreich befunden. »Aber nun, sehen Sie selbst, Beautrelet . . .«
Viele Leser gingen mehr dem Dieb Lupin als seinem Erfinder Leblanc auf den Leim. Und als auch noch Raymond Lindon einen Essay über die Wahrheit in den Büchern Leblancs schrieb, nahmen viele ernst, was Fiktion war. Auch wenn Lindon behauptete, daß man eine Serie historischer Rätsel lösen könne, wenn sich in der »hohlen Nadel« wirklich der Schatz der französischen Könige befunden hätte . . .

Aber bevor die Historie ins Spiel kommt, sei ein Blick auf jenen Strandabschnitt in *Étretat* gestattet, von dem die Rede sein wird. Wir gehen am Meer längs, ungefähr 300 Meter weit über Kieselsteine und erreichen die Steilwand, die den Strand in zwei Teile teilt. Durch einen Felstunnel kommen wir zu jenem Strandabschnitt, über dem der Fels steil aufragt. Dieser Platz ist zauberhaft und einsam: Von keinem wird man hier gesehen, wenn man, bei Ebbe, einen weiteren Tunnel passiert hat, schwindelfrei ist und eine Kletterpartie bis zu 80 Meter hoch hinaus über den Meeresspiegel wagt. Es ist dieser Kieselsteinstrand, an den sich Maler, Musiker und Literaten wie Delacroix und Corot, Massenet und Offenbach, Maupassant, Hugo zurückzogen, wenn sie in *Étretat* Ferien machten, und wo es Leblanc gelang, seinen Helden Lupin in eine Legende zu verwandeln.

Aber wir wollen ja die geschichtliche Bedeutung dieser Felsen untersuchen und für einen Augenblick die Namen jener Revue passieren lassen, die auf dieses Stück Land ihren Fuß gesetzt haben könnten, wenn sie als Eroberer kamen oder als Besiegte gingen.

Einer ist Henry V. von England. Als er 1429 den Krieg gegen Frankreich wieder aufnahm, soll er mit seinem Heer an der Küste des *Caux* gelandet sein. Aber keinem Historiker gelang es bislang, den Ort der Landung zu lokalisieren. Ist er heimlich mit seinen Soldaten hier am Strand von *Étretat* gelandet?

Ein anderer Fall: Am 18. April 1791 wollen Louis XVI. und seine Familie in *Saint-Cloud* die Ostermesse hören. Aber in letzter Minute wird ihre Abfahrt verhindert. Nicht ohne Grund, wie man im Tagebuch des schwedischen Offiziers von Fersen nachlesen kann. Die königliche Familie wollte mit seiner und des schwedischen Königs, Gustavs III., Hilfe über *Étretat* nach England fliehen. So wie es später Louis Philippe (1830 und 1848) und Napoléon III. (1870) versucht haben. Statt über *Calais* und *Bourgogne* das Land zu verlassen, planten sie die Flucht *Seine*-abwärts. War es der Schatz der Könige, der sie zu dieser Route veranlaßte? Jener Schatz, den vielleicht die »Télémaque« schon 1790 auf Order des Königs in Sicherheit hatte bringen sollen, als sie, beladen mit Gold und Silber einem Sturm ausweichend, noch einmal *Quillebeuf* anlief, um von dort England zu erreichen?

Und noch ein historisches Beispiel: Am 4. September 1870 verließ die Kaiserin Eugénie, mit nur einem Wäschesack als Gepäck, die *Tuilerien,* um nach England zu fliehen. Dank der Hilfe ihres Zahnarztes Dr. Evans erreichte sie *Deauville* und konnte sich einschiffen. Arm wie eine Kirchenmaus erreichte sie London, aber schon wenige Tage später besaß sie Geld und Juwelen in Fülle. Woher? Der Juwelier der Kaiserin, wohnhaft in *Étretat,* soll die Majestät mit dem Wichtigsten versorgt haben. Aus dem Schatz der Könige, der in der »hohlen Nadel« lagerte?

Nicht dort, gewiß nicht. Denn der Felsdorn im Meer ist nicht hohl. Er war es nur in der Phantasie Leblancs. Das wissen auch die Alpinisten, die diesen Monolithen seit 1936 mehrfach erstiegen haben, um den Eingang in sein Inneres zu finden. Vergeblich. Aber rundherum, in den Wänden oder auf dem Plateau, hoch über der See, könnte immer und überall ein Schatz verborgen worden sein.

Schon als der Leblanc-Roman »Die hohle Nadel« anno 1909 erschien, lebten die Menschen in *Étretat* im Rhythmus der Gezeiten. Die Männer waren Fischer, ihre Frauen wuschen die Wäsche in einem Fluß, der ins Meer zurückfließt und in dessen Mündung damals Austern gezüchtet wurden. Aber jetzt gibt es nur noch einen aktiven Fischer in *Étretat.* Regelmäßig verkauft der an jedem Arbeitstag seinen Fang um elf Uhr am Hafenkai. Einige alte Schiffe erinnern an jene Jahre, in denen der Tourismus zu boomen begann. Heute zählt man bis zu 30 000 Besucher am Wochenende. Der Felsen von *Amont* ist ihr Opfer geworden. Ein Zeugnis des Vandalismus. Ohnehin nur aus Mergel bestehend und deshalb sehr verletzlich, ist er inzwischen um zig Quadratmeter in Höhe und Breite reduziert worden. Seine Existenz ist bedroht . . .

Ist es die Fama über den Schatz der Könige, die Besucher dazu treibt, Löcher in die Wand hier am Meer zu schlagen, um irgendwo eine Grotte zu entdecken, in der . . . vielleicht . . . Da könnte man inzwischen bequem hinabsteigen auf den Kieselstrand, wenn das nur nicht verboten wäre. Und wenn es eine Grotte gäbe . . . Erdrutschgefahr, heißt es lapidar. Als wenn damit für die Nachkommen Arsène Lupins der königliche Schatz aus der Welt wäre . . .

Arsène Lupin hielt sich nicht mit solchen Verboten auf, wenn er einem Schatz auf der Spur war. Die Zeit mit dem Betrachten der Landschaft zu vertrödeln lag weder ihm noch seiner Komplizin Joséphine Balsamo, wenn sie zwischen *Tréport und le Havre* die Küste unsicher machten. Für die Schönheiten der Landschaft und den Blick auf das Meer hatte das teuflische Duo keine Zeit. Von einer bewegten See bespült, ist diese 120 Kilometer lange Küste (zu befahren über die D 11, D 211, D 79, D 75 und D 925), deren schwindelerregende Felsen sich tief ins Land strecken, heute besiedelter als damals und verschreckt mit Horrortechnologie: mit einer Petroleumraffinerie in *Antifer* und einem Nuklearzentrum in *Paluel*. Aber da sind die Kressewiesen und die mit Reet gedeckten Bauernhütten. Und das idyllische Dorf *Veules-les-Roses* wird immer noch vom kleinsten Fluß Frankreichs, der knapp einen Kilometer langen *Veules,* durchflossen; und meditieren können die Besucher in der Kirche von *Varengeville-sur-Mer,* wenn sie die Malerei von Georges Braque lieben, der dort einige Fenster gestaltet hat, und auch dort begraben wurde.

Viel Sinn für Kunst hatten auch Arsène Lupin und seine Geliebte Joséphine, gesucht »wegen Raubes, Hochstapelei und Hehlerei«. Beide wurden Komplizen an jenem Tag, als sie sich, angezogen von einem wertvollen Kerzenleuchter mit sieben Armen, nächtens im *Château Gueurs,* nahe *Dieppe,* trafen. Bruno Plessis, der heute diesen jahrhundertealten Besitz bewohnt, kann über diese Lupin-Episode in dem Roman »Die Gräfin Cagliostro« nur milde lächeln. »Alles hat sich seitdem hier geändert«, sagt er. »Unser Schloß war nur der Rahmen eines Lupin-Abenteuers.« Aber auch der Feriensitz der Leblancs. Denn Jeanne, die ältere Schwester des Schriftstellers, verbrachte hier manchen Sommer. Ihr damals schon berühmter Bruder besuchte sie manchmal. »Ich kann mich nicht mehr von Lupin befreien«, bekannte er hier einmal einem Journalisten und fügte hinzu: »Ich bin sein Schatten geworden und gehorche ihm. Er sitzt in meinem Arbeitszimmer zur gleichen Zeit wie ich. Und wenn ich in den Spiegel schaue, erkenne ich mich selbst nicht mehr.« Lupin wurde für Leblanc ebenso zur Besessenheit wie die mittelalterlichen Türme, die gotischen Klostergänge und die typischen Kalkfelsen in der Region *Caux* für Lupin, die er immer wieder auf der Suche nach Schätzen durchspürt.

Auch das *Château Gueurs,* erbaut zwischen 1532 und 1542 durch den Grafen Jehan Ango von Dieppe, dem Marineberater von François I., das nun renoviert und für das Publikum zur Besichtigung freigegeben worden ist, wurde von dem Gentleman-Einbrecher mit seinem Besuch beehrt. Das Renaissance-Gebäude hat die Jahre nicht ohne Schaden überlebt. Ein Taubenschlag aus roten Flachsteinen steht in der Mitte des Hofes und bietet noch immer unzähligen Vögeln Schutz. Ein Treppengang, der von der florentinischen Loggia zu den von Skulpturen gesäumten Arkaden führte, ist nur noch in Bruchstücken vorhanden.

Wenn Lupin nicht stahl, spazierte er über die Felder des *Caux,* die einander so gleich und doch nicht ähnlich sind mit ihren endlosen Horizonten, den weitverstreuten Bauernhöfen und den dichten Waldstücken. Vielleicht wollte er hier seine grausame Kumpanin und Geliebte Joséphine vergessen, deren blutige Methoden er zutiefst verabscheute. Vielleicht zog es ihn auch deshalb in die Klöster wie in jenes von *Jumièges* und dem von *Wandrille* (beide zu erreichen von *Rouen* über die D 982), die neben der inneren Einkehr auch reiche Beute versprachen, zumal sie Teile jenes Kranzes »der sieben Klöster waren, in denen der christliche Reichtum der *Normandie* bewahrt« wurde. Hierhin verschlug es auch oft Leblanc aus familiären Gründen. In *Saint-Wandrille* verbrachte eine seiner Schwestern mit dem Schriftsteller Maurice Maeterlinck manchen Liebessommer. Für die dort ansässigen Mönche war das ein Skandal, zumal der Schriftsteller in ihrem Kloster auch noch die Stars des damaligen *Pariser* Theaters, die Bernard, die Réjane und Lucien Guetry, empfing.

Heute beten und arbeiten 50 Mönche in dieser Abtei, die von dem Heiligen Wandrille gegründet worden ist. In der ihr nahen Kapelle *Barre-y-va* siedelte Leblanc auch eine sehr moralische Erzählung an, in der Arsène Lupin für eine arme betrogene Waise die ihr zustehende Erbschaft erkämpft. Von einem Schatz ist da nicht mehr die Rede.

Das Burgenquartett von Lastours

Die »hohle Nadel« von Étretat

Château Gisors

Arsène Lupin als Romantitel

Nicolas Poussin: »Les bergers d' Arcadie«

Languedoc-Roussillon: *das Erbe der Katharer – Steine, viele Steine und immer wieder der Gral*

Über viele Jahrzehnte schien das *Languedoc* ein armes Anhängsel von Europa zu sein. Fatalität des Südens. Eingekeilt zwischen der Genußfreudigkeit *Aquitaines* und dem Sonnenüberfluß der *Provence* hing diese Region immer am Tropf. Ein Schicksal, dem kaum beizukommen war, zumal die Nostalgie dort immer wichtiger war als die Zukunft. Daran änderte sich auch nichts, als man dem *Languedoc* noch das *Roussillon* zuschlug – ein schönes Stück Katalonien, überflutet von Licht und direkt an der Grenze zu Spanien, das trotz dieser Nähe unnahbar zu sein scheint.

Die extreme Unterschiedlichkeit der sechs Departements *Aude, Aveyron, Gard, Hérault, Lozère* und *Pyrénées-Orientales* ist voller Versprechungen, aber auch reich an Spannungen. Wie sollen Menschen sich miteinander verbunden fühlen, wenn sie einerseits in der *Camargue* Stiere züchten und andrerseits in den *Pyrenäen* von *Carrigou* Ziegenkäse produzieren? Wie gemeinsam Oliven an den Ufern der *Rhône* und Weizen im *Lauragais* ernten? Abgesehen von solchen überall vorhandenen Gegensätzen, schleppt das *Languedoc-Roussillon* zwei Probleme wie Eisenkugeln mit sich herum: als Erbe des 19. Jahrhunderts eine Unterindustrialisierung und seine Monokultur.

Das größte Weinanbaugebiet der Welt ist nämlich eine Krise ohne Ende. Die Sommerbesucher nehmen das nicht wahr. Sie sind in diesem Land immer in Eile. Eine Stunde für den *Pont du Gard,* eine weitere für das *Maison Carrée* in *Nîmes,* dann noch eine halbe Stunde in *Carcassonne*... Und ab an die Strände von *Palavas-les-Flots* oder *Le Grau-du-Roi,* die längst aus dem Schatten von *Saint-Tropez* herausgetreten und restlos ausverkauft sind. Die Zeiten haben sich geändert, seit Racine seinen Freunden in Paris schrieb, daß die Nächte von *Uzès* viel schöner sind als die Tage, und George Brassens inständig darum bat, am Strand von *Sète* begraben zu werden. Diese Dichter...

Damals, vor zwanzig Jahren, als in *La Grande-Motte* die Wohnsilos mit den Eigentumswohnungen entstanden, wollte man nicht nur der »Bronzearsch« Europas sein. Und heute? An den Stränden des Mittelmeeres hat man das inzwischen akzeptiert. Man dachte um, blickte nach vorn, auch im Landesinnern, öffnete sich und zeigt nun, was man besitzt. Der Tourismus floriert. Die Küste hat Platz zwischen den Zentren moderner Architektur und gibt den Blick auf wie japanisch gemalte Seen frei. Das Resultat: fünf Millionen Touristen pro Jahr. Ihnen zuliebe vervielfältigen auch die hinter den Dünen, die Bürgermeister und Gemeinderäte in den Dörfern und Städten, die Zentren allgemeinen Interesses.
Die römische *Via Domitia,* heute die Autoroute 9, wurde zum archäologischen Parcours. Im *Ephèbe* von *Agde* besucht man den ältesten europäischen Menschen, den 320 000 Jahre alten Mann von *Tautavel.* Oder man verträumt auf dem *Canal du Midi* auf einem angenehm schaukelnden Hausboot den Sommer, wenn man nicht von der Festivalitis befallen ist, die zwischen *Rhône* und *Pyrenäen* jeden Sommer 700 Konzerte, Ballette und Theateraufführungen produziert.
Und was den Wein betrifft, so hat er zurückgefunden zu seiner Gediegenheit. Die Krise ist zwar nicht behoben, aber hinsichtlich der Preise schlägt er alle Rekorde. Nicht nur die Sommergäste müssen zahlen ... Tout le monde träumt gerne in höheren Sphären. Das fällt nicht schwer, wenn man auf den Kais von *Sète* in einem idyllischen Restaurant zu Mittag eine Brasse verspeist, am Nachmittag am Strand von *Maguelonne* badet und am frühen Abend in *Saint-Guilhem-le-Désert* romanische Kirchenkapitelle besichtigt. Da vergißt man schnell die Pflichten und Lasten des täglichen Lebens und phantasiert sich in ein Bild mit goldenem Rahmen hinein. Hedonisten aller Länder! Das ist euer Paradies! Mit dreihundert Sonnentagen im Jahr garantiert, zwischen Barcelona und Mailand. Hier drehte sich schon oft der Motor, der Europa in Bewegung hielt, wie damals, als die Römer in *Narbonne, Nîmes* und *Montpellier* ihren Reichtum zur Schau stellten.
Nun, nach Jahren des unergiebigen Status quo, feiern diese und

andere Städte des *Languedoc-Roussillon* eine Renaissance. Besonders *Montpellier,* dessen Bevölkerung sich in den letzten zwanzig Jahren verdreifachte. Alle zehn Tage begrüßt dieses Technopolis ein neues Unternehmen. Selbst die ehrwürdige Fakultät der Medizin gibt sich nicht mehr nur mit der Erinnerung an Rabelais zufrieden: Euromedicine heißt hier das Projekt, das als europäische Zentrale der Gesundheitstechnik das Sagen hat.
Auch *Nîmes* ist eine Siegerstadt geworden. Dort entdeckte man eine neue Monumentalität, die von spanischer Leidenschaft beseelt ist. Die Protestanten tanzen hier die Sevillana, und die Million Besucher, die jährlich die Stierkämpfe besuchen, geben ein deutliches Votum ab für dieses Spiel von Liebe und Tod.
Nicht nur die Städte profitieren vom Aufschwung. Über High-Tech weiß man auch in *la Margeride* und *Aubrac* Bescheid. Selbst in die entferntesten Täler der *Cevennen* ist die moderne Technologie gedrungen. Aber noch gibt es andere Regionen, in denen das Land wie je unter dem Mantel seiner Geschichte liegt und kaum zu atmen wagt. So als fürchte man wieder die Rückkehr des Schlimmsten, was hier je geschehen konnte, die Verfolgung und Ausrottung von Menschen, die um ihres Glaubens willen zu leiden hatten.

Das geschah in den *Corbières,* in den Hügeln zwischen *Pyrenäen* und *Zentralmassiv.* Ein unwirtliches Land. Ausgetrocknet und stolz. Hier vergeht die Zeit nicht, sie herrscht. Auf den rot-gelben Hängen, die zum Meer hin abfallen, wächst Wein. Karg, aber gut. Auf den Bergspitzen recken sich die Ruinen von Burgmauern gegen den Himmel und erinnern trotzig an die nie verheilenden Wunden eines entsetzlichen Holocaust. Das sind Tatorte von schöner Wildheit, wo im frühen Mittelalter die Soldaten der katholischen Kirche das Schwert Gottes schwangen, um im Namen des Papstes den Sturm der Intoleranz zu entfachen. Dieses Verbrechen ist nie gesühnt worden. Zurückgeblieben ist wüstes Schweigen.
Wenn alles, was wir hier sehen werden, im Jahr 1244 auf *Montségur*

endete, so hat es hundert Jahre früher begonnen, als sich die katharische Lehre, aus Nordeuropa kommend, in diesem französischen Süden einnistete. Wanderprediger, Kaufleute und Kreuzfahrer sorgten für die Verbreitung der Doktrinen jenes Dorfpriesters Bogomil, der im südwestlichen Teil Bulgariens, in der Bergfestung Makedonien, zu Beginn des zehnten Jahrhunderts der Welt fassungslos gegenüberstand. »Wenn Gott in seiner ganzen Macht und Güte existiert, wie kann er dann das Böse dieser Welt tolerieren?« Konfrontiert mit diesem ewigen Zwiespalt predigte der fromme Mann in seiner Weltflucht eine radikale Verwirklichung des christlichen Lebens. Seine Anhänger, die »Bogomilen« (Freunde Gottes, bogo = Gott, miles = Freunde), richteten ihren Glauben auf den Dualismus aus. Da stehen sich zwei Prinzipien gegenüber: das Gute und das Böse. Es gibt nur einen einzigen Gott, den Gott des Guten, der das ewige Reich des Geistes schuf, aus welchem die Lebensfunken stammen, die Seelen. Es ist das Reich des »rechtmäßigen Gottes«, des »lebendigen und wahren Gottes«, des »Gottes der Gerechtigkeit und der Wahrheit«. Dieses Reich entspricht dem »Neuen Land und dem Neuen Himmel«, von welchem Johannes in seinem Evangelium und in der Offenbarung spricht. »Neu« bedeutet »anders«, dem Wesen nach grundsätzlich verschieden von dieser Welt und dem sichtbaren Himmel.

Das Böse hingegen ist lediglich ein niederes Prinzip, das allerdings die Welt erschuf, das heißt die Materie, die versucht, das Reich des Guten zu vernichten, und selbst der Verderbtheit und der Zerstörung geweiht ist. In dieser Welt manifestiert sich das Böse: Die Körper aus Fleisch und Blut erfahren Schmerzen, Verfall und Tod. Alle Laster und alles Übel sind an das materielle Sein gebunden. Wie der Apostel Johannes gesagt hat: Die Welt »ruht gänzlich im Bösen«.

Im Menschen nun treffen beide Prinzipien aufeinander: Seine Seele gehört zum Reich des Guten, sein Körper zur verdorbenen Welt des Diesseits. Folglich bestand das Heil für die Katharer darin, sich von der Welt des Bösen, gleichgestellt mit der Hölle, zu befreien, um ins Reich des Guten zu gelangen. Aber bevor das geschehen kann, muß der Mensch seine ursprüngliche Reinheit wiedergefunden haben und zur Erkenntnis ihres göttlichen Ursprungs gelangt sein. So bildete ein permanenter Kampf zwischen Gut und Böse, Licht und Finsternis das Fundament der katharischen Dogmatik und verband sich mit heftiger Kritik gegen die Verweltlichung des Klerus, den Reichtum der Kurie und die völlige Veräußerung der sakramentalen Vorstellung.

Diese Lehre war zu jener Zeit nicht neu. Die Kirche bekämpfte sie als Irrglauben der Gnostiker und Manichäer des alten christlichen Orients, verurteilte sie als Häresie, die sich im Westen bis nach Spanien, im Osten bis nach China und im Norden bis nach Flandern und ins Rheinland, ja, selbst bis England ausgebreitet und zu einer Synthese aus Christentum, Judentum, griechisch-römischer Antike und persischen wie indischen Einflüssen vermischt hatte. Gott als Vater einer Vielzahl von Söhnen zu sehen, den Engeln, die ihrerseits weitere Engelhierarchien bis hinunter zum Menschengeschlecht schufen, konnte dem Klerus jener Zeit ebensowenig passen wie die These, daß sich die Seele aus den Verstrickungen noch während des Erdenlebens lösen könne durch die Katharsis, das Reinwerden, das Ablegen des Bösen wie ein schmutziges Kleid. Ähnlichkeiten mit dem Weltbild der heutigen New-age-Generation sind nicht zufällig. Auch für ihre Anhänger ist Jesus Christus auf die Erde gekommen, um den Menschen im Kampf gegen die Bosheit Satans zu helfen. Deswegen wurde er gekreuzigt. Die Katharer gingen weiter. Waren die Kirchengläubigen nicht jene, die dieses Kreuz verehrten, an dem er gestorben war? »Wenn jemand mit einem Knüppel den Schädel deines Vaters zerschmettert, würdest du dann vor diesem Knüppel auf die Knie fallen und ihn anbeten?« fragten sie provokant. Und gaben die Antwort: Verantwortlich dafür ist einzig und allein Gott. Ein Usurpator. Denn seine Schöpfung, die Welt, war schlecht, abgrundtief schlecht geraten.

In diese Welt neues Leben gebären, das wollten sie nicht. Andrerseits forderten sie nicht die Abschaffung der Sexualität. Die

Laien, die »croyants«, die noch nicht den geforderten Reinheitsgrad erreicht hatten, durften einander lieben. Sie standen ja noch unter dem Einfluß des Bösen. Die »perfecti«, die »parfaits« und »parfaites«, dagegen führten ein beispielhaft asketisches Leben. Mit dunklem Tuch bekleidet, befolgten sie strengstens die Gebote der katharischen Moral, arbeiteten, predigten und beteten und lehnten radikal den Geschlechtsverkehr ebenso wie den Fleisch- und Alkoholgenuß ab.

So lebten und argumentierten diese Häretiker, die seit 1150 in Deutschland Katharer genannt wurden. (Der Mönch Eckbert von Schonau gebrauchte damals in seinen Predigten abfällig zuerst diesen Ausdruck und leitete ihn aus dem lateinischen Wort »catus« – die Katze – ab, da »sie, wie man sich erzählte, das Hinterteil einer Katze küssen, in deren Gestalt ihnen Luzifer erscheint«. Im Mittelalter war die Katze das Symboltier des Teufels.) Aber im Laufe der Auseinandersetzungen mit den Vertretern der römisch-katholischen Kirche verwoben sie die Lehre des bulgarischen Wanderpredigers Bogomil zu einem Bündel oft widersprüchlicher Theorien und Doktrinen, die sie angreifbar machten. Und als sie im Süden Frankreichs, in *Toulouse, Carcassonne* und *Albi* (Die dort lebenden Katharer nannte man Albigenser und übertrug später diesen Namen auf die ganze Bewegung.) Bistümer nach katholischem Vorbild gründeten, bekam auch ihre Lehre vom Dualismus Risse.

Den Kampf zwischen Gut und Böse, zwischen Licht und Finsternis, zwischen Geist und Fleisch, zwischen Gott und Satan predigten sie zwar noch, aber neben dem guten Christus existierte für sie auch noch ein höllisches und ein rein geistiges Wesen, der Gott der Liebe; neben der himmlischen gab es eine teuflische Dreifaltigkeit. Oder: Als Christus zu den Menschen herabgestiegen sei, sei Satan zum Himmel aufgefahren. Oder: Beide – Christus und der Teufel – seien zur gleichen Zeit am Kreuz gestorben. Die Jungfrau Maria war für sie eher mystische Enthüllung als äußere Wirklichkeit.

Die immer diffuser werdenden Lehren der Katharer stießen in

Rom auf Empörung. Die Kirchenväter verteufelten diesen »stinkenden Aussatz des Südens«. Vor allem das »Consolamentum« der Ketzer, die sogenannte Geisttaufe (vergleichbar der Letzten Ölung), wo der Geist die gereinigte Seele besetzt und ihr ewige Seligkeit verschafft, rief heftigen Widerspruch hervor. In dieser Liturgie wird dem Sünder Nachlaß der Sünden zugesagt. Vorausgesetzt, der Empfänger gibt sich »Gott und der Kirche der Guten Christen hin«, und Gatte und Gattin entbinden einander von ehelichen Verpflichtungen. Das Neue Testament auf den Kopf gelegt, beten sie gemeinsam ein »Benedictus«, drei »Adoremus«, sieben »Pater Noster« und nochmals drei »Adoremus«. Aber auch dann war der Weg bis zur Erlösung lang: Die erste Stufe dorthin entsprach dem »croyant« (dem Gläubigen), die höhere dem »parfait« (dem Vollkommenen), die letzte dem »bon homme« oder der »bonne femme« (gute Menschen), die den Tod als Tor zur reinen Welt ansahen und fähig waren, singend die Scheiterhaufen zu besteigen. Dieser Freitod befähigte die Gläubigen, unmittelbar zu Gott einzugehen. Derart geweiht und ihrer Erlösung sicher, konnten sie die Gloriole des Märtyrertums mit Würde und Freude tragen und blieben in ihrem moralischen Anspruch für alle späteren Sektierer Europas vorbildlich.

Im *Languedoc-Roussillon* hatte der Katharismus zu Beginn des 13. Jahrhunderts alle Zweige der Bevölkerung ergriffen. Ungebildete Hirten ebenso wie Kaufleute, Geistliche und Handwerker. Von Ketzern wimmele seine Grafschaft, hatte der Graf von Toulouse schon 1177 festgestellt. Aber gegen sie vorgehen, nein, das tat er nicht. Der Geist der Toleranz, im Süden stärker entwickelt als sonst irgendwo in Europa, akzeptierte auch diese Menschen. Arbeiteten sie nicht fleißig wie alle? Lebten sie nicht ordentlich? Besonders die kleinen Leute des Landes identifizierten sich mit den »bons hommes«, den guten Menschen. Der Graf von Toulouse hatte die Kraft und die Selbstlosigkeit der Katharer begrüßt und ihnen gerne Schutz gewährt. Verzichteten sie nicht auf Land und Geld, ganz anders als die bestechlichen und ignoranten Prälaten der Kirche, die Steuern erhoben und Reichtümer horteten?

Wie soll man dem Papst glauben, wenn er Armut predigt? Am Tiber wartete man ab, taktierte vorsichtig. Aber dann, als der Landadel, der Mittelstand und sogar Geistliche sich zum Katharismus bekannten, als katharische Schulen entstanden und die Häresie zur Institution wurde, die die Autorität des Papstes ablehnte, sich vom Kreuz abwandte und die Sakramente der Kirche zurückwies, als 1167 in *Saint-Félix-de-Caraman* bei *Toulouse* sogar ein Konzil der Katharer (unter Vorsitz des Popen der Bogumilen, Niketas aus Konstantinopel) stattfand – spätestens da mußte gehandelt werden. Zumal auch aus *Paris* Druck kam, wo Philippe-Auguste durch diese spirituelle Gärung seine Träume eines königlich-okzitanischen Aragoniens gefährdet sah.
Aber erst 1198 reagiert man in Rom. Papst Innozenz III. befiehlt allen Grafen, Fürsten und Herzögen, »mit aller Kraft und Können seine Abgesandten gegen das Ketzertum zu unterstützen; jene zu verbannen, die Bruder Gui exkommunizieren wird, ihre Güter einzuziehen und gegen sie mit unerbittlicher Härte vorzugehen, wenn sie Widerstand leisten und nach Ausschluß aus der Kirche in diesem Land weiterleben wollen . . .«.
Diese Bulle zeigt im *Languedoc* wenig Wirkung. Hier gibt man sich aufklärerisch und weltoffen. Jedem seinen Glauben. Die Adligen, auf ihren Schlössern als Gastgeber der Troubadoure gerühmt und aufsässige Geister ohnehin, hatten Priestern und Bischöfen gegenüber schon immer auf ihrer Unabhängigkeit bestanden. Ebenso wie in den Städten die Bürger. Sie akzeptierten die Katharer als wohltuende Opposition jener Kirche, die schon lange als roh und korrupt verschrien war. Wie hatten die da in Rom, die die Armut zu ihrem Beruf gemacht hatten, überhaupt so reich werden können?
Für die Katharer und ihre Freunde lag die Antwort auf der Hand: Jahrhundertelang hatte der Klerus die Gläubigen ausgebeutet. Er ließ das Geld wie auf einer Bank arbeiten und Zinsen tragen. Ein Vermögen, das nun einen Krieg finanzieren sollte. Einen Krieg gegen die Ketzer.
Im *Languedoc* gingen die Spitzel des Terrors, die Inquisitoren, an

die Arbeit. Sie folterten Kinder, verbrannten sie, stellten ihre Leichen zur Abschreckung in den Städten aus. Die Katharer reagierten. Sie ahnten, was ihnen bald blühen würde. Sie kauften falsche Zeugen, besorgten sich Komplizen. Alles war teuer. Auch die Emigration in die Lombardei – mit Fuhrleuten, Postpferden, geheimen Unterkünften. Sie sammelten, horteten es in ihren Burgen, in geheimen Verließen. Ein Schatz, von dem immer häufiger die Rede sein sollte. Bis heute. Der Schatz von *Montségur.*

Im Jahre 1207 passiert es: Raymond VI., Graf von Toulouse, wird der Ketzerei angeklagt und durch einen Gesandten des Papstes, Pierre de Castelnau, exkommuniziert. Raymond hohnlacht und läßt den Mann ermorden. Da befiehlt der Papst den Kreuzzug. Simon de Montfort, ein ebenso ehrgeiziger wie blutrünstiger Soldat von der *Île-de-France,* begleitet vom Abt von Citeaux und vielen großen Baronen aus dem Norden Frankreichs, fällt an der Spitze eines 30 000 Mann starken Heeres im Jahr 1209 in das *Languedoc* ein. Eine lange Leidenszeit beginnt.

Am 22. Juli 1209 wird *Béziers* eingenommen. 20 000 Einwohner, 20 000 Tote. Im September fällt *Carcassonne.* »Man hat sie alle getötet, egal, welchen Glauben sie hatten«, schreibt der Chronist im »Chanson de la Croisade«. Im katholischen Himmel wird man die guten von den schlechten Früchten, die Heiden von den Gläubigen trennen. Amen.

Montfort quartiert sich mit seinen Soldaten in der geschleiften Stadt ein. Noch weiß er nicht, was ihm blühen wird, dort in den Bergen der *Corbières,* wo sich der Widerstand formiert, in den uneinnehmbaren Burgen, in denen eine unerschrockene Besatzung lebt. Die Burgherren nehmen die verfolgten Katharer bei sich auf und verhöhnen von den Mauern herab die Kreuzritter, die sich mühsam durch das Gehölz und durch die Schluchten ihre Wege bahnen.

Man nennt sie heute Burgen (château, château fort), die sich damals als Zitadellen wie eine Maginot-Linie längs der spanischen Grenze aufreihten. Sie alle, die die Dornenkrone des

Languedoc bildeten, haben eine eigene Geschichte zu erzählen: *Minerve* und das steinerne Quartett von *Lastours* – *Cabaret, Tour Régine, Surdespine* und *Quertinheux* – Namen wie aus einem mittelalterlichen Schwank! – berichten vom Beginn der grausamen Geschichte; *Puylaurens, Peyrepertuse* und *Quéribus* entzünden die Vorstellungskraft; *Montségur* ist Zeuge für das Fanal dieses Religionskrieges, und nur *Puivert* erinnert in seiner strengen Pracht auch an glückliche Zeiten.

Die Geschichte der Verfolgung der Katharer ist in den *Corbières* überall gegenwärtig. Man findet ihre Spuren in den engen Gassen der Bergdörfer, in denen sich das Echo des Windes bricht. Dort und in den Schatten, die die Burgen auf das Land werfen, werden große Momente und rührende Episoden lebendig. Wie modelliert in Tonerde, aber eben so wahrhaftig wie die Natur in ihren Unebenheiten, tauchen sie in den Kieselbergen auf wie Gespenster: Simon de Montfort und sein Heer, die sich damals, im Frühjahr 1210 durch die Schluchten der Berge nach *Lastours* schlugen, in den schwarzen Berg *(Montagne Noir)* hinein, zwischen *Mazamet* und *Carcassonne* (an der D 111), und die Verteidiger der vier Burgen *Cabaret, Tour Régine, Surdespine* und *Quertinheux,* besetzt von Pierre Roger de Cabaret, seinem Bruder Jourdain und einigen enteigneten Edelherren vom Mittelmeer sowie einer Handvoll Katharer, die die Flucht in diese Einöde geschafft hatten. Montfort befiehlt den Angriff. Ein hirnverbranntes Unternehmen. Denn die Abhänge um *Lastours* sind steil und geröllig. Und es ist kalt. Glück für die Eingeschlossenen. Die Truppen ziehen wieder ab. Aber dann, im März, wissen die auf den Burgen warum. Montfort überfiel inzwischen den von Katharern bewohnten Ort *Bram.* Tötete und folterte. Und griff zu einer teuflischen Taktik, um die Burgbesatzungen zu demoralisieren. An einem kalten Morgen im März gelangt eine erbarmungswürdige Truppe unterhalb *Cabaret* an: mehr als hundert Unglückliche, denen man Nasen, Lippen und Ohren abgeschnitten und die man auch noch geblendet hatte. Einem einzigen blieb diese Tortur erspart: Er mußte die Unglücklichen nach *Lastours* führen. Die

Eingeschlossenen resignieren und lassen ihren prominenten Gefangenen Boucard de Marly, einen Freund Montforts, frei und schicken ihn, beschenkt mit einem edlen Pferd, zurück zum Kreuzfahrerheer. Montfort revanchiert sich und gewährt den Belagerten freien Abzug. Auf die wenigen Katharer kann er diesmal großzügig verzichten. Mit dem Herrn von *Cabaret* unterzeichnet er ein Stillhalteabkommen.
Noch heute berührt die Ernsthaftigkeit dieser Region und der vier Burgruinen, die auf Armbrustlänge voneinander entfernt liegen. 20 Minuten Fußweg durch geschorenes Gras genügen von dem Ort *Lastours,* um dorthin zu gelangen. Zypressen erstrecken sich über die Bergflanke, und die Trümmer dort oben auf den Spitzen erwecken Melancholie.
Am 15. Juni 1210 taucht Montfort vor *Minerve* auf. Ihm gegenüber, hinter den Mauern, hat sich der Patron Guillaume verschanzt. Dieser imponierende Mann und Freund der Troubadoure war ein scheuer Beschützer der Katharer geworden.
Einhundertfünfzig von ihnen hatten sich zu ihm geflüchtet. Zu ihrem Schutz stehen eintausend Verteidiger bereit. Montfort beginnt umgehend mit der Belagerung der Burg, die, auf einem senkrecht abfallenden Felsen errichtet, sich über einem Nebenarm der *Aude* erhebt. Die immer länger werdenden Sommertage sind erfüllt vom unverwechselbaren Duft des Lavendels und vom Gesang der Grillen. Aber die Gedanken aller, der Belagerer und der Belagerten, werden allmählich vergiftet von den trüben Gedanken an einen grausamen Tod. Und das Ende zeichnet sich schnell ab. Isoliert von der Kriegsmaschinerie Montforts, die aus vier Katapulten unaufhörlich Felsblöcke schleudert, ohne Wasser und Lebensmittel, verwandelt die Burg sich in einen unerträglichen Glutofen. Fast verhungert und verdurstet und verpestet durch den Gestank der Leichen, beschließt Guillaume nach fünfwöchiger Belagerung zu verhandeln. Er will die Burg den Katharern überlassen, wenn er sein und das Leben seiner Leute retten kann. Montfort akzeptiert unter einer Bedingung: »Sie müssen ihrem Glauben abschwören und die Autorität der Kirche aner-

kennen.« Der Gesandte des Papstes, Arnaud Amaury, glaubt nicht daran. Er soll recht behalten. Am 22. Juli betreten, Te Deum und Banner im Wind, die Soldaten die Burg. Der Abbé von *Vaux de Cernay* bittet die Katharer, ihrem Glauben abzuschwören. Nicht einer tut das. Dann versucht Montfort, die Ketzer zu überzeugen. Ergebnislos. 140 »Parfaits« und »Parfaites« werfen sich in die Flammen des Scheiterhaufens. Guillaume verläßt seine Burg und vermacht sie den Johannitern von *Saint-Jean-de-Jérusalem.* Ein Jahr später nimmt er erneut den Kampf gegen das päpstliche Heer auf und läßt 1216 während der Belagerung von *Beaucaire* sein Leben.

Um *Minerve* zu entdecken, muß man, von *Carcassonne* (über die D 620) kommend, die Ebene des *Aude* verlassen und eine außergewöhnliche Kalklandschaft betreten. Es ist die Welt der weißen Berge, sich windender Eichen, Olivenbäume und Weinstöcke, die hier auf einem Mosaik von Parzellen um das Überleben ringen. Die ausgetrocknete *Cesse,* zum Bächlein zerronnen, durchschneidet das Kalkplateau, auf dem sich früher die Burg erhob. Nichts ist geblieben. Die Bewohner der umliegenden Weindörfer haben in den vergangenen Jahrhunderten nach und nach die Steine abgetragen und sie zum Bau ihrer Häuser verwandt. Der Weg, der heute hinaufführt zum ehemaligen Südtor der Burg, ist überwuchert von Unkraut und flankiert von Buchsbäumen.

Nach der Aufgabe von *Minerve* quält sich das Montfort-Heer nach *Termes.* Die Kreuzritter sind mit ihren Kräften fast am Ende in diesem kochendheißen Labyrinth der Berge und Schluchten. Simon de Montfort verläßt sich auf Gott, und Gott verläßt sich auf ihn. Täglich entfacht er den Mut und Überlebenswillen seiner Soldaten aufs neue. Und dann erreichen sie *Termes.* Und wieder erhebt sich vor ihnen ein steiler Felsen, auf dessen Spitze uneinnehmbar wie ein Adlerhorst eine Burg gebaut ist. (Von *Carcassonne* oder *Narbonne* zu erreichen über die Autoroute *des Deux Mers,* Abfahrt *Lesignan-Corbières,* weiter über die D 611 und D 613 zur D 40.)

Um sie zu erobern und zu schleifen, müssen sich die Besatzer zuerst auf den Grund einer Schlucht abseilen, um dann wieder

den Felsen hinaufzuklettern. Die Belagerung wird wie gehabt mit Steinschleudern begonnen. Aber selten kommen die Geschosse dort oben an. Die Hundstage des Hochsommers zerdehnen sich zur Ewigkeit. Den Belagern gehen die Lebensmittel aus, das Wasser versiegt. Und dann steigt Raymond de Termes herab vom Berg und verhandelt mit Montfort wegen der Übergabe. Er würde die Burg verlassen, wenn er sie zu Ostern im kommenden Jahr wieder beziehen darf. Montfort stimmt erleichtert zu.
Am selben Abend. Es donnert. Und dann prasselt eine Sintflut auf das ausgedörrte Land. Am nächsten Morgen sind die Zisternen auf der Burg randvoll mit dem kostbaren Naß. Als die Emissionäre Montforts auf dem Berg erscheinen, um die Burg zu übernehmen, jagt der Patron sie zum Teufel. Er nimmt den Kampf wieder auf. Unter den Rittern macht sich Ratlosigkeit breit. Wäre es nicht besser, diesen Ort der Verdammnis zu verlassen? Montfort zögert, fragt dann im Gebet um Rat, die Antwort läßt auf sich warten. Dann, am 22. November, nach 16 Wochen, stellen die Soldaten fest, daß die Burg verlassen ist. Nach dem tausendfach herbeigesehnten Regen hatten die Ratten in den ausgetrockneten Zisternen das Wasser vom Himmel vergiftet. Viele der Verteidiger waren an der Ruhr erkrankt. Dann flohen sie durch unterirdische Gänge. Montforts Männer nehmen die Verfolgung auf. Einige Flüchtlinge töten sie, andere nehmen sie gefangen, machen kurzen Prozeß, verbrennen sie schnell. Raymond wird in der Stadtmauer von *Carcassonne* eingekerkert und stirbt dort nach drei Jahren stinkender Kerkerhaft.
Nach *Termes* steht mit *Puivert* ein höfisches Schloß in den Ausläufern der *Ariège* auf Montforts Liste. Man könnte fast die Umstände ignorieren, die zu seiner Eroberung führten. Mehrere Male wird es eingenommen, aufgegeben und wieder erobert im Laufe der kommenden Jahre, in denen auch die Leitung des Kreuzfahrerheeres wechselte, nachdem Montfort 1218bei der Belagerung von *Toulouse* durch eine Steinschleuder getötet wurde. Raymond von Toulouse gab trotzdem auf, leistete dem König den Treueid und überließ ihm als Garantie neun Festungen. Auch

Puivert gehörte dazu, dessen Donjon zu besichtigen ist (Zu erreichen von *Carcassonne* auf der D 118 über *Limoux* bis *Quillan,* dann Richtung *Nébias* auf der D 601.). In ihm befindet sich ein Saal, in dem die Troubadoure einst ihre Vorstellungen gaben. Figuren mit Musikinstrumenten sind hier in Stein gehauen.

Das Jahr 1240 ist angebrochen. Eine Revolte der »faidits« (enteignete Ritter) und die Ermordung zweier Inquisitoren in *Narbonne* sorgen für neue Unruhen in den *Corbières.* Wieder bricht ein Heer auf, und man ahnt, daß das alte Okzitanien der Troubadoure und mystischen Vagabunden keine Chance mehr hat. Es ist fünf Minuten vor zwölf. Das Finale des letzten verzweifelten Dramas wird sich auf *Montségur* abspielen.

Es ist die mythische Burg der Katharer und auch die schlichteste, die sich da in den Bergen der *Ariège* in 1 200 Meter Höhe auf einem Puig (oder Pog – Felsenplatte) erhebt. (Zu erreichen von *Foix* aus Richtung *Tarascon-s.-Ariège* über die D 20, in *Saint-Antoine* auf die D 117, in *Les Chaubets* auf die D 109.) Die Bergkette von *Plantaurel* im Osten und die von *Olmes* im Süden dominieren in schweigender Größe ein Relief von Wäldern und Wiesen in den Tälern. Nackt wie ein Sarg, auf einem enormen Block aus Kalkstein, bot *Montségur* sich im Mai des Jahres 1243 den Belagerern dar, die sie erst zehn Monate später einnehmen konnten.

Es war ein Mittwoch, der 16. März 1244, als 220 »Parfaits« und »Parfaites« gemeinsam den riesigen Scheiterhaufen bestiegen, den die Soldaten des Papstes unterhalb der Burg aufgeschichtet hatten. Nur vier »Perfekte« waren entkommen. In der Nacht vor der Übergabe hatten sie sich wahrscheinlich über den Osthang an einem Seil oder über eine Strickleiter 200 Meter tief in die Schlucht abgeseilt. In ihrem Gepäck soll sich der Schatz der Katharer befunden haben, viel Gold und Geld, das das Quartett in irgendeiner Grotte bei *Sabarthès* versteckte, um es später in die Lombardei zu transportieren. Gemeinsam mit anderen Kostbarkeiten – Geheimschriften? Reliquien? –, die man schon Monate vor der Belagerung auf gefährlichen Wegen aus dem belagerten Steinkessel geschafft hatte.

Womit den Spekulationen über einen Schatz der Katharer Tor und Tür weit geöffnet waren. Gab es je einen solchen?
In den zehn Jahren, die dem Sturz *Montségurs* vorangingen, war dieser Schatz real. Die Katharer waren reich dank der Schenkungen von Adligen, die ihrer Gemeinschaft beigetreten waren. Sogar ein starkes Söldnerheer konnten sie unterhalten, Gefangene freikaufen und sich gegen Repressalien mit Geld wehren. Nachdem in den Vorjahren andere Burgen gefallen waren, hatte sich *Montségur* zum Zentrum entwickelt. Von hier aus wurden die Geschäfte abgewickelt, hier befand sich der Schatz. Aber was wurde aus ihm nach dem Fall von *Montségur?*
In der Region ist man sich heute sicher: »Dieser Schatz wurde nach Italien verbracht. Es hat keinen Zweck, hier nach ihm zu suchen.« – Die Menschen im Gebirge um die Burg haben allen Grund, dieses den Besuchern immer wieder zu versichern. Denn nirgendwo anders in Frankreich geriet die Suche nach einem Schatz so aus der Kontrolle. Das Terrain wurde verwüstet durch Sprengungen und Grabungen. Touristen mit Metallsuchgeräten durchstreifen immer wieder die Landschaft, steigen vom Nordtor ab zu einem Buchsbaumwäldchen, wo sich im Jahr 1232 Katharer angesiedelt hatten, um den Umbau der Burg in einen Sonnentempel abzuwarten, den ihnen Graf Raymond de Perella schenken wollte. Aber dann kam alles anders, als sich die Inquisitoren des Papstes mit ihrer Armee aus Raubrittern und Bauern, aus Gesindel wie den »ribautz« (Hurenknechten) und »truands« (Leichenfledderern) näherten. Eine Fluchtburg entstand, deren Konstruktion allein von strategischen Überlegungen bestimmt war. Raymond de Mirepoix und Raymond de Blasque übernahmen das Kommando über 300 Ritter, Soldaten und Sympathisanten, die die 200 Katharer zehn Monate lang vor der blutgierigen Meute des Hugues d'Arcis, Seneschall von *Carcassonne,* und Pierre Amiel, Erzbischof von *Narbonne,* schützten.
Außer Steinen ist hier nichts mehr zu finden. Trotzdem steigen manche hinauf auf den Puig, um dort in lichter Höhe ihre Gefühle auszuleben. Dazu gehören auch jene, die sich an jedem

21. Juni zur Sommersonnenwende am ehemaligen Donjon, den sie »Tempel des Sonnen-Christus« nennen, versammeln, um vitale Energie zu tanken, wenn zu einer bestimmten Stunde Lichtstrahlen durch die Schießscharten des Wehrturms fallen. Da sind aber auch jene anderen Besucher in Pfadfinderkluft, mit Totenkopf-Emblemen auf Messern und Koppeln, und viele Leute auch aus dem Norden Europas, deutsche, niederländische, englische und skandinavische Intellektuelle und Hermetiker, Symbolisten und Lichtsucher, die in die *Ariège* pilgern, weil sie in *Montségur,* wie Wolfram von Eschenbach schon schrieb, das mythische Schloß der Gralslegende, »Munsalvaesche« (Montsalvatsch) vermuten. Diese kuriosen »Wandervögel« beunruhigen die Einheimischen. Erinnern sich manche Ältere doch noch an den deutschen Schriftsteller Otto Rahn (1936 Untersturmführer der Waffen-SS Oberbayern, 1938 als Obersturmbannführer der SS wegen Alkoholismus und Homosexualität strafversetzt zum Wachpersonal eines Konzentrationslagers, am 13.3.1946 in einem Schneesturm am Kufstein umgekommen), der hier in den 30er Jahren sein Buch »Kreuzzug gegen den Gral« recherchiert haben will. »Inmitten der Einöde des Tabor erhebt sich ein unbeschreiblich hoher Felsen . . . Senkrecht recken sich seine Wände hinauf zu den Mauern einer Burg, die *Montségur* heißt . . . Als *Montségurs* Mauern noch standen, hüteten in ihnen die Cathari, die Reinen, den Heiligen Gral . . .«, schrieb er und folgerte: Der erste Gralkönig hat hier geherrscht. Sein Name: Trenceval. So hieß auch der Graf von Foix, der von den Inquisitoren für vogelfrei erklärt wurde und wie Parzival durch diese Berge irrte. Für Rahn existierte dieser sagenumwobene Schatz als Energiequelle irgendwo in dem riesigen Höhlensystem von *Sabarthès,* das bis heute noch nicht vollständig erforscht ist und wo er als junger »Wandervogel« beim Fälschen authentischer Katharer-Inschriften erwischt und mit einigen Tagen Haft bestraft wurde. Eine Gruppe von Wehrmachtsoffizieren, die 1942 die Ruine von *Montségur* auf Befehl des Mystikers Himmler besetzte und auch durch die Höhlen pirschte, um hier wagnerianische Erleuchtung und den Gral zu finden

sowie die Doktrinen der germanischen Eschatologie zu verinnerlichen, wurde nie fündig. Sie waren nicht die einzigen Deutschen, die ständig von diesem wundertätigen Gegenstand – Schale oder Stein – träumten. In den anthroposophischen Werken Rudolf Steiners ist ebensooft vom Gral die Rede, was auch »gewisse okkulte Geheimgesellschaften« (so die Bewohner des Dorfes *Montségur)* immer wieder dazu verführt, Steine vom heiligen Berg der Katharer in ihre Heimat zu verschleppen. Die, die ihre Ruhe haben wollen in dieser Region, fühlen sich von solchen Besuchern belästigt und ... wissen es besser. »Der wahre Schatz der Katharer ist ihre Geschichte und Kenntnisse, die der römisch-katholischen Kirche hätte schaden können.« Aber nichts ist greifbar. Auch nicht in Otto Rahns Büchern »Luzifers Hofgesind« und »Kreuzzug gegen den Gral«, die sich als Sammelsurium von wilden Träumereien und falschen Beobachtungen entlarven und keinen Zugang zum geographisch-esoterischen Meditationsraum der Katharer bieten. Ein »Lichtbringer mit dem Willen, das Dunkel zu lüften«, war dieser Nazischriftsteller wahrhaftig nicht. Also sind Esoteriker und Legendenerzähler gefragt, um Spekulationen zu schüren. Was nicht schwerfällt angesichts der großartigen Kulisse der *Pyrenäen,* in der Natur und Menschen zu einer Symbiose werden und neue Mythen gebären.

Der Direktor des geologisch-archäologischen Museums im Ort *Montségur* trägt das Seine zu dieser Mythenbildung bei, wenn er erklärt, daß sich das Tal der *Ariège* im Kreuzungspunkt ständiger Erdspannungen und kosmischer Strahlenströme befände. Zu spüren sei dies besonders in den Höhlen der Berge, die die Burgruine umgeben. Mehr noch: Hier befände sich eine Energiestation, mit der man sämtliche unter- und innerirdischen Strömungen unseres Planeten lenken und kontrollieren könne. Diese Höhlen bewacht freiwillig ein Adept der esoterischen Schule vom Goldenen Kreuz, die sich im Nachbarstädtchen und Thermalbad *Ussat-les-Bains* befindet. »Unbefugtes Betreten« ist bei Strafe durch die Präfektur verboten. Und wehe dem, der mit Meßinstrumenten oder Grabungsgerät hier angetroffen wird ... Sicher ist, daß

sich in diesen Höhlen mit ihren gewaltigen Schutzwällen aus Mühlensteinen früher die verfolgten Katharer versteckt haben. Hier, im Massiv von *Sabarthès,* haben sie auch jenen das »Consolament« gespendet, die sich verpflichteten, mit ihnen in der Askese zu leben. Sind diese Berge deshalb heilig?
Ganz gewiß die Grotte *Deux Églises,* die so groß ist wie eine Kathedrale. Hier werden eines Tages, so hoffen die Esoteriker, die Steine sprechen und jenes Geheimnis enthüllen, in dessen Besitz die Katharer waren. Ist da nur vom Schatz die Rede? Von vulgärem Gold und Silber? Oder etwa wieder vom Gral? Von der heiligen Schale und der Lanze? Zukünftige Enthüllungen werden das beweisen. Heilige Bücher. Etwa ein glaubhaftes Evangelium des Johannes, des Apostels der Katharer? Oder antike Schriften, die noch immer verborgen sind? Träume sind erlaubt.

Sieben Jahrhunderte nach dem Fall von *Montségur* ist die Asche des Scheiterhaufens am Fuß des Berges immer noch warm. Die Burg ist zur Legende geworden und in einen Streit der verschiedenen esoterischen Gemeinschaften geraten, die – jede für sich – eine eigene Version des Glaubenskrieges erfunden hat. Im »Zentrum der Studien über die Katharer«, gegründet und gesammelt von einem Provinzialrat des Departments *Aude,* kann wissenschaftlich und sehr rational das Auftauchen dieser mittelalterlichen Häresien studiert werden. Für diesen Mann, einen konfessionslosen Sozialisten, ist der Katharismus zu lange ein Konglomerat der abendländischen Esoterik und Objekt der Begierde für nordländische Thule-Forscher gewesen, jener süß Erleuchteten, die immer noch den Schatz der Katharer oder – warum nicht? – den Heiligen Gral finden wollen. »Aber wir«, so ein Historiker, »werden unsere unterirdische Arbeit fortsetzen. Das sind wir den Katharern schuldig.« Also doch eine Schatzsuche?
Als einer der letzten »bons hommes« am 16. März 1244 den Scheiterhaufen bestieg, fragten einige Freunde: »Wer erteilt uns nun das Consolament?« – Seine Antwort: »Ein Engel.«
Die Blume des Ketzertums war als »Synagoge des Teufels«

geschleift worden. Der »Vater der guten Geister« (So nannten die Katharer Gott.) hatte seine besten Kinder durch die Flammen dieser schlechten Welt entzogen. Nur wenige entkamen. Und die zogen sich auf die Burgen *Puylaurens, Peyrepertuse* und *Quéribus* zurück.

Puylaurens (zu erreichen von *Carcassonne* über *Limoux* auf der D 118, auf halbem Weg zwischen *Quillan* und *Saint-Paul-de-Fenouillet* an der D 117) bietet sich, am frühen Morgen nach einer Viertelstunde Marsch durch knorrige Eichenhaine entdeckt, als eine Fata Morgana. Ginsterhecken säumen den Weg zur Festung. Aus dem milchigen Nebel, der aus den Wäldern hochsteigt, taucht die Burg auf einmal kolossal und seltsam beunruhigend auf. Ein idealer Schlupfwinkel für Gespenster und Vampire. Und für die Weiße Frau, die hier bei zunehmendem Mond über die mächtigen Wälle und Türme schweben soll. Es ist ein phantastischer Feudalbau im Tal der *Aude,* den Licht und Schatten in einen irrealen Zauber tauchen. Chabert de Barbaira hieß hier der Burgherr, der ein Anhänger der katharischen Häresie war. Aber als die Kreuzfahrer stürmten, ließ er seine Freunde im Stich und floh nach Barcelona. Zurück blieb nur das verstörte Gemurmel ihrer Stimmen während der schnell einberufenen Gerichtsverhandlung in diesen Bergen.

Peyrepertuse, 800 Meter über dem Meeresspiegel, ist eine befestigte Einheit von zwei Burgen, ein »himmlisches *Carcassonne«,* das sich über den gesamten Gipfelstamm erstreckt. (Zu erreichen über die Autoroute *des Deux Mers,* Abfahrt *Lesignan-Corbières,* D 611 Richtung Fabrezan, dann D 613 bis *Laroque,* D 1610.) Die Verbrüderung der Burg mit dem Felsen, aus dem sie wie gewachsen zu sein scheint, harmoniert mit der Komplexität der Verteidigungsanlagen in idealer Weise. Dieser Ort ist ein Gesamtkunstwerk, und man weiß nicht, was Natur ist und was Kunst. Bei klarem Wetter ist von hier oben das ganze *Roussillon* zu sehen.

Bleibt noch *Quéribus* (nur ein paar Kilometer von *Peyrepertuse* entfernt), das, ebenso einsam gelegen, mit seinen schwindelerregenden Zinnen fast spürbar schweigsame Verachtung für jene bekundet, die die Katharer über 40 Jahr lang mit einer unvorstellbaren Blutgier in diesem Land verfolgten. Auch diese Burg ist ein Adlernest, strahlt selbst als Ruine noch Macht und Kühnheit aus. Ihr Zentrum war die »Pfeilerhalle«, durch deren breites Fensterkreuz das Licht sich immer noch eigenartig bricht. Nur eine Kapelle? Ein Raum der Andacht? Oder eine esoterische Kultstätte?

Geblieben sind aus dieser Zeit die Ruinen dieser und anderer Burgen wie *Arques, Aguilar, Usson* oder *Roquefixade* und ihre Geheimnisse. Ja, man kann in ihnen Rast machen und sich sagen: »Das, was ich hier sehe, höre, rieche – die Farben der Felsen, das entfernte Meckern der Ziegen, das Aroma des Windes – das alles war schon immer hier, so und nicht anders.« Aber dann, auf einmal beginnt die Reise in das zweifelhafte und zugleich faszinierende Dämmerlicht der Erinnerungen. Und von einer solchen Reise ist mancher nie zurückgekommen.

Languedoc-Roussillon: *ein millionenreicher Curé und sein Himmelreich auf Erden*

Verweilen Sie, wenn Sie schon einmal da sind, noch ein paar Stunden länger im Land der Katharer, das seine Geheimnisse so unwillig und widersprüchlich preisgibt. Dafür bleibt es als Landschaft nicht nur im Gedächtnis, sondern auch im Herzen. Besuchen Sie einen kleinen Ort, der, wenn auch auf den großen geographischen Karten nicht immer verzeichnet, auf der esoterischen unübersehbar ist. Die Rede ist von *Rennes-le-Château,* das von *Carcassonne* über die D 118 in südlicher Richtung zu erreichen ist. Sie passieren *Limoux,* fahren weiter bis *Coustaussa* und von dort zehn Kilometer eine schmale Bergstraße hoch, die Sie direkt in jenen Ort führt, über den bislang weit über eintausend Bücher geschrieben wurden.

Dort passiert es immer wieder, daß die kleine Kirche auf dem Bergplateau nachts von Schatzsuchern heimgesucht wird. Eine beschädigte Säule, eine angebohrte Plastik, ganz zu schweigen von geöffneten Gruften auf dem Friedhof, der mit der Kirche eine so seltsame Einheit bildet – Zeugnisse grenzenloser Neugier und eines respektlosen Interesses, das diesem Neunzig-Seelen-Nest zwischen *Carcassonne* und *Perpignan* nun schon seit Jahren entgegengebracht wird. Das Schild »Graben verboten« am Eingang der Ortschaft verfehlt natürlich seine Wirkung. Der Grund ist ein phantastischer Schatz, den ein schlecht bezahlter Landpfarrer in der Belle Époque hier gefunden haben soll. Durch ihn wurde *Rennes-le-Château* zum Katalysator des größten esoterisch-historischen Mythos unseres Jahrhunderts. Seitdem ist die Hölle los im Dorf. Kabbalistische Geheimniskrämer drehen unablässig ihre Gebetsmühlen und verrühren unter Beschwörung esoterischer Formeln und Weisheiten Templer und Katharer, Rosenkreuzer und Freimaurer zu einer Mixtur, die den kleinen Ort für viele zum Mittelpunkt der Welt macht. Die Einwohner schert das reichlich wenig. Sie reagieren ungerührt auf den ständigen Besuch von Schatzsuchern, Abenteurern und Mystikern aus aller Welt. Weder ein Hotel noch ein Restaurant haben sie für die jährlich 30 000 einfallenden Gäste gebaut. Und wer dort oben auf dem unwirtlichen Hochplateau seinen Wagen parken will, muß dies auf einer unebenen Wiese tun, auf der »eine Schwere zu lasten scheint, die tief aus der Erde kommt« (so ein *Rennes*-Fan), deren Oberfläche aber leider jede noch so gute Autofederung vergessen macht. Einziger Laden hier oben ist die esoterische Bücherei, die die meisten Publikationen über das Mysterium des Ortes in ihrem Angebot hat. Aber all diese Publikationen vermögen es nicht, in *Rennes-le-Château* eine historische Wirklichkeit auszumachen.

Die Geschichte beginnt am 1. Juni im Jahr 1885, als der junge Curé Béranger Saunière in seine neue Pfarrei kommt. Der Mann fällt, das erkennen die damals noch 200 Gemeindemitglieder nach ersten Gesprächen sofort, aus dem üblichen Klischee. Sie hegen Zweifel an seinen seelsorgerischen Fähigkeiten, denn als militanter Royalist und Anti-Republikaner scheint er für *Rennes-le-Château* zu ambitioniert zu sein. Mit seiner robusten Intelligenz hatte Saunière schon auf dem Priesterseminar den Unwillen seiner Lehrer erweckt, so daß sie, die noch nicht die Trennung zwischen Kirche und Staat vollzogen hatten, ihn zwecks Abkühlung seines Temperamentes in das gottverlassene Pyrenäendorf schickten. Aber statt die bergige Landschaft des *Razès* als Verbannung zu akzeptieren und in Trübsinn zu versinken, wird der Mann aktiv. Von der Spendenfreudigkeit seiner Pfarrkinder mehr schlecht als recht lebend, entschließt sich der Curé, trotz mangelnder Finanzen die ihm anvertraute, der Maria Magdalena geweihte Kirche zu renovieren, nachdem er die ersten sechs Jahre in *Rennes-le-Château* vorwiegend mit Fischen und Jagen in den Bergen verbrachte. Dabei hatte er ausgiebig die Geschichte des Landes studiert, historische Orte wie die Ruinen einer Templerburg südöstlich von *Rennes-le-Château* auf dem Felsen von *la Bézu* und den ehemaligen Adelssitz Bertrand von Blancheforts, der als vierter Großmeister der Tempelritter dem Orden in der Mitte des 12. Jahrhunderts vorgestanden hatte, besucht. Auch das nahe *Château Hautpoul* mit seinem Alchimistenturm gehört zu Saunières Wanderzielen.

1891 beginnt Saunière, unterstützt von seiner 18jährigen Haushälterin Marie Denarnaud, mit ersten Arbeiten an der aus dem Jahre 1059 stammenden Dorfkirche, die sich auf dem Fundament eines westgotischen Bauwerks aus dem sechsten Jahrhundert erhebt und sich in einem hoffnungslosen Zustand befindet.

Und direkt am ersten Tag passierte es, daß Saunière jene geheimnisvolle Entdeckung machte, von der *Rennes-le-Château* noch heute zehrt. Unter der alten Altarplatte, die auf einem westgotischen Fundament ruht, wird der Pfarrer fündig. Einer dieser Träger ist hohl und enthält vier Holzphiolen. Was war ihr Inhalt? Alte Pergamente? Reliquien? Goldmünzen?

Der Vorgänger Saunières in *Rennes,* der Abbé Antopine Bigou, unterstützte später die These von vier Pergamenten aus den Jah-

ren 1244, 1644 und 1780. Er selbst, so wurde spekuliert, hatte als Vertrauter der Familie Blanchefort einen dieser lateinischen Texte gefälscht, den Saunière findet und der übersetzt lautet: »Schäferin, keine Versuchung. Daß Poussin, Teniers den Schlüssel besitzen; Friede 681. Beim Kreuz und diesem Pferd Gottes beende – oder zerstöre – ich diesen Dämon von Wächter zu Mittag. Blaue Äpfel.« Im Gegensatz zu diesen Sätzen, in denen nur einzelne Wörter Sinn machen, konnte dank hervorgehobener Buchstaben die Bedeutung eines zweiten Pergaments von Saunière augenscheinlich leichter gelöst werden: »Dieser Schatz gehört König Dagobert II. und Zion, und dort liegt er tot.«
Denn noch am Abend des Fundes sah man den Gemeindepfarrer und seine Helferin Grabplatten auf dem Friedhof verschieben und hinab in die Gruften steigen. Fanden sie dort den verborgenen Schatz? Tatsache ist, daß Saunière ein paar Tage später nach *Paris* fuhr, um dort mit verschiedenen Leuten über die gefundenen Dokumente zu sprechen. Ebenso besuchte er den *Louvre* und erstand die Reproduktion eines Gemäldes von Nicolas Poussin: »Les Bergers d'Arcadie«. Es zeigt drei Hirten und eine Hirtin an einem antiken Grabmal, dessen Inschrift lautet: »ET IN ARCADIA EGO«. (»Und ich bin in Arkadien« – diese Inschrift soll sich auch auf dem Grab der Marquise d'Hautpoul auf dem Friedhof von *Rennes-le-Château* befunden haben.) Den Hintergrund des Bildes bildete eine zerklüftete Berglandschaft, die exakt jener glich, in der man um 1970, nur wenige Kilometer von *Rennes-le-Château* entfernt, in der Nähe von *Peyrolles* bei *Arques* auf freiem Feld einen steinernen Sarkophag fand, dessen Maße und Proportionen dem des Poussin-Motivs sehr ähnlich waren. Klar erkennbar waren die Türme von *Cardou,* die Hügel von *Rennes-le-Château* und der Felsrücken, auf dem noch immer das Schloß der Blancheforts steht.

Als Saunière aus Paris zurückkam, brachen für *Rennes-le-Château* goldene Zeiten an. Der Curé ließ eine Straße den Berg hinauf zum Ort bauen und in den Häusern Wasserleitungen installieren.

Das alte Pfarrhaus wurde renoviert, und einige Meter weiter entstand die luxuriöse *Villa Bethania* mit einem herrlichen Park. Auch wurde im neogotischen Schloßstil direkt am Rande des steilen Abhangs eine Bibliothek, die *Tour Magdala,* errichtet.
Und dann renovierte Saunière seine Kirche von Grund auf und ließ sie mit einem höchst bizarren Dekor verzieren.
»Terribilis est locus iste« – Dieser Ort ist schrecklich. Das ist die Inschrift über der Eingangstür, hinter der die Besucher von dem Teufel Asmodi mit herausquellenden Augen begrüßt werden. Dieser kitschig bemalte Unhold, ein Wächter verborgener Schätze und angeblich auch der Erbauer des Tempels von Jerusalem, führt die Gläubigen auf einen Kreuzweg, der an kitschigen Darstellungen mit geschmacklosen Gipsfiguren der Heiligen Familie nicht zu überbieten ist. Unter einem violetten Sternenbaldachin befindet sich der Altar, in dem Saunière die Dokumente fand. Ist etwa in dieser ungewöhnlichen Bilderwelt die Lösung jenes Geheimnisses zu finden, das den plötzlichen Reichtum des Dorfpfarrers auslöste?
Woher hatte der Mann auf einmal so viel Geld? Bis zu seinem Tod 1917 soll er mehrere Millionen Francs ausgegeben haben. Und das nicht nur für die Modernisierung des Ortes, sondern auch für höchst irdische Leidenschaften wie antike Marmorskulpturen, bibliophile Kostbarkeiten und teures Porzellan, auf dem er seinen Pfarrkindern manch köstliches Mahl vorsetzen ließ. Auch eine Orangerie und einen Tiergarten ließ er anlegen.
Natürlich hatten sich die Kirchenoberen der Region Gedanken über Saunières Treiben gemacht. Die Hierarchie des Departements war in Aufregung geraten und hatte um Aufklärung ersucht. Saunière verteidigte sich vage, als ihn seine Vorgesetzten wegen verkaufter Messen an Privatpersonen und wegen Schenkungen, die er erhalten und nicht gemeldet hatte, verurteilten. Das ist auch heute noch die einzige Version, die von den Skeptikern akzeptiert wird, wenn sie die Existenz des Schatzes von *Rennes-le-Château* leugnen. In den Archiven des Ortes finden sich die Listen, in denen die Zuwendungen verzeichnet sind, die der

Pfarrer für Messen erhielt. Das war zu jener Zeit üblich. Aber sie zusammen hätten nie ausgereicht, um die nach heutigem Wert elf Millionen Francs zu rechtfertigen, die Saunière für die Renovierung des Ortes und seine eigenen Hobbys ausgab. Bei einem Franc fünfzig pro Messe, die damals bezahlt wurden ... Und außerdem wurde die Verurteilung des Priesters durch seinen Bischof vom Vatikan für null und nichtig erklärt.

Bevor Saunière ohne den Segen der Kirche am 20. Januar 1917 starb (Der Pfarrer des Nachbardorfes hatte ihm die Letzte Ölung versagt.), hat er das Geheimnis seines plötzlichen Reichtums seiner Haushälterin anvertraut und sie zur Erbin seines Vermögens gemacht. Die wiederum wollte sich vor ihrem Tod noch dem Käufer der *Villa Bethania,* in der sie ein angenehmes Leben geführt hatte, offenbaren, »um Sie zu einem der reichsten Männer der Welt zu machen ...«. Aber dazu kam es nicht mehr. Im Januar 1953 erlitt sie einen Schlaganfall und nahm ihr Geheimnis mit in die Ewigkeit. Die Legende war geboren ...

Eine der heute am häufigsten genannten Thesen über den plötzlichen Reichtum des kleinen Landpfarrers wurde von dem Schriftsteller Gérard de Sède in seinem Buch »Le trésor maudit« in die Diskussion gebracht. Der Curé habe ein Dokument gefunden, das sowohl das Haus Habsburg als auch den Vatikan belastet habe. Damit habe er die Habsburger und den Papst erpreßt. Mehrfach habe ihn ein »Herr Wilhelm mit starkem deutschen Akzent« besucht, der Johann von Habsburg selbst gewesen sei. Von ihm habe Saunière Geld bekommen, weil er diesem die Krone des römischen Kaisers Konstantin und andere Attribute des heiligen Reiches verkauft habe. Vielleicht sei der Habsburger aber auch nur als Mittler gekommen, um im Auftrag des Vatikans Saunière mit Millionen zum Schweigen zu bringen, weil der den Beweis gefunden hatte, daß Jesus die Kreuzigung dank eines arglistigen Tricks seines Onkels Joseph von Arimathia überlebt hatte und seine mumifizierte Leiche irgendwo in der Umgebung von *Rennes-le-Château* verborgen gehalten werde ...

Gehören diese Spekulationen dem Reich der Phantasie an, so bleibt doch die Frage: Wie zum Teufel sollen die kaiserlichen Symbole oder auch der Goldschatz der Merowinger in die Kirche von *Rennes-le-Château* gekommen sein? Auch dafür gibt es eine Antwort: Der letzte Merowinger-König, Sigibert VI., auch Prinz Ursus genannt, zu dessen Nachfahren Historiker sowohl die Blancheforts als auch die Gisors, die Plantards und die Habsburg-Lothringer zählen, habe sich, nachdem er von dem fränkischen König Louis II. bei *Poitiers* 811 besiegt wurde, in diese Region geflüchtet und hier die Reichsinsignien und andere Kostbarkeiten versteckt.
Die Dynastie der Merowinger wird immer genannt, wenn es um Schätze geht. Denn den von Legenden und Magie überwucherten »Königen mit den langen Haaren« sagt man übernatürliche Kräfte nach. Troja kommt ins Gespräch und Arkadien in Griechenland, wenn man ihre Herkunft erörtert. Und Jesus als Urvater, der sein Leben nicht am Kreuz beendet habe, sondern als Ehemann von Maria Magdalena und mit seinen Nachkommen in Gallien ein göttliches Geschlecht geschaffen habe, das sich im fünften Jahrhundert mit den Franken verbunden und die Dynastie der Merowinger hervorgebracht habe.
Auf die wiederum berufen sich die meisten Königshäuser, aber auch die Kirche. So sei der Kontakt der Habsburger und des Vatikans mit dem Abbé Saunière zustande gekommen. Und sein plötzlicher Reichtum, mit dem sich die Betroffenen Stillschweigen von dem Curé erkauften.
Rennes-le-Château gibt viel Anlaß zu solchen Spekulationen. Denn der Ort war nicht immer nur ein unscheinbares Dorf in den *Pyrenäen*. Es ist auf dem antiken *Rhedae* errichtet, wo sich ein keltisches Zentrum des Druidentums befand und später ein beliebter Badeort für die Römer. Im sechsten Jahrhundert wurde es sogar, nach römischer Besetzung, die nördliche Hauptstadt des Westgotenreiches. Hatte diese Kriegsmacht nicht Rom geplündert und von dort den Schatz aus Jerusalem, den mythischen Kerzenleuchter mit den sieben Armen und die Bundeslade mit ihren Gesetzesta-

feln, hierhin verschleppt? Immerhin war *Rhedae* Stammsitz der Grafen von Razés, die sich im siebten Jahrhundert durch Heirat mit dem Merowinger Dagobert II. verbunden hatten. Auf den wiederum wies doch angeblich eines der gefundenen Pergamente hin. Besaß Dagobert den Tempelschatz? Und rief diese Vermutung nicht jene auf den Plan, die nicht nur auf Gold aus waren, sondern auf den Besitz übernatürlicher und okkulter Schätze? Und die immer noch schwören, daß die Katharer und Tempelritter Wächter dieser heiligen Schätze und des ... Grals gewesen seien. Hatte Bertrand de Blanchefort 1153 nicht schon mit der Schatzsuche begonnen, als er deutsche Erzgießer (keine Bergleute!) ins Land geholt hatte – aber eben Ausländer, die sich mit den Einheimischen nicht verständigen konnten? Welche Arbeit hatten sie zu tun gehabt? Und schon wieder taucht der Gral aus dem Nebel der Zeit auf ...

Die Merowinger, die Katharer, die Tempelritter ... In und um *Rennes-le-Château* muß die Erde geweiht sein. Davon sind Sektierer und Esoteriker überzeugt. Und das scheinen auch die Überirdischen zu wissen, die während mancher Nächte in ihren Ufos über dem Ort kreisen. Henri Buthon, der heute die *Villa Bethania* bewohnt, hat noch nie einen Film von Spielberg gesehen und verbreitet trotzdem diese Theorie. Und er ist nicht allein. Gesetz der Gattung oder Magie des Ortes? Viele seriöse Exegeten vertreten die Hypothese, daß das Gebiet um *Rennes-le-Château* eine »geheiligte Geographie« hat und eine jener Landschaften ist, wo der Geist, genährt durch ein großes Geheimnis, atmet. Übersetzen die Dekorationen in der Kirche, Freimaurerloge für die einen, Rosenkreuzertempel für die anderen und restauriert von Saunière in einem zweifelhaften okkulten Stil (Georges Charles – Joris Karl – Huysmans waren damals Mode.), solche chiffrierten Botschaften? Für andere wiederum befindet sich des Rätsels Lösung im *Louvre,* im Gemälde von Poussin. Aber was hat das wiederum mit *Rennes-le-Château* zu tun?

Keine Frage für die Eingeweihten: Der Maler des 17. Jahrhunderts war Rosenkreuzer und hatte als solcher sowohl Kontakt zu

Geheimbünden als auch zu hohen kirchlichen Kreisen. Der Titel des Bildes »Et in Arcadio Ego« sei also mehr als nur elegische Poesie. Die weibliche Figur sei die Marquise de Blanchefort, deren Namen der Abbé Saunière auf ihrem Grabstein des kleinen Friedhofs hinter der Kirche gelöscht habe. Rätsel über Rätsel.
Seit über 20 Jahren engagieren sich die Autoren Lacoste und Pineau für die Mysterien von *Rennes-le-Château.* Sie haben alle Freimaurersymbole in der Gegend gefunden und übersetzt und sind überzeugt, das Geheimnis des Ortes entdeckt zu haben. Im Institut de France in *Paris* haben sie ihr Material deponiert. Was ist mit dem Schatz? Ist der wirklich ein heiliges Objekt? – Das Duo schweigt sich aus. Irgendwann wollen sie damit an die Öffentlichkeit treten. Irgendwann. Denn das Geheimnis ist ja seinen Preis wert.
Auch andere haben ihre Lösung gefunden und sich einen eigenen Reim auf *Rennes-le-Château* gemacht. So wie jene millionenschwere Amerikanerin, die vor der Kirche *Sacre Cœur* unterhalb des Ortes einen Brunnen, verziert mit einem Löwen, mit 333 Rosen umpflanzt hat. Aller guten Dinge sind drei. Schon Novalis wußte, daß »in der Natur eine wunderbare Zahlenmystik stattfindet ... Ist nicht alles von Bedeutung, Symmetrie und seltsamem Zusammenhang?« Die Lady aus Amerika sieht das prosaischer: *»Rennes-le-Château* ist ganz einfach der Mittelpunkt dieses Planeten Erde. Hier ist alles positive Energie. Von hier aus wird sehr bald ein übernatürliches Ereignis seinen Ausgang nehmen.«
Aber wen würde das noch erstaunen, nachdem sich in dieser geschichtsträchtigen europäischen Landschaft schon so viele Wunder im Laufe der Jahrhunderte ereignet haben sollen.

III.
METAMORPHOSEN
ODER
HELDENGEDENKEN

Bourgogne: *Vercingetorix – ein Besiegter, der ein Sieger wurde*

Einstöckige Häuser mit bunt-glänzenden Klinkersteinen, üppige Gärten an den Ufern der *Yonne*, Keller, in denen rubinrote Weine reifen, kalte und sternenklare Nächte: das ist die *Bourgogne*.

Dieser Name, der die angenehmen Rundungen einer gemütlich-besorgten Hausfrau heraufbeschwört, symbolisiert die Zusammenfassung all dessen, was man auf Fahrten durch diesen Teil Frankreichs finden wird: unzählige Kirchen, Schlösser, Fachwerkhäuser, Seen, bewaldete Bergketten und gekrümmte Flüsse mit idyllischen Uferpartien. Und das alles zusammengefaßt in der Form eines Herzens, als das sich die *Bourgogne* in die Geographie geprägt hat. Ein Herz zwischen Norden und Süden, immer der aufgehenden Sonne zugewandt und durchströmt vom Rotwein an den Hängen seiner Hauptschlagader, der *Yonne*.

Die *Bourgogne*, für uns Deutsche kurz und knapp *Burgund*, hat ein Zentrum, aber keine Grenzen. *Dijon* gibt den Ton in dieser Region an, die die Theoretiker der Französischen Revolution in die Departements *Côte-d'Or, Yonne, Nièvre* und *Saône-et-Loire* einteilten, um ihr die Aufsässigkeit, die mit der historischen Einheit gewachsen war, zu nehmen. Das gelang nicht. *Dijon* blieb als Zentrum tonangebend und als eine der ersten französischen Kunststädte, die gegen die Zentralisationsideen der Pariser Politiker immer wieder opponierte und die künstliche Einteilung der Revolutionäre von 1789 lange boykottierte. Die Kommunalpolitiker in der *Bourgogne* besitzen genug Kenntnisse, sagen sie, und

historisches Selbstbewußtsein, um diese Region selbst zu verwalten. Sie gehen ihre eigenen Wege, die Füße auf der Erde, den Kopf in den Wolken, in einem Land, wo Licht und Schatten ebenso ausgeglichen sind, wie sich Felder und Hochplateaus, Heide und Gehölz maßvoll ergänzen.
Auf Schienen läßt sich die *Bourgogne* rasch durchqueren. Der TGV rast an der Abstraktion einer grünen und holzgetönten Musterlandschaft vorüber. Im Auto über Nebenstraßen passiert der Besucher Johannisbeer- und Himbeerhecken; er rastet an Forellenbächen, bevor er in die kleinen Ortschaften und Städte eindringt und dort entdecken kann, wie liebevoll gerade hier das natürliche Erbe des Landes und seine Geschichte gepflegt werden.
Burgundisches Wesen! Das ist ein Gefühl der Weihe, wie es die Hauptstadt nie vermitteln kann. Im Bannkreis der Klöster und Kirchen von *Cluny, Vezelay, Fontenay* und *Taizé* wirkt es ebenso intensiv wie angesichts der Renaissance-Fresken im *Château de Tanlay*, des gallischen Pferdes von *Guerchy* oder des Schatzes von *Vix* im Tal der *Seine*, der auf dem *Mont Lassois* 1953 aus einem Grab geborgen wurde.
Aber noch mehr präsentiert sich die *Bourgogne* als Trägerin der europäischen Idee, die schon im 15. Jahrhundert hier geboren wurde, als Charles VII. von einer politischen Einheit seines Herzogtums nicht nur träumte. Er widersetzte sich Louis XI., um die *Bourgogne* in ein europäisches Großreich zu verwandeln, weil sie ohnehin schon Zugang zu den Häfen der Nordsee und damit zur Hanse hatte. Gewiß, der Mann war machtbesessen, aber die politische Einheit, die er anstrebte, muß den Europapolitikern von heute Bewunderung abringen: Die administrative Verwaltung war von ihm in Flandern geplant, das Parlament sollte von *Beaune* aus wirken, die Residenz war in *Dijon*, die Finanzen sollten in der Lombardei, in der Schweiz und in Zusammenarbeit mit der Hanse erwirtschaftet werden. Das schien logisch, denn im Herbst des Mittelalters kreuzten sich in *Dijon* die Handelswege. Von England wurde Zinn, von der Ostsee Bernstein durch die burgundische Ebene in die Mittelmeerländer transportiert. Aber so viel angestrebte Unabhängigkeit paßte den französischen Königen

nicht ins Konzept: Louis XIV. schließlich konnte, nachdem Henri IV. es vergeblich versucht hatte, als absoluter Herrscher über ganz Frankreich das Zepter schwingen: »L'État, c'est moi!«

Das alles hätte schon im Jahr 52 vor Christi Geburt so sein können, wenn das keltische Europa nicht hier in der *Bourgogne* seine Todesstunde erlebt hätte. Gegen den römischen Eindringling Julius Cäsar hatte Vercingetorix, ein Averner-Prinz, der Sohn des Celtill, verschiedene Stämme vereint und eine titanische Rebellion gegen römische Hybris und Blasphemie initiiert. Der »Heerkönig« (so die wörtliche Übersetzung von Vercingetorix) hatte jahrelang in Cäsars Armee gedient, bevor er seine Volksarmee aufzustellen begann und schließlich eine halbe Million unter den Waffen der Freiheit vereinte. Er führte, erklärte er den Stammesfürsten der Semonen und Parisier, Pictonen und Turonen, Cadurker und Häduer, den Kampf der gemeinsamen Freiheit wegen und überzeugte viele von ihnen zum Aufstand gegen Rom. Sie akzeptierten ihn als König des neuen Keltenbundes.
Und der große Mann, der so stattlich aussah in seinen Waffen, wurde bereits zu Lebzeiten ein Symbol, weil man in der Frühzeit menschlicher Kultur Heldentum allein über die Tat feierte. Gewiß, Klugheit, Intelligenz und strategisches Geschick sprachen für sich, wurden jedoch nicht gewürdigt. Tapferkeit allein war das Maß aller Dinge. So wie Vercingetorix sie an den Tag legte, als er tapfer war aus »Unwissenheit« und Liebe. Und das erwies sich damals als verhängnisvoll. Denn den Kampf, den er begann, riskierte er »einzig und allein aus Liebe zu diesem gallischen Vaterland«, in dem sich »sein schnelles Leben, sein Charakter, seine Hoffnungen, sein Werk . . . vereinen« (Camille Julian). Die erste Amtshandlung des Vercingetorix bestand in der Bestrafung jener Volksstämme, die nicht mit ihm kooperieren wollten. 40 000 Bituriger, damals bei *Bourges* ansässig, wurden getötet. Dann stellte er sich den Römern bei *Gergovia* (südlich von *Clermont-Ferrand*) und brachte Cäsar die schwerste Niederlage seines Lebens bei. Die scheinbar gen Italien flüchtenden Römer for-

mierten sich, unbehelligt vom Sieger, wieder und stellten sich bei *Dijon* erneut den Kelten. Vercingetorix zog sich zurück in die Bergstadt *Alesia* (heute *Alaise*), die Römer rückten nach, umschlossen die Kelten mit einem 17 Kilometer langen Gürtel von Wehrtürmen und Gräben und begannen eine zermürbende Belagerung, die als finsteres Kapitel der europäischen Geschichte endete: Mit Hilfe germanischer Überläufer (der Remer und Atrebaten) zerstörten sie umliegende Ortschaften und töteten Zehntausende. Die den Eingeschlossenen zu Hilfe kommende Reiterei wurde von dem siegessicheren Vercingetorix wieder fortgeschickt; das später von ihm angeforderte Ersatzheer von 43 Stämmen ließ ihn feige sitzen.

Unter Proviantmangel leidend und auf Cäsars Gnade hoffend, liefert er sich schließlich selbst aus. Der Prokonsul erwartet ihn vor seinem Zelt, das der Keltenkönig dreimal umreitet. Dann springt er ab, ersticht das Pferd, legt die Waffen ab und beugt vor dem Sieger die Knie – eine Geste, die zur historischen Stanze wurde und den Besiegten zum moralischen Sieger machte, auch wenn barbarische Tapferkeit hier von römischer Disziplin geschlagen wurde. Denn dem Römer ist nicht nach Milde zumute. Er läßt den stolzen Kelten fesseln und abführen, um ihn dann im Triumphzug durch Rom zu führen und sieben Jahre im mamertinischen Kerker schmachten zu lassen, wo er erdrosselt wird. Ein Mangel an Fairneß, der das Bild Cäsars noch heute trübt und das Bild des Besiegten in einem noch strahlenderen Glanz der Nachwelt erhält.

Es ist das blutige Abendrot einer Geschichte, das noch heute jenes Gebiet beleuchtet, in dem das Herz des keltischen Gallien am heftigsten schlug. Aber erst in unserem Jahrhundert lieferten die Archäologen dafür die Beweise, indem sie die Reste einer rauhen und faszinierenden Zivilisation ans Tageslicht brachten.

So geschehen 1953 in *Châtillon-sur-Seine* (zu erreichen von *Paris* aus über *Fontainebleau* und *Troyes* und von dort über die N 71), als der Bauer Maurice Moisson und der Lehrer René Jouffroy in der Gegend des ehemals gallisch-römischen *Oppidum Vertillum* an der

Laignes, einem Parallelflüßchen der *Seine*, ein Grab entdeckten, das aus der Zeit 500 vor Christi stammt. Neben kaum identifizierbaren Knochenresten einer Frau gruben die zwei Amateurarchäologen eine enorme Bronzevase mit vier Griffen, aus der man wohl einmal Wein auf Festen schenkte, aus. 1,64 Meter hoch und rund 30 Kilo schwer, erstaunte das Gefäß vor allem durch eine eigenwillige Dekoration, die Kriegsvolk, Pferde und gehörnte Widder darstellte. Experten kamen zu der Erkenntnis, daß dieses Fundstück nicht gallisch sein konnte. Ebensowenig wie der Goldschatz, darunter ein kostbares Diadem und ein Kultwagen, die man mit vielen kleineren Schmuckstücken neben diesem größten Bronzegefäß der Welt fand. Denn die Kriegergestalten trugen so unverkennbar griechisch-etruskische Züge, daß es sich dabei nur um eine Arbeit aus dem archaischen Zeitalter der Hellenen, teilweise auch der italischen Hochkultur, handeln mußte. Wie gelangten diese Reichtümer aus dem Mittelmeerraum, deren Entstehung man in das 6. Jahrhundert vor Christi legte, in dieses nördliche Gallien? Bestellt und angefertigt in Griechenland, wurden sie wohl im Auftrag einer keltischen Prinzessin hierhin transportiert. Zuerst per Schiff durch die Ägäis. Dann auf einem Ochsenkarren? Man weiß heute, daß die Gallier viel reisten, daß sie die Kunst des Südens schätzten und sie mit in den Nebel des Nordens nahmen. Das *Musée archéologique du Châtillonais* in *Châtillon* bietet dem Besucher einen reichen Einblick in das Leben dieses Volkes und seiner Gewohnheiten: Vasen, Schmuck und Skulpturen, die alle in dieser Region gefunden wurden.

Diese gallische Vergangenheit läßt sich auch am Ort jener Niederlage im Jahre 52 vor Christi auf dem *Mont Auxois* einholen, von dessen Höhe ein bronzener Vercingetorix von sieben Metern Größe über das Land blickt. So mächtig steht er da wie das Lothringer Kreuz auf dem Hügel von *Colombay-les-deux-Églises* und ebenso Symbol eines Paktes zwischen der Grande Nation und der Freiheit der Welt. Vom *Auxois* reicht der Blick weit in die *Bourgogne* hinein. An klaren Tagen sogar bis nach *Saulieu* und *Autun*. Hier schlägt das Herz des alten Gallien, wo sich an diesem heiligen

Hügel, einer »colline inspirée« wie *Vézelay* oder *Semur-en-Auxois*, im Jahr 52 vor Christi das Schicksal des Kontinents entschied.
Vor zwei Jahrtausenden erstreckte sich die Stadt *Alesia* über das gesamte Plateau. Nach der Niederlage des Vercingetorix führte sie ihr Leben als kleine römische Ansiedlung weiter. Begeistert von dem gallischen Abenteuer Cäsars ließ Napoléon III., von der Antike und ihren Helden fasziniert, die Ruinen ausgraben und 1865 die Statue des Vercingetorix errichten. Wie viele Republikaner erkannte auch er sich in diesem keltischen Adler wieder und erklärte ihn zu Frankreichs größtem Genie im kosmischen Sinne, das die Flamme der französischen Nationalidee auch in andere europäische Länder zu tragen imstande gewesen wäre. Jene Idee, nach der »die Natur ... die Kräfte« schafft, »aber der Mensch ordnet sie, gliedert sie, benutzt sie: er unterwirft sie seinen Werten ... Die Vernunft bekämpft alles, was sich gegen ihre Norm aufbäumen will. Die Anwendung dieser Norm führt zur Gesittung, die das einzige Ziel des Menschen ist. Da die Norm vernünftig, das heißt richtig ist, gilt sie für alle. Wer sich ihr widersetzt, handelt unvernünftig, das heißt falsch. Für diesen Widerstand kann es keinen anderen Grund geben als Mangel an Freiheit, als sklavische Unterworfenheit unter die Natur, als Roheit, als Barbarei« (Friedrich Sieburg).

Alesia ist zu besichtigen. Wände und Grundmauern sowie ausgegrabene Intarsien machen es dem Besucher leicht, sich die Werkstätten der Gerber und der Schmiede und den Fleischmarkt vorzustellen: Von hier wurden die Produkte der fruchtbaren Region, vor allem Schweineschinken, bis nach Rom exportiert. Im antiken Theater hatten 2 000 Besucher Platz, und eine ebenso große Menge faßte das freigelegte Forum, wo die Gottesdienste für die gallischen Götter stattfanden, von denen man mehrere tausend Tonfiguren in den Ruinen der Häuser fand.
Nachdem es mit *Alesia* zu Ende gegangen war, wurden die alten Steine zum Bau neuer Häuser in der kleinen Ortschaft *Alise-Ste.-Reine* genutzt (an der N5 zwischen *Dijon* und *Montbard*). Sie liegt

auf der Bergflanke und besitzt ein kleines Museum mit Bronzen, Steinstatuen und Keramiken.

Nicht weit von *Alesia* entfernt liegt, am *Mont Beuvron*, im Westen von *Autun*, das ehemalige gallische *Oppidum Bibracte*, von dessen antiker Vergangenheit nichts mehr zu erkennen ist. In dieser ehemaligen Fluchtburg der Häduer hatte Vercingetorix das Kommando über die gallische Armee übernommen. Dann verließ er die blühende Ortschaft, in der Metallgießer, Juweliere und Kaufleute arbeiteten, für die die *Sâone* der Handelsweg nach Norden und Süden war.

Bibracte bedeckte damals eine Fläche von etwa 200 Hektar. Seine Hauptstraße war 14 Meter breit. Wälle aus gewaltigen Steinen umgaben sie schützend. Die Sicht von hier oben herab ging über unermeßlich weite Wälder. Ein Jahrhundert nach der Niederlage des Vercingetorix gab es auch *Bibracte* nicht mehr, nachdem hier die Helvetier von den Römern geschlagen wurden.

Jeanne d'Arc: *Bauerntochter oder Königskind?*

Es war in *Chinon*, wo eine der schönsten Geschichten Frankreichs, die von Jeanne d'Arc, begann.

Vom Schloß, das sich dort an einem Steilhang über der *Vienne* erhob, existieren nur noch Mauerreste – ein Turm und ein Kamin. Aber zwischen diesen Steinen ist sie immer gewärtig, Jeanne. Sie ist 17 Jahre alt, trägt ein schwarzes Wams mit Beinkleidern aus einem Stück, die Haare sind kurz und übergangslos geschnitten und hinter den Ohren und im Nacken sauber ausrasiert. Sie ist jung und kräftig.

An jenem Abend des 25. Februar 1429 machen dreihundert Personen ihrem König den Hof. Sie alle, edle Damen und Herren, befinden sich wie unter Spannung. Man weiß, daß die Jungfrau aus der *Lorraine* angekommen ist und seit zwei Tagen in einem

François Ehrmann:
»Vercingetorix«

Jeanne d'Arc (Holzschnitt)

Hotel wohnt, wo die Geistlichen sie schon befragt haben. An diesem Abend wird sie sich auf dem Schloß vorstellen.

Unter wessen Einfluß steht sie? Gottes? Des Teufels? Wird Charles VII. sie empfangen? Was wird er ihr sagen? Oder wird man sie schmachvoll davonjagen, nachdem sie nur von den guten Seelen berichten kann, die ihr Befehle und Botschaften einflüsterten?

Und dann ist sie da. Die Wachen führen sie in den Saal. Verloren in seinen Ängsten und Hemmungen, drückt sich Charles in eine Ecke. Wie immer. Wäre es nicht besser, dieses Mädchen einer Prüfung zu unterziehen? Ein anderer nimmt Platz auf dem Thron. Und alle sind bereit, sich zu amüsieren. Das arme Mädchen!

Man stellt sie vor. Sie zeigt keine Verwunderung. Wirft nur einen Blick über die Menge, die sich bei ihrem Auftritt gespaltet hat. Ist das der Auftritt einer Bäuerin oder . . . einer Königin? »Als ich in den Saal trat«, wird sie später sagen, »erkannte ich den König sofort unter allen anderen durch meine Stimmen, die es mir gesagt hatten.« Sie geht auf Charles zu, verneigt sich ehrfurchtsvoll und so – ein Augenzeuge später –, »als wäre sie immer bei Hof gewesen«. Mit ihrer klaren, von dem Lothringer Akzent eingefärbten Stimme sagt sie dann: »Gott gebe Ihnen ein langes Leben, mein König!«

Und dieser Charles, der noch nicht der König Frankreichs ist, fühlt sich wie verurteilt. Er murmelt: »Wie heißt Ihr? Was wollt Ihr?«

Die Antwort kommt prompt: »Ich heiße Jeanne die Jungfrau und vermelde Euch durch den König der Himmel, daß Ihr in *Reims* geweiht und gekrönt werdet zum Stellvertreter des Königs der Himmel!«

Die Menge verharrt schweigend. Niemand wagt zu lächeln, als die jugendlich-helle Stimme fortfährt: »Ich sage dir im Auftrag meines Herrn, daß du der wahre Erbe Frankreichs und der Sohn des Königs bist. Er hat mich zu dir geschickt, um dich nach *Reims* zu führen, damit du dort gekrönt und geweiht wirst, wenn du willst.«

Charles zuckt zusammen. Er, der wahre Erbe Frankreichs und

Sohn Charles' VI., also nur Dauphin und doch schon eine Majestät, nur in der kleinen Region um *Bourges*! König von ganz Frankreich und als solcher anerkannt zu werden – ist das nicht seine tägliche Angst, sein stündlicher Alptraum! Man hat ihm viel erzählt von der Zügellosigkeit seiner Mutter Isabeau de Bavarie. Man hat ihm so oft eingeredet, daß er ein illegitimes Kind sei. Selbst die Königin denunzierte ihn als Bastard.
Erstaunt sehen die Höflinge Charles das Bauernmädchen umarmen und mit ihr flüstern. Was hat er ihr gesagt? Jeanne hat es nie verraten. Selbst als die Richter es später während ihres Prozesses wissen wollen, bleibt sie die Antwort schuldig. Es sei ein Geheimnis zwischen Gott, dem König und ihr selbst.
Alles, was darüber bekannt wurde, stammt von Charles VII. selbst: »Jeanne erzählte mir ein gewisses Geheimnis, das niemand weiß und wissen darf außer Gott, und deshalb habe ich großes Vertrauen zu ihr.«
Dies ist der Augenblick, wo das Bauernmädchen aus der *Lorraine* in die Geschichte eingeht. Und sie wird sie erst wieder verlassen, wenn ihr junger Körper auf dem Scheiterhaufen von *Rouen* in den Flammen verbrennt.
Als Personifizierung des Patriotismus in seiner reinsten Form, die die englische Besatzungsmacht damals für immer vom französischen Boden verjagen wollte, ist Jeanne das deutlichste Symbol in der Geschichte Frankreichs.
Dabei ist das Leben der Jeanne d'Arc, bekannter unter dem Namen »Jungfrau von Orléans«, so außergewöhnlich selbst in seiner offiziellen Version gewesen, daß es zu Irrungen und Wirrungen, ja sogar zu Verleumdungen kommen mußte und man sich auch heute nur noch schwer ein genaues Bild von ihrem realen Leben machen kann.
Jeannes Kindheit stand im Zeichen eines schon lange dauernden Krieges mit den Engländern. Frankreich war bis zur *Loire* von ihnen besetzt. Henry V., der die Franzosen 1415 bei *Azincourt* geschlagen hatte, war 1419 das Anrecht auf den französischen Thron zugesprochen worden. Charles VII. regierte seit 1422 den Rest des

Landes, um den sich auch noch der königstreue Herzog von Burgund, Philippe III. le Bon, mit den selbstbewußten Feudalherren der Nachbarregionen stritt. Jeanne wuchs in *Domrémy* in der *Lorraine* auf dem Hof ihres Vaters auf und bekam von der Politik jener Zeit nicht allzuviel mit. So berichtet es die Legende, nach der sie, wann immer sich die Gelegenheit bot, zur Beichte in die kleine Kapelle gegangen sei, im Haushalt geholfen und die Schafe gehütet habe. Aber hier tauchen erste Zweifel auf, denn in der Gegend von *Domrémy* bestanden die Herden aus Rindern. Sie – und nicht Schafe – machten den Wohlstand des Dorfes aus.

Mit 13 Jahren hörte Jeanne zum erstenmal Stimmen. Sie wiederholten sich immer öfter und »halfen ihr zu wissen, was sie tun sollte«. Den Stimmen folgten Erscheinungen des Erzengels Michael und zweier Heiliger, die sie – in französisch natürlich, wie sie später beim gerichtlichen Verhör in *Rouen* zugab – allmählich davon überzeugten, daß sie ihr Land von der englischen Herrschaft zu befreien habe.

Stimmen und Visionen, wie Jeanne sie gehört haben will, waren zu jener Zeit keineswegs einzigartig. Der mittelalterliche Mensch war anfällig für visuelle und akustische Halluzinationen, ja, sie wurden sogar herbeigesehnt, um die Flucht aus dem damals oft so brutalen und entbehrungsreichen Leben in Traumwelten möglich zu machen. Hinzu kommt, daß Jeannes erste Visionen die Reaktion auf einen schweren Schock waren, den die Einwohner von *Domrémy* erleiden mußten, als eine englisch-burgundische Truppe im Frühjahr 1425 das Dorf niederbrannte und viele Bewohner tötete. Vielleicht wurde sie von dem Vater damals zum erstenmal über die politische Situation Frankreichs aufgeklärt.

Aber lassen wir die Geschichte, so wie sie allgemein bekannt ist, ihren Fortgang nehmen. Die nächste Station im Leben der Jungfrau ist *Vaucouleurs*, eine kleine Stadt, deren Bewohner sich beharrlich weigern, sich mit den Engländern und den Burgundern zu verbinden. Alle anderen Städte der Region haben den kleinen Henry VI. bereits als König anerkannt, nachdem er in *Notre-Dame* in *Paris* geweiht wurde. Aber in *Vaucouleurs* schwört man auf Char-

les, den Bastard. Für diesen »Renegaten« hält Robert de Baudricourt als Kommandant und königlicher Statthalter in der kleinen Stadt die Stellung. Am 13. Mai 1425 soll das Leben dieses Mannes eine andere Wende nehmen, als ihn ein gewisser Durant Laxart um eine Audienz bittet. Ihn begleitet seine halbwüchsige Nichte Jeanne, eine robuste Brünette in einem roten Hemdchen. Ein ebenfalls dort zufällig anwesender Junker wird später berichten, was Jeanne damals Baudricourt anvertraute: »Sie sagte ihm, daß sie zu ihm, Robert, gekommen sei im Auftrag ihres Herrn, um dem Dauphin zu melden, er solle guten Muts sein und nicht mit dem Krieg gegen die Engländer aufhören. Von der Mitte der Fastenzeit an wird der Herr ihm Hilfe senden. Tatsächlich gehört das Königreich ja nicht dem Dauphin, sondern meinem Herrn. Aber mein Herr will, daß der Dauphin zum König gemacht wird und das Königreich regiert . . . und ich bin es, die ihn zur Krönung führen wird.«
Geduldig hörte sich der Kommandant das Kind an, fragte es dann spöttisch: »Und wer ist dein Herr?«
»Der Herr des Himmels.«
Es war eine Antwort, die ein abgebrühter Soldat nicht alle Tage hörte in dieser Zeit. Einerseits verwundert, andrerseits amüsiert, beendete er das Gespräch mit der trockenen Feststellung: »Ich habe drei Herren, den Papst, Gott und meinen Herrn.«
Im Sommer 1428 erreicht der Krieg *Vaucouleurs* und erneut *Domrémy*. Jeanne denkt ununterbrochen an Charles, den sie auf Befehl ihrer Stimmen in *Reims* krönen soll. Im Januar 1429 erscheint sie erneut bei Baudricourt. Sie ist 16 Jahre alt, ein kräftiges Mädchen mit viel Energie: Nun will sie sofort nach *Chinon* aufbrechen, wo sich Charles VII. aufhält, »selbst wenn ich auf den Knien dort hinrutschen muß«. Der skeptische Baudricourt läßt sich überreden und begleitet Jeanne, die Männerkleidung anlegen muß, auf den zehntägigen Ritt nach *Chinon*.
Es ist jenes bedeutungsvolle Treffen, das Zweifel sät und Fragen aufwirft, die bis heute noch nicht beantwortet wurden. Wie konnte die Tochter eines einfachen Bauern ohne Schwierigkeit die

Majestät sprechen? Warum widmete ihr der König so viel Aufmerksamkeit? Warum schenkte er ihr anschließend ein Haus mit Bediensteten und Boten und versetzte sie in den Rang eines Edelmanns? Warum vertraute er ihr, dem Landmädchen, wenige Tage nach diesem ersten Treffen, seine Armee an? Und was berechtigte Jeanne, an seiner Tafel Platz zu nehmen, inmitten der Edlen des Reiches?

Und wie wurde sie am Hof von Charles behandelt? Als Gottes Botin oder als . . . Charles' Schwester? Das ist die These, die seit dem 18. Jahrhundert die Verteidiger der traditionellen Jeanne-d'Arc-Legende beunruhigt. Über den Ursprung der Jungfrau streiten sich die Historiker seit Jahrhunderten.

Welches Geheimnis hat Jeanne dem König in *Chinon* wirklich mitgeteilt? Gab sie sich etwa als uneheliche Tochter der Isabeau de Bavarie und damit als seine Schwester zu erkennen? Als Bastard, der Charles VII. auch war? Louis d'Orléans war zur Zeit seiner Geburt im Jahre 1403 der Liebhaber seiner Mutter gewesen, die außer Charles noch elf weitere Kinder zur Welt gebracht hatte. Extravagant und unmoralisch wie physisch heruntergekommen und unter der Ehe mit einem kranken Ehemann (Charles VI. litt unter immer wieder ausbrechender Schizophrenie.) leidend, stürzte sich Isabeau mit zunehmendem Alter in Vergnügungen und wurde zum Zentrum des sittenlosen Hofes in *Vincennes*. Der kranke König befand sich während dieser Zeit bereits in einem Zustand, in dem er, zwischen immer wiederkehrenden Anfällen von Wahnsinn, kaum noch bemerkte, was um ihn herum vorging. Er nahm weder die Königin mit wachen Sinnen wahr noch seine Kinder. Waren überhaupt alle von ihm? Die Verteidiger der These über Jeannes königliche Herkunft wollen herausgefunden haben, daß Isabeau vom Jahre 1404 an keine sexuellen Beziehungen mehr zu ihrem Mann unterhalten habe. 1407 jedoch gebar sie in ihrem Palais in *Paris* noch eine Tochter. Ein Kind der Liebe, das sofort in die Obhut von Zieheltern gegeben worden sei, während man offiziell von einem totgeborenen Sohn Philippe sprach. Aber das ist ebenso schwer zu beweisen wie die Vaterschaft des Louis

d'Orléans, der während der Haft in England 1407 starb. Die Traditionalisten halten dagegen und behaupten, daß Jeanne nicht nach ihrem angeblichen Vater, sondern 1428, nach der Belagerung von *Orléans*, die Jungfrau von Orléans genannt wurde.
Aber welches Geheimnis war es, das sie Charles VII. so kostbar machte, daß er ihr blindlings Vertrauen schenkte? – Sein Kanzler Guillaume Goufrier behauptete später, Charles habe ihm die Botschaft Jeannes mitgeteilt: »Sie hatte durch ihre Stimmen erfahren, daß er an diesem Morgen zu Gott gebetet und um Rat gebeten hatte, das ihm zustehende Königreich zu verteidigen oder nach Spanien oder Schottland ins Exil zu fliehen. Dann sei sie, die Jungfrau, gekommen und habe ihm eine Antwort in Gottes Namen gegeben. Seitdem habe er ihr vertraut.« Kurz: Sie habe sein Selbstvertrauen gestärkt.
So also wurde Jeanne die wichtigste Person am Hof des Königs und bekam den Oberbefehl über das Heer erteilt. Als man ihr ein Schwert anbot, verweigerte sie seine Annahme und bat statt dessen um jenes, daß hinter dem Altar in der Kathedrale *Sainte Cathérine* vergraben sei. Dies hätten ihre Stimmen ihr verraten. Und tatsächlich fand man dort die gewünschte Waffe. Ebenfalls ein Märchen, sagen die Zweifler: Dieses Schwert sei ihr von Charles gegeben worden.
Jeannes militärische Erfolge sind nicht zu verhindern: *Orléans* wird befreit; die Engländer ziehen sich im gleichen Maße zurück, wie im Heer der Jungfrau das patriotische Fieber steigt. Die Stadt *Troyes*, in der Isabeau 1419 Englands Rechte auf Frankreich anerkannt hatte, öffnet, nachdem auch *Châlons* eingenommen ist, seine Tore dem wirklichen König von Frankreich. Die Engländer werden in einer großen Schlacht bei *Patay* geschlagen. Ein großer Sieg: Nur zwei tote Franzosen, aber zweitausend getötete Feinde werden registriert. Und dann sind die Sieger in *Reims*: Jeanne kniet weinend nieder, als ihr Traum Wirklichkeit wird und Charles VII. in der Kathedrale gekrönt wird. Jetzt sind sie stark, und die Engländer werden für immer von Frankreichs Boden verschwinden ...

Aber der König zögert. Statt zu kämpfen, wie sie es ihm geraten hat, beginnt er mit den Engländern und den Burgundern zu verhandeln. Auf einmal glaubt er an die Macht der Diplomatie. Er will eine Allianz. Jeanne, die er zu meiden beginnt, kämpft trotzig weiter. Auch ohne ihre Stimmen, die sie scheinbar verlassen haben. Vielleicht um sie zu beruhigen, überhäuft man sie und ihre beiden Brüder, die sich der Schwester angeschlossen haben, mit Titeln und einem Wappen, das zwei Lilien auf einem blauen Feld zeigt. Für die Vertreter der These von der königlichen Abstammung Jeannes ist das ein königliches Wappen, das nur jenen zusteht, in deren Adern »blaues Blut« fließt.

Die Verleihungsurkunde und andere diesbezügliche Dokumente des Königs sind verschwunden. Zum letztenmal erwähnte man die Aktion in einem Manuskript von 1559, in dem über den Prozeß von *Rouen* die Rede ist. Man hatte Jeanne im Verhör gefragt, ob sie einen Schild und ein Wappen habe. »Sie antwortete, daß sie so etwas nie besessen habe, aber daß der König ihren Brüdern Pierre und Jean d'Arc Waffen gegeben habe, darunter einen blauen Schild, in dessen Mitte sich zwei goldene Lilien und ein Schwert befunden hätten . . . So sagte sie auch, daß das vom König ihren Brüdern aus Freundlichkeit gegeben worden sei ohne ein Ersuchen ihrer selbst und ohne Offenbarung . . .« Andrerseits klagte der Herzog von Bedford in einem Brief vom 28. Juni 1431 die Jungfrau der Überheblichkeit an, »die sehr edlen Waffen von Frankreich« gefordert zu haben. Er beschrieb sie so: »Einen Schild mit zwei goldenen Lilien in einem azurblauen Feld und ein Schwert mit einem als Kreuz geformten Griff.« Also waren sich Jeanne und ihr Ankläger einig: Diese königlichen Waffen gab es in der Tat. Sie wurden bestätigt nicht nur von Jeanne, sondern auch von ihrer Familie, ein Umstand, der paradoxerweise eine Bresche für die These von der königlichen Prinzessin schlagen kann, die von Bauern erzogen wurde. Aber warum hätte der König dann auch die Stiefeltern und Stiefbrüder in den Adelsstand erheben sollen? Oder überantwortete er, wie einige Historiker annehmen, Jeanne allein die königlichen

Waffen? Das wäre wahrscheinlicher, zumal die Brüder der Jungfrau und ihre Nachkommen immer zugegeben haben, dieses Wappen nur zur Schau getragen zu haben.
Aber das königliche Wappen zieren drei Lilien ... Wiesen nur zwei Blumen auf dem Schild der Jungfrau vielleicht auf ihre uneheliche königliche Abstammung hin?
Die Waffen des Königs brachten der Jungfrau kein Glück. Am 23. Mai 1430 beschloß Jeanne, das von den Burgundern belagerte *Compiègne* zu befreien. Nachdem sie in der Kirche *St. Jacques* gebeichtet hatte, offenbarte sie ihre Gedanken den sie umdrängenden Gläubigen: »Ein Mann hat mich verraten, und ich werde bald getötet. Ich bitte euch, für mich zu Gott zu beten, denn ich werde bald nicht mehr die Macht haben, dem König oder dem Königreich Frankreich zu dienen.«
Am Nachmittag dieses Tages wird Jeanne von Engländern und Burgundern gefangengenommen. Sie wird nie mehr frei sein. Man bringt sie nach *Rouen*, um ihr dort den Prozeß zu machen. Das junge Mädchen vom Land wird sich mit Mut und Klugheit gegen alle Beschuldigungen und gegen den Vorwurf der Hexerei verteidigen. Sie tritt ihren Richtern gegenüber mit königlicher Würde auf.
Ihr Tod jedoch ist entschieden, war schon beschlossene Sache, bevor der Prozeß überhaupt begann. Politiker und Kleriker waren sich einig, ihr Opfer den Flammentod sterben zu lassen. »Jeanne, die sich selbst die Jungfrau nannte, eine Lügnerin, bösartige Betrügerin des Volkes, Zauberin, Abergläubige, Lästerin Gottes, Entehrerin des Glaubens an Jesus Christus – prahlerisch, götzendienerisch, grausam, liederlich, Beschwörerin von Dämonen, Apostatin, Schismatikerin und Ketzerin«, lautet die Inschrift des Schildes an dem Pfahl, an den man sie am 30. Mai 1431 auf dem Marktplatz von *Rouen* kettet. Als die Flammen emporschlagen, hört man sie nach Gott, dem heiligen Michael und der heiligen Cathérine rufen. Dann schreit sie noch einmal »Jesus!«, bevor sie verstummt.
Im 19. Jahrhundert wurden Zweifel an der offiziellen Vita der

Jungfrau laut, als Pierre Caze, zweiter Bürgermeister von *Bergerac*, in seiner Tragödie Jeanne als heimlich von Bauern aufgezogene Tochter der Isabeau de Bavarie und des Duc d'Orléans auftreten ließ. Für Caze war es klar, daß Jeanne als totgeborener Philippe de France ausgegeben wurde, den man angeblich in der Abtei von *Saint Denis* begraben hatte.

Aber warum diese Lüge? Um dem König eine uneheliche Tochter zu verheimlichen? Charles VI. konnte in seinen Perioden klaren Bewußtseins nicht übersehen, daß seine Frau schwanger war, zumal jeder am Hof darüber sprach. Wollte man das Kind vor seiner Rache schützen, als man es weggab? Diese Theorie wird heute von verschiedenen französischen Historikern leidenschaftlich vertreten. Sie berufen sich auf Villaret, der im 18. Jahrhundert den November 1407 als Geburtsmonat der Jeanne de France und nicht des Philippe de France angab. Welche Beweise hatte Villaret dreihundert Jahre später für diese Behauptung? Keine. Also war es nur eine Spekulation? Kein Zweifel, Philippe de France ist 1407 geboren. Wie also hätte Jeanne im selben Jahr von derselben Mutter auf die Welt gebracht werden können? Ihren eigenen Angaben und den von Zeugen zufolge wurde sie 1411 geboren. Andrerseits wußte in jenen dunklen Tagen niemand exakt sein Alter anzugeben. Aber sich bewußt vier Jahre jünger oder älter gemacht zu haben, sollte man Jeanne nicht unterstellen. Im Prozeß erklärte sie, »ungefähr 19 Jahre alt« zu sein. Nur eine Zeugin, eine gewisse Hauviette, gab 1456 im Rehabilitationsprozeß zu Protokoll, daß die Freundin ihrer Kinderzeit jünger gewesen sei als sie selbst. Demnach könnte Jeanne um 1407 geboren worden sein. Alle anderen Zeugen nannten mit Überzeugung das Jahr 1411. Jeanne gab ebenfalls zu, »in *Domrémy* geboren zu sein; mein Vater war Jacques d'Arc, und meine Mutter hieß Isabelle«. Sie beschwor ihre Aussage beim Leben der Eltern.

Und welche Angaben machten die Menschen aus *Domrémy* zur Person der Jeanne? Im Prozeß von 1456 bestätigten sie, daß Jeanne die Tochter von Bauern war. Falls das Kind den d'Arcs

zugetragen worden wäre, hätten es die Nachbarn gewußt, zumal sie keine Schwangerschaft Isabelles wahrgenommen hätten . . . Und was war mit den Stimmen? Wer anders als sie hätten Jeanne antreiben können, zu Charles VII. aufzubrechen und für ihn und Frankreich zu kämpfen? Ihr »Vater«, der Duc d'Orléans? Bestimmt nicht die »Mutter«, die Charles V. von England gehuldigt und ihm große Teile Frankreichs ausgeliefert hatte.
Historiker nach Pierre Caze vertraten die Ansicht, daß es Charles d'Orléans gewesen sei, der als Häftling in London Botschaften an Jeanne sandte, sie über ihre Herkunft aufklärte und zum Kampf gegen die Engländer antrieb. Dokumente über solche Verbindung jedoch gibt es nicht. Und so konnte auch nicht an den Stimmen gezweifelt werden, die Jeanne zum Handeln bewegt hatten. Der Prozeß von 1456 rehabilitierte die Bauerntochter aus *Domrémy* und zementierte ihren Platz in der französischen Geschichte.
Aber dann wurden Anfang 1969 neue Zweifel geäußert. Der Historiker Comte Pierre Sermoise hatte in der kleinen Dorfkirche von *Pulligny-sur-Madon* ein Grab mit der Aufschrift »Betet für die Seele der Jungfrau« entdeckt. Womit die Behauptung aufkam, daß Jeanne gar nicht verbrannt worden war, sondern nach der Flucht aus den englischen Kerkern geheiratet habe und erst 1449, also 18 Jahre nach dem angeblichen Feuertod, auf einem Schloß in der *Lorraine* verstorben sei.
Für Sermoise und seine Historikerkollegen war – wie auch für Caze – Jeanne 1407 im *Pariser* Privatpalais der lasterhaften Königin Isabeau zur Welt gekommen. Dank ihrer hohen Geburt, die allerdings dem Volk verheimlicht worden sei, habe sie in ihrem Wappen die Lilien des Königshauses tragen dürfen. Die ländlich-sittliche Herkunft des Bauernmädchens sei schlichtweg eine Täuschung gewesen, und den Scheiterhaufen von *Rouen* habe die Jungfrau nur in Propagandageschichten der Engländer bestiegen. Schließlich, so de Sermoise, seien in *Rouen* bis heute keine Dokumente über Jeannes Verbrennung am 30. Mai 1431 gefunden worden.
Zweifel an Jeannes Feuertod waren schon wenige Jahre nach ihrer Verbrennung aufgekommen. Mit Hilfe des Gerichtsvorsitzenden

und Bischofs von *Beauvais*, Pierre Cauchon, sei sie geflohen, und statt ihrer sei eine dicht vermummte Hexe zum Scheiterhaufen geführt worden. Fünf Jahre habe Jeanne in der Obhut des Duc de Bourgogne im *Savoie* gelebt. Dort wird das *Château Montrottier* in einer Chronik »prison de la pucelle« (Gefängnis der Jungfrau) genannt.

Am 20. Mai 1436 sei Jeanne in *Metz* aufgetaucht, um sich dort mit ihren Adoptivbrüdern Jean und Pierre d'Arc zu treffen. In einer Chronik der Stadt ist vermerkt, daß die zwei sie »als Pucelle Jehanne de France, die König Charles nach *Reims* führte«, wiedererkannten. Ein Jahr später habe Jeanne den Lothringer Edelmann Robert des Armoises geheiratet. 1439 habe Jeanne *Orléans* besucht, wo ihr der Stadtrat als Dank am 1. August 210 Goldpfunde überreicht habe »an Jehanne des Armoises ... für das Gute, das sie dieser Stadt während der Belagerung angetan hat«. Gestorben sei »Jehanne«, so ein Nachfahre der Familie des Armoises, im Jahre 1449 kinderlos auf einem der Familienschlösser bei *Metz*.

Im Jahr 1450 hatte Charles VII. vom Heiligen Stuhl gefordert, die als Ketzerin verurteilte und verbrannte Jeanne d'Arc reinzuwaschen. Aber es dauerte sechs Jahre. Sermoise: »Das kirchliche Rehabilitationsverfahren Jeannes war nichts anderes als der politische Abklatsch ihres Ketzerspruchs mit umgekehrten Vorzeichen.« Diesem Zweck dienten auch die Zeugenaussagen, mit denen die Krönung von *Reims* als das Werk einer Glaubensmärtyrerin verklärt werden sollte.

Nach dem Rehabilitationsprozeß war die Jungfrau jahrhundertelang kein nationales Thema mehr. Erst als der Historiker um 1850 die Kirchenakten in einer fünfbändigen Quellensammlung vereinte, entwickelte sie sich zu einer katholischen und nationalen Kultfigur. Napoléon Bonaparte mobilisierte sie zum zweiten Mal gegen die Engländer, während der Klerus ihre Frömmigkeit als Waffe gegen den Atheismus ausnutzte. Nach Beendigung des Deutsch-Französischen Krieges mit dem Finale der Niederlage von 1871 erhob die Republik das Bauernmädchen aus *Domrémy* zum nationalen Symbol für die Wiedergewinnung *Lothringens*.

In unserem Jahrhundert war es Charles de Gaulle, der sich ihrer während des Zweiten Weltkriegs als Symbolfigur bediente. So begann erneut die Diskussion um ihre Herkunft und kratzte an der Legende vom simplen Bauernmädchen, die vor allem die Autoritäten der Kirche nicht zerstören wollte. Der Klerus hielt fest an Jeannes Verbrennung in *Rouen*. Immerhin hatte der Papst sie am 16. Mai 1920 heiliggesprochen, nachdem *Paris* aus der Staatskasse 30 Millionen Goldfranken für den Kanonisierungsprozeß gezahlt und zugesichert hatte, die seit der Revolution unterbrochenen diplomatischen Beziehungen zum Heiligen Stuhl wiederaufzunehmen. Allerdings wurde bei der Heiligsprechung Jeannes historische Rolle als Glaubensmärtyrerin ausgeklammert. Der Kirche war an einer heiligen Jungfrau gelegen, deren unversehrten Zustand schon die Richter des Prozesses von *Rouen* nach kirchenamtlichen Intimbesichtigungen bestätigt hatten. Und die Kirche hielt sich auch auf diesem Gebiet schon immer für fehlerlos.
Sermoise und andere Historiker stimmen da ausnahmsweise zu. Sie lassen Jeannes spätere Ehe unvollzogen, da sie an einem Zustand gelitten habe, den die Medizin heute als Pseudohermaphroditismus bezeichnet. Davon soll auch der Ehemann der Jungfrau betroffen gewesen sein. Nach der Heirat zog er sich in ein Kloster der Zölestiner zurück, deren Ordensregeln lebenslange Abstinenz forderten.

Jeannes Spuren in Frankreich sind heute zu verfolgen in *Rouen*, wo sie am 30. Mai 1431 auf der *place du Vieux Marché* verbrannt worden sein soll; in *Saint-Quen*, wo sie auf dem Friedhof öffentlich ihren Irrtümern abschwor; in *Domrémy* an der *Maas*, wo sie angeblich geboren wurde und aufwuchs, und in *Vaucouleurs, Chinon, Poitiers, Reims, Saint-Pierre-le-Moûtier, Sully-sur-Loire, Compiègne* und in *Paris*.

Vendée: *Joseph Bara – das öffentliche Kind*

Oktober 1793. Seit sechs Monaten sind mehrere hunderttausend Männer in den größten Bürgerkrieg, den Frankreich je durchleiden mußte, verwickelt. Gegen die Revolution und ihre Soldaten, die »Blauen«, haben Bauern und Handwerker, Priester und Adlige die weiße Fahne des Königs als Symbol gehißt. Man nennt sie die »Weißen«. Ihre Heimat ist die *Vendée.*

Es ist ein heiliger Krieg, der sich in diesem Land zwischen *Cholet* im Norden und *la Roche-sur-Yon* im Südwesten, im Herzen der *Bocage,* abspielt, in jenem noch heute dünn besiedelten Gebiet, das mehr an die *Bretagne* erinnert als an die fruchtbaren Gegenden der *Vienne.* Dichte Wälder unterbrechen die Eintönigkeit der Landschaft, und wenn Sie von *Tours* aus die N 10 parallel zur Autoroute A 10 Richtung *Poitiers* kommen, fahren Sie vor allem durch weite Felder, über die im Herbst Gruppen von Jägern mit ihren Hunden streifen. Daß ausgerechnet hier jener Krieg stattfand, in dem Franzosen 600 000 eigene Landsleute töteten, heizt immer noch die Diskussion zwischen den Traditionalisten und Modernisten, zwischen denen in der Provinz und denen in *Paris* an und macht die Geschichtsschreibung so schwer.

Es waren Aristokraten und reaktionäre Geistliche, die königstreue Bauern südlich der *Loire* in einen Aufstand gegen die Revolution anführten, nachdem die Jakobiner in *Paris* Louis XVI. guillotiniert und den katholischen Priestern die Ausführung ihres Amtes verboten hatten. Die blutige Niederschlagung dieser Résistance in der *Vendée* erfolgte als eine Art ethnische Säuberung damals im großen Umfang. Der Nationalkonvent kommandierte ein 100 000 Mann starkes Heer in das Gebiet der Aufständischen ab, die sich bei *Cholet* als eine 80 000 Mann starke »armée catholique et royale« dem Gegner stellten und siegten, als sie anschließend auch noch die Städte *Saumur* und *Angers* einnahmen. Prompt kam die Reaktion aus *Paris*: Am 6. Februar 1794 beschloß die Revolutionsregierung »die vollständige Zerstörung der *Vendée* und

Ausrottung seiner Bevölkerung«. »Colonnes infernales« zogen nun durch das Land, zerstörten die Ortschaften, brannten Felder und Wälder ab, erschossen, ertränkten, meuchelten die Menschen dahin. 1794 fiel *Cholet* wieder an die Regierungstruppen und wurde, wie andere Städte auch, dem Erdboden gleichgemacht. Moralisch war die Region am Ende, als die *Vendée* offiziell in »Vengé« – zu deutsch: gerächt – umbenannt wurde und die beiden letzten Heerführer der Aufständischen, der bürgerliche Ex-Korporal Jean Stofflet und der adlige François Athanase de la Contrie de Charette, 1796 gefaßt und erschossen wurden.

Noch heute scheint die *Vendée* in Tristesse eingehüllt zu sein. Einsam und unzugänglich liegen ihre heckenumschlossenen Gehöfte in Abwehrhaltung unter einem oft tiefen Wolkenhimmel wie hingewürfelt in der Landschaft, und überwachsene Hohlwege enden oft in jenen Wäldern, in denen sich damals die Aufständischen verbargen, jene Chouans, deren Erkennungssignal der Schrei des Waldkauzes – chat-huant – war.
In einem dieser Hohlwege bei *Jallais* im *Mauges*-Gebiet erlangte am 7. Dezember 1793 der 14jährige Joseph Bara traurige Berühmtheit, als er, zwei Pferde am Halfter führend, von Aufständischen entdeckt, umringt und getötet wurde. Umgehend meldete sein General Desmarres diesen unerhörten Mord an seinem jungen Tambour dem Nationalkonvent und setzte damit den Mythos Bara in die Welt. Eigentlich wollte der General nur für die Mutter des Toten eine Pension bewirken (3 000 Francs wurden ihr auch zugebilligt.), aber dann nahm das Schicksal seinen Lauf: Robespierre erkannte im Tod Baras – und in dem eines anderen gemordeten Knaben namens Agricole Viala – eine wirksame Public-Relations-Operation. »Durch welches Verhängnis, durch welche Undankbarkeit könnte man die Namen so junger Helden vergessen, die würdig der Ehre der Nachkommen sind?« fragte er am 7. Mai 1794 die Abgeordneten im Konvent. Die Antwort gab der Anwalt Bertrand Barère, als er vorschlug, die Leiche des Kindes im Panthéon aufzubahren.

Wenn auch die vorgeschlagene Ehrung für den kleinen Tambour der Freiheit nie stattfand (weil die Konterrevolutionäre seine Uniform geraubt hatten?), wurde er dennoch zur revolutionären Ikone. »Es lebe der König!« hatten ihm die Mörder zugerufen. »Es lebe die Revolution!« hatte er, durchbohrt von ihren Piken und getroffen von ihren Schüssen, mit ersterbender Stimme geantwortet. Und damit die geheiligten Ziele jener verteidigt, die ihn dann zum nationalen Helden aufwerteten, als der er noch heute den Franzosen gilt, obwohl er jenen Truppen angehörte, die einen »franko-französischen Völkermord« betrieben hatten. Aber was zählen diese anderen und ihr Kampf für die Freiheit, wenn sie gegen die verordnete Gesetzlichkeit verstoßen? In der *Vendée* mußte ein Kind kommen, vom Himmel herabstürzen wie Ikarus, um auch jene von ihrem Gehorsam und ihrer Zugehörigkeit zu jener Gesellschaft zu überzeugen, in der eine neue Gesetzlichkeit und neue Ideale das menschliche Dasein bestimmen sollten.

Joseph Bara ist seit seinem Tod ein »öffentliches Kind«, das mehr dem kollektiven Gesamtkörper als der Ahnenreihe der Eltern verbunden ist. Die waren arm. Der Vater stand als Jagdaufseher im Dienst eines reichen Adligen, war selten daheim. Die Mutter war das Oberhaupt der Familie. Joseph war der dritte Junge. Streng wurde der Jüngste in die Zucht genommen, mußte seine Tage einteilen zwischen Schule und Feldarbeit. Dann kam der Krieg, und er ging, wie auch die zwei älteren Brüder aus Patriotismus oder Notwendigkeit, zur Armee, trat der »kleinen Nationalgarde bei«, die als Kinder-Bataillon bei revolutionären Festen auftrat. Viele Gleichaltrige taten dort ihren Dienst, um dann, als es ernst wurde, als Pferdeknechte oder als junge Musiker mit Trommeln und Pfeifen den Soldaten in den Krieg zu folgen und auch noch ein wenig zu verdienen, um die arme Familie daheim zu ernähren. Diese jungen Burschen waren wegen ihres Alters offiziell nicht eingeschrieben. Und manche starben und blieben unbekannt.

Nicht so jener Viala, der am 8. Juli 1793 bei *Bompas* am Ufer der *Durance* getötet wurde. Wie Bara wurde auch er ein Märtyrer der

Freiheit und ein Spielball der Revolutionspolitiker – ein politischer Fall und somit ein Symbol, unter dem die Republik ihre Soldaten gegen die Feinde versammelte und dem sie Statuen errichtete wie Bara in seinem Geburtsort *Palaiseau* und nach dem sie Straßen benannte.

»Lerne das Blut kennen, das durch meine Adern fließt durch den heroischen Tod meines Neffen«, hatte sich Vialas Onkel aus dem Luxembourg-Gefängnis, wo er wegen eines Zerwürfnisses mit den Jakobinern einsaß, an Robespierre gewandt und gefordert, den Neffen mit einer ehrenden Pyramide am Ufer der *Durance* und einer zweiten vor dem Rathaus in *Avignon* zu ehren.

Dieses geschah nicht, weil dem Chefideologen Bara näherstand. Aber als idealer Held, dessen Jugend Moral und Heldenmut symbolisierte, wurde dann auch Viala von der Revolution vereinnahmt. Gedenkmünzen erschienen mit seinem und Baras Porträt als doppelter Januskopf. Gravuren beschrieben das Schicksal der jungen Tamboure in den Uniformen der Husaren und der Garde National. Sie erstanden wieder als Porzellanfiguren und in Liedern.

Und dann kam jenes Gemälde an die Öffentlichkeit, das der Maler David in seinem Atelier zurückgelassen hatte, als er nach der Festnahme Robespierres geflohen war. »Der Tod Baras« (*Musée Calvet* in *Avignon*) zeigt Bara nackt und ist neben dem »Schwur der Horatier« und »Marat« das wichtigste Revolutionsgemälde.

Aber warum hatte David den jungen Soldaten nackt gemalt? Warum so androgyn? Warum dieser schöne Tod? Weder in Briefen noch Texten hinterließ der Maler Informationen, die seine Einstellung zu diesem Bild erhellen. Erklärbar ist dies nur mit jener Ästhetik des Neoklassizismus, der David in allen seinen Bildern gehuldigt hat. Das Thema war ihm aus der Malerei der Antike nicht unbekannt. Der frühe Tod eines Kindes – das ist Ikarus. Und Ertos und Thanatos. Und Hyazinth, der von der Diskusscheibe des Apollo getroffen wird. Und Narziß.

Baras Nacktheit ist ein ästhetisches Prinzip. Nackt ist ein antiker Gott. Nur nackt konnten die großen Helden der Zeit entkommen und sich in eine andere Welt retten. Denn das Nackte ist die Idee in ihrer Abstraktion. Das trifft auf alle allegorischen Figuren zu. Und Bara ist Allegorie.

Die *Vendée* heute, wo damals, im Dezember 1793, der junge Joseph Bara in einem Hohlweg getötet wurde, ist kein altes Departement. Erst durch die Revolution gewann die Region ihre eigene Identität, als sie zur »Vendée militaire«, zum Kriegsgebiet erklärt wurde. Die Erinnerung an diese Zeit ist noch immer lebendig. Zur 200. Wiederkehr des Kriegsjahres weihte man Gedenkkreuze und enthüllte Erinnerungstafeln. Und viele wallfahrten zu den heiligen Stätten von 1793.

Zum *Mont Alouette* zum Beispiel, auf dem sieben Windmühlen durch die Stellung ihrer Flügel dem Land signalisierten, ob die »Blauen«, die revolutionären Truppen, an- oder abrückten. Die Form des Andreaskreuzes verhieß Ruhe. Im 19. Jahrhundert errichtete man hier ein steinernes Kruzifix und eine neogotische Kapelle, von der man weit über die sanft geschwungenen Hügel und Täler der *Bocage* schauen kann.

Ein anderer Ort der Erinnerung ist die kleine Ortschaft *Pouzauges*, in der ein Donjon als einziger Überrest einer Burganlage erhalten ist. In seinem Keller ermordeten die Republikaner 1794 fünfzig Gefangene, nachdem sie die Stadt geplündert hatten.

Von hier zum *Château-du-Puy-du-Fou* sind es nur wenige Kilometer. 1793 wurde das Renaissanceschloß Opfer der Flammen; es wurde in unserem Jahrhundert wieder restauriert. In den Sommermonaten finden hier regelmäßig Son-et-lumière-Vorführungen statt, die den *Vendée*-Aufstand romantisch verklären.

Einen Abstecher wert ist auch das *Musée Historique de Vendée* in *Cholet*, in dem sich Uniformen, Orden, Waffen und Porträts der Aufständischen befinden. In seinem Sanktuarium sind auf zehn lebensgroßen Gemälden die legendären *Vendée*-Helden zu sehen. Henri du Vergier de La Rochejaquelein zum Beispiel, der mit kaum 21 Jahren Generalissimus aller *Vendée*-Truppen wurde und schon nach fünf Monaten unter Waffen getötet wurde. Oder Maurice-Joseph-Louis Gigost d'Elbée, der den »Blauen« verwundet in die Hände fiel. Sie postierten ihn in einen Sessel und erschossen ihn. Auch Charles-Melchior-Arthur de Bonchamps gehört zu den immer noch viel bewunderten Märtyrern des Landes. Noch kurz vor seinem Tod befahl er seinen Leuten, 4 000 gefangene »Blaue« leben zu lassen, was die mit ihren weißen Gefangenen nie getan hatten.

Es sind Männer in herrischer Pose, denen der Besucher dieses Museums begegnet. Aber eine Adelsrevolte, wie es angesichts dieser Darstellungen den Anschein hat, war der Aufstand nicht. Die Landjunker hatten sich den rebellierenden Bauern und Priestern erst nach langen Bitten zur Verfügung gestellt. Dann allerdings erwiesen sie sich als wahre Führernaturen, die nicht nur als Soldaten erfolgreich waren, sondern auch als Politiker, die sich ihre eigene Verwaltung schufen, aber scheiterten, als sie *Nantes* an der *Loire*-Mündung einnehmen wollten und nicht konnten.

Die Vendéer leben heute mit ihrer Geschichte, die nicht nur während der Revolutionsaufstände große Männer hervorbrachte. In der Abtei *Grainetière* schrieb der Abbé Antoine Prévost während eines kurzen Aufenthaltes einige Kapitel seines Romanes »Manon Lescaut«; in *Mouilleron-en-Pareds* wurde 1841 Georges Clemenceau, der 1918 als Präsident der Republik und »Père de victoire« in *Versailles* die Friedensurkunde mit Deutschland unterzeichnete, geboren. Und in *Fontenay-le-Comte* (von *Niort* aus zu erreichen über die D 148) lebte während der deutschen Besatzung zwei Jahre lang der aus *Liège* stammende Schriftsteller Georges Simenon.

Marianne – *eine Revolutionärin als Porzellanfigur*

Die alte Monarchie ist noch nicht gestürzt, und ihre Repräsentanten haben noch nicht ihre Köpfe unter das Fallbeil legen müssen, als neue Symbole Frankreich überfluten. Da ist der Baum der Freiheit, den das Volk ausgelassen umtanzt. Oder ein

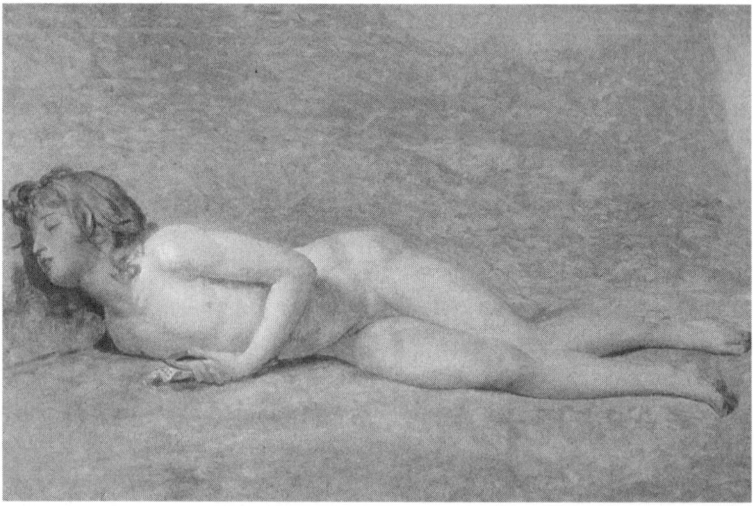

Louis David: »Joseph Bara«

Delacroix: »Die Freiheit führt das Volk an«

zerbrochenes Joch, das auf die gestürzte Aristokratie zielt. Immer wieder und zahlreich erscheint das Bild einer jungen Frau im antiken Gewand und mit einer phrygischen Mütze auf dem Kopf, wie sie im alten Rom von jenen Sklaven getragen wurde, denen man die Freiheit zurückgegeben hatte.

Dieses Weib hat die Revolution geboren. Ihre Darstellung entspricht antiken Allegorien. Künstler des neuen Frankreichs stilisierten sie zur personifizierten Freiheit und Verkünderin der Römertugenden hoch. Aber warum wählten sie in jenen blutigen Tagen ausgerechnet eine Frau als Trägerin dieser Ideen? Warum riefen sie nicht Vercingetorix aus Walhall zurück? Weil die Freiheit – la liberté – weiblichen Geschlechts ist. So wie die Landwirtschaft (l'agriculture) und die Wissenschaft (la science). Und auch die großen Flüsse des Landes: *la Rhône, la Seine, la Loire.* Und so konnte die neue Freiheit nur von einer Frau symbolisiert werden – zumal sie nicht nur für die Freiheit, sondern auch für die Republik (la république) und das Vaterland (la patrie) stehen mußte.

Die Freiheit wurde vom Volk Marianne getauft. Marianne – eine Verbindung aus Maria und Anne, erinnernd an die Heilige Jungfrau, ebenso unbefleckt wie diese, und deren Mutter Anna. Aber auch an jene jüdische Prinzessin erinnerte sie, die von dem biblischen Herodes geheiratet und später wieder verstoßen wurde, nachdem sie ihm zwei Söhne geboren hatte. 1637 hatte Tristan l'Hermite diese Marianne schon in einem Roman verewigt, der so erfolgreich in Frankreich war, daß Marianne zum meistgewählten Vornamen wurde.

Am 25. September 1792 wurde Marianne von der Regierung auf einen Vorschlag des Abbé Grégoire für würdig befunden, von nun an die Siegel des Staates zu zieren. Einen Monat später besang das Volk sie schon in einem Gassenhauer (La guérison de Marianne – Die Streitlust der Marianne), der Freiheit, Gleichheit und Brüderlichkeit und die Generäle Custine und Kellermann pries, die durch ihre Siege die Republik von schrecklichen Krankheiten wie einer erneut drohenden Monarchie befreit hatten.

Aber neben Marianne existierten in jenen revolutionären Tagen noch andere »Göttinen« wie »l'égalité« (die Gleichheit) und »la fraternité« (die Brüderlichkeit). Und es gab Probleme, wenn Kupferstecher »la république« (die Republik) und »la liberté« (die Freiheit) gemeinsam darstellen wollten. Welche von beiden sollte die phrygische Mütze tragen? Die Zeit entschied für Marianne, die mit der Idee der universellen Freiheit beladen je nach Bedarf auch als »la république« ihre Pflicht erfüllte und zur Ikone eines veritablen Kultes wurde.

Die ersten Bilder, die damals die Proklamation der jungen Republik symbolhaft flankierten, befanden sich auf den Wachssiegeln der offiziellen Dokumente. Schon vier Jahre später, 1796, erschien Mariannes Abbild auf den neuen Münzen. Aber die Politik und die Menschen änderten sich und mit ihnen auch die populäre Marianne, die von nun an verschiedene Metamorphosen durchlaufen mußte. So begann sie 1799 einen heißen Flirt mit dem Ersten Konsul Napoléon Bonaparte und löste in seinem Namen ein leidenschaftliches Aufflammen nationalen Selbsterhaltungstriebes aus. »La Marseillaise« nannte sie der Bildhauer Rude, als er sie als kriegslüstern-enthemmtes Weib in Stein am *Arc de Triomphe* verewigte. Fünf Jahre später war die Liebe zum Kaiser an dessen Genie und Größenwahn gescheitert. Marianne schloß sich als »la liberté« der Opposition von 1884 an, um nun das konservativ-reaktionäre Regime eines Charles X. (Regierungszeit 1824-1830) zu attackieren. Sein blutiges Ende war die Juli-Revolution, in der »la liberté« das Volk auf die Barrikaden führte (so der Titel des wohl bekanntesten Marianne-Bildes von Eugène Delacroix). Der Regent dankte am 2. August ab und starb später im Exil.

Auch sein Nachfolger, der Bürgerkönig Louis-Philippe (Regierungszeit 1830-1848), bekam es mit Marianne zu tun. Zuerst für die Rechten, dann für die Linken der insgesamt elf von ihm tolerierten und akzeptierten Regierungen Partei ergreifend, heizte Marianne die Polemiken im Namen des Volkes so lange auf, bis auch dieser König aufgab und sich nach einer erneuten Revolution nach England absetzte. Marianne, statt der phrygischen Mütze in

diesen unruhigen Zeiten entweder einen Helm oder einen Lorbeerkranz tragend, blieb auch nach diesem Abgang »en vogue«.
Es waren jene Jahre des Kampfes, in denen die soziale Frage in Frankreich zu heftigen politischen Konflikten führte, weil die Franzosen in breiter Front nach noch mehr politischer Selbstbestimmung strebten, als ihnen der Bürgerkönig durch Wahlen schon gewährt hatte. In Paris kam es 1851 zu einem Staatsstreich durch Louis Napoléon Bonaparte und erneut zu Straßenschlachten der Arbeiter gegen die Regierung des Landes. Der Klassenhaß begann. Wieder war Marianne mit von der Partie. Sogar in der Résistance. Als Codewort für ihre vertraulichen Mitteilungen wählten die fortschrittlichen Republikaner nicht selten ihren Namen. Was dazu führte, daß Pierre Larousse damals in seinem »Grand dictionnaire universel du XIX. siècle« kurioserweise Marianne als Namen für Geheimsekten und Verschwörungen interpretierte. Auch heute widerfährt ihr im »Larousse« wenig Ehre, wenn man dort liest: »Marianne, surnom de la République française«.
1852. Die zweite Republik begann. Louis Napoléon Bonaparte bestimmte als Napoléon III. die Richtlinien der Politik bis 1870. In einer Republik, versteht sich. Und mit Marianne, der inzwischen betagten Symbolfigur einer neuen Freiheit, an seiner Seite. Allerdings mußte sie sich den Platz immer öfter mit dem kaiserlichen Adler teilen. Aber auf Karikaturen saß der Kaiser oft zu ihren Füßen und blickte um Hilfe bittend zu ihr auf. Marianne blieb gelassen, mit ernster Miene und unnahbar. Sie war nicht mehr nur populär, sondern auch national.
Dabei herrschten in diesen Jahren chaotische Zustände. Marianne mußte zwischenzeitlich erneut die rote Mütze der Revolutionäre von 1789 tragen, während die Gemäßigten der Republik, die zukünftigen Herren der Dritten Republik, ihre Büste mit Lorbeer bekränzten. So fiel sie ironischerweise einer neuen Idealisierung, wie damals während der großen Revolution, zum Opfer. Auf Medaillen, Tabakdosen, Aschenbechern, Flaschen und Puzzles erschien ihr Abbild.
Letztlich gewannen die linken Republikaner gegen die reaktionä-

ren Gruppen. Napoléon III. mußte 1870 abdanken, Léon Gambetta, eine starke Persönlichkeit mit erdrückendem Prestige, proklamierte die Dritte Republik, die langsam ihre endgültige Form annahm. Marianne erlebte einen großen Aufschwung. Denn auch diese Regierung legte viel Wert auf Symbole. Marianne-Büsten überschwemmten das Land. Überall in den Bürgermeisterämtern tauchten sie auf, alle Doktrinen der jungen Republik in sich vereinigend – Symbole für die Republik und die staatliche und die lokale Demokratie, für das Stimm- und das Wahlrecht, für jene Werte also, die den Linken und den Rechten gleichermaßen im Herzen brannten. Marianne stand für alles als Garantin. In Eisen oder Bronze gegossen. Oder in Marmor geschlagen. Für das reiche Establishment lieferte die Manufaktur von *Sèvres* kostbarere Stücke in Porzellan. Künstler von Rang schnitzten ihre Marianne aus Eichen- oder Olivenholz. Mal hüllte sie ein Harnisch ein, dann wieder nur eine Toga. Die Säulen, auf denen sie thronte, waren mit symbolischem Dekor überhäuft.

Aber auch die Dritte Republik wurde von Erschütterungen geprägt. Im März 1871 rief die extreme Linke zur Revolution auf und inszenierte, begleitet von Marianne mit phrygischer Kappe, den Aufstand der Pariser Commune, während ihr die moderaten Republikaner Krone oder Lorbeer ließen. Je nach Tagesaktualität bediente man sich der inzwischen fast 80jährigen Symbolfigur entweder liebevoll oder respektlos. Im Widerstreit der Parteien gewann Marianne jedoch allmählich eine ausgleichende Dimension: sie wurde zum Symbol der französischen Nation. Ohne rote Kappe und mit friedlich-entspannter Miene. Ihr wogendes Haar schmückte ein fünfzackiger Stern, der – so sagt man – auf eine Idee von Pauline Bonaparte, der Schwester Napoléons, zurückgeht. Überlebensgroße Mariannen wurden Anfang der 80er Jahre als republikanisches Ideal auf vielen Plätzen enthüllt, andere 1889 zum 100. Jahrestag der Revolution errichtet, wie die drei Meter hohen Statuen auf der *place de la République* und auf der *place de la Nation* in *Paris*. 50 Mariannen stehen noch heute in den Städten und Dörfern im *Hérault* und im *Aude*, 20 im *Var*.

Es war jene Zeit des Umbruchs, in der sich auch die Presse ihre Freiheit erkämpfte und kritisch in die Politik eingriff. Leidenschaftlich bezogen die Zeitungen Stellung zu Tagesfragen und machten Marianne zu ihrem Sprachrohr. Durch sehr polemische Zeichnungen und Karikaturen erlebte sie einen neuen Frühling.
Die Affäre Dreyfus brach 1894 wie ein böses Geschwür auf und führte zu jahrelangen Auseinandersetzungen zwischen Republik und Reaktion über Staatsräson und Menschenrechte, über Vernunft und Gewalt. Die Trennung von Staat und Religion – »Der Klerikalismus ist der wahre Feind!« formulierte Gambetta – schuf weitere Konflikte, und Marianne blieb davon nicht unberührt. Sie spaltete sich in zwei Wesen. Die der »Linken«, der Roten, war eine magere, kantige Furie mit einer Pistole im Gürtel ihres antiken Gewandes; ihr gegenüber stand die »rechte« Marianne als Vertreterin der ehrbaren, konservativen Republik – eine behäbige Küchenmatrone in trikolorgestreiftem Kleid.
Aber verehrt wurde sie nach wie vor. Paul Verlaine widmete ihr ein Gedicht. Und in jeder Bürgermeisterei befand sich inzwischen ihr Abbild. Für die meisten lieferte Theodore Poriot, ein Schüler Rudes, mit seiner Figur »Ehre und Vaterland« das Vorbild. Seine Mariannen trugen Halsketten mit Emblemen, die Landwirtschaft, Handel, Kunst, Recht, Wissenschaft, Industrie und Pädagogik symbolisierten.
Dann brach der Erste Weltkrieg aus. Marianne mußte an die Front. Als enorm fette Marketenderin oder als junges, drahtiges Elfenwesen warf sie sich der Germania entgegen oder schwang sich hinauf in die Lüfte, um dem preußischen Adler den Garaus zu machen. Sie durfte den Kriegskarren aus dem Dreck ziehen, wurde vom Feind angeklagt, erschossen und gekreuzigt. Die Ikonographie dieser Jahre spielte der französischen Symbolfigur übel mit.
Im Zweiten Weltkrieg wurde Marianne zum Symbol des Widerstandes, nachdem die Pétain-Regierung viele Statuen auf den Plätzen einschmelzen und die Büsten aus den Bürgermeisterämtern entfernen ließ. Aber das Symbol überlebte und steht seit 1948 erneut für eine frisch erstarkte Nation.

Wieder überschwemmten Plastiken und Bilder mit ihren Zügen das Land. Der Bildhauer Belmondo und der Maler Pablo Picasso setzten einer sehr schlicht dargestellten Marianne aufs neue die Mütze der Revolution auf. Aber als Symbol des Kampfes war Marianne nur noch Nostalgie, als General de Gaulle die Führung der Nation übernahm und erklärte: »Frankreich, das bin ich!« Das Lothringer Kreuz wurde zum neuen Symbol der »grande nation«.

Seit 1879 war Marianne auf Münzen verewigt worden. Jules Grévy hatte damit begonnen, und René Coity sollte 1953 der letzte Präsident sein, der die Schöne mit der phrygischen Kappe auf Geld prägen ließ. De Gaulle beendete diese Serie 1958 und entschied sich für das von einem V (wie »victoire«) eingefaßte Lothringer Kreuz. Seitdem ist Marianne als Währung nicht mehr gefragt. Georges Pompidou entschied sich 1969 für eine abstrakte Grafik, Valéry Giscard d'Estaing für die Umrisse Frankreichs und François Mitterrand 1981 für einen Baum – halb Eiche, halb Olive.
Marianne wurde banalisiert. Als politisches Symbol hat sie ausgedient. Immerhin bleibt ihr die Ehre, weiterhin in den Bürgermeisterämtern als Büste mit einem Gesicht anwesend zu sein, das vielen Besuchern nicht unbekannt, ja geradezu familiär erscheint. Was nicht verwunderlich ist, nachdem drei Stars des Landes für Marianne Modell standen: 1969 Brigitte Bardot, 1978 Mireille Mathieu und 1985 Cathérine Deneuve.
Gewiß, da gibt es noch politische Verehrer bei den Linken, den Sozialisten und Kommunisten, die sie aus der Ferne anhimmeln und sich der Werte erinnern, für die sie einmal stand. Aber auch sie erwarten von dieser Marianne keine moralische Hilfe mehr. Sie ist nur noch ein Relikt nationaler Mythologie und Folklore. Die politische Exekutive kann auf die allegorisch-mythische Unterstützung eines Vercingetorix oder Bara, einer Jeanne d'Arc und Marianne verzichten. Schnee von gestern? Sollen sich die Kulturmacher in einem vereinten Europa doch ihrer annehmen.

IV.
STATIONEN DER DICHTER

Les Ardennes: *Arthur Rimbaud –*
In Charleville *begann die Revolte des Herzens*

Der Tourismus läuft an *Charleville-Mézières* konsequent vorbei. Deutsche Urlauber, die den Süden Frankreichs ansteuern, wählen die Route *Luxembourg-Metz-Dijon-Lyon* (A 31); die Spanienfahrer bevorzugen die Strecke *Paris-Bordeaux-Bayonne* (A 10/A11) oder die A 6 über *Lyon*, um an der Mittelmeerküste in *Port-Bou* die Grenze zu überqueren. *Charleville-Mézières* im französischen Norden steht nicht im Programm der Sonnensucher.

Charleville-Mézières liegt in den *Ardennen*. Und diese Hochflächenlandschaft ist ein eigenartiges Gebiet. Es gibt hier nur wenige Käsesorten, noch weniger Politiker und überhaupt keine Vulkane. *Les Ardennes* – das sind nur Wälder, sanft geschwungene Hügel, Flüsse und . . . einige Dichter. Bis heute hat sich das Land seine sehr spezifische Identität bewahrt. Seine Bewohner berufen sich mit Stolz auf ihre keltischen Ursprünge. Als man das Gebiet geographisch und verwaltungstechnisch in Scheiben schnitt, verpaßte der Gesetzgeber der Region den Namen *Champagne-Ardennes*. Die Menschen waren erbost über diese verordnete Einheit. Wildschweine paaren sich doch auch nicht mit Schafen.

Das gleiche Problem entstand bei der Fusion der zwei Städte *Charleville* und *Mézières*. 1966 geschah das zum zweitenmal, nachdem *Paris* 1860, im Second Empire, die erzwungene Ehe unter dem Namen *Napoléonville* sanktionieren wollte. Kategorisch wurde dieses damals abgelehnt, so wie es auch heute kein Thema ist, wo die Städtenamen zwar durch einen Bindestrich

verbunden sind, aber jede mit eigener Verwaltung eigene Interessen vertritt.
Dieses Bedürfnis nach Unabhängigkeit schlägt sich nicht nur politisch nieder. Auch landschaftlich überrascht das Departement durch Variationen. Im Norden folgt das Massiv der *Ardennen* der *Marne* bis nach Belgien hinein. Im Süden läuft die *Champagne* in den *Argonnen* aus. Gen Westen erstrecken sich die Rinderzuchtgebiete der *Thiérache*. Logisch, daß diese Region unter dem Namen *Champagne-Ardennes* auf die Karten gehörte, befanden die in *Paris*, und betonten damit jene Geschichtsträchtigkeit, die seit den Schlachten des Ersten Weltkriegs von strategischer Bedeutung war. Ohne Erfolg für die Franzosen, die bei *Sedan* eine Niederlage erlitten.
Dem Tourismus hat das nicht viel Aufschwung gebracht. Nur die Ewiggestrigen pilgern immer wieder zu den Schlachtfeldern. Trotz Weltkriegsbesichtigungen und Schinken, Waldtälern und Wildreservaten blieben die *Ardennen* im Abseits. »Es ist das Land, in dem man nie ankommt« ist der Titel eines Romanes von André Dhôtel, der aus dieser Gegend stammt, die ihr kulturelles Zentrum in *Charleville* hat, wo Arthur Rimbaud, dieser Dichter der Flamme, seine wütenden Provokationen und seinen Abscheu so lange formulierte, bis er die Stadt für immer verließ.
Bevor Sie den Spuren Rimbauds in *Charleville* folgen (von Aachen aus über *Liège* und von dort über die E 41, Abfahrt A 4, E 40 Richtung *Sedan*), trinken Sie im Bistro an der *place Ducale* einen Café au lait, um von hier aus zu starten zu einer Besichtigung jener Stadt, die der Dichter so haßte. »Meine Geburtsstadt ist unter den kleinen Provinzstädten besonders idiotisch«, hatte er als 16jähriger seinem Freund und Lehrer geschrieben, bevor er wieder einmal Richtung *Paris* flüchtete.
Rimbaud wurde am 20. Oktober 1854 in der *rue Napoléon 2* (heute *rue Thiers*) geboren, die über die place Ducale schnurgerade zum Bahnhof führt. In *Charleville*, versteht sich, nicht in *Mézières*. Der Unterschied ist groß. *Mézières* war mit Wällen, Torburgen, Wehrtürmen, Bastionen und einer ausgedehnten Zitadelle eine

respektgebietende Schutz- und Sperrfestung an Fluß und Straße. Eine Stadt der Bürokraten, Funktionäre und Militärs. Ihre junge Rivalin *Charleville*, stolz auf ihren Handel und ihre Industrie, wurde bewohnt von einem schwatzhaften und unternehmerischen Bürgertum. Gerade diese Leute sollten Rimbauds Protest gegen den »blau-weißen Blick« der Gallier, gegen ihr »beschränktes Hirn und die Begriffsstutzigkeit« auslösen.
Der Vater Fréderic, meistens abwesend, war ein alter Algerienkämpfer und hatte in seiner Freizeit ein Kriegsbuch über militärische Rhetorik und einen Kommentar zum Koran geschrieben. Die Mutter Vitalie, bigott, eigensinnig und puritanisch, trennte sich von ihm und zog neben Arthur noch zwei Brüder und zwei Schwestern alleine groß. Ständige Umzüge gehörten zum Alltag der bieder-katholischen Familie: Rimbaud erinnerte sich später an eine Wohnung in der alten *rue Bourbon*, in der er zwischen den Schatten immer geschlossener Fensterläden und schimmeligen Tapeten das Leben entdeckte. Als er acht Jahre alt war, zog die Mutter erneut um, in eine hellere Wohnung am *cours d'Orléans 13.* Und dann gab es da noch eine Wohnung am *quai de la Madeleine* am *Meuse*-Ufer, gegenüber jener Mühle, die heute das *Musée Arthur Rimbaud* beherbergt.
Mit elf Jahren kam Arthur aufs Collège und gewann dort als Musterschüler Preise in den Fächern lateinische Gedichte und Rhetorik. In rotes Saffianleder gebundene Bücher wurden ihm überreicht, Abenteuerromane, aus denen er seine Träume und Bilder schöpfte. Und die Überzeugung, bald aus *Charleville* zu fliehen, hinaus aus der ungeliebten Stadt, die er spöttisch »Charlestown« nannte.
Und wie rasch setzt er diese Träume in die Tat um! Als 17jähriger entzieht er sich zum erstenmal der mütterlichen Herrschaft und schafft es, zu Fuß entlang der *Meuse*, über *Monthermé*, durch die Berge *Quatre-Fils-Aymon* und *Dames-de-Meuse* und dann per Bahn bis nach *Saint Quentin* zu kommen, wo man ihn festnimmt und unter Polizeiaufsicht zurückschickt. Von nun an haut er, der Frühreife, den die Bürger der Stadt für einen unverbesserlichen Rowdy hal-

ten, regelmäßig ab, kommt bis nach *Paris*, gewinnt dort die Freundschaft von Verlaine, kehrt aber immer wieder – wie von einem elastischen Band zurückgeschleudert – nach *Charleville* zurück. Die Distanz zur Kindheit, zur Mutter, zur Heimat will erkämpft sein. Flucht allein genügt nicht, um das Gefühl der Ohnmacht in dieser Stadt zu bekämpfen. »Ich sterbe, ich verwese in dieser Banalität, in der Bösartigkeit, in der ganzen Öde . . . Ich bestehe hartnäckig darauf, die Freiheit anzubeten«, schreibt er einem Freund, ». . . und ich werde noch viele Male wieder abhauen wollen. Also, Hut, Mantel, die Fäuste in die Taschen und nichts wie weg . . .«

1873 beginnt Arthur gegen die Mutter, gegen die Stadt und den Frust anzuschreiben. Er entwickelt sein poetisches Konzept, verwandelt Vokale in Farben und haucht leblosen Dingen Leben ein. Rimbaud wird zum Dichter. In *Roche* nahe dem Landstädtchen *Vouziers*, südlich von *Charleville*, besitzt die Familie einen Bauernhof, wohin sich Rimbauds Mutter mit ihren Kindern während der deutsch-französischen Kämpfe zurückzieht. *Mézières* wurde damals total zerschossen, *Charleville* hatte kapituliert, und Rimbaud hatte begeistert »das Ende der alten Politiker- und Klerikerwelt« begrüßt. »Ich will Dichter sein, und ich arbeite daran, mich dazu zu machen . . . Ich habe mich als Dichter erkannt.« Aber noch einmal kehrte er zurück nach *Charleville*.

Der Krieg hat die Stadt in ein riesiges Lazarett verwandelt. Die Schlachtfelder ringsum liefern die Verwundeten, und Rimbaud durchstreift tagelang mit Freunden die verwüsteten Befestigungsanlagen von *Bayard* bis *Vauban*, um sich dann drei Wochen lang für die »Garde Nationale« als Rekrut am Besenstiel ausbilden zu lassen. Eingesetzt wird er nicht mehr. *Paris* wird von den Deutschen unter Beschuß genommen, die Regierung flieht nach *Bordeaux*, Napoléon III. wird gefangengenommen. Der Kampf im Norden Frankreichs ist entschieden.

Als Paul Claudel später einmal diese Gegend besuchte, schrieb er: »Magere Ernten. Eine kleine Gruppe Höfe. Und überall am

Horizont diese legendären Wälder. Ein Land der Quellen, wo das kristallklare Wasser, gefangen in der Tiefe, sich um sich selbst dreht. Die blaugrüne *Aisne*, verstopft von Wasserrosen und drei Meter hohem Schilf . . .«
Hier, in einem Waschhaus und auf dem Boden des Bauernhauses, in einem Zimmer mit weiß gekalkten Wänden, schreibt Rimbaud. Es ist Winter. Der Wind der *Ardennen* beißt in die Haut, die Nebel kriechen aus dem Tal der *Aisne* hinauf bis unter das Dach, und mit klammen Fingern fetzt Rimbaud sein berühmtes Gedicht »Das trunkene Schiff« auf das klamme Papier. Die Schönheit sitzt ihm auf den Knien und die Bitterkeit in der Seele. In wilden Versen formuliert er seine Absage an die Vergangenheit und seine Verachtung der traditionellen Ideale der Zivilisation. »Das trunkene Schiff« wird sein bekanntestes Gedicht. Es sind die Verse von einem Nachen, dessen Tau den Händen seines Eigentümers entgleitet, einen Urwaldstrom hinuntertreibt und schließlich das Meer und somit die Freiheit erreicht . . .
Es sind die letzten Wochen, die Arthur Rimbaud bei der Familie verbringt. Und es sind auch seine letzten Wochen als Magier und Engel jenseits jeder Moral. Der Dichter als Prophet und Seher erreicht seinen Höhepunkt. Er schließt als 20jähriger ein poetisches Werk von etwa einhundert Gedichten und Prosastücken ab und macht sich auf die Reise, durchquert Europa – England, Deutschland, die Niederlande, Österreich, Dänemark –, arbeitet als Maurer, Privatlehrer und Zirkusdirektor und meldet sich zur niederländischen Kolonialarmee nach Indonesien, wird nach Batavia verschifft, desertiert dort und kehrt zurück nach Frankreich. Aber sein Überdruß an Europa ist gewachsen: »Das klügste ist, diesen Erdteil zu verlassen, auf dem der Wahnsinn umherstreift.«
Von 1880 an lebt er zehn Jahre in »allen Häfen des Roten Meeres«, in Arabien, Ägypten und in Harrar in Äthiopien. Die Flamme der Rebellion ist längst verlöscht, als er 1891 schwerkrank nach Frankreich zurückkehrt. Nach der Ankunft amputiert man ihm in *Marseille* das von einer Infektion eiternde rechte

Bein. Am 10. November desselben Jahres stirbt er im Alter von nicht ganz 37 Jahren. *Charleville* hat er nie wiedergesehen.

Jene Wanderjahre des Arthur Rimbaud waren eine verrückte, eine wahnsinnige Zeit: Die Diligencen gab es immer noch, aber auch die Zugfahrten wurden allmählich zur Gewohnheit. Und bald würde es Flugzeuge geben. Es war eine irritierende Epoche für jene, die ihr Bündel schnürten und sich einfach auf Wanderschaft machten. Während seines kurzen Lebens legte Rimbaud Tausende Kilometer zu Fuß zurück; er trat sich die Beine in den Bauch und schöpfte alle Verkehrsmittel aus: Züge und Postwagen, Zollboote und Dampfschiffe, Pferde, Mulis und Kamele. Er war der Reisende, den niemand aufhalten konnte. Alle Grenzen überschritt er. Er sah Wüsten und Gletscher, düstere Städte und heiße Strände, die Berge Italiens, den Dschungel Javas. Er überstand die Stürme des Kaps und durchlitt die Hitze Afrikas.

Ich durfte Sternenarchipele, Inseln schauen,
Wo offner Himmel Glut dem Wandrer sich erhellt:
Schläfst du, verbannt, in dieser Nächte tiefem Grauen,
Goldner Vögel Million, o Zukunftskraft der Welt?

Ich hab zuviel geweint. Weh tun die Morgenhellen,
Wahr, jeder Mond ist bös und jede Sonne Leid.
Die bittre Liebe ließ zu starrem Rausch mich schwellen.
Oh! bräche doch mein Kiel! Oh, Meer, ich bin bereit!

Rimbaud versuchte, immer und überall zu überleben. Und es gelang ihm dank jener typischen Vagabundenmentalität, die genährt wurde von Phantasie und Verschlagenheit, Wildheit und der Gewißheit, daß ihm die ganze Welt gehört und er sich überall wie ein König fühlen kann. Aber er blieb auch der Ardenner Bauernsohn mit viel Appetit und Sinn für die käufliche Wirklichkeit und somit für das Geld, das er als Kaufmann in Äthiopien verdiente.

Rimbaud on the road! Dieses Image ist es, das in den 50er und 60er Jahren die amerikanischen Beatniks auf die Straßen trieb: Kerouac, Ginsberg und Ferlinghetti. Rockmusiker wie Jim Morrison und Schauspieler wie James Dean bekannten sich wie Studenten im Pariser Mai von 1968 zu dem vagabundierenden Poeten.
Damals pinselten sie seinen Namen an die Hausfassaden – ein einziger Protestschrei. »Rimbaud, das sind wir!« skandierten sie, wenn sie so wie ihr Vorbild mit ihrem wilden Benehmen die Städter skandalisierten.
Und so reisen sie auch noch heute nach *Charleville* am Südrand der *Ardennen*, die Rockstars incognito und die Studenten von einst, um ihrem Idol zu huldigen, in die Stadt, die der Dichter haßte. Und wo sie an der mit großen Kieseln gepflasterten *place Ducale* ihren Milchkaffee getrunken haben und sich auf die Spuren Arthur Rimbauds machen. Dieser Platz ist eine virtuose Kopie der *place des Vosges* in *Paris*. 126 Meter lang und 90 Meter breit, umgeben von stillen, vornehmen Fassaden aus rötlichem Sandstein und Granit, wurde er Anfang des 17. Jahrhunderts von Charles Gonzagues, dem Herzog von Nevers, in Auftrag gegeben. Er war ein Mann mit Sinn für Kultur und wollte der kriegerischen Festung *Mézières* eine friedliche Stadt gegenüberstellen. Eine »ville nouvelle«, die in Schönheit erstrahlen sollte. In der Mitte des Platzes prangt eine Statue des Stadtgründers mit Delphinen, auf denen nackte Gestalten reiten, zu seinen Füßen. Aber diese noble Vergangenheit übte auf den jungen Arthur Rimbaud keinen Reiz aus, die Ruhe des Platzes irritierte ihn. Hier, in dieser architektonisch so wohlgelungenen Stadt, wollte und konnte er keine Wurzeln schlagen. Zum Bürger fühlte er sich nicht geboren.
Von dieser place aus führt die *rue du Moulin* in einer Linie – wie alle diese wie auf dem Reißbrett entworfenen Straßen in *Charleville* – zur alten Mühle am *Meuse*-Ufer, zum *Musée Arthur Rimbaud*. Die Faksimiles jener Briefe, Karten und Telegramme, die der vom Dichter zum Waffenhändler mutierte Rimbaud aus Ägypten, Aden und *Marseille* an die Mutter schrieb, liegen und hängen hier aus. Ebenso Manuskripte, Zeichnungen und Urkunden, Porträts

und Gepäckstücke – ein Dichterleben, zusammengedrängt auf wenige Quadratmeter.
Neben dem Museum überspannt eine Hängebrücke die *Meuse* und führt hinüber zu einem Park auf einem Hügel, von dem man einen schönen Blick auf die Dächer der Stadt hat.
In diesem *Charleville* ist Arthur Rimbaud überall gegenwärtig. In der *rue Thiers* steht – weißgrau, drei Stockwerke hoch und von einer bronzenen Tafel mit seinem Namen markiert – sein Geburtshaus und am *quai Moulin*, schräg gegenüber dem Museum, jenes Haus, in dem er von 1869 bis 1872, unterbrochen nur von seinen Fluchten, mit seiner Mutter und den Geschwistern lebte. Auf der *place de Saint Sépulcre* befindet sich seine Schule. Verliebte er sich dort in eine bis heute unbekannte ungenannte Stadtschönheit?
Und dann ist da der Friedhof, von der *place Ducale* geradeaus über die *rue Mantove/de Flandre* und die *avenue Charles Broutet* hinauf zu erreichen, wo ihn die Mutter hat begraben lassen. »Betet für ihn!« steht auf dem weißen Kreuz des Grabes, aber die, die ihn besuchen, beten nicht. Sie flüstern seine Verse und träumen wie er früher von Fluchten aus dieser Welt. Groupies sind es meistens in nostalgischer Rückbesinnung, die man Tage später auch in *Paris* auf dem *Père Lachaise* am Grab des Jim Morrison antreffen wird. Aber die fromme Mahnung hatte die strenggläubige Mutter wohl auch jenen zuliebe in den Stein gravieren lassen, die damals mit Fingern auf den Vagabunden wiesen, wenn er sich mal wieder im *Café L'Univers* am Bahnhof mit Absinth vollaufen ließ.
Den Bahnhof gibt es noch. Und auch den Park davor mit seinem türkisfarbenen Musikpavillon, der auf imaginäre Orchester für kaum vorstellbare Konzerte zu warten scheint. Und nicht weit davon entfernt steht Rimbauds Büste. Es ist der Park, der in seinem Gedicht »A la musique« so dargestellt wird, als wäre es heute:

Auf diesen Platz, wo in dem magren Gras die Reihe
Der Bäume und der Blumen streng in Ordnung stehn,
Trägt donnerstags, erstickt vor Glut, im Abendwehn,
Der Bürger, schnaufend, seine dummen Eifersüchteleien.

Aber die kurzatmigen Bürger machen sich heute hier, wo alles immer so korrekt zuging, ebenso rar wie die Liebespaare, die man in *Charleville* seltener sieht als in anderen französischen Städten. Dabei begann auf diesem Bahnhof das große Abenteuer des jungen Dichters, den Frankreich heute als einen seiner größten Poeten feiert. Hier, von wo die Züge nach *Paris, Calais* oder *Lille* abfahren, flüchtete auch er – immer ohne Fahrkarte – aus seiner Geburtsstadt, in der er – der »poète maudit« – heute wieder geduldet wird. Schließlich läßt er die Kassen klingeln. In allen Buchhandlungen, ganz besonders in der, die in der *rue République* seinen Namen trägt, liegen seine Werke aus. Und überall, auf allen Litfaßsäulen und Anschlagetafeln, begegnet man seinem Gesicht. Aschenbecher und Briefpapier, Pralinenschachteln und Kaffeetassen sind damit geschmückt. Die Bewohner von *Charleville*, immer noch rechtschaffene Bürger, haben den Antibürger Rimbaud vereinnahmt, obwohl er nie einer von ihnen war.

Und da sind noch die *Ardennen*, in denen außerhalb von *Charleville-Mézières* eine 150 Kilometer lange Dichterroute ausgezeichnet ist. Auf den Spuren von Rimbaud und seinem Freund Verlaine! Folgen Sie eigenen Wegen und lassen Sie sich den Wind um den Kopf wehen, wandern Sie hinauf zu den Höhlen und die grünen Hänge, mit den Fäusten in den Taschen. Unternehmen Sie einen Ausflug nach *Renwez* in das Museum des Waldes und trinken Sie das Bier der Trappisten in den Klöstern von *Chimay* und *Orval*. Besuchen Sie *Roche*, wo Rimbaud auf dem nicht mehr existierenden Familienhof seine »Saison in der Hölle« beschrieb. Und »Das trunkene Schiff«. Nicht weit von *Roche* durchlebte Verlaine eine andere skandalöse Geschichte mit seinem Schüler Lucien Létinois. Er war später Lehrer in *Rethel* und unterrichtete morgens, während er sich an den Nachmittagen in den Kneipen besoff und dann nachts seinen Rausch in den Straßengräben ausschlief. Davon sprechen die Menschen in *Rethel* noch heute. Viel mehr als die in *Charleville* über Arthur Rimbaud, den Ungeliebten, für den »immer alles in Charlestown« geendet hatte ...

Der Asket von Croisset (Normandie) *und die große Dame von* Nohant (Berry)

»Yonville-l'Abbaye ist ein Marktflecken, der acht Meilen vor *Rouen* liegt, zwischen der Straße nach *Abbeville* und der nach *Beauvais*, ganz hinten in einem Tal, das die *Rieule* durchschlängelt. Die *Rieule* ist ein Nebenflüßchen der *Andelle* und treibt nahe bei ihrer Mündung drei Mühlen an; es gibt in ihr einige Forellen, nach denen die Dorfjugend an Sonntagen angelt.«

So macht Gustave Flaubert im zweiten Buch seines Romanes »Madame Bovary« den Leser mit dem Dorf *Ry* bekannt, dem er den Namen Yonville-l'Abbaye gab. Dort lebte in den dreißiger und vierziger Jahren des 19. Jahrhunderts das Arztehepaar Eugène und Delphine Delamare. Der Gesundheitsbeamte hatte, zwei Jahre nach dem Tod seiner ersten Frau, Delphine Couturier, die Tochter eines reichen Landwirts, geheiratet. Doch die, stets voller Sehnsucht nach dem prallen Leben und der Liebe, betrog ihren Mann und schockierte die Bewohner von *Ry* mit ihrer ausschweifenden und vom Luxus beherrschten Lebensfreude. Als sie, noch jung, 1848 starb, behaupteten die Leute, sie habe Selbstmord verübt, indem sie Gift genommen habe. Ihr Mann tötete sich ein Jahr später, ruiniert und ins Elend getrieben.

Gustave Flaubert hörte und las von diesem Provinzdrama und ließ sich von ihm zu seinem ersten großen Roman, »Madame Bovary«, anregen. Aus Eugène und Delphine Delamare wurden Charles und Emma Bovary. Nur die Namen wurden also ausgetauscht, die kleine Ortschaft und ihre Umgebung, in der »die Grenzen der *Normandie*, der *Picardie* und der *Île de France*« zusammenstoßen und »weder Sprache noch Landschaft ihre Eigenart haben«, von wo »die schlechtesten Neufchâteler Käse des ganzen Arrondissements« kommen und »der lockere, mit Sand und Steinen vermischte Boden übermäßig viel Mist zur Düngung fordert«, wurden von dem Schriftsteller mit »jener genauen Wirklichkeit« bedacht (Heinrich Mann), die alle seine Werke auszeichnet.

»Was aber den Blick in erster Linie anzieht, ist, gegenüber dem Gasthaus ›Zum Goldenen Löwen‹, die Apotheke des Monsieur Homais! Besonders am Abend, wenn die Lampe angezündet ist und die grünen und roten Gläser, die das Schaufenster zieren, ihr farbiges Licht durch die Scheiben werfen, hinter denen man dann wie in bengalischer Beleuchtung den Apotheker über sein Pult geneigt sieht. Sein Haus ist von oben bis unten mit Inschriften und Anpreisungen aller Art in Kursiv-, Rund- oder Druckschrift beklebt: ›Mineralwasser von Vichy, Seltz und Barèges, blutreinigende Säfte, Raspail-Elexier, arabischer Racahout, Darcet-Pastillen, Regnault-Salbe, Binden, Bäder, Gesundheitsschokolade usw.‹ Auf dem über die ganze Ladenbreite laufenden Schild steht in goldenen Lettern: Homais, Apotheker. Hinten im Laden, hinter den großen, auf dem Verkaufstisch festgeschraubten Waagen, ist über einer Glastür das Wort Laboratorium zu lesen und auf der Tür selbst noch einmal in goldenen Lettern auf schwarzem Grund: Homais.
Sonst gibt es nichts zu sehen in Yonville. Die Straße, die einzige, reicht einen Büchsenschuß weit, hat ein paar Kramläden beidseits und endet bei der Biegung der Landstraße abrupt. Wenn man sie rechts liegen läßt und am Fuß der Höhen von Saint-Jean entlanggeht, kommt man gleich zum Friedhof.«

Ry heute ist ein literarischer Ort (Von *Rouen* aus erreichen Sie ihn über die N 31 Richtung *Beauvais* über *Martainville* und von dort über die D 13.). Verschlafen und verträumt wirkt die kleine Ortschaft mit ihren gelbgetünchten Häusern, die längs der Dorfstraße stehen. Aber die Bezugspunkte zum weltberühmten Roman stellen sich vor der *Pharmacie* ein. Das kann nur die von Monsieur Homais sein. Hier nebenan wohnte das Ehepaar Delamare, hier wuchs ihre Tochter Berthe auf. Hinweise auf andere Personen des Romans, den windigen Modewarenhändler Lheureux und den Notar Guillaumin, gibt es nicht. Natürlich nicht. Sie lebten unter anderen Namen in *Ry*.
Und was gibt es hier noch zu sehen? Ein Museum mit vielen

Automaten, die eine nachgebaute Apotheke samt ihrem Besitzer Homais in ständige Bewegung versetzen. Und vor dem Post- und Telegraphenamt Gustave Flaubert auf einem Sockel. Eine überraschende Ehrung, die ihm die Einwohner von *Ry* zuteil werden ließen, nachdem er sie in seinem Roman mit Spott überschüttete. Aber da ist die Umgebung von *Ry*, in der sich viel entdecken läßt, was auch den Roman mit Leben erfüllt: das Leben auf den Bauernhöfen und die Geschäftigkeit der Dorfmärkte. Aus der Ferne dringt der Lärm irgendwelcher Feierlichkeiten herüber, die abends immer irgendwo auf einem Château oder im Landhaus eines reichen Städters, der hier seinen Sommersitz hat, stattfinden. So war es schon zu Emmas Zeiten. Man erinnere sich, daß das Ehepaar Bovary vom Marquis d'Andervilliers auf das Château Vaubeyssard eingeladen wurde . . .
»Das Schloß, ein neuer Bau im italienischen Stil, mit zwei vorspringenden Flügeln und drei Freitreppen, lag am unteren Ende einer riesigen Wiese, auf der zwischen zwei auseinanderstehenden Gruppen großer Bäume einige Kühe weideten; Sträucher, Rhododendren, Flieder und Schneebälle neigten ihre ungleiche Blätterfülle über die Windungen des Sandwegs. Ein Bach floß unter einer Brücke hindurch; im Dunst sah man da und dort die Strohdächer von Gebäuden, die über das Wiesland verstreut lagen . . .«
Es ist die Beschreibung eines jener Herrenhäuser, wie man sie häufig in der *Normandie* sieht. In der Umgebung von *Ry* gibt es mehrere, die *Châteaux* von *Héron* und *Morville*, von *Tôtes* und *Hémonville* . . . Ebenso wie sich auch anderes wiederfinden und mühelos in den Roman einfügen läßt: das Bürgermeisterhaus in seinem pseudoklassischen Stil, das überall in diesem Land im Zentrum der kleinen Ortschaften steht, in *Tôtes, Saint Victor l'Abbaye, Forges, le Vieux Neufchâtel* und auch in *Ry*. Warum sollte *Ry* also nicht der Ort sein, an dem sich alles abspielte?! Warum sollte nicht in einem der Ziegelhäuser Delphine Delamare alias Emma Bovary an einem Tisch vor einem Parisplan gesessen »und mit der Fingerspitze große Reisen durch die Hauptstadt« unternommen

haben?! An den Sonntagen, wenn zur Vesper geläutet wird, schleichen hier immer noch die Katzen »langsam über die Dächer und machen einen Buckel im bleichen Sonnenlicht. Auf der Dorfstraße wirbelt der Wind Staubwolken auf. In der Ferne heult ein Hund; und in regelmäßigen Abständen ertönt wieder das eintönige Geläut der Glocke, das sich über die Felder verlor.«

Alles findet sich irgendwie zusammen in dieser Landschaft, die in so passender Weise der literarischen Vorlage entspricht und von Flaubert in »ein(em) ungeheuren Kraftakt« literarisch umgesetzt wurde. »Ich schreibe dieses Buch wie jemand, der mit Bleikugeln auf jedem Fingerglied Klavier spielt«, schrieb er in einem Brief am 27. Juli 1852 seiner Geliebten Louise Colet. Und ein paar Wochen später: »Ich habe nie in meinem Leben etwas Schwierigeres geschrieben als das, was ich jetzt schreibe, einen trivialen Dialog« (19. September 1852 an Louise Colet).

Es waren die Figuren, deren Kläglichkeit und Schalheit dem Schriftsteller die Identifikation zur Qual machten. 53 Monate seines Lebens verbrachte er mit ihnen und jenem banalen Ereignis, das die Liebschaften und den Tod einer Landarztfrau beschreibt. Ein wirklich bescheidenes Thema, aus dem einer der größten Romane der Weltliteratur entstand, der nach einem Zeitungsabdruck 1857 in *Paris* sogar für einen skandalösen Prozeß sorgte, der mit dem Freispruch des Schriftstellers endete und die Publikation als Buch erlaubte.

Lassen Sie uns, nach einem Besuch im imaginären Yonville-d'Abbaye, jene realen Lokalitäten besuchen, in denen der Geist dieses literarischen Giganten noch immer so lebendig ist. Fahren wir ein paar Kilometer durch die *Normandie*, zu der Flaubert eine Haßliebe empfand. Am 14. November 1843 schreibt er einem Freund nach einer Korsika-Reise: »Es kotzt mich an, in ein beschissenes Land zurückgekehrt zu sein, in dem man nicht mehr Sonne am Himmel sieht als Diamanten am Hintern der Säue. Scheiße auf die Normandie und das schöne Frankreich. Ach, wie gern möchte ich in Spanien, Italien oder wenigstens in der *Provence* leben.«

Der Sohn des Chefchirurgen Achille-Cléophas Flaubert, der im

Städtischen Krankenhaus, im *Hôtel-Dieu* von *Rouen*, arbeitete und lebte, war damals 23 Jahre alt und hatte nach bestandenem Abitur an der Juristischen Fakultät von *Paris* ein Studium begonnen. Von seiner ersten Auslandsreise nach Italien kehrte er mit neuen Eindrücken zurück. Die Heimat war ihm plötzlich zu eng geworden. »Ich werde auf der Seine segeln und rudern. Es wird nun wieder warm. Ich werde mich bald entkleiden und schwimmen. Da liegen meine einzigen Vergnügungen . . .« (7. Juni 1844).
Aber diese Frustrationen hielten sich in Grenzen. Kein anderer sollte die *Normandie* und ihren »große(n), reine(n) Himmel, an dem die rote Sonne unterging«, intensiver beschreiben als gerade er. »Zuweilen kamen die Windstöße vom Meer her, die in einem Anlauf das ganze Plateau von *Caux* überrollten und weit in die Felder hinein eine salzige Frische trugen. Am Boden entlang fuhr ein Pfeifen durch die Binsen, und die Buchenblätter raschelten in jähem Schauder, während die Wipfel sich wiegten und majestätisch rauschten . . . Manchmal packte ein Windstoß die Wolken und trieb sie gegen die Anhöhe von *Sainte-Cathérine* wie luftige Wogen, die lautlos an einer Klippe zerstoben.« Und in einem anderen Brief: »Und dann das Meer, das Meer! Die freie Luft, die Felder, die Freiheit, ich meine die wahre Freiheit, jene, die darin besteht zu sagen, was man will . . .«
Beginnen wir die Tour de Flaubert in *Rouen* (zu erreichen von *Paris* über die A 13, Entfernung: 133 Kilometer), jener mittelalterlichen Stadt mit ihrer Kathedrale *Notre Dame*, den Abteikirchen *Saint-Quen* und *Saint-Paul* und einer Historie, in der Jeanne d'Arc die dominierende Rolle spielt. Zu ihren Zeiten wurden auf das Gelände des heutigen *Hôtel-Dieu*, damals außerhalb der Stadtgrenzen liegend, die Pestkranken verbannt. Erst im 17. Jahrhundert entstanden dort die ersten Gebäude mit krankenhausähnlichem Charakter. Hier, in der *rue du Petit Salut 8*, wuchs Gustave Flaubert in einem Pavillon auf, der den Direktoren des *Hôtel-Dieu* als Wohnung zugewiesen wurde. Der letzte dort lebende Chirurg war Flauberts älterer Bruder Achille, der die Funktion des Direktors bis 1882 als Nachfolger seines Vaters ausübte.

Der Pavillon, später ein Labor, ist 1924 wieder in die Flaubert-Wohnung zurückverwandelt worden, wenn auch die Umgebung ihr Aussehen gründlich veränderte. Heute führt eine Treppe hinauf zur Terrasse und zur ersten Etage, wo in einem kleinen Zimmer Gustave Flaubert und seine Schwester Caroline, von ihm »die alte Ratte« genannt, geboren wurden. Die Zimmer, die die Kinder im zweiten Stockwerk bewohnten, stehen zur Besichtigung frei. Gustave konnte auf den Innenhof des *Hôtel-Dieu* schauen und von dort das Leben der Kranken beobachten. Dort gab es manchmal Makabres für die Kinder zu sehen. »Der Hörsaal des *Hôtel-Dieu* grenzte an der einen Seite an unseren Garten«, erinnerte er sich später. »Manchmal sind meine Schwester und ich an den Spalieren hochgeklettert und haben, verborgen zwischen dem wilden Wein, neugierig die sezierten Körper betrachtet . . . So wie mich die wilden Dramen der aufgebahrten Toten im Leichenschauhaus fasziniert haben, wohin ich auch oft ging . . .«

Im *Hôtel-Dieu* befindet sich heute das *Musée Flaubert et d'Histoire de la Médicine* mit vielen Erinnerungen an den Dichter: mit Porträts, Gipsabgüssen, einem schönen Bronzekopf von Achille und jenem ausgestopften Papagei, den er sich von Dr. Pannetier, dem Direktor des historisch-naturkundlichen Museums in *Rouen*, ausgeliehen hatte, um sich beim Schreiben seiner Erzählung »Ein einfaches Herz« »in die Seele eines Papageis zu versetzen«. Er gab ihn nie zurück.

Aber vorwiegend ist der Pavillon heute ein historisch-medizinisches Museum. Keramiken aus alten Apotheken, das Wachsmodell einer Schwangeren, chirurgische Instrumente und ein rekonstruiertes Krankenzimmer mit einem Bett, in dem sechs Personen Platz fanden, sind die am meisten bestaunten Kuriosa.

In einem solchen Ambiente, angereichert mit Gravuren und Büchern, verbrachte der junge Flaubert also seine Kinder- und Jugendjahre. Seine Spielgefährten waren neben der Schwester Caroline die Freunde Ernest Chevalier und dessen Schwester Laure, die als Mutter von Guy de Maupassant in der Literaturge-

schichte Platz fand. Literarisch ging es schon damals in dieser kleinen Bande zu. Im Billardzimmer von Dr. Flaubert führten die Kinder Theaterstücke von Dumas und Scribe, Hugo und Molière und natürlich ... von Gustave auf. »Ich empfand«, schrieb Flaubert später seiner Geliebten Louise Colet, »in meiner Kindheit eine hemmungslose Liebe für das Theater ...«
Bis 1841 lebte Flaubert im Pavillon des *Hôtel-Dieu*, kehrte auch noch später zu Familientreffen oft dorthin zurück. Hier entstanden, während er das *Lycée Corneille* (andere berühmte Schüler: Corneille, Maupassant, Delacroix, Maurois) besuchte, auch seine ersten literarischen Versuche, eine Chronik der *Normandie* (»Une leçon d'histoire naturelle: genre commis«, 1837), nachempfundene mittelalterliche Gedichte, die »Erinnerungen eines Narren« (»Mémoires d'un fou«, 1836) und »Smarh« (1839).
Im Garten des *Hôtel-Dieu* befand sich später ein weißes Marmordenkmal des Schriftstellers, das jetzt im *Hôpital Charles Nicolle* steht. Begraben wurde Flaubert auf dem *Cimetière monumental* im Norden der Stadt, in der Abteilung M, neben dem Grab der Eltern.

Aber fahren wir fort mit der Spurensuche nach dem lebenden Flaubert, als er seiner ersten Liebe begegnete. Das geschah am Strand von *Trouville-sur-Mer* (zu erreichen von *Rouen* über die A 13 Richtung *Caen*, Abfahrt *Deauville*), wohin der Vater während des Sommers nicht nur der Kinder wegen fuhr. Wie fortschrittliche englische Kollegen seiner Zeit, befürwortete auch er die Heilkraft der Meerbäder, die den Körper dynamisierte, die Nerven stärkte und sich insgesamt positiv auf den Organismus auswirkte.
Als der Doktor mit seiner Familie an die See fuhr, war *Trouville-sur-Mer* nur ein kleines Fischerdorf. »Einige Jahre kam niemand hierhin, trotz des Strandes, der so einfach und wild war«, notierte Flaubert später. »Es gab dort nur Künstler und einfache Leute ... Die Küste war verlassen, und bei Ebbe sah man nur einen riesigen grauen Strand, der wie versilbert in der Sonne glitzerte ... Und wenn man wieder zurückkam ins Dorf, sah man überall halbnackte Kinder herumlaufen und die Fischer in ihrer

roten und blauen Kleidung. Alles war so einfach in seiner Würde, so naiv und robust . . .«

Der junge Gustave befand sich in einer Phase lyrischer Exaltation. Die Schule ertrug er nur mit Mühe. Lieber versenkte er sich in die Poesie des Nordens, die in ihm so mächtig widerhallte wie die Wellen des Meeres in den Gedichten von Lord Byron. Am liebsten ging er allein am Strand spazieren oder warf sich nackt in die Wellen.

»Alle Erinnerungen meiner Jugend knirschen unter meinen Schritten wie die Muscheln auf dem Strand«, schreibt er als 33jähriger Louise Colet. »Jede Welle des Meeres, die ich heranbranden sehe, erweckt in mir einen fernen Widerhall . . . Ich bin trunken von all den Gerüchen . . . Ich habe Tang losgerissen und Muscheln aufgelesen, und ich habe mich auf den Rücken in den Sand und ins Gras gelegt . . .«

Während des Sommers 1836 (Flaubert ist 15 Jahre alt) wird er entflammt von einer Liebe, die ihm am Strand von *Trouville-sur-Mer* begegnet und die ihn auf Jahre nicht mehr loslassen soll. Es ist die Frau des Musikverlegers Maurice Schlésinger, den Alexandre Dumas zu Ferien in dieser Region überredet hatte. Als die Flut und der feuchte Wassernebel zurückkehren, bietet der junge Dichter der Frau seinen Regenmantel als Schutz an. Sie dankt mit einem Lächeln und geht, 26 Jahre alt, als Maria in die »Erinnerungen eines Narren« (»Mémoires d'un fou«) ein.

Flaubert sieht Madame Schlésinger während seines Jurastudiums wieder. Und zum zweitenmal inspiriert sie ihn: zur Madame Arnoux in der »Sentimentalen Erziehung« (»Éducation Sentimentale«).

Während Flaubert an der ersten Fassung dieses Buches schrieb, tritt eine neue Liebe in sein Leben, die nicht nur angebetet und als Muse vergöttert werden will. Am 24. oder 25. Juli 1846 (Achille Flaubert war in diesem Jahr gestorben. Flauberts Schwester Caroline folgte dem Vater einen Monat später infolge von Kindbettfieber.) trifft Flaubert im Atelier des Bildhauers James Pradier in *Paris* die Dichterin Louise Colet. Und schon vier Tage später »schenkte« sie ihm in einem kleinen Hotel in der *rue de l'Est* »das Glück mit vollen Händen«. Gustave Courbet hatte die junge Frau als Amazone gemalt, die mit dem Maler Hippolyte Colet zwar verheiratet, als Geliebte jedoch dem Schriftsteller Victor Cousin zugetan war.

Nun dominiert Flaubert ihr Leben, und es beginnt eine Beziehung, die acht Jahre dauern wird und von deren vielfältigen Spannungen, Zerwürfnissen und Versöhnungen mehr als 50 Briefe Flauberts ein sehr beredtes Zeugnis ablegen. Meistens trifft sich das Paar im idyllischen *Mantes-la-Jolie*, das auf halber Strecke zwischen *Paris* und *Croisset* liegt (von *Paris* zu erreichen auf der D 113 oder der A 13 Richtung *Rouen*). »Vor zwölf Stunden waren wir noch vereint«, schreibt Flaubert nach einem dieser Rendezvous, »gestern hielt ich Dich noch in meinen Armen ... Welche Erinnerungen! Welches Begehren! Ach, wie waren unsere Spazierfahrten schön ... Ich erinnere mich an die Farbe der von den Laternen beleuchteten Bäume und das Wiegen des Wagens in seinen Federn ... Später, auf der Brücke von *Limay*, waren wir allein und glücklich.«

Diese Brücke von *Limay* kam vor Jahren auf einer Briefmarke zu postalischen Ehren, als Bild von Camille Corot, der dieses mittelalterliche Bauwerk mit seinen niedrigen Bögen und scharf vorspringenden Quadersteinen gemalt hatte. Heute hängt das Bild im *Louvre*, ebenso wie das von der Kirche *Notre-Dame*. »Jedesmal beuge ich mich weit aus dem Waggonfenster, um das Auftauchen der Türme nicht zu verpassen, weiß ich dann doch, wie nahe ich Dir schon bin.« (Flaubert an Louise Colet)

Als Flaubert Louise Colet kennenlernte, hatte er sein Studium aufgegeben und lebte in jenem Landhaus, das der Vater in der Nähe von *Rouen*, direkt am Ufer der *Seine* erworben hatte (zu erreichen von *Rouen* aus nach sechs Kilometern am rechten *Seine*-Ufer flußaufwärts). *Croisset* ist ein Vorort von *Rouen* und mit dem Namen Flaubert untrennbar verbunden. Denn dort, in diesem »hübschen, weißen Haus im alten Stil«, hat er seine Werke geschrieben. Dort starb er am 8. Mai 1880.

Weil zwischen *Dieppe* und *le Havre* die Trasse der Eisenbahn gelegt wurde, hatte Doktor Flaubert den Familiensitz in *Déville-les-Rouen* aufgegeben und im Juni 1844 eines der schönsten Grundstücke am Ufer der *Seine* erworben. Früher einmal hatte das Haus den Benediktinermönchen von *Saint-Quen* gehört. Aber es ist wohl nur eine Legende, daß hier der Abbé Prévost die erste Fassung seines Romanes »Manon Lescaut« geschrieben haben soll.
Das Haus in *Croisset* wurde für Flaubert zur Heimat. Hier erholte er sich von seinen Reisen durch Frankreich, Italien, Griechenland, England und in den Orient (Ägypten, Syrien, Tunesien, Algerien). Hierhin kehrte er nach den regelmäßigen, aber ermüdenden Aufenthalten in *Paris* zurück, wo er ständig eine Wohnung, *boulevard du Temple 42* und *rue Murillo 4*, besaß. Von 1851 an bewohnte Flaubert das Haus in *Croisset* gemeinsam mit seiner Mutter und seiner kleinen Nichte Caroline. Ihr vermachte Madame Flaubert den Besitz mit der Auflage, daß ihr Sohn dort sein Leben lang Wohnrecht haben sollte. Aber Carolines späterer Ehemann Ernest Commanville verschuldete sich und stürzte den Onkel seiner Frau in den letzten Lebensjahren in eine finanzielle Krise. Um Caroline zu helfen, verkaufte Flaubert ein 63 Hektar großes bäuerliches Anwesen, das der Familie in *Deauville* gehörte und ihm ein jährliches Auskommen durch die Verpachtung gesichert hatte. Und schließlich fand auch, nach seinem Tod, das Haus in *Croisset* einen Käufer, der es abreißen ließ und an seiner Stelle 1883 eine Destillerie errichtete.
»Von den Fenstern seines geräumigen Arbeitszimmers sah man die großen Schiffe stromaufwärts gegen *Rouen*, stromabwärts zum Meer vorüberziehen«, schilderte 1884 Guy de Maupassant dieses Panorama in seinen Erinnerungen. »Links zeichneten sich die vielen Kirchtürme von *Rouen* mit ihren steinernen Umrissen und ihren scharfen Profilen vom Himmel ab.«
Er war einige Male Gast in diesem Haus, ebenso wie Edmond de Goncourt, Émile Zola, Alphonse Daudet und George Sand. Es müssen anregende Gesprächsrunden gewesen sein, die in diesem »liebenswerten Haus à l'anglaise«, mit einem Garten »mit schach-

brettförmig geordneten Blumen«, am Ufer der *Seine*, von der es nur ein Zaun und ein Treidelweg trennte, stattfanden.
Nur selten und ungern verließ der Schriftsteller *Croisset*. Und auf Reisen dachte er immer mit Sehnsucht vor allem an die Nächte, wenn er an seinem Sekretär saß und mit unerbittlicher Strenge an seinen Manuskripten arbeitete. »Der Himmel ist klar, der Mond scheint. Ich höre die Matrosen singen, die die Anker lichten, um bei der bald einsetzenden Flut auszulaufen. Der Fluß ist weiß im Mondschein und schwarz im Schatten. Falter flattern um meine Kerzen, und der Duft der Nacht dringt durch die offenen Fenster zu mir herein.«
Nur ging es in diesen so stimmungsvollen Nächten nicht ruhig zu im Haus an der *Seine*. Flaubert stieß seine »Arbeit kräftig vorwärts in die Nacht, die Fenster offen, in Hemdsärmeln und brüllend, in der Stille des Cabinets, wie ein Rasender«.
Denn so und nicht anders pflegte der dicke Asket zu arbeiten, wenn er, bekleidet mit Schlafrock und Pantoffeln, verbissen wie im Delirium um die lauterste Objektivität und Perfektion der Sprache ringend, die eben geschriebenen Sätze in die Stille der Nacht hinausbrüllte Richtung *Seine*. Allmählich vereinsamte Flaubert in diesem Haus. »Ich gehe spät zu Bett«, bekannte er Louise Colet, »und stehe spät auf. Der Tag geht früh zu Ende, und ich lese beim Schein der Kerzen oder der Lampe. Ich höre keinen Schritt und keine menschliche Stimme. Ich weiß nicht, was die Hausangestellten machen, die mich wie Schatten bedienen. Ich esse zusammen mit meinem Hund, ich rauche viel, ich heize und arbeite tüchtig.«
Kommt der Flaubert-Liebhaber heute nach *Croisset*, dann findet er nichts vor als einen mit grauen Schieferplatten gedeckten Pavillon, der direkt oberhalb des *quai Gustave Flaubert* liegt und hinter den sich ein Wäldchen den Hang hinauf erstreckt. Früher war das der kleine Salon, in den sich Flaubert mit seinen Besuchern zu einer gemütlichen Plauderstunde zurückzog. Oft stand er auch allein auf dem Balkon des Häuschens und betrachtete das Schauspiel der Pferde auf dem Treidelweg und die Fischer, wenn sie Krebse im Fluß fingen.

Drinnen im Pavillon hat sich der Geruch jener unbewohnten Räume ausgebreitet, die schon vor langer Zeit von ihren Bewohnern verlassen wurden. Eine große Flaubert-Büste blickt streng und unerbittlich den Besucher an. Man hat einige Objekte und Möbel zusammengestellt, die an ihn erinnern. Kopien in den Vitrinen, wo Manuskripte seiner Werke ausliegen. An den Wänden ein Aquarell von Georges Rochegrosses aus dem Jahr 1874, das Flauberts Arbeitszimmer im ersten Stock des abgerissenen Hauses zeigt, weitere Zeichnungen und Gravuren, Fotografien von Nadar, auf denen Flaubert die linke Hand in die Tasche seiner hellen Hose gesteckt hat. Mit trauriger Miene. Eine riesige Fliege unterhalb seines Kinns wirkt komisch.

Zu sehen sind auch eine Taschenuhr Flauberts, das Schnupftuch, das er in der Hand hielt, als ihn an einem Maimorgen des Jahres 1880 plötzlich der Gehirnschlag traf, ein Glas, sein Schreibgerät, ein großer Buddha, ein paar Bücher. Zu Lebzeiten des Schriftstellers war der Pavillon wohnlicher ausgestattet mit Empire-Möbeln aus Mahagoniholz, auf denen rote Samtdecken lagen. An den vier Fenstern hingen Baumwollvorhänge mit roten Bordüren. Zwei prall gefüllte Bücherregale rahmten die Eingangstür ein. Und auch ein großer Schreibtisch stand im Raum, an dem Flaubert allerdings nie arbeitete.

Die Bibliothek Gustave Flauberts befindet sich heute im ersten Stock des Bürgermeisteramtes von *Croisset*. Unter diesen Büchern, von denen noch der Vater des Schriftstellers einige bei den Bouquinisten an den *Seine*-Quais in *Paris* gekauft hatte, sind neben den Erst- und Luxusausgaben auch jene, die George Sand geschrieben hat. Sie sollte die letzte Frau sein, die im Leben des Gustave Flaubert eine entscheidende Rolle spielte.

War Madame Bovary seine imaginäre, Elisa Schlésinger seine platonische und Louise Colet seine sexuelle Liebe, so reifte seine Verbindung mit George Sand zu einer tiefen Freundschaft. Schon als siebzehnjähriger Schüler und glühender Romantiker hatte Flaubert einige ihrer Romane gelesen, um »regelmäßig für ein Weilchen entrüstet« zu sein. Manchmal jedoch sparte er auch nicht mit Lob, das sich jedoch in Grenzen hielt. »Bei George Sand riecht man die weißen Blüten, das schwitzt, und die Absicht fließt zwischen den Wörtern wie zwischen Schenkeln ohne Muskeln« (16. November 1852 an Louise Colet). Unvorstellbar, daß sich eines Tages die Schriftstellerin, die ihr Talent an »Quartaner und Näherinnen« vergeudete, und der Riese von *Croisset* näherkommen sollten.

Dies geschah, nachdem »Madame Bovary« 1856 in Fortsetzungen in der »Revue de Paris« erschienen war. Die Sand ließ sich das Werk vorlesen und war begeistert, vor allem, nachdem ihr Flaubert auch noch ein Buch handsigniert zukommen ließ. Im Théâtre Odéon kam es im April 1857 zu einer ersten Begegnung, die für beide nicht ohne Eindruck blieb. Man begann einander zu schreiben und einzuladen. Aber erst drei Jahre später traf man sich erneut in *Paris* anläßlich eines Diners im Restaurant Marigny. Von nun an begann sich die Freundschaft zu manifestieren. Wann immer möglich, sahen sich die zwei, meistens in *Paris*, wo »die liebe Meisterin« ein halbes dutzendmal im Jahr auftauchte, um ihren Verleger zu treffen, an einem Theater die Proben zu einem ihrer Stücke zu überwachen oder ein paar Tage in ihrem Häuschen in *Palaiseau* oder in der Wohnung in der *rue Gay-Lussac 5* Großstadtluft zu schnuppern.

Und natürlich gab es beiderseits Einladungen nach *Nohant* im *Berry*, wo die Sand lebte, und nach *Croisset*. Am 3. November 1866 erschien die Dichterin dort für eine Woche. Von *Paris* aus hatte sie Flaubert in die *Normandie* begleitet. »Um ein Uhr Abfahrt von *Paris*«, notierte sie in ihrem Tagebuch. »Sehr schneller Courierzug. Himmlisches Wetter, bezaubernde Landschaft, angeregte Unterhaltung. Am Bahnhof *Rouen* erwarten uns Madame Flaubert und ihr anderer Sohn, der Arzt. In *Croisset* Rundgang durch den Garten, Plauderstündchen, Abendessen, dann wieder Plaudern und Vorlesen bis halb zwei. Gutes Bett, bleierner Schlaf.«

Noch einmal, vom 24. bis 26. Mai 1868, tauchte George Sand in *Croisset* auf, bevor Flaubert sich nach vielen Bitten endlich zu einem Gegenbesuch in *Nohant* entschloß. Es sei doch ganz einfach,

bat sie: »Man fährt in *Paris* um Viertel nach neun morgens ab, kommt um vier Uhr in *Châteauroux* an, findet einen Wagen vor und ist um sechs Uhr zum Abendessen in *Nohant.*«
Heute reist man schneller. Man besteigt in *Paris* am Bahnhof *Montparnasse* den TGV, der über *Orléans* in eineinhalb Stunden in *Tours* ist. Dort steigt man um nach *Châteauroux* und dort in den Vorortzug nach *la Châtre*, wo man schon nach vier Stunden ankommt. Noch schneller geht es mit dem Auto, wenn man das Ziel von *Paris* aus über die A 10 ansteuert, in *Châtellerault* abfährt und über die D 725 *Châteauroux* erreicht. Nach *Nohant* ist es dann nur noch ein Katzensprung.
Nohant liegt im *Berry*, einer einsamen Landschaft zwischen der *Loire* im Osten und der *Creuse* im Westen, zwischen so bedeutenden Orten wie *la Chapelle d'Anguillon* im Norden und *la Châtre* im Süden – ein Land wie eine sanfte und melancholische Liebe. Hecken säumen die Straßen, Bussarde schwingen sich aus dem Gehölz auf und Rebhühner wechseln flink über die schmalen Feldwege. Grüne Misteln hängen in den Bäumen, und Schafe und blaßweiße Charolais-Rinder sehen von weitem so aus, als habe sich Granit durch das saftige Grün der Wiesen gearbeitet.
Es ist eine Region, in der immer sehr leidenschaftliche Menschen lebten. Der königliche Kaufmann Jacques Cœur zum Beispiel, der so elendig endete; Charlotte d'Albret, die verlassene Gemahlin César Borgias, die in der Kirche von *la Motte-Feuilly* begraben ist; oder Madame de Montespan, die Mätresse Louis XIV. Kaum eine Kirche, die nicht eine Legende, kaum ein Schloß, das nicht von außergewöhnlichen Schicksalen zu erzählen weiß.
Nohant, das sich glücklicherweise heute so präsentiert wie zu George Sands Zeiten, verzaubert mit Charme und Harmonie. Um die kleine Dorfkirche gruppieren sich wenige Häuser unter hohen Bäumen. Nur einige Meter von der Route National entfernt findet sich der Besucher plötzlich in eine Oase des Friedens versetzt.
Das in sich geschlossene Dorf wird dominiert vom Château der

»guten Frau von Nohant«, einem großen bürgerlichen Haus mit Park, Gemüsegarten, einem Pachtgut und einem Familienfriedhof. Zwei Frauen, die nichts mehr als die Natur liebten, haben diesem Besitz ihren Stempel aufgedrückt. Eine dritte hat es bis in unsere Zeit hinein vor dem Verfall und Abriß bewahrt und gerettet.

Die erste große Dame von *Nohant* war Madame Dupin de Francueil, geborene Marie-Aurore von Sachsen, uneheliche Tochter des berühmten Marschalls und Großmutter von George Sand. Dem »Terreur« der Revolution entfliehend, kaufte sie 1793 das Anwesen von dem Infanterie-Offizier Pierre-Philippe Péarron de Serennes, der dem Besitz seine heutige Form gegeben hatte. Den Graben, den er hatte ausheben lassen, sowie eine schützende Mauer ließ die neue Besitzerin zuschütten bzw. abreißen und statt dessen eine Terrasse anbauen, um freie Sicht auf das Dorf *Laleuf*, die Ruinen von *Sarzay* und die Wälder ringsherum zu haben. Auch legte sie einen Park an, einen Obstgarten und Treibhäuser, ließ eine Allee pflanzen und überall Weiden, Linden, Kastanien und Ulmen.

Nach einem tödlichen Reitunfall ihres Sohnes Maurice Dupin auf dem *pont lion d'or* in *la Châtre* erzog sie dessen vierjährige Tochter bis zum 13. Lebensjahr in *Nohant*, um sie dann der Obhut der in *Paris* lebenden Mutter zu übergeben. Die schickte sie nach *Paris* ins Kloster der Englischen Augustinerinnen. Ein Jahr nachdem die Großmutter 1821 gestorben war, heiratete Aurore, um der mütterlichen Aufsicht zu entkommen, den jungen Baron Casimir Dudevant. Das Paar ließ sich in *Nohant* nieder, das die Großmutter ihrer Enkelin vermacht hatte.

In dieses *Nohant* wird Aurore immer wieder zurückkehren, auch als sie George Sand ist, jene Frau von herber Schönheit und Verachtung für alle Konventionen, eine bekannte Schriftstellerin, die Zigarren raucht und Männerkleidung trägt und die in der Liebe keine Tabus kennt.

Als diese George Sand begann Aurore in einer Dreizimmerwohnung am *quai Malaquais 19* in *Paris* zu schreiben. Dort empfing sie, früh verrufen als Feministin, ihre berühmten Freunde und Liebhaber – Sainte-Beuve und Mérimée, Balzac, Delacroix und den sensiblen Musset. Durch diese Verbindungen und nach vielen Reisen durch Frankreich und langen Aufenthalten in der Schweiz, in Italien und auf Mallorca kehrte sie in den 50er Jahren zurück nach *Nohant*. Nicht selten quartierte sich dort einer ihrer berühmten Liebhaber ein. Chopin verbrachte in dieser ländlichen Idylle zwischen 1839 und 1846 sieben Sommer. Aber auch andere Zelebritäten machten sich von *Paris* auf nach *Nohant*, um der berühmten Frau zu huldigen.

Franz Liszt und Marie d'Agoult turtelten in *Nohant* 1837 in ihren Liebesferien; Balzac, Dumas fils, Gautier und Delacroix waren ebenfalls Gäste. Und das zu einer Zeit, als der Bau der Eisenbahnlinie zwischen *Paris* und *Châteauroux* nicht abgeschlossen war. Bis zu 30 Stunden saßen die Herrschaften in der Diligence. Flaubert hatte es später einfacher. Er konnte den Zug nehmen, als er die Sand zweimal besuchte.

Das erste Mal geschah dies Weihnachten 1869. Und es wurde »eine himmlische Christnacht. Flaubert amüsierte sich wie ein Schneekönig«, vertraute die Gastgeberin ihrem Tagebuch an. Um sechs Uhr hatten sie zu Abend gegessen, dann den Christbaum angezündet und Marionettentheater für die Kinder gespielt . . .

Im April 1873 wagt Flaubert noch einmal die Reise nach *Nohant*. Er wird begleitet von seinem Freund Iwan Turgenev. Und wieder wird es ein wundervolles Fest. »Flaubert schlüpft in einen Rock und versucht sich am Fandango«, Turgenev »wirbelt, tanzt Walzer. Welch guter und wackerer Kerl, und ein Mann von Genie!« (Tagebuch 1873).

Als Flaubert in *Nohant* auftaucht, sind die Kinder der Schriftstellerin bereits erwachsen. Maurice ist 46 Jahre, die Tochter Solange 41 Jahre alt. Das Leben der Schriftstellerin dominieren jedoch die Enkelkinder. »Wir haben unseren Familienkarneval hinter uns«, berichtet sie Flaubert am 11. Februar 1869. »Wir haben uns alle verkleidet. Das ist nicht schwierig hier. Man braucht nur in die

Kostümkammer hinaufzusteigen und kommt als Kassandra, Scapin, Mezzetin, Bazile etc. wieder herunter. All das modellgetreu und wunderhübsch. Die Perle war Lolo als kleiner Louis XIII., kamesinroter Satin, herausgeputzt mit weißen Satinfransen und Silbertressen. Drei Tage habe ich an diesem Kostüm gearbeitet, das wirklich Stil hat . . . Dann haben wir Scharaden gespielt, getafelt und herumgetollt bis zum frühen Morgen . . .«

Das Sichverkleiden und Theaterspielen hatte in *Nohant* großen Stellenwert. Abgeschaut hatte die Sand die Leidenschaft für das Theater Wanderschauspielern, die in ihrer Kindheit durch das *Berry* gezogen waren. Dann hatten die Amateurmusiker des Ortes ein Orchester gebildet, um das Schauspiel zu begleiten. »Zu dieser Zeit war man in der Provinz noch Künstler. Kein Ort war so klein oder arm, daß nicht ein gutes Quartett zustande gekommen wäre. Jede Woche traf man sich bei dem einen oder anderen Amateur, um das zu pflegen, was die Italiener musica di camera (Kammermusik) nennen, eine noble und ehrenwerte Entspannung, die mit den alten Virtuosen, den letzten Hütern des heiligen Feuers in unseren Provinzen, verschwunden ist.«

George Sand schürte dieses Feuer sorgfältig. Im Haus ließ sie Wände abreißen, um Platz für ein »grand théâtre« mit Orchestergraben, Kulissen und zwei Dutzend Stühlen zu machen. Mit einem Ensemble aus Angestellten, Nachbarn und Freunden inszenierte sie eigene Stücke, um ihre Wirkung auf die Zuschauer vor den Aufführungen in den Theatern der Hauptstadt zu testen. Hier führte sie auch ein Drama von Alphonse Daudet auf, das er »George Sand, der Direktorin des Theaters von Nohant«, gewidmet hatte. Es hieß: »Das Leben und der Tod des Schmetterlings«.

Die Liebe zu ihren Enkeln dokumentiert ein Marionettentheater, das Maurice Sand konstruiert und für das er alle Puppen – Dämonen und Engel, Herren und Knechte, Liebhaberinnen und Damen – selbst geschnitzt hatte. Die Kostüme schneiderte George Sand. Mehr als hundert dieser eindrucksvollen Charaktere sind in den gläsernen Vitrinen ausgestellt.

Wie konnte diese Frau, die in ihrem Leben über einhundert

Romane schrieb, auch noch ein so ausgefülltes Privatleben führen? Zweifellos hatte sie sich selbst einem strengen Reglement unterworfen. Ihren Gästen und ihrer Familie widmete sie sich vom späten Nachmittag an, nachdem sie die Nacht über in ihrem Kabinett gearbeitet und morgens geschlafen hatte. Dann erst hatte sie Muße und Zeit für Spaziergänge oder Ausritte, sommerliche Badeausflüge zu Seen und Bächen und die Teilnahme an dörflichen Festen gehörten ebenso zum Unterhaltungsprogramm wie die Theateraufführungen und Marionettenspiele. Und auch um die 150 Einwohner des Dörfchens kümmerte sie sich als Krankenpflegerin und Naturheilkundige. Was Wunder, daß sie noch heute eine Art Schutzheilige dieses südlichen Teils des *Berry* ist.

Nach George Sand war es ihre Enkelin Aurore Lath-Sand, die das Château intakt hielt und bis zum Jahr 1961 bewohnte. Dank ihrer Fürsorge ist dieser Besitz so geblieben wie zu George Sands Zeiten, auch wenn die historische Bibliothek und das *Musée Carnevalet* in *Paris* 1923 mit Manuskripten und Briefen, Porträts und Schmuck beschenkt wurden.

Das *Château Nohant* betritt man heute vom Dorfplatz aus, vorbei an einer Remise mit alten Droschken zur Linken und einem Gästehaus zur Rechten, in dessen erster Etage der Maler Eugène Delacroix sein Atelier hatte. Im Herrenhaus steht die Zeit still. Unter Kristallüstern aus blauem und rosa Murano-Glas diskutierte die Schriftstellerin mit ihren Gästen am großen runden Tisch im Salon philosophische und literarische Themen. Man stelle sich so eine illustre Runde einmal vor: die Sand an der Kopfseite, flankiert von Turgenev und Flaubert, und ihr gegenüber Alexandre Dumas und Balzac. Das war 19. Jahrhundert pur!

Auch außerhalb des großen Hauses ist alles noch so, wie es damals war. Die zwei Zedern, die George Sand 1823 für Maurice und 1828 für Solange nach deren Geburt pflanzte, sind mächtig gewachsen. Ihre Schatten fallen schützend auf den kleinen Friedhof, auf dem die Schriftstellerin im Kreise ihrer Lieben ruht.

Bordelais: *der deutsche Romantiker im Land der Skeptiker*

Ein Abbild Europas war für Heinrich Heine die *Gascogne.* Womit er jenes Gebiet zwischen *Dordogne* und *Atlantik* definierte, dessen geographische Umrisse ebenso fließend wie die Sitten und Dialekte seiner Bewohner unterschiedlich und seine landschaftliche Vielfalt abwechslungsreich sind. Europe en miniature! Das beginnt mit der Sprache. Nördlich von *Blaye* sprechen die Menschen, wenn auch sehr spitz und ein wenig geziert, den okzitanischen Dialekt des *Languedoc,* wo im 13. Jahrhundert die Häretiker brutal von den Inquisitoren ausgerottet wurden und im 14. Jahrhundert die Pest viele Ortschaften um die Hälfte ihrer Anwohner reduzierte. Viele Überlebende flohen damals Richtung Meer nach *Bordeaux.* Ihre Sprache nahmen sie mit. Das war die Langue d'oc im Gegensatz zur Langue d'oil, der nordfranzösischen Sprache des Hofes und der Provinzen nördlich der *Loire.* Oc und oil – das hieß damals »ja«. Und bedeutete umgesetzt auf die Lebensgewohnheiten, daß die einen, die an den Höfen und in den Provinzen nördlich der *Loire,* mit Butter, und die anderen, die auf dem Lande im Süden, mit Öl kochten.

Auf einem 15 Kilometer langen Taschentuch östlich von *Bordeaux,* verläuft diese Sprachgrenze: Drei Dialekte werden hier gesprochen, weil *Montpon* zum *Limousin, Bergerac* zum *Languedoc* und *Sainte-Foye-la-Grande* am Ufer der *Dordogne* zur *Gascogne* gehören. Zwischen *Langon* auf dem südlichen und *Saint-Macaire* also, auf dem nördlichen *Garonne*-Ufer, stoßen *Bas-Pays* (Unterland) und *Haut-Pays* (Oberland) aneinander. Und genau bis dorthin, wo der Kanal beginnt, sind die Gezeiten des Meeres wahrzunehmen, dort, wo zu Beginn des 15. Jahrhunderts die Engländer ihre Zollstationen errichtet und im Zweiten Weltkrieg die Deutschen die Demarkationslinie gezogen hatten.

Die Menschen in jener Region jedoch als Bordelaisen zu bezeichnen und ihre Stadt nur dem Departement *Gironde* zuzuschlagen entspräche nicht den Richtlinien, die die Nationalversammlung

1790 ausarbeitete, als sie dieses Departement zum größten in Frankreich machte. So umfaßt es heute eine Million Hektar und präsentiert sich als buntes Mosaik: mit Weinbergen, Weizenfeldern und Obstplantagen im Osten und mit Pinienwäldern und Dünen im Westen und Süden. Das läßt sich natürlich präzisieren:

– in das *Médoc* mit seinen unzähligen Weinen bis zum Beginn der Heide und der *Gironde*;
– ins hügelige *Bazadais* zwischen dieser Heide und der *Gironde*;
– in den Obst- und Weingarten des *Entre-Deux-Mers* zwischen *Garonne* und *Dordogne*;
– in die Pinienwälder des *Double* zwischen *Isle* und *Dronne*;
– in das überaus fruchtbare *Libournais* an den Ufern der *Dordogne* und der *Isle*;
– in das *Fronsodais* an der *Dordogne* und beidseitig der *Gironde* mit seinen Regionen *Cubzadais, Bourgais, Blayais*, mehr oder weniger salzhaltiges und ausgetrocknetes Sumpfgebiet zwischen der *Gironde* und der Kreidehochfläche von *Saintonge*.

Und dann sind da die *Landes* mit ihren Pinienwäldern und Dünenlandschaften.

Das ist das *Bordelais* – alles in allem sich in einer Vielfalt verströmend, wie sie die Weltstadt *Bordeaux* allein nicht bieten kann. Immerhin hat sie sich ihre Einheit aus dem 18. Jahrhundert bewahrt. Ihre Homogenität fasziniert, aber mehr noch die Landschaft, deren Zentrum sie ist.

Da werden Erinnerungen geweckt an Umbrien, wenn man von einem Hügel im *Entre-Deux-Mers* weit ins Land schaut; algerische Villen, japanische Pinien und sudanische Dünen gruppieren sich bei *Arcachon* zu einer reizvollen Exotik; an Flandern erinnern die Fahrten auf Fähren über die *Garonne* und *Dordogne*, und asiatische Impressionen sind unschwer auszumachen im Tierreservat von *Teich*. Und überall ist das Wasser. Wasser des Meeres und der Flüsse. Und Wasser, das im Frühjahr vom Himmel stürzt, wenn es so ausdauernd und heftig regnet, daß man kaum noch von Regen sprechen kann und gegen den Wind ankämpfen muß, um überhaupt einen Meter weiter zu kommen.

Diese Güsse von oben mußten alle ertragen, die hierhin kamen. Eroberer wie die Römer, die Westgoten und die Engländer, die vom 12. Jahrhundert an, als Henri Plantagenêt Aliénor heiratete, 300 Jahre lang *Aquitanien* beherrschten. Aber auch jene, die friedlich kamen wie die 1492 aus Spanien vertriebenen Juden und bereit waren, ihre Kultur mit der der Gascogner und Franzosen, Araber, Portugiesen und Engländer zu mischen. Sie hatten nicht nur Probleme mit dem Wetter. Zu schaffen machte ihnen vor allem der Kalvinismus, der sich immer an der religiösen Indifferenz der *Gascogne* rieb, aber niemals in wilde Überschwenglichkeit wie in den *Cevennen* ausbrach. An den protestantischen Kaminen von *Sainte-Foye-la-Grande* konnten ein Schriftsteller wie Elie Faure oder ein Wissenschaftler wie Paul Broca, der Vater der physischen Anthropologie, vorurteilsfrei und unbefangen ihre Thesen entwickeln.
Heute haben sich die Menschen hier arrangiert. Unterschiede sind nur noch zu hören. Da gibt es welche, die das »o« in »robe« (Kleid) langziehen, und andere, die es in »grosse« (dick) verkürzen, um es in »sauce« (Soße) wieder breit zu sprechen. Und es gibt solche, die vom »socialisme«, und andere, die vom »sozializme« reden. Als gäbe es zwei Sozialismen hier . . .
Geblieben ist das *Bordelais*: ein Land der Skeptiker. Eine Meinung bildet man sich hier langsam und vorsichtig. Man kann auch von diskretem Opportunismus reden, der mit maßvollem Idealismus dosiert ist. Der Fanatismus der kategorischen Nachbarn im *Languedoc* findet im *Bordelais* kein Echo. Toleranz ist gefragt. Der Weinbauer und der Hersteller von Weinfässern sind sich in diesem Punkt ebenso einig wie ihre Vorfahren, die Lateiner waren und sich der Freiheit und dem Recht verpflichtet fühlten. Montaigne und Montesquieu sind Kinder dieses Landes, in dem römische Demokratie und angelsächsischer Liberalismus eine Liaison eingegangen sind, die »im höchsten Maße Menschheit« (Michelet) ist. Dieses freigeistige *Bordeaux* erreicht am 28. Januar 1802 ein 32jähriger robuster und großgewachsener (ca. 1.80 Meter) Deutscher. Beruf: »instituteur« (Schulmeister, Hauslehrer). Name: Jean Chrétien Frédéric Hölderlin. Ein rüstiger Wanderer zeitlebens,

der mühelos 50 Kilometer am Tag und mehr zurücklegen konnte, war der deutsche Dichter um den 10. Dezember herum in Stuttgart aufgebrochen, war über Nürtingen durch den Schwarzwald nach *Strasbourg* gewandert, wo er wegen einer revolutionären Verschwörung gegen den Premier Consul Bonaparte wie alle durchreisenden Ausländer zwei Wochen lang aufgehalten wurde, um dann doch weiterreisen zu dürfen. Die Route war ihm über *Lyon* und die damals noch wilde und fast unbewohnte *Auvergne* vorgeschrieben worden.

Am 9. Januar erreichte Hölderlin *Lyon*. Die 460 Kilometer von *Strasbourg* bis zur *Rhône* hatte er in neun Tagen zurückgelegt. Durch Schnee und über schlechte Straßen. Von *Lyon* aus mußte er bis *Bordeaux* weitere 600 Kilometer bewältigen. Das waren weitere 19 ganztätige Gewaltmärsche gewesen. Im kalten Winter. Hölderlin gab nach seiner Ankunft in *Bordeaux* darüber der Mutter eine plastische Schilderung:

»Endlich, meine theure Mutter, bin ich hier, bin gesund und will den Dank ja nicht vergessen, den ich dem Herrn des Lebens und des Todes schuldig bin. Überdieß hab' ich so viel erfahren, daß ich kaum noch reden kann davon. Die letzten Tage bin ich schon in einem schönen Frühling gewandert, aber kurz zuvor, auf den gefürchteten überschneiten Höhen der *Auvergne*, in Sturm und Wildniß, in eiskalter Nacht und die geladene Pistole neben mir im rauhen Bett – da hab' ich auch ein Gebet gebetet, das bis jetzt das beste war in meinem Leben und das ich nie vergessen werde. Ich bin erhalten – danken Sie mit mir! Ihr Lieben! ich grüßt' euch wie ein Neugeborener, da ich aus den Lebensgefahren heraus war ...«

War Hölderlins Wanderung nach *Bordeaux* eine Flucht aus der Heimat, weil ihn die Deutschen »nicht brauchen können«? Oder zog es ihn in die Fremde, weil ihm, dem Romantiker und hellenischen Dichter-Seher, für den der Geist ganz Sprache und dem die Mythen und Gottheiten des alten Griechenland Wirklichkeit waren, die deutschen Theologen wider den Strich gingen? Der Grund war wohl mehr das Scheitern einer großen Liebe: Der Dichter mußte die Trennung von Susette Gontard, der Frau eines Frankfurter

Bankiers, in dessen Haus er fast zwei Jahre lang als Hauslehrer tätig war, verarbeiten, die Trennung von jener Frau, die er in seinem »Hyperion«-Roman als Diotima wiederauferstehen läßt. Denn im Jahre 1802 starb die Geliebte an Tuberkulose.
Nicht einmal ein halbes Jahr verbringt Hölderlin in *Bordeaux* als Lehrer in der Familie des Weinhändlers und Konsuls Daniel Christoph Meyer, der in einem klassizistischen Haus in der *allée de Tourny* in einem vornehmen Bezirk der Stadt wohnt. Am 10. Mai schon läßt sich der Dichter von der Polizei den Paß für die Rückreise ausstellen.
Was trieb ihn so schnell zurück in die Heimat? Jahrzehntelang haben die Literaturwissenschaftler darüber gerätselt. Über Hölderlins tägliches Leben fanden sie wenig heraus. Statt dessen machten Gerüchte die Runde, in denen von »Ausschweifungen« die Rede war. Andrerseits soll Hölderlin von seinem Arbeitgeber »das schönste Zeugnis« erhalten haben, das leider nie gefunden wurde. Sicher scheint jedoch, daß Susette Gontard ihrem Geliebten ihr nahes Ende ankündigte.
»Ich fühle es lebhaft, daß ohne Dich mein Leben hinwelkt und langsam stirbt«, hatte ihm Susette bereits vor seiner Abreise nach *Bordeaux* geschrieben. Mit dieser Hypothek belastet, an der Grenze des seelischen Zerreißens, machte sich der Dichter dann auf den Rückweg. Schon die lange Wanderung durch Frankreich muß für ihn, einen Abgebrannten des Lebens und stets im Schattenreich zwischen Diesseits und Jenseits irrend, ein Wechselbad der Gefühle gewesen sein. Und dann der Weg durch die brennend heiße *Charente* und die *Vendée*. Er weiß, wie es um Susette steht. Seine Seele, der solche Gewaltmärsche sonst immer guttaten, muß aus dem Gleichgewicht, seine dichterische Produktion, die beim Wandern eigentlich auf Hochtouren lief, zum Stillstand gekommen sein. Er ist der Spannung kaum noch gewachsen. Fast platzt ihm das Hirn.
Mitte Juni ist Hölderlin wieder in *Strasbourg*, bleibt aber für drei Wochen verschwunden. Susette stirbt am 22. Juni. »Wir waren eine Blume . . . unsere Seelen lebten in einander«, heißt es im »Hyperion«. Hat Hölderlin die Geliebte vorher noch in Frankfurt

gesehen? Saß er an ihrem Todeslager? Als ihn die Mutter und die Freunde in Stuttgart in die Arme schließen, hat er einen Nervenzusammenbruch (den manche Hölderlin-Forscher auch als »Sonnenstich« bezeichnen) hinter sich. »Mit verwirrten Mienen und tobenden Gebärden, im Zustand des verzweifeltsten Irrsinns und in einem Aufzug, der die Aussage, daß er unterwegs beraubt worden sei, zu bestätigen schien«, macht er den Seinen angst. Diese Erregung geht langsam in Depressionen über. »Ich bin durch und durch gehärtet und geweiht«, hatte er aus *Bordeaux* zuvor geschrieben. Geweiht wofür? Und: »Ich bin jetzt voll Abschieds.« Nur wenige Monate nach Susettes Tod wird Hölderlin den Verstand verlieren, für immer verstummen, um schließlich von 1807 an sein Leben schweigend und monoton vor sich hin dämmernd in der Obhut eines Schreinermeisters im Turm von Tübingen zu verbringen. Der Menschheit ist er »abhanden gekommen« (Rückert).

Was ist geblieben vom *Bordeaux*-Aufenthalt des Friedrich Hölderlin? Ein paar Briefe, ein paar Gedichte mit traumhaft kindlichen Inhalten, in denen er den Duft des Landes an den zwei großen Flüssen *Garonne* und *Gironde* und ein paar Eindrücke an die Stadt festhielt wie in jener Hymne »Andenken«:

Der Nordost wehet,
Der liebste unter den Winden
Mir, weil er feurigen Geist
Und gute Fahrt verheißet den Schiffern.

Geh aber nun und grüße
Die schöne Garonne,
Und die Gärten von Bordeaux
Dort, wo am scharfen Ufer
Hingehet der Steg und in den Strom
Tief fällt der Bach, darüber aber
Hinschauet ein edel Paar
Von Eichen und Silberpappeln;

Noch denket das mir wohl und wie
Die breiten Gipfel neiget
Der Ulmwald, über die Mühl';
Im Hofe aber wächset ein Feigenbaum.
An Feiertagen gehn
Die braunen Frauen daselbst
Auf seidnen Boden,
Zur Märzenzeit,
Wenn gleich ist Tag und Nacht,
Und über langsamen Stegen,
Von goldenen Träumen schwer,
Einwiegende Lüfte ziehen.

Es reiche aber,
Des dunklen Lichtes voll,
Mir einer den duftenden Becher,
Damit ich ruhen möge; denn süß
Wär' unter Schatten der Schlummer . . .

Mancher
Trägt Scheue, an die Quelle zu gehen;
Es beginnt nemlich der Reichtum
Im Meere . . .

Dort an der luftigen Spiz'
An Traubenbergen, wo herab
Die Dordogne kommt,
Und zusammen mit der prächt'gen
Garonne meerbreit
Ausgehet der Strom. Es nehmet aber
Und giebt Gedächtniß die See,
Und die Lieb' auch heftet fleißig, die Augen,
Was bleibet aber, stiften die Dichter.

Viel mehr als diese hexametrischen Verse hat Hölderlin von seinem *Bordeaux*-Aufenthalt nicht nach Hause, nach Deutschland, gebracht. Was hätte diese Stadt dem Nordländer auch bieten können? Die Revolution hatte ihre Spuren hinterlassen, und die Geister, mit denen sich der deutsche Dichter als überzeugter Republikaner hätte verbinden können, waren längst tot. Am 21. Oktober 1793 mußten die königstreuen Girondisten als Gegner der Gleichheitsideale ihre Köpfe unter das Fallbeil der Guillotine legen. Allein in *Bordeaux* wurden rund 2 000 Todesurteile vollstreckt. Der Name der Stadt war in *Commune-Franklin* umgeändert worden. Als Hölderlin dort die Kinder seines Arbeitgebers unterrichtete, war sie nur noch ein Abbild ihrer selbst aus den glanzvollen Zeiten des Ancien régime, wo sie einen freizügigen Handelsverkehr betreiben konnte. Im Jahr 1802 litten die Kaufleute an der *Garonne* noch immer unter der Kontinentalsperre. Erst einige Jahre später verwandelte sich *Bordeaux* in »eine Mischung aus Antwerpen und *Versailles*« (Victor Hugo), als Industriekapitäne aus Holland und Deutschland dort Firmen installierten und Geschäfte zu machen begannen und auch die Theater wieder spielten, die Musikszene und die literarischen Salons durchatmeten, in denen Hölderlin, zumal er des Französischen mächtig war, wahrscheinlich ein größeres Echo als daheim im kleinbürgerlichen Schwäbischen gefunden hätte. Aber so blieben ihm nur flüchtige Impressionen von Straßen und Plätzen ohne Widerhall, von einer lieblichen Landschaft, von Kähnen und kleinen Fischerhütten an den Ufern des Flusses im Gedächtnis – ein romantisch-sentimentales Ambiente, das wenig gemein hatte mit den von Sonnen überfluteten Landschaften in seinem »Hyperion«-Roman.

Eben solche Stimmungen gehören zu den Inhalten in den Büchern von François Mauriac (1885–1970), der sich im *Bordelais* auf der Erde seiner Vorfahren befand und in ihrem Geiste handelte, wenn er in religiöser Schwärmerei eine seiner Figuren den Stamm einer Eiche umarmen ließ. Dieser von vielen seiner Kollegen als reserviert, hochmütig und immer ein wenig säuerlich

beschriebene Mann bezog seine Kraft aus den Pinienwäldern seiner Jugend und der Tonerde des Weins. *Bordeaux* und seine Umgebung waren die Heimat dieses katholischen Schriftstellers und Literatur-Nobelpreisträgers von 1952, zu dessen bekanntesten Werken die Romane »Der Aussätzigen-Kuß«, »Die Wüste der Liebe« und »Natterngezücht« gehören.
Zu Mauriacs Werk Zugang zu finden erleichtert im Sommer eine Fahrt durch die einsame, glühende Landschaft der *Landes* oder eine Radwanderung durch Heidekraut und Föhrenwälder und vorbei an schlanken, fast schwarzen Weinstöcken. Hier sind die Mauriacschen Figuren zu finden, deren Leidenschaften plötzlich hervorbrechen wie ein gewaltiger Sturm und deren Lebensgier notgedrungen zum Konflikt mit den sittlichen Geboten des Glaubens führt. Hier leben diese Dynastien immer noch, die in den Romanen Mauriacs zerbröckeln wie von Termiten angefressenes Holz. Hier wohnen jene Mütter und Witwen, deren Leben scharf von den Nachbarn überwacht wird. »Man zählt die Tage, die sie den Schleier tragen«, schreibt Mauriac. »Die Größe ihres Kummers mißt man an der Länge des Trauerflors. Wehe der Witwe, die an einem glühend heißen Tag den Schleier lüpft, um Luft zu schöpfen. Bestimmt hat jemand sie gesehen, bestimmt wird man sagen: ›Wieder eine, die schnell getröstet ist.‹«
Um Mauriac zu verstehen, muß man nach *Saint-Symphorien* und *Malagar* (zu erreichen von *Bordeaux* aus über die Autoroute *des Deux Mers* Richtung *Toulouse* bis Abfahrt *Langon*, dann über die D 8) fahren, denn in diesen Flecken, die nicht einmal auf den Straßenkarten notiert sind, finden sich die Schlüssel zu einem wirklich universellen Werk.
1895 erwarb Mauriacs Mutter Claire, seit acht Jahren Witwe, in *Saint-Symphorien* ein Grundstück, auf dem sie aus roten Steinen ein Landhaus errichten ließ. Dieses Châlet, in dem die Familie die Sommer verbrachte, bedeutete für Mauriac die absolute Freiheit. »In *Bordeaux* wohnte ich nur körperlich«, bekannte er später, »denn während der Schulzeit verließ mein Geist nicht einmal das Land meiner Ferien und meiner Freuden . . .«

In *Saint-Symphorien* verträumte der junge Mauriac ganze Tage unter jener Eiche, die er bei jeder Rückkehr emphatisch umarmte. Und wenn der Schriftsteller später das Wesen des Fleisches und des Blutes beschrieb, dann geschah das immer in diesen Landschaften seiner Kindheit, die ihn so entscheidend prägten. *Saint-Symphorien* – das ist das Saint-Clair in »Thérèse Desqueyroux«, das Bouredeys im »Geheimnis von Frontenac« und das Larjuron in »Die Pariserin«. Das Châlet und sein großer Park sind präsent in »Asmodée«, »Das Lamm« und »Eine andere Jugend«. Da entsteht dieses Universum neu, da wird die Seele der Region *les Landes* sichtbar, wenn auch seine Mysterien schleierverhangen bleiben.

Mauriacs Menschen baden im Licht dieser Landschaften, die so feucht sind und sumpfig wie die Gegend um *la Téchoueyre*, deren unzugängliche Schilfgürtel nur ein paar Enten- und Schwanenfamilien Schutz bieten. Aber hier, in den *Landes*, hört man immer noch jene Geräusche, die Mauriac schon während seiner Kindheit vernahm: die über die unebenen Wege rumpelnden Wagenräder, die Glocken der Leitschafe und das Stöhnen des Ozeans hinter den Pinienwäldern und Dünen.

Überall sind Baumhäuser in den Wäldern, jene Palombières, wo die Bauern am Tag des heiligen Michael (29. September), vom »blauen Fieber« gepackt, die Tauben erwarten, die dieses Gebiet auf dem Flug gen Süden überqueren. Dann sitzen sie tagelang dort oben bis zum 11. November in den Hütten, essen, trinken, schwelgen in Erinnerungen, diskutieren über ihren Fußballclub, die Girondins, träumen von einer besseren, nicht von EU-Regeln bestimmten Welt und lassen die Locktauben mit den Flügeln schlagen.

Mauriac und seine Geschwister kletterten in den Ferien hinauf in diese Hütten oder versteckten sich dort, wenn sie allein sein wollten. Die Liebe zu diesen Wäldern zieht sich wie ein roter Faden durch sein Werk – Wälder, die so lebendig sind und in sich so rasende Leidenschaften wie einen Sturm auslösen. Für Mauriac war das nächtliche Seufzen der Pinien so erregend wie die Stimme einer flüsternden Geliebten. »Dieser knisternde Wald mit

den Grillen unter einer bronzenen Sonne ist wie die Ewigkeit eines niemals endenden Sommers . . .«
In *Saint-Symphorien* oder *Malagar* werden die zwei Leben des François Mauriac erkennbar. Prägte *Saint-Symphorien* seine Kindheit und Jugend, so reifte er in *Malagar* zum Schriftsteller von Weltrang. Hier, wo er mit seiner Frau und den vier Kindern immer den Frühling und den Herbst auf der eigenen Domäne verbrachte, schrieb er den größten Teil seines umfangreichen Werkes – Romane, Essays, Theaterstücke, Erinnerungen – und produzierte auch noch einen Wein, dessen Qualität sich auf den Etiketten niederschlug: Château Malagar, appellation Premières Côtes de Bordeaux controllée, François Mauriac propriétaire à Saint-Maicant, Gironde.
Das Weingut mit seinen 20 Hektar Land auf dem rechten Ufer der *Garonne* gehörte der Familie seit 1843. Nach Jean, dem Urgroßvater, lebten noch vier Generationen auf diesem Grund und Boden. »Es ist nicht selbstverständlich, daß es in dieser Welt einen Ort gibt, wo die Erde uns kennt und wir die Erde kennen.«
Hierhin lud François Mauriac seine Freunde ein, hier betrachtete er oft, von der Terrasse aus, das Tal der *Garonne*, die in respektvoller Entfernung von der *Gironde* ins Meer mündet.
Malagar war für Mauriac »la querencia«. »Ich habe in Hemingways Buch ›Der Tod am Nachmittag‹ gelesen, daß die Spanier jenen Teil der Arena, in den sich der Stier zum Sterben zurückzieht, ›la querencia‹ nennen. *Malagar* ist meine ›querencia‹. Hier werde ich die Ewigkeit ohne jede Angst erwarten . . .«
Diesen Wunsch konnte sich der große alte Mann der französischen Literatur nicht erfüllen. Als er in seiner *Pariser* Wohnung das Ende kommen fühlte, wollte er sich in einer Ambulance nach *Malagar* bringen lassen, aber sein physischer Zustand ließ das nicht mehr zu. So mußte er in *Paris* den letzten Punkt unter sein Werk setzen. Er starb am 1. September 1970, zur Zeit der Weinlese in der *Gironde*, im Institut Pasteur in der *rue de Vaugirard*.
In seinem »Journal« hatte er zuvor vermerkt: »Selbst nach meinem Tod wird *Malagar* als Kraft meines Lebens weitervibrieren.«

Malagar beherbergt heute ein Mauriac-Museum und bietet jungen Schriftstellern die Möglichkeit, dank eines Stipendiums, hier für längere Zeit zu wohnen und zu arbeiten.

Heine, Tucholsky, Benjamin und die anderen: *nach Frankreich aus Lust und Furcht*

Für deutsche Schriftsteller war Frankreich seit der großen Revolution »ein Land des Individualismus und der persönlichen Freiheit« (Friedrich Sieburg). In das Leben der Franzosen einzutauchen, um das eigene Ich abzutasten und gleichzeitig den Hauch des Fortschritts zu spüren, war vielen nach 1789 ein Bedürfnis. Ernst Moritz Arndt und Joachim Heinrich Campe, Georg Forster und Georg Kerner, Heinrich von Kleist und Christian Ludwig Lenz, Konrad Engelbert Oelsner und Johann Gottfried Seume, Grillparzer und Hegel – sie alle leidenschaftliche Fürsprecher demokratischer Ideen – reisten nach *Paris*, um durch Augenzeugenberichte die Neugierde ihrer Landsleute nach dem Nachbarland zu befriedigen. In ihren Reiseberichten beschrieben sie Orte und Menschen, interpretierten die politischen Ziele und bewunderten jene »handgearbeitete Seele« (Sieburg), die ein Franzose nun mal in sich trägt.

Auch in unserem Jahrhundert ist das Interesse an dieser Stadt groß. Rilke und Wedekind, Koeppen und Hausenstein, Jünger, Weiss und Handke bezogen hier nicht selten für Jahre Quartier, so wie es 1830 Heinrich Heine getan hatte. Er war, ermüdet von Streitereien mit seinem Onkel Salomon und seinem Verleger Campe und frustriert durch eine abgelehnte Ratssyndikusstelle in Hamburg, der auch noch die Zensur und dann das Verbot seiner Bücher in Preußen folgten, als 33jähriger nach Frankreich emigriert.

In *Paris*, damals die »Spitze der Welt« und mit 800 000 Einwohnern Europas größte Stadt, »ertrinke ich im Strudel der Begebenheiten, der Tageswellen, der brausenden Revoluzion«, schrieb der Dichter denen in Deutschland. Zwischen 1830 und 1856 wird er 15 Wohnungen bewohnen, er wird in deutschen Zeitungen (»Allgemeine Zeitung«, »Morgenblatt«, »Literatur Blatt«, »Elegante Welt«) über Kunst und Kultur in die Heimat und in französischen Blättern über Deutschland berichten, er wird Meyerbeer und Berlioz, Chopin und Liszt, Wagner und Bellini, Balzac und Musset kennenlernen und mit ihnen in angeregte Diskussionen treten. Heine, »der inkarnierte Kosmopolitismus«, wird bis 1837 drei Bücher über Frankreich für die Deutschen und drei Bücher über Deutschland für die Franzosen schreiben (Themen u. a. französische Maler, Kritik am preußischen Staatswesen, Unterwerfung der Intellektuellen in Deutschland, die Eitelkeit der Französinnen, Theater, Religion und Philosophie in beiden Ländern). 1843 schließt er Freundschaft mit dem damals 25jährigen Karl Marx, der ebenfalls unter den großen Menschheitsproblemen wie sozialer Ungerechtigkeit, Hunger, Rassismus und dem sozialen Elend der beginnenden Industriegesellschaft leidet. Die gegenseitige Hochachtung ist groß, als jeder die Schriften des anderen liest.

Als schönste Versdichtung entsteht 1843 an der *Seine* das Epos »Deutschland, ein Wintermärchen« als Ergebnis einer Reise Heines nach Hamburg zur kranken Mutter. Über Aachen, Köln, Hagen, Mühlheim, Unna, den Teutoburger Wald, Paderborn, Minden, Bückeburg bis nach Hamburg führte die Route, auf der der Dichter geradezu analytisch die politische und gesellschaftliche Misere Deutschlands darstellt.

Das Reisen gehörte in Frankreich für Heine zum Alltag. Waren es in den Anfangsjahren noch die atlantischen Seebäder *Boulogne-sur-Mer, le Havre, Dieppe* und *Granville*, wo er eine ihn ständig plagende Migräne zu kurieren versuchte, so trieb es ihn ab 1840 in die *Pyrenäen*, um die Kopfschmerzen und ein zusätzliches Augenleiden (wahrscheinlich die Folge einer syphilitischen Infektion) durch Schwefelbäder zu behandeln. In *Cauterets*, südlich von

Tarbes (zu erreichen über die N 21 Richtung *Lourdes*, dann D 920), unterzog sich der Deutsche zweimal (1841 und 1842) einer solchen Behandlung.
Cauterets verdankt Margarete de Valois sein literarisches Image. In diesem »buen retiro« hatte die Herrscherin von Navarra ihre vielübersetzte Novellensammlung »Heptameron« geschrieben. In der ersten Hälfte des 19. Jahrhunderts wurde *Cauterets* von Deutschen besucht. So beurteilte Fürst Pückler-Muskau in Cottas »Morgenblatt für gebildete Stände« die Bäder von *Cauterets* als »die stärksten in den *Pyrenäen* und zugleich die reichhaltigsten. Caesar soll sie schon benutzt haben, weshalb ein Bad nach ihm benannt ist und ein anderes nach einem maurischen König.« Zu lesen 1834, als der Fürst aus Schlesien, ein geborener Trendsetter und stets darauf erpicht, Moden zu stiften, dort den englischen Politiker Lord Brougham kennenlernte, der dann *Cannes* für den Fremdenverkehr entdeckte.
Auf solche Gesellschaft war Heine in *Cauterets* nicht erpicht. Seine resignative Stimmung verführte ihn zu Wanderungen in die einsame Bergwelt, in der er noch einmal die Kraft für ein Meisterwerk fand. Es entstand »Atta Troll«, »das letzte freie Waldlied der Romantik«, mehr ein leidenschaftlicher Gesang gegen den Teutonismus, der die christliche und deutsche Geisteshaltung immer wieder zum Zerrbild einer sehr nationalen Kultur macht. Aber es sind auch Verse, die eine Welt inneren Glücks und Friedens widerspiegeln.

Rings umragt von dunklen Bergen,
Die sich trotzig übergipfeln,
Und von wilden Wasserstürzen,
Eingelullet wie ein Traumbild,

Liegt im Tal das elegante
Cauterets. Die weißen Häuschen
Mit Balkonen; schöne Damen
Stehn und lachen herzlich.

Aber in diesen »stillen Wäldern, wo die Eichen ernsthaft ragen, und den Wurzelknorrn entriselt uralt süßer Sagenquell«, konnte Heine trotz des Wunderwassers, »welches sehend macht und wissend«, seine Gesundheit nicht mehr stabilisieren. 1848 setzte sein Verfall ein: Die Kopfschmerzen wurden zur Tortur, er begann über »Lähmungserscheinungen im Mund und Schlund« zu klagen. »Eine trübe Melancholie erfaßt mich zuweilen in furchtbarer Stärke.«
Im Juni 1846 reiste er noch einmal in die *Pyrenäen* und verbringt einige Tage in *Bagnères-de-Bigorre.* »Der Anblick der Naturschönheiten erfrischt mir die Seele und bin auch ziemlich heiter.« – Zehn Jahre wird den Dichter die Krankheit auszehren. Am 17. Februar 1856, morgens um fünf Uhr, stirbt er nach qualvollen Sturzbäderbehandlungen, Aderlassen und Blutegelkuren, nach hohen Opium- und Morphiumdosierungen und wird einige Tage später auf dem *Montmartre*-Friedhof beigesetzt.

Eine »pacifike Mission, die Völker einander näher zu bringen« und »so viel als möglich das Verständnis der Gegenwart zu fördern« (Heine), das »altmodische und unordentliche Paradies« Frankreich lebens- und liebenswerter zu finden als die deutsche »blitzblanke und trostlose Musterwelt« (Sieburg), trieb 1924 einen anderen deutschen Schriftsteller ins Nachbarland. Kurt Tucholsky, geboren am 4. Januar 1890 im Berliner Stadtbezirk Moabit, hatte sich von der Zeitung »Weltbühne« als Korrespondent an die *Seine* versetzen lassen, um hier für die deutsch-französische Verständigung zu arbeiten. Die war arg beschädigt worden durch den Ersten Weltkrieg, und als am 11. Januar 1923 auch noch französische Truppen ins Rheinland eingerückt waren, um zügigere Reparationszahlungen zu erwirken, bekam der Nationalismus in Deutschland wieder Hochkonjunktur.
Kurt Tucholsky schrieb damals als freier Mitarbeiter für die »Weltbühne«, deren Verleger Siegfried Jacobsohn viel für die Darstellung eines realen Frankreichbildes tat. Sein Mitarbeiter, ein Doktor der Rechtswissenschaft, war in der Deutschen Liga

Arthur Rimbaud

Flaubert mit dem Herzen der Bovary

George Sand

Friedrich Hölderlin

François Mauriac

Heinrich Heine

Kurt Tucholsky

Walter Benjamin

Nattier:
Le Comte de Sade

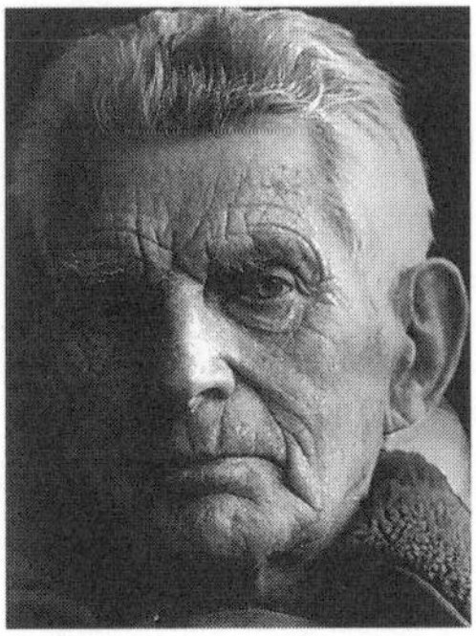

Samuel Beckett

Albert Camus

Georg Büchner

Colette

für Menschenrechte, einer Friedensorganisation, tätig und engagierte sich auf »Nie wieder Krieg«-Veranstaltungen heftig für eine dauerhafte Verständigung der beiden Völker. Er nutzte jede Gelegenheit und jede Tribüne, um für eine Annäherung der Völker Deutschlands und Frankreichs einzutreten. Eine deutsch-französische Freundschaft sei nur möglich, indem man den Nationalismus, den Militarismus und die Klassenjustiz für immer zum Teufel jage. In *Paris*, so hoffte Tucholsky, der ein passables Französisch sprach, würde er durch eine vorurteilsfreie Beobachtung der französischen Verhältnisse und ihre Darstellung in deutschen Zeitungen für die Franzosen Verständnis wecken. Auch würde er hier der kräftezehrenden journalistischen Tagesarbeit entgehen ebenso wie den persönlichen Problemen wie einer gerade vollstreckten Scheidung und dem chronischen Geldmangel. Immerhin sicherte ihm ein Vertrag 650 Mark monatlich zu. Und vier Wochen bezahlten Urlaub.

Zu keiner Zeit in seinem Leben war Tucholsky so unbeschwert wie in *Paris*. Er genoß die Luft Frankreichs und das Pariser Flair in vollen Zügen. Die von preußischen Adlern bewachte Heimat lag weit hinter ihm. »Die Stadt ist nett«, schrieb er seinem Verleger, »weil die Nation, weil vor allem – und das ist wohl das ganze Geheimnis – der kleine Mann nett und freundlich ist.« Er fühle sich zuallererst als Mensch und nicht als Teil eines anonymen Kollektivs.

Es waren bürgerliche Anständigkeit, Lebensfreude und Optimismus der Franzosen, über die Tucholsky immer wieder nach Deutschland berichtete. »Es ist ein Paradies . . . Über Frankreich läßt sich reden – über diese Tatsache nicht.« – Die ersten Wochen verbrachte Tucholsky, ebenso wie Heine, als Flaneur. Er lernte die Stadt und ihre Menschen kennen; er fand eine Wohnung in der *avenue Mozart*, traf sich mit Gleichgesinnten wie George Grosz und Franz Masereel. Er las die französischen Klassiker, arbeitete sie, um die Sprache des Gastlandes noch intensiver zu erlernen, Zeile für Zeile durch. Er suchte als »Gesandter« der deutschen Liga erste Kontakte zur »Französischen Liga für

Menschenrechte« und knüpfte Verbindungen zu Politikern, Generälen, Professoren und Journalisten.

Im Mai 1924 nahm Tucholsky seine Arbeit als Korrespondent für die »Weltbühne« auf, für deren Leser er schon seit Jahren unter den Pseudonymen Wrobel, Panter, Tiger und Hauser bekannt war. Fast hundert Beiträge erschienen von ihm allein in diesem Jahr im Blatt. Frankreichbetrachtung war nur ein Teil davon. Tucholskys Interesse galt besonders der Politik. Viele seiner Themen beschäftigten sich mit der Rolle der SPD und der nationalistischen Haltung der deutschen Kleinbürger, jener Spezies von Durchschnittsdeutschen, die in ihrem Snobismus »alles im Ausland für den letzten Dreck halten oder würdelos davor auf dem Bauch herumkriechen«. Aber ebenso kritisch betrachtete er, nachdem die erste Euphorie verflogen war, Frankreich und seine Menschen. Themen wie der »französische Faschismus« wurden von ihm erbarmungslos unter die Lupe genommen. Aber die Liebe zu diesem Land überlebte jede kritische Phase.

Tucholskys Aufenthalt in Pariser Zeit verlief nicht ungetrübt: Zwar heiratete er während dieser Zeit Mary Gerold, verlor aber seinen Verleger Jacobsohn, der im Dezember 1926 starb. Tucholsky mußte für einige Wochen zurück nach Berlin, um als Interims-Herausgeber die »Weltbühne« zu leiten, bevor Carl von Ossietzky dieses Amt übernahm.

Zwei weitere Jahre sollte Tucholsky dann noch als Korrespondent in *Paris* arbeiten, bevor er Frankreich für immer den Rücken kehrte. Das Ergebnis dieser Jahre sind neben vielen Zeitungsberichten auch Gedichte und jenes dünne Buch, das als ein Reisebuch par excellence in die Literatur eingegangen ist: »Ein Pyrenäenbuch«.

Es entstand als Resultat einer zweimonatigen *Pyrenäen*-Reise, die er im Herbst 1925 mit seiner Frau Mary unternommen hatte. Ebenso wie für Heinrich Heine waren auch für Tucholsky diese Berge bislang unbekanntes Gebiet gewesen. »*Pyrenäen* – das war so eine rostbraune Sache auf der sonst grünen und schwarzen Karte, darin ein paar Bergkleckse standen, rechts und links gefiel

sich die Karte in Blau, das war das Meer ... Ja, und sie trennten Spanien und Frankreich. Auch mußte man jedesmal ein kleines bißchen nachdenken, bevor man den Namen schrieb.
Dies waren die wissenschaftlichen Kenntnisse, die mir die deutsche Schule in bezug auf die *Pyrenäen* mitgegeben hatte.«
So beginnt Tucholsky seinen Reisebericht heiter-launisch, um sich dann wie ein Forscher diesen Bergen zu widmen und sie kennenzulernen. Was trieb ihn wirklich dorthin? Vielleicht die Distanz zur großstädtischen Hektik und Aufgeregtheit, die Neugier auf das provinzielle Frankreich mit seinen Dörfern und kleinen Städten, wo die Straßen auf mit Brunnen und Denkmälern geschmückten Plätzen auslaufen und ein Zauberkreis voller Erinnerungen und Ahnungen und Geschichten, voller Ruhe und Schlaf die Menschen mehr zur Besinnung anregt als zum Handeln. So entstand ein amüsantes und teilweise satirisches Buch – ein Reisebericht im Stil Heines. Verfaßt von einem ebenso großen Stilisten der deutschen Sprache. Tucholsky hat mehr von diesen Bergen gesehen als Heine, der sich vorwiegend in den Bädern aufhielt. Und die hatten sich im Laufe der Zeiten gewandelt. Auch Tucholsky schreibt über *Cauterets*, widerspricht aber ironisch dem Vorgänger:

Nun wieder nicht.

Rings umragt von dunklen Bergen

Bin ich verpflichtet, überall philologischen Assoziationen nachzugehen und bei Flandern gleich den Grafen Egmont, bei Granada das Nachtlager ...

Die sich trotzig übergipfeln

und bei *Roncevaux* das »Rolandslied« zu zitieren? Ich will aber nicht. Im Grunde will ja der Hörer auch nicht.

Und von wilden Wasserstürzen,
Eingelullet wie ein Traumbild,

Es schmeichelt ihm nur, dem Schreiber um eine Nase vorausgewesen zu sein und es gleich gewußt zu haben, denn man ist ja unter gebildeten Menschen. Wenn also von *Cauterets* die Rede ist, so hat zu erfolgen:

Liegt im Tal das elegante
Cauterets . . .

Aber entweder sie kennen den »Atta Troll« genau, und dann ist das Zitat nicht nötig – oder sie besinnen sich nicht gut auf ihn, und dann hat es keinen Zweck. Besser wäre, die Reisebriefe Heines wären bekannter, als sie sind, auch die aus den *Pyrenäen*, und alle seine Berichte aus *Paris*, in denen er sich als einen Jahrhundertkerl seltenen Formats, als einen Propheten und als einen Allesüberschauer zeigt.

So elegant ist *Cauterets* auch gar nicht. Hier ist das »Heptameron« der Königin von Navarra geboren – aber auch das kann uns nicht trösten. *Cauterets* liegt in einem engen Tal. Enge Täler . . . das drückt leise auf meine Seele, man fühlt sich ein bißchen zu gut geborgen, das schwere dunkle Grün der Wälder lastet, klettert langsam den Berg hinan, man sieht ihm nach. Wie ein Gitter stehen die Stämme.

Die Kurkapelle spielt einen dünnen Walzer, die Gurgler gurgeln, die Bresthaften baden sich, die Stubenmädchen stehen zusammen und beraten, wer von wem das nächste Kind bekommen wird.

Von mir nicht. Auf und davon!

In Kur gehen war Tucholskys Sache nicht. Wenn die Seele auch kränkelte, war der Körper gesund. Die *Pyrenäen*-Badeorte schmeckten ihm zu sehr nach Vergangenheit. So kommt das kleine, aber historisch interessante *Eaux-Bonnes* besonders schlecht in seinem Buch weg: »Die Leute, der Schmuck in den Gebäuden, das Gehaben des ganzen Ortes, selbst die Bäume und die Gärten – alles sieht aus wie 1875.«

Da reiste ein kritischer Geist durch die Berge, der in völlig unterschiedlichen Arten des Feuilletons mit fließenden Übergängen, Impressionen und Reflexionen notiert. Witzig, frech und nicht selten aggressiv und ironisch erzählte Tucholsky über Land und Leute. Seine Route nachzufahren ist heute von einem nicht unbeträchtlichen Reiz.

Die Reise beginnt in *Bayonne,* wo Tucholsky auf der »Plaza de Toros 4 Gdes Corridas« einen Stierkampf miterlebt. Wie in einer Zeitlupenstudie schildert er, was geschieht. Und der Pazifist kann sich der Faszination des blutigen Kampfes nicht entziehen. Im Hinausgehen nennt er ihn eine Barbarei. »Aber wenn sie morgen wieder ist: ich gehe wieder hin.«

Die nächste Station ist *Biarritz*, wo sich damals die High-Society aufhielt. »Die armen Reichen . . . die in *Biarritz* wild vorkommen. Der nach Fischen riechende Winkel ist durch den spanischen Adel und vorzüglich durch die Queen, der die englische Aristokratie todesmutig nachfolgte, erst zu dem geworden, was er heute ist. Es liegt entzückend: die silbrig-blaue Küste mit Felsen, die kunstvoll durchbrochen sind, so daß man darin spazierengehen kann . . .« Tucholsky speist in der *Réserve de Ciboure* am Hafen von *Saint-Jean-de-Luz*: »Die Lichter von *Biarritz* flimmern herüber, es ist schon ein bißchen kühl, und die Kapelle wird sich erst warm arbeiten müssen.« Seine Tischnachbarn: »Sehr viele Fremde: Südamerika, die Staaten, England, Amerika, England. Dessen Männer sehen wie immer gut aus, die Amerikanerinnen fürchterlich. Wenn man sie so dasitzen sieht, denkt man Klavierlehrerinnen, die sich einen feinen Sonntag gemacht haben . . .«

Dann findet Tucholskys erste Begegnung mit den Bergen statt: Die Küste entlang fahrend über *Hendaye* und das spanische Fuenterrabia, wo »die Landschaft nichts Bemerkenswertes« bietet, erreicht er das Jesuitenkloster des Ignatius von Loyola – einen Prachtbau, in dem »es gleißt vor Gold . . . Was das Militär aller Länder mit roher Gewalt versucht und nie zu Ende geführt hat, hier ist es mit der glänzendsten Geschmeidigkeit gelungen: Menschen ergreifen, umformen, in den Zustand der Halblähmung bringen, um dann aus den Geschwächten die größte Stärke herauszuholen.«

Ein weiteres Kloster, das von *Roncevalle* – ». . . das ist da, wo Roland erschlagen wurde. Man zeigt heute noch die Kampfkeulen, mit denen . . . aber das will ja niemand wissen.« – wird besichtigt. »Ein Kloster mit Zentralheizung, das ist überhaupt kein Kloster.«

In *Saint-Jean-Pied-de-Port* lernt Tucholsky die Basken kennen und notiert: »Eine ›baskische‹ Frage gibt es nicht. Hier will niemand erlöst werden, weil sich niemand bedrückt fühlt.« Ein weiterer Eindruck: »Mitten im Gebirge: Seeleute.« – Der Besucher aus Berlin lernt das Land kennen und lieben. »Es ist weich, angenehm, begrünt und wellig, wie überhaupt der Fuß dieses Gebirges ... *Les Basses-Pyrénées* ... das Schönste ist, was ich dort zu sehen bekommen habe, und das fast überall ...«

Tucholsky durchreist diese »terra incognita« kreuz und quer: *Lourdes* und der *Cirque de Gavarnie, Eaux-Bonnes, Cauterets* und *Pau* sowie der *Pic du Midi* veranlassen ihn immer wieder zu Schwärmereien, aber auch zu jenen respektlos-geschliffenen Kommentaren, die seine Bücher und Essays, Artikel und Gedichte immer ausgezeichnet haben. Im Zentrum seiner Betrachtungen steht stets der Mensch: die Pelotespieler in den Dörfern, die Fandangotänzer im *Vallée d'Ossau*, die Kranken in *Lourdes* und die 5 200 Andorraner in ihrem Staat, der ein einziger Supermarkt ist; die Stubenmädchen und Kellner, die Fischer und Marktschreier, die Briefträger und Eselstreiber – sie alle werden mit jener Liebe porträtiert, mit der der Schriftsteller auch die Figuren seiner Bücher »Rheinsberg« und »Schloß Gripsholm« zeichnete.

Abschied von den *Pyrenäen* nimmt Tucholsky in *Albi*, jener eigenartig anmutenden Stadt, die fast vollständig aus rotem und rosa Sandstein erbaut wurde und je nach Sonnenstand intensiv oder matt schimmert. »Alle diese Städtchen: *Oloron* und *Mauléon* und *Tarbes* und *Saint-Girons* und *Saint-Gaudens* und *Foix* und *Perpignan* – sie erinnern mich immer an die Sonntagnachmittage zu Stettin, an denen mein Vater auf dem Balkon saß, eine Pfeife rauchte und auf die Sonntagsausflügler sah, die da furchtbar eilig auf den Paradeberg wallen mußten. Er sprach das Wort, das ich von ihm geerbt habe, mehr vielleicht als gut ist: ›Wie sie rennen! Wie sie rennen!‹ Die Leute in der französischen Provinz rennen nicht. Sie leben.« Und dann verläßt er die Region und ihre Menschen: »Aus *Perpignan* fährt die Bahn nach der spanischen Grenze – bis *Cerbère*. Der Zug pustet Rauch aus. Da verschwinden die Berge im dunstigen Blau, längs der Eisenbahn werden sie immer niedriger, jetzt sind wir wohl schon in der platten, unendlich weiten Ebene. Sieh – eine Station! *Palaudel-Vidre*. Und die Höhenzahl: 22 Meter 706 mm über dem Meeresspiegel.

Es ist aus.

Erlöst vom Gebirge – erlöst vom Steigen und Klettern.«

Als der lange D-Zug im *Pariser Gare d'Orsay* »ohne Ruck« hält, hat der deutsche Schriftsteller und Journalist nicht nur ein faszinierendes Buch über seine Reise im Gepäck. »In meinem Herzen«, hat er geschrieben, »liegt eine kleine Flocke, eben geboren, ein Ei: Sehnsucht nach den *Pyrenäen*.«

Kurt Tucholsky wird diese Berge nie wiedersehen. Er kehrt nach vier Jahren in Frankreich nach Berlin zurück, wo er seinen Kampf gegen den Faschismus und für das Recht der Menschen auf ein Leben in Freiheit beginnt. Die Nationalsozialisten reagieren mit scharfen Attacken, verbrennen seine Bücher und inhaftieren seinen Freund Carl von Ossietzky. Tucholsky befindet sich in diesen dunklen Tagen in Hindas, in Schweden, wohin er sich deprimiert zurückgezogen hat. Die politische Lage in Deutschland ist immer brutaler geworden, seine zweite Ehe gescheitert, und die Erkrankung im Hals- und Nasenbereich scheint, trotz mehrerer Eingriffe und Sanatoriumsaufenthalte, unheilbar zu sein. »Mit mir ist nicht viel los, ich fühle mich nicht sehr gut, und habe das bis zum Sterben satt, alles miteinander«, schreibt er einer Freundin in der Schweiz. Dann wird auch noch sein Einbürgerungsgesuch von den schwedischen Behörden abgelehnt. Mit Veronal nimmt er sich am 21. Dezember 1935 das Leben.

Frankreichs Süden, vor allem die *Pyrenäen*, wurden in diesen Jahren zu jener Region, mit der viele deutsche Schriftsteller ihr Schicksal verbinden mußten. Ihren Spuren hier zu folgen heißt, eines der dunkelsten Kapitel jener Verfolgungsjagd aufschlagen, die die Nazis auf jüdische Intellektuelle veranstalteten.

Damit begannen sie am 15. Mai 1933, als Studenten Scheiterhaufen errichteten, in deren Flammen sie die Bücher »wider den deutschen Ungeist« verbrannten, nachdem Goebbels die Richtlinien für die deutsche Kunst festgelegt hatte: sie »wird heroisch, sie wird stählern romantisch, sentimentalitätslos sachlich, sie wird national mit großem Pathos und gleichfalls verpflichtend und bindend sein, oder sie wird nicht sein«.

Die Schriftsteller reagierten. Ein Massenexodus setzte ein. Nie zuvor verlor eine Nation innerhalb weniger Monate so viele literarische Repräsentanten. Manche flohen nach Frankreich, denn »das französische Volk gewährt ein Asyl den Fremden, die für die Sache der Freiheit aus ihren Ländern verbannt sind«. So stand es jahrzehntelang in der französischen Verfassung geschrieben.

In *Sanary-sur-Mer*, einem Badeort an der *Côte d'Azur* zwischen *Cassis* und *Toulon*, deutet nur noch eine Marmorplatte an der Felswand des Bouleplatzes darauf hin, daß hier zwischen 1933 und 1942 mehrere deutschsprachige Dichter Zuflucht gesucht hatten. »Den deutschen und österreichischen Schriftstellern mit ihren Angehörigen und Freunden, die auf der Flucht vor der nationalsozialistischen Gewaltherrschaft in *Sanary-sur-Mer* zusammentrafen«, ist sie gewidmet. Keine Namen. Ihre Spuren sind längst verwischt. Dabei waren es wahrhaftig die Größten ihrer Zeit.

In der *Villa Lazar* wohnte mit seiner Frau Marta Lion Feuchtwanger, der in diesem Exil seinen Roman »Die Geschwister Oppermann« schrieb; im *Hôtel de la Tour* logierten Klaus und Erika Mann, und Heinrich Mann arbeitete dort an seinem Buch »Heinrich IV«. Thomas Mann hatte sich in der *Villa Tranquille* eingemietet und schrieb »Joseph in Ägypten«, während einige Meter weiter in einem Turmhaus, genannt *le Moulin Gris*, Franz Werfel mit Blick auf das Mittelmeer arbeitete.

Entdeckt hatte der Elsässer René Schickele *Sanary-sur-Mer* und es 1932 seinen Freunden Mann und Feuchtwanger als Erholungsort empfohlen. Ihnen folgten viele andere Exilanten in das palmengesäumte Refugium: Ernst Bloch, Bertolt Brecht, Ferdinand Bruckner, Bruno Frank, Walter Hasenclever, Alfred Kerr, Hermann Kesten, Arthur Koestler, Joseph Roth, Ernst Toller, Arnold und Stefan Zweig.

Aber auf Dauer bot dieses Paradies keine Sicherheit. Als die deutschen Truppen am 22. Mai 1940 Holland, Belgien und Luxemburg angreifen und am 22. Juni in *Compiègne* den Franzosen den Waffenstillstand diktieren, treten auch neue Verordnungen für die Exilanten in Kraft. Nach Artikel 19 des Waffenstillstandsvertrages muß sich die französische Regierung unter Pétain und Laval verpflichten, »alle in Frankreich und in den französischen Besitzungen befindlichen Deutschen ... auf Verlangen auszuliefern«. Damit ist das Asylrecht aufgehoben. Die Emigranten sind vogelfrei. Sie dürfen legal gejagt werden. Auf manche werden sogar Preise ausgesetzt. Die dunkle Zeit der Spitzel beginnt.
Für die Verfolgten gibt es nur noch eine Möglichkeit: Sie müssen das Land verlassen. Aber wie? Der größte Teil Frankreichs ist besetzt. Razzien sind an der Tagesordnung. Ebenso Morde und Selbstmorde. So nimmt Ernst Weiß beim Einmarsch der Deutschen in *Paris* Morphium; Berthold Jacob, Mitarbeiter der »Weltbühne«, wird von der Gestapo entführt und stirbt im KZ; Willy Müngenberg, ein kommunistischer Reichstagsabgeordneter, erhängt sich in einem Wald in der Nähe von *Grenoble*; Walter Hasenclever nimmt eine Überdosis Veronal im Lager *les Milles* auf die Nachricht, daß die Deutschen im Anmarsch sind.
Für viele ist die heimliche Ausreise unmöglich. Dazu braucht man ein »visa de sortie«. Das muß man sich persönlich in *Vichy* abholen. Wie dort hinkommen? Das Land ist von den Deutschen besetzt, die überwachen alle Überlandstraßen und Bahnhöfe.
Viele Emigranten landen in den französischen Internierungslagern. Eines ist *Gurs* am Fuße der *Pyrenäen*, wohin aufgegriffene deutsche Juden gebracht werden. Unter ihnen Hannah Arendt, die Journalistin Elisabeth Weichmann und die Schriftstellerin Adrienne Thomas. In diesem Lager werden keine Menschen in Gaskammern geschickt, hier sind sie sich selbst überlassen, vegetieren in großen fensterlosen Baracken dahin, werden schlecht oder kaum verpflegt. Laissez faire! lautet das Motto der Lagerverwalter, denn Hunger, Kälte und mangelhafte Hygiene würden schön das übrige tun, um die Zahl der Insassen auf natürliche Art

zu reduzieren. Im August 1942 jedoch räumen die Nazis in *Gurs* auf. Sie verlesen Namenslisten, stellen Transporte zusammen und »verlegen« Tausende nach Auschwitz. Für fast 4 000 Juden wurde *Gurs* zur Vorhölle von Auschwitz.

Lion Feuchtwanger saß vorübergehend als Häftling in einem solchen Lager, in *les Milles* nahe *Aix-en-Provence.* Die Anlagen, früher eine Ziegelei, existieren noch immer. Man kann sie besichtigen. Sie sind trostlos.

Was blieb den Emigranten anderes als die Flucht. Illegal mußten sie das Land verlassen, mit gefälschten Papieren versuchen, nach *Marseille* oder über die *Pyrenäen* und durch Spanien nach Lissabon zu gelangen, wo Konsulate künftiger Emigrationsländer, Reedereien und Schiffsagenturen hilfreich sein konnten.

Fluchthelfer waren der Amerikaner Varian Frey, ein Journalist, und seine Mitarbeiterin Lisa Fittko, die die bedrohten Emigranten mit Dollars, Visa und Pässen ausstatteten und aus der tödlichen Falle Frankreich retteten. Ihre Arbeit nahmen sie in *Marseille* auf. Sie erkundigten sich dort zuerst nach kleinen Schiffen, die für den Personenverkehr nach Algier oder Casablanca zur Verfügung standen. Aber auch hier, in den »französischen Besitzungen«, mußte auf Verlangen der Deutschen ausgeliefert werden. Also blieb nur der Weg durch Francos Spanien, und der begann am Fuße der *Pyrenäen*, unter Umgehung der französischen und spanischen Beamten, die dort ihren Dienst taten.

Der Amerikaner Frey konnte nicht lange helfen. Er wurde 1941 von der französischen Polizei nach Spanien abgeschoben. Zuvor hatte er jedoch rund 2 000 Menschen die Flucht ermöglichen können. Unter ihnen waren viele, die nach dem Zweiten Weltkrieg entscheidende Rollen im internationalen kulturellen Leben Europas spielen sollten. Alfred Döblin und Alfred Polgar, Walter Mehring und Siegfried Kracauer, Max Ernst, Henri Matisse und Marc Chagall. Auch Mitglieder der Familie Mann wurden außer Landes gebracht. Am 13. September 1940 mußten Heinrich Mann und seine Frau Nelly, Heinrich Manns Neffe Golo sowie Franz Werfel und seine Frau Alma zuerst mit der Bahn bis *Perpi-*

gnan fahren und von dort nach *Cerbère* unmittelbar an der französisch-spanischen Grenze, von wo es dann zu Fuß durch die Berge ging. Ein junger Amerikaner führte sie. Alma Werfel erinnerte sich später: »Gleich nach dem Ortsende bog der junge Amerikaner von der Straße ab und ging auf steinigem Pfad steil aufwärts. Die Ziegen vor uns stolperten, die Schiefersteine flimmerten, sie waren spiegelglatt, und wir mußten hart an Abgründen vorbei. Zum Festhalten, wenn man ausglitt, gab es nur Disteln.« Es sind diese Berge, die Heinrich Mann zuvor in seinem Roman über den vierten Henri als »ungeheuer« beschrieb und sie mit jenen schier unlösbaren Aufgaben verglich, die vor dem zukünftigen König von Frankreich liegen.

Franz Werfel und Heinrich Mann, der eine dick und unter Atemnot leidend, der andere gehbehindert, mußten gestützt und über weite Strecken getragen werden. Die Gruppe begegnete einer Grenzstreife, die einfach wegblickte. Einen Tag später wurden Lion Feuchtwanger und seine Frau auf demselben Weg durchs Gebirge außer Landes gebracht.

Als Varian Frey seine Arbeit als Fluchthelfer aufgeben muß, springt das Ehepaar Fittko in die Bresche. In *Banyuls*, nahe *Cerbère*, mieten sie ein Haus am Rande des Ortes und nehmen dort ihre illegale Arbeit auf. Aber nachdem die alte Route von der Gestapo entdeckt worden war, mußten sie eine neue finden. Während der deutsche Journalist Hans Fittko und seine österreichische Frau Lisa tagsüber oft mit den Bauern auf den Feldern arbeiteten und den Eindruck von Flüchtlingen aus Nordfrankreich erweckten, erkundeten sie an den Wochenenden die Berge nach neuen Fluchtwegen und kundschafteten die Gewohnheiten der Grenzbeamten aus. Erst als sie sich in der Gegend auskannten, begannen sie mit ihrer Tätigkeit.

»Gekleidet wie Landarbeiter verließen sie mit ihren Klienten frühmorgens das Haus«, erinnerte sich später Varian Frey. »Ihre wenigen Habseligkeiten verstauten sie in bunten Taschentüchern oder Einkaufsnetzen. Es sah aus, als trügen sie darin das Brot oder den Wein für die Mittagspause. Nach Einbruch der Dunkelheit kehrten sie dann meist allein nach *Banyuls* zurück. Wenn sie gefragt wurden, erklärten sie, daß die Freunde überraschend zu ihrem vorübergehenden Wohnsitz in einer anderen Stadt hätten zurückkehren müssen.«

Der Fluchtweg durch die Berge, auf dem Lisa Fittko und ihr Mann sieben Monate lang mehrere hundert Flüchtlinge in Sicherheit bringen konnten, wurde nach dem ersten Buchstaben von Lisa Fittkos Nachnamen die »F-Route« genannt. Diesen alten Schmugglerpfad schlug im Herbst 1940 Walter Benjamin ein. Der Proust-Übersetzer und Brecht-Interpret sollte mit weiteren Flüchtlingen zum spanischen Grenzort Port Bou geschleust werden, um von dort per Bahn nach Lissabon zu fahren.

»Benjamin wanderte langsam und regelmäßig«, erinnerte sich Lisa Fittko 40 Jahre später in ihrem Buch »Mein Weg über die Pyrenäen«. »In regelmäßigen Abständen – ich glaube, es waren zehn Minuten – machte er halt und ruhte sich für etwa eine Minute aus. Dann ging er in demselben gleichmäßigen Schritt weiter. Er hatte sich das, wie er mir erzählte, während der Nacht überlegt und ausgerechnet: ›Mit dieser Methode werde ich es bis zum Ende schaffen ...‹«

Aber er sollte ... oder wollte es nicht schaffen. Während der folgenden Nacht setzte Benjamin seinem Leben im *Hotel Fonda de Francia* in Port Bou mit Morphiumtabletten ein Ende. Den siebenstündigen Marsch über die »grüne Grenze« hatte er überstanden, dann gab er auf.

Benjamins Selbstmord wirft heute Fragen auf, nachdem Dokumente an die Öffentlichkeit gelangten, in denen von einem Gehirnschlag – »heorragia cerebral« – die Rede ist. Diese Todesursache stellte am 27. September 1940 ein Arzt fest, der Benjamin viermal während der Nacht und am Morgen besucht, ihn mit Spritzen und Aderlaß behandelt und ihn schließlich für nicht mehr transportfähig erklärt hatte. War Benjamin da schon tot? Man nimmt an, daß er während der Nacht eine erhebliche Menge Morphiumtabletten zu sich nahm. Andrerseits soll er während der Nacht auch noch vier Telefongespräche geführt haben.

Unbestritten sind die Selbstmordgedanken, von denen Benjamin manchmal heimgesucht wurde, wie Ende Juli 1932, als er sich deprimiert von der schleichenden Machtübernahme der Nationalsozialisten in ein Hotel nach *Nice* zurückgezogen hatte, um dort aus dem Leben zu scheiden. Er tat es damals nicht. »Selbst im Begriff zu sterben«, schrieb er einer Freundin, »verfügt das Leben nicht über größere Gaben, als die Augenblicke des Leidens um Dich ihm verliehen haben.«

Aber dann, am 25. September, entschied er sich. Einer mit ihm geflüchteten Frau übergab er noch einen Brief mit einer Nachricht für seinen Freund Adorno: »In einer ausweglosen Lage habe ich keine andere Wahl, als Schluß zu machen. In einem kleinen Dorf in den *Pyrenäen*, wo niemand mich kennt, wird sich mein Leben vollenden. Sagen Sie bitte meinem Freund Adorno, wie sehr ich an ihn denke, und erklären Sie ihm die Lage, in die ich mich geraten sah. Es bleibt mir nicht genügend Zeit, all die Briefe zu schreiben, die ich gerne geschrieben hätte.«

Walter Benjamin, Jude und Marxist und im Begriff, die Naturgeschichte des 19. Jahrhunderts zu schreiben und so »die Gegenwart als Wachwelt« begreifbar zu machen, hat über seine letzten Stunden einen Schleier gelegt. Sein Freitod wäre konsequent und schlüssig, der Gehirnschlag unglaubwürdig, da Benjamin herzkrank war und nach den Strapazen der Gebirgswanderung eher an einem Herzschlag hätte sterben können. Zumal nach jener Nachricht in Port Bou, die beinhaltete, daß die Flüchtlinge zwar im Ort übernachten dürften, am nächsten Morgen jedoch trotz ihrer gültigen US-Visa nach Frankreich zurückgebracht würden, da die Durchreisevisa für Staatenlose zur Zeit annulliert seien.

Benjamin wurde, so verfügte es der Stadtrichter, in Port Bou auf dem katholischen Teil des Cementario Catolico – in der Nische 563 – begraben, nachdem er zuvor noch die Letzte Ölung erhalten haben soll. Alle Kosten für die Beerdigung wurden aus dem Vermögen des Verschiedenen – 70 Dollar und 700 Francs – beglichen, das auf der Bank in spanische Peseten eingetauscht wurde. Benjamins Besitz wurde von der Guardia civil sauber aufgelistet:

eine schwarze Reisetasche, eine Taschenuhr, eine Pfeife, sechs Fotografien, ein Röntgenbild, einige Zeitungen und »algunas cartas«. Von einem rätselhaften Manuskript, das Benjamin durch seine Flucht vor den Nazis in Sicherheit bringen wollte und das auch Lisa Fittko in ihren Erinnerungen erwähnt, ist in dieser Aufzählung nicht die Rede.
An den Kulturphilosophen Walter Benjamin erinnert heute auf dem Friedhof eine Gedenkplatte mit dem Titel »Passagen«, die ein israelischer Künstler entworfen hat. Besucht haben diesen Ort des Gedenkens bislang nur wenige Deutsche.

Der Lubéron: *hart, pur und protestantisch*

Der Horror des Schriftstellers Stendhal (»Weiß und Schwarz«, »Die Kartause von Parma«) vor dem provencalischen Sommer, wo er nur »glühende Messer« sah, ist verständlich: Die zirpenden Schreie der Grillen haßte er ebenso wie die brutale Hitze an den Stränden, die in dieser Jahreszeit die Luft erzittern läßt. Und heute? Menschenmassen am Meer, überfüllte Parkplätze und Festivals allerorten, überhöhte Preise und eine von Sommer zu Sommer ansteigende Kriminalität – die *Provence* ist nicht mehr das, was sie einmal war ...
Aber diese Region hat noch ein anderes Gesicht, jenes außerhalb der Saison, im Winter beispielsweise, wo der Dezember den August Lügen straft, wenn er so tut, als habe es die Postkarten-Idylle des Sommers nie gegeben. Da präsentiert sich die *Provence*, von *Avignon* bis *Martigues*, zwischen *Rhône* und *Durance* bis hin zur einsamen *Camargue*, als eine ganz andere Welt.
Im Februar 1888 schrieb Vincent van Gogh nach der Ankunft in *Arles* seinem Bruder nach Paris: »Ich habe wundervolles rotes Gelände bemerkt, mit Weinstöcken bepflanzt, als Hintergrund Berge von zartestem Lila. Und die Landschaften im Schnee mit

den weißen Berggipfeln gegen einen Himmel, ebenso leuchtend wie der Schnee – das war wie die Winterlandschaft der Japaner.« Ja, so ist dieses Land gefärbt in der Winterkälte, so entfremdet es sich radikal für einige Monate dem Tourismus. Beginnen Sie Ihre Reise doch einmal in dieser Jahreszeit in *Orange*, wo mit der herrischen Geste der Diktatoren der Triumphbogen zurückblickt in jenes Jahrhundert, in dem die Römer dieses Land eroberten, besiedelten und als Kolonie kultivierten. Im antiken Theater überschaut Augustus vor der »schönsten Mauer des Königreiches« (Louis XIV.) die Stufenreihen, auf denen im Sommer 8 000 Zuschauer Platz finden, um Oper als Festival großer Stimmen zu genießen.

Aber halten Sie sich nicht zu lange in diesen römischen Ruinen und denen von *Arles, Avignon und Nîmes* auf. Sie sind längst touristisches Pflichtprogramm. Weniger bekannt ist das neun Kilometer südlich von *Orange* liegende *Barbentane*, dessen Château, halb Grand Siècle, halb italienische Magie, ein Dekor und Gärten aufweist, die den Atem nehmen. Hier schleicht sich Phantasie in die Realität ein, beginnen die Rätsel und Mysterien, an denen auch dieses Land reich ist. So wie auch in *Tarascon*, wo das heidnische Monster Tarasque von der heiligen Marthe gezähmt worden sein soll unter jener Sonne, die Alfred Daudet (»Tartarin von Tarascon«) als »einzige Lügnerin des Midi« bezeichnete. »Alles, was sie berührt, übertreibt sich selbst.«

Wie von einem magischen Zauber berührt, verdoppelt das Château von *Tarascon* seine unbeschreibliche gradlinige Architektur im Wasser der *Rhône*. Es ist ein besonders schönes Zeugnis aus dem Mittelalter der Troubadoure, die auch im *Château de Boulbon* zu Gast gewesen sind, das, auf einem Felsen errichtet, seine Funktion als Wachtposten der Fürsten der *Provence* nicht verleugnen kann, gleichsam Vorgeschmack auf den chaotischen Zauber jener Felsenhöhlen unterhalb von *les Baux*, in denen Jean Cocteau 1950 seinen »Orphée«-Film drehte und die sich ebenso wie die Felsenstadt über ihnen in der klaren Luft des provencalischen Winters neu entdecken lassen. Wann ist der Blick von diesem Hochplateau über den *Crau* bis hin zum Mittelmeer klarer als in dieser Zeit, in der der Mistral durch die hohe Bläue des Himmels fetzt und die Einsamkeit im Nest des Adlers für alle spürbar wird, die zu ihm hinaufschauen in jenem Land, »wo jeden Morgen eine rote Sonne aus Einsamkeit emporsteigt, in drei verschiedenen Phasen die Größe des Himmels durchquert und sich vollendet. In der Nacht häufeln sich dann wie Korn die Sterne am Himmel.« Jean Giono hat das geschrieben. Er ist einer jener Dichter, die die Welt des französischen Südens für sich beansprucht haben. Er verarbeitete seine *Provence* einschließlich des *Gard*, der *Vaucluse*, der *Alpes-de-Haute-Provence*, des *Var* und der *Bouches-du-Rhône* zu Literatur. Jedem dieser Poeten seine *Provence*! Die Mistrals ist das Gebiet um *Arles* und *Maillane*, die Daudets sind die *Alpillen*, die Zolas ist *Aix*, Arènes *Sisteron*, die Maupassants, Audibertis und Préverts *Antibes* und die Jean Gionos schließlich *Manosque* im *Lubéron*, jener Gebirgszug, wo es auch andere hintrieb, für Monate, für Jahre, manche für immer.

Der *Lubéron*. Das ist jener kaum besiedelte Gebirgszug zwischen den *Alpen*, der *Haute Provence* und dem *Rhône*-Tal, zwischen *Cavaillon* und *Céreste* (zu erreichen von *Avignon* über *Cavaillon*), ein Gebiet zwischen der *Durance* und der D 973 (südlich) und der *Coulon* und der D 22/N 100 (nördlich). Der *Lubéron* – das ist ein Zauberberg, ein »blauer Wal«, wie ihn seine Liebhaber nennen. Oder noch zärtlicher: eine schlafende Frau. Auf seinen Flächen vermischt sich immergrüne Strauchheide mit Buchsbäumen und Weißdorn, Ysopen, Rosmarin und Oleander.
Der *Lubéron* ist ein wilder Naturpark mit rundgeschliffenen, blendend weißen Kalkbuckeln und unbegrenzten Maquiswäldern. Und einer an Katastrophen reichen Vergangenheit. Jahrhundertelang haben Grafen und Barone hier ihre Schlösser und Festungen gebaut, von denen nur die Ruinen überlebten. Architektonisches Imponiergehabe! Große Auftritte für die Großen ihrer Zeit! Das Mittelalter durchläuft den *Lubéron* wie die Milchstraße den Himmel. 1348 fegte die Pest durch die Region, leerte

die Dörfer. Und dann kam die nächste Katastrophe im 16. Jahrhundert, als die Waldenser, ganze Familien, in *Oppède-le-Vieux* und *Menerbes* massakriert und von hohen Felsen hinab in den Tod gestürzt wurden. 1770 fiel wieder eine Pest über das Gebiet her. Erneut entvölkerte sich der *Lubéron*. Mit Folgen, die noch heute zu sehen sind: entvölkerte Siedlungen, aufgegebene Dorf- und Lebensformen, in Ruinen gelegte Bastiden, Höhenfestungen, verfallene Kirchen, stechginsterbewehrte Hänge.
Wenn der Mistral durch das *Rhône*-Tal treibt und die Ziegel von den Dächern fegt, wenn die Temperatur in 24 Stunden um 20 Grad fällt, wenn sich die Bevölkerung in den Städten unsichtbar macht, die Wochenmärkte schlagartig abmagern und die Erde zufriert und die Weinstöcke wie Skelette schwarz in der Landschaft stehen, dann, »wenn der Wind aufsteht«, versuchen die im *Lubéron* zu leben.
Dann legen sie auf den Höfen an den Hängen schon frühmorgens die Feuer an mit Krüppeleichenästen, und der Geschmack von verbranntem Kaminholz hängt in der Luft ebenso wie die langen Zickzack-Fahnen der Rauchbänder, die überall zu sehen sind. Dann beginnt die Zeit des großen Fressens. In den Küchen wird Bauernkost zubereitet, die Kraft gibt und gleichzeitig Wärme: Kaninchen-, Wildschwein- und Drosselpasteten, Schweinsterrinen, Civet, Lammkeulen in Rosmarin, gefüllte Enten, Zickleinbraten, Perlhuhnbrust mit Thymiansauce, Wildschwein am Spieß, Brot, gebraten in Knoblauch und Oliven, und mehr. Dann sitzen sie eng beieinander vor den großen Kaminen und essen und trinken und erzählen. Aber nicht nur das. Da sind auch die langen kalten Nächte, aus denen mancher nicht mehr als der aufwacht, der er am Vortag war. Mancher Schriftsteller, der sich von der einmaligen Schönheit des *Lubéron* verführen ließ, verlor hier sein Leben und gewann ein neues. Das Land zermürbte ihn und formte ihn um, nachdem er wochen-, monate-, jahrelang in einem schwarzen Loch verbrachte, in einem Niemandsland der Geheimnisse, die seine Biographie mit Schweigen ausfüllten. Manchem verschlug es hier die Sprache für immer, bei anderen

führten Fassungslosigkeit und Ungläubigkeit in eine neue Phase der Kreativität.
Der englische Schriftsteller Lawrence Durrell versuchte diesem Geheimnis während seiner letzten Lebensjahre, die er in *Sommières* im *Languedoc* verbrachte, auf die Spur zu kommen. In seinem Haus, »besetzt von Fledermäusen« unter dem Dachgestühl, wollte er ein Buch über die *Provence* schreiben. »Ich habe einige erschreckende Dinge über dieses Land herausgefunden«, bekannte er in seinem letzten Interview. »Es ist für alle verfügbar, aber es weigert sich einfach, sich den Gleichgültigen zu öffnen. Für die Eingeweihten ist es eine magische, sehr dunkle Region, in der die Menschen atmen, ohne es zu wissen. Die provenzalischen Dichter kannten die heiligen Strömungen dieses Landes, das hart und pur und protestantisch ist. Es hat zu starke Wurzeln.«
Lawrence Durrell hat sein Buch über die *Provence* nicht mehr geschrieben. Er, der als Engländer im Indien eines Rudyard Kipling geboren und aufgewachsen war und sich der hellenistischen wie der orientalischen und europäischen Kultur zugehörig fühlte, beschäftigte sich in den letzten Jahren ausschließlich mit dem Buddhismus. In *Autun* gründete er eine Klosterschule, in der er sich selbst von einem Lama in der Kunst des Yoga unterrichten ließ. 1990, als 78jähriger, starb der Freund Henry Millers.
In der Erinnerung der 3 000 Einwohner von *Sommières* ist Durrell noch immer »unser Schriftsteller mit diesen wunderbaren blauen Augen«. Seit 1957, nach Jahren im diplomatischen Dienst im Orient, war er zu ihnen gezogen. »Ich habe *Sommières* nicht gewählt«, sagte er immer, »*Sommières* hat mich gewählt. Ich ließ mich einfach hierhin treiben, so wie mein Leben immer Zufällen unterlag. Ein Dichter wählt nie, er ist gezwungen, hierhin und dorthin zu gehen und den Notwendigkeiten seines Berufes zu folgen. Ich empfing eine Botschaft und folgte ihr.«
Eine solche Botschaft hatte auch der italienische Poet Petrarca empfangen, als er 1325 der Einladung seines Freundes Philippe de Cabassol auf dessen Château nach *Cavaillon* folgte und zwei Jahre später, am 6. April, in der Kirche *Saint-Claire* von *Avignon* sei-

ner großen Liebe begegnete. Laura war die Frau des Grafen Hugues de Sade, der sie zwei Jahre vorher geheiratet hatte. Bevor sie am 6. April 1348 im Alter von 40 Jahren von der Pest dahingerafft wurde, hatte sie ihrem Mann elf Kinder geboren. Zurück blieb aber auch der Dichter, der sie sein Leben lang in seinen Sonetten feiern sollte. 16 Jahre verbrachte er, nahe dem Grab der Geliebten, trauernd in *Fontaine-de-Vaucluse* als Eremit in einem Haus am Ufer der *Sorgue*. Hier schrieb er »Vom Leben in der Einsamkeit«. Dann zerbrach er, reiste zurück nach Italien.
Die Geschichte dieser unerfüllten Liebe hat sich in die Landschaft eingenistet wie eine immer erneut wild blühende Rose. Und auch Erinnerungen hat man an diese Romanze geschaffen: Da gibt es ein *Musée Pétrarque* in *Vaison-la-Romaine*, und auf dem See lädt das Ausflugsboot »La Belle Laure« zur Rundfahrt ein.

Trübe waren die Tage des jungen Marquis de Sade in dieser Region nie. Sade, welch hübscher Name für ein altes Geschlecht. Sade, das bedeutet etymologisch so viel wie »schmackhaft, köstlich« oder »süß« (Louis Aragon begann einen Brief an seinen Dichterkollegen mit »Mon sade Apollinaire«). Die Sades waren eine alte Familie, die ihre Ursprünge bis auf einen der Heiligen Drei Könige zurückführte, auf Balthazar, der in *Baux-de-Provence* gelebt haben soll. Seinen Namen trugen viele Sades, von denen einige Kreuzritter, Konsuln und Bischöfe waren und als solche ihr Mäzenatentum bewiesen. So war der Bau der *Rhône*-Brücke des heiligen Bénézet in *Avignon*, durch ein Kinderlied berühmt geworden, im Jahre 1177 vom Justizmagistraten Louis de Sade finanziert worden. Und dann ist da auch noch Hugues in den Annalen zu finden, jener Graf, der Petrarcas Laura geheiratet hatte.
Aber dann erschien er auf der Bildfläche, Donatien Alphonse François de Sade, auch genannt der »göttliche Marquis«. Ein Satan in Menschengestalt, dem der gute Ruf der Familie nichts bedeutete. Auf sein Konto kommen 28 Jahre Gefängnis. Und eine vielbändige Sammlung unsäglicher Schriften.

Der heutige Nachkomme, Thibault de Sade, hat darüber eine sehr eigene Meinung. »Als ich ein Kind war, habe ich mit meinem Vater oft über den Marquis diskutiert. Vor allem über seine Briefe. Denn es sind ja nicht nur seine Romane, die man lesen sollte. Ja, für viele sind die gewiß erschreckend und voll wilden Humors. Der Marquis war kein Philosoph, sondern ein Umstürzer der Sprache und gleichzeitig ein Opfer der damaligen Gesellschaft. Ich empfinde Zärtlichkeit für diesen Mann, der in unserem Stammbaum eine so tiefe Spur hinterlassen hat.«

Sade ein Opfer? Ist das nicht übertrieben? Gewiß, da war seine Schwiegermutter, die herrische Gräfin von Montreuil, die vom König jenen »lettre de cachet« erwirkte, der den Ehemann ihrer Tochter wegen einiger Skandale und Affären sowie unzüchtiger Schriften einer ständigen Verfolgung aussetzte. Dank dieser Frau lernte Donatien einige Gefängnisse intensiv von innen kennen: den Turm von *Vincennes, Miolans,* die *Bastille* und die Irrenanstalt von *Charenton* unter Louis XV., Louis XVI., während der Revolution und unter Napoléon.

Während des Ancien régime war er schon als junger Mann zum Tod verurteilt und in Abwesenheit verbannt worden, während der Revolution brachten ihm seine Ansichten über die Todesstrafe und seine Gottlosigkeit nur Ärger ein, und wenn er wunderbarerweise auch der Guillotine entkam, verdankt er das der in den Gefängnissen herrschenden Anarchie während der Terrorzeit.

Unfaßbarer Sade. Oft entkam er dem Gesetz, immer wieder wurde er eingefangen. Der Zauber des Verfolgten, der wie ein Teufel heulte und wie ein Engel sang, umgibt ihn noch heute. Den wird spüren, wer in den sich vor den Toren *Avignons* emporbuckelnden *Lubéron* hineinfährt, in jenen Teil der *Provence,* die der Marquis wie ein Kind liebte, um später hierhin als heimlicher Gast zurückzukehren und sich in seinen Schlössern vor den Schergen des Gesetzes zu verstecken, die oft vergeblich durch die Ruinen der in den Religionskriegen geschleiften Gehöfte irrten und über die runzligen Hänge mit Stechginsterdickichten, Beerengebüschen und Zypressen streiften – durch jene spröde Landschaft von seltsamem Zauber, die erst dann aufblüht, wenn sie an einem Winterabend in einem gedämpften, bläulich-dunstigen Licht versinkt und weiche, geradezu toskanische Konturen annimmt.

Die erste Station auf der Reise in die Welt des Marquis de Sade ist das Schloß von *Lacoste*, ein kleines Dorf mit diskretem Tourismus selbst im Sommer und eine Pilgerfahrt wert für nur wenige Besucher, die sich auf die Fährte des »göttlichen Marquis« begeben. Donatien übernahm die Befestigungsanlage aus dem 11. Jahrhundert von seinem Vater und bewohnte sie mit seiner Frau und den drei Kindern. Immer befand er sich auch hier in finanziellen Schwierigkeiten. Heute ist das Château nur noch eine Ruine unweit der canyonförmigen Ockergruben *Roussillons*. Zwischen 1768 und 1772 verbrachte de Sade hier seine schönsten Jahre. Festlichkeiten und Theateraufführungen rissen nicht ab. Der Marquis hatte ein Theater eingerichtet, dessen Zuschauerraum auf der Terrasse endete, die noch heute existiert. Um es zu bespielen, engagierte er ein komplettes Ensemble. Sieben Schauspieler und fünf Schauspielerinnen mußten auf *Lacoste* vor allem seine Stücke aufführen. »Ich habe in meinem Schreibtisch mehr Stücke, als ein Großteil der heutigen Schauspieler im Repertoire hat«, notierte er in seinem Tagebuch. Die Liste der 1772 aufgeführten Schauspiele, darunter solche von Diderot und Voltaire, existiert noch; insgesamt 24 Aufführungen kamen zustande, obwohl sich in diesem Jahr am 27. Juni die Affäre mit den »vier kleinen Mädchen« in *Marseille* ereignete und de Sade am 3. September in Abwesenheit verurteilt worden war. Nach *Lacoste* zurückgekehrt, hielt ihn das nicht davon ab, erneut der Theaterleidenschaft zu frönen.

Der heutige Besitzer des Schlosses, der Holländer André Bouer, hat den Sadeschen Familienbesitz 1942 gekauft und arbeitet seitdem jede Minute an seiner Restaurierung. »In 50 Jahren«, hofft er, »werden die Besucher das Schloß mit seinen 40 Zimmern vielleicht so erleben, wie es zu Lebzeiten des Marquis war.« Geplündert hatten *Lacoste* 1792 aufständische Bauern im Zuge der Revolution. De Sade war damals in *Paris*, wo ihn die revolutionäre Vereinigung »Section des Piques« nach seiner Entlassung aus der Bastille zum Sekretär, dann zum Richter und Gerichtsvorsitzenden gewählt hatte, bevor Napoléon ihn wegen unzüchtiger Schriften für immer in der geschlossenen Anstalt von *Charenton* verschwinden ließ. Die raren Momente der Freiheit, die er als junger Mann auf *Lacoste* so genossen hatte, sollte er nie wieder erleben. Denn mit der Plünderung kam auch die Enteignung. Und schließlich der Verkauf. *Lacoste*, das Dorf und seine Bewohner, hatten immer viel Nachsicht mit dem adligen Schürzenjäger geübt, auch wenn er dort manchmal jene Mägde rekrutierte, die ihm bei seinen Exzessen zu Diensten sein mußten.

»Er ist hier ein guter Herr gewesen«, kommentiert André Bouer und stimmt darin mit dem Nachkommen Xavier de Sade überein. »Er kannte alle seine Bauern mit Namen und sorgte für sie wie ein Vater, half ihnen, wo er konnte.«

Voyeure kommen in *Lacoste* nicht auf ihre Kosten. Spuren von Sexorgien sind in den Kellergewölben nicht zu erkennen. Allerdings hat André Bouer, der gern den Fremdenführer spielt, bei der Interpretation des Romanwerkes »Hundertzwanzig Tage von Sodom« herausgefunden, daß die Beschreibung des in den Schwarzwald verlegten imaginären Schlosses von Silling genau den Grundrissen von *Lacoste* entspricht.

Eine andere Lokalität aus dem Leben des Marquis de Sade, das *Château de Saumane*, befindet sich 20 Kilometer von *Lacoste* entfernt, nahe der Höhlenquelle des Dichters Petrarca in *Fontaine-de-Vaucluse.* Es ist ein wenig bekannter Ort, aber ein bedeutender in der Biographie de Sades. »Dort möchte ich sterben«, hatte er sich am Lebensende gewünscht. Das Äußere des Schlosses kann trotz architektonischer Eingriffe seine ursprüngliche Bedeutung als Festung des 12. Jahrhunderts nicht verleugnen. Zerborstene Mauern, Wehrgänge und Wassergräben sind Zeugnisse einer grauen Unterwelt des Schlosses mit feuchten Verliesen und Kasematten, die beim Marquis die Faszination für die sexuelle

Knechtschaft aufflackern ließen und nährten. »Dies ist kein Schloß, sondern ein Serail«, schrieb er und korrigierte sich: »Ach was, viel besser, es ist ein Bordell.«
Sade wuchs hier in der Gesellschaft seines Onkels, des Abbé de Sade, heran. Der, ein Freund Voltaires und ein kirchlicher Freigeist, erzog seinen Neffen in der Tradition der Libertinage des 18. Jahrhunderts zum Lüstling. Statt seinen Schützling auf Moral und Ehre zu verpflichten, führte der fidele Onkel ihm Mätressen zu.
Das Schloß von *Saumane* beherbergt heute ein staatliches Schulungszentrum. Die Innenräume sind den Besuchern nicht zugänglich. Ein paar Kilometer entfernt von *Saumane*, östlich von *Carpentras*, befindet sich das *Château de Mazan*. Es ist die dritte Station des de Sadeschen Triangels. Auch hier repräsentierte der von der Polizei Gesuchte und Gejagte als Schloßherr und Theaterintendant. Das weiträumige Gebäude aus dem 18. Jahrhundert ist heute ein Altersheim. Nur eine bronzene Platte über dem Haupteingang bezeugt, daß der frühere Besitzer von 1740 bis 1814 der Marquis de Sade war.
Das Dorf *Mazan* gibt sich friedlich und still. Das Licht ist ebenso irreal wie auf *Lacoste* oder in *Saumane*, dieses Licht, unter dem der Marquis de Sade, von dem es heute nur ein einziges Porträt (gemalt von van Loo) gibt, wie auf einem anderen schwarzen Planeten der Literatur existierte.

Wie der »göttliche Marquis« schätzte 200 Jahre später auch der Schriftsteller Albert Camus »das gewaltige Schweigen« des *Midi*, »die Zypresse, deren Wipfel bis in die Tiefe meiner Müdigkeit bebt. Ein Land, feierlich und herb . . . trotz seiner überwältigenden Schönheit.«
Ein von Weinbergen umgebenes Dorf, eingebettet in die sanfte Hügelkette des *Lubéron*, hatte es ihm angetan. In *Lourmarin* (59 Kilometer von *Avignon* und 37 Kilometer von *Aix-en-Provence* entfernt), fern von *Paris*, mit dem Blick nach Süden, Richtung Afrika, hatte Camus mitten in der Ortschaft (heute *rue Albert*

Camus) 1949 von einem praktizierenden Lungenfacharzt ein Haus für 9,3 Millionen alte Francs erworben. Hier wollte Frankreichs Nobelpreisträger des Jahres 1957, der in *Paris* in häufig wechselnden Wohnungen mit häufig wechselnden Freundinnen ein unruhiges Dasein führte, seßhaft werden.

Eigentlich hätte sein Ruhe- und Alterssitz Algerien sein müssen, jenes Land, in dem er geboren war, Schule und Universität besucht hatte und wo er seine wichtigsten Bücher geschrieben hatte: »Der Fremde« und »Die Pest«. Nach Jahren literarischen Lebens hätte er dorthin zurückkehren müssen, um den jungen afrikanischen Staat im Kampf für seine Unabhängigkeit zu unterstützen. Aber das, was er wollte – ein französisches Algerien mit gleichen Rechten für die Algerier –, fand weder in der Heimat noch in Frankreich ein positives Echo. In Algerien ging der Bürgerkrieg weiter, und weil Camus sich in Paris nie recht wohl gefühlt hatte, machte er Station auf der Mitte einer gedachten Linie zwischen Algier und der französischen Hauptstadt, im *Midi*, in dem kleinen provenzalischen Dorf am Südhang des *Lubéron*, in *Lourmarin*.

Es war ein Rückzug von Verpflichtungen, von den Reden, die der Nobelpreisträger überall halten sollte; es war ein Rückzug auch aus *Paris* und seinen Cafés, von endlosen Diskussionen mit den Intellektuellen dort, ein Rückzug in die Einsamkeit, mehr noch, ein Absturz in jenes schwarze Loch des Schweigens, das Camus schon lange vor dem Hauskauf befürchtet hatte. »Ich glaube, es ist aus. Es kommt nichts mehr«, hatte er einem Freund jenes Gefühl beschrieben, das ihn jedesmal befiel, wenn er den überwältigenden Blick auf die *Durance*, den Fluß, den sie »die närrische Ziege« nennen, und auf das gegenüberliegende Schloß und die Zypressen des Dorffriedhofs genoß.

Camus hatte sich ein Arbeitszimmer im ersten Stock des sparsam mit Möbeln vom Brocantemarkt eingerichteten Hauses reserviert; im Stall hielt er sich einen Esel aus Algerien, in der Garage stand sein alter Citroën. Morgens arbeitete er im Haus, nachmittags am Schreibtisch, und die Abende verbrachte er lesend am

Kamin. Manchmal besuchte er seinen neuen Freund, den Dorfschmied Reynaud, und ließ sich von ihm Geschichten aus dem *Lubéron* erzählen. Camus schien ausgebrannt. Gewiß, da gab es noch Pläne. Im Schloß hätte er gern ein Theaterfestival veranstaltet, und in einem Film von Peter Brook wollte er neben Jeanne Moreau die Hauptrolle spielen. Aber dazu kam es nicht. Statt dessen beschäftigte ihn der Tod stärker als je zuvor. Einem Freund sagte er: »Im Auto zu sterben wäre ein verrückter Tod«. Tage später regte er sich über einen Katholiken auf, der ihm gesagt habe: »Der Tod ist moralisch!« Er selbst war gegenteiliger Ansicht und notierte in seinem Tagebuch: »Zuweilen wünsche ich mir einen gewaltsamen Tod.« Man habe auf nichts Anspruch, »vor allem nicht auf einen friedlichen Tod.« Und: »Sein eigener Herr sein, ehe man die Waffen niederlegt.«

Seiner Frau Francine entgingen diese Depressionen nicht. Als sie ihn mit den Kindern Cathérine und Jean Weihnachten besuchte, gestand er ihr, er fühle sich »bizarr«. Auf dem Dachboden ließ er die Tochter in eine große Truhe steigen, um zu sehen, wie sie im Tod aussähe. Er selbst wolle hier, wie er seiner Frau gegenüber mehrfach betonte, im *Lubéron* begraben werden.

Es war nur eine kurze Zeit, die Camus in diesem Haus verbrachte. Im Mai/Juni 1959 lebte er dort vier Wochen, dann im August einige Tage und von November an bis zum 3. Januar 1960. An diesem Tag verließ er *Lourmarin* im Auto seines Freundes und Verlegers Gallimard, um, begleitet von dessen Frau und Tochter, die 755 Kilometer nach *Paris* zu fahren. In *Orange* aßen sie zu Mittag und fuhren bis kurz vor *Mâcon*, wo sie im Dorf *Thoissay* übernachteten. Die Anmeldekarte des kleinen Hotels trägt Camus' letzte Unterschrift. Am nächsten Tag, nach einem Mittagessen im *Hôtel de Paris* in *Sens*, passierte es auf einer von Bäumen gesäumten schnurgeraden Landstraße: Der Wagen, ein Facel Vega, schleuderte auf einer Schmierschicht und prallte gegen eine Platane, um sich dann um einen 30 Meter entfernten Baum geradezu herumzuwickeln. Camus war gegen das Rückfenster geworfen worden und infolge eines Schädel- und Genickbruches sofort

tot. Zwei Stunden brauchten die Feuerwehr- und Polizeileute, um seinen Körper aus dem Wrack zu befreien. Gallimard erlag am 10. Januar seinen Verletzungen, die zwei Frauen waren mit dem Leben davongekommen.
Die Uhr im Armaturenbrett war 13.45 Uhr stehengeblieben. In der Aktentasche des Nobelpreisträgers fand man sein Tagebuch, Nietzsches »Fröhliche Wissenschaft«, Shakespeares »Othello« und das Manuskript seines letzten Werkes, das 1994 unter dem Titel »Der erste Mensch« auch in Deutschland publiziert wurde. Es ist ein umfangreiches Prosafragment, mit dem Camus den »Roman seiner Reife« vorlegen wollte – ein ergreifender Blick zurück in die Kindheit eines Menschen ohne Wurzeln, ohne Vergangenheit, ohne Gedächtnis – ein Emigrant in Algerien, der sich sein Leben aus dem kulturellen Nichts erschuf.
Albert Camus wurde, seinem Wunsch entsprechend, auf dem Friedhof von *Lourmarin* beigesetzt. Sein Grab ist nicht leicht zu finden. Schräg gegenüber den Familiengruften der Chauvins und Artauds ist auf einem unscheinbaren Stein der Name Albert Camus nur schwer auszumachen. Daneben befindet sich das Grab von »Madame Albert Camus« unter einem großen Lavendelbusch.

Lourmarin heute – das ist ein Refugium für jene, denen die *Côte* zu lärmend ist und denen statt dessen das bäuerliche Leben in einem solchen Bergdorf besser gefällt. Frankreichs Staatspräsidenten François Mitterrand zieht es immer für ein paar Tage hierhin, und im benachbarten *Bonnieux* hat sich der ehemalige Kulturminister Jacques Lang eingekauft. Die Heimatdichtung hat hier wie nirgendwo anders Weltliteratur geschaffen. Jean Giono lebte im nahen *Manosque*, Henri Bosco war jahrelang Konservator des Schlosses von *Lourmarin*. Und dann Camus, der zweitjüngste Autor, der je den Nobelpreis für Literatur erhielt.
Einen anderen Nobelpreisträger hatte es bereits 1942 in den *Lubéron* verschlagen. Nicht dem eigenen Triebe folgend, sondern der Notwendigkeit hatte Samuel Beckett *Paris* verlassen müssen, wo

er in der Résistance aktiv gewesen war. »Sam« oder »dem Irländer«, wie sie ihn nannten, war das Leben in der Hauptstadt zu riskant geworden, und so hatte er sich mit Suzanne Deschevaux-Dusmenil, seiner späteren Frau, ausgerüstet mit falschen Papieren, gen Süden abgesetzt. Im November erreichten sie, nach nächtlichen Fußmärschen von *Lyon* aus, durch die Bergregionen der *Vaucluse, Roussillon.* Auf dem Bürgermeisteramt füllte Beckett ein Meldeformular aus und nahm dann Quartier im *Hotel Escoffier*, wo bereits andere Flüchtlinge wohnten.

Der scheue Beckett schloß Freundschaft mit dem Bauern Bonnelly, der ihn wiederum mit seinem Nachbarn Aude bekannt machte, der mit seiner Familie zwei Kilometer nördlich von *Roussillon* wohnte. Zweimal in der Woche tauchte der schweigsame Ire dort auf, verrichtete die Arbeiten eines Stallknechts, aß im Kreis der Familie und kehrte in der Dunkelheit mit Wein, Eiern und Käse zurück ins Hotel.

1943 bezog Beckett mit Suzanne ein leerstehendes Haus an der Kreuzung der Straßen nach *Goult* und *Apt*, einen Kilometer von der Ortsmitte entfernt. Eine Mauer aus Felsensteinen bewahrte seine Bewohner schon damals vor neugierigen Blicken. Hier begann er seinen Roman »Watt« zu schreiben, für ihn ein »Spiel, ein Mittel, um nicht den Verstand zu verlieren, eine Möglichkeit, das Schreiben nicht zu verlernen«.

Am Leben der Ortsbewohner nahm Beckett nicht teil. Er stand am Rande, beobachtete sie mit der ihm eigenen Kurzsichtigkeit. Trotzdem fand *Roussillon* Eingang in seine Arbeit. Im Theaterstück »Warten auf Godot« erwarten Wladimir und Estragon Godot. Der Baum hat einige Blätter bekommen. Es ist also Frühling. »Was ist da wiederzuerkennen?« fragt Estragon ungeduldig. »Hör mir auf mit deinen Landschaften.« Er sei nie in der *Vaucluse* gewesen. Wladimir: »Wir waren aber zusammen in der *Vaucluse.* Ich lege meine Hand dafür ins Feuer. Wir haben bei der Weinlese mitgemacht. Bei einem . . . wie hieß er noch . . . Bonnelly in *Roussillon.*« Estragon: »Möglich. Ist mir nicht aufgefallen.« Wladimir: »Da leuchtete doch alles so rot.« Estragon: »Ist mir nicht aufgefallen, sag' ich dir!«

Samuel Beckett stand damals am Wendepunkt seines Lebens. Seine Karriere war durch den Krieg zum Stillstand gekommen. Er zweifelte an seiner schriftstellerischen Potenz und konnte nicht einmal mit den Menschen in seiner Muttersprache kommunizieren. Dann, als die Alliierten landeten, rückte der Krieg näher an *Roussillon* heran. Flugzeuge überflogen den Ort und warfen Vorräte ab. Beckett beteiligte sich an Sabotageakten gegen die Deutschen und ihre Kollaborateure auf französischer Seite. Auf Bitten der »maquis«-Führer versteckte er Sprengstoff in seinem Haus. Eines Tages erschoß man am Dorfrand mehrere Deutsche, tagelang lagen die toten Soldaten dort in der Sonne. An jener Kreuzung. Vor Becketts Haus. Unter dem Baum.
Als die ersten Alliierten, nur wenige Tage nach ihrer Landung in der *Normandie*, auf Lastwagen in *Roussillon* einfuhren, zog Beckett umgehend einen Schlußstrich unter sein Leben dort. Er lieh sich von seinem Freund Aude 7 000 alte Francs: »Ich werde nie vergessen, was Sie für uns getan haben, aber ich werde nie wiederkommen.« Dann fuhr das Paar mit dem Bus nach *Avignon* und von dort direkt zurück nach *Paris*. Becketts südfranzösisches Abenteuer war beendet.
Das Städtchen *Roussillon* (11 Kilometer von *Apt*, 48 von *Avignon* entfernt) ist heute ein Refugium für viele Künstler aller Sparten. Als landwirtschaftliches Zentrum der Region hat es an Bedeutung jedoch verloren. Die zu Becketts Zeiten noch bäuerliche Bevölkerung hat gelernt, mit den prominenten Sommergästen zu leben. Im Winter jedoch ist man unter sich. Dann verströmt der wilde Lauch im *Lubéron* starke Düfte, Rothühner schreien, und die ersten Rosen erblühen. Der *Mont Ventoux* ist von Schnee bedeckt und mehr Fudschijama denn je. Ein weißes Dreieck, das dem ganzen Land seine Würde gibt.

Bourgogne: *Saint-Sauveur-en-Puisaye – Brombeeren, Veilchen und . . . Colette*

Literatur ist an Landschaften gebunden. An Orte, Straßen, Häuser. Sie sind die Versatzstücke, die der Schriftsteller mit seiner Phantasie füllt. Sie geben seinen erfundenen Geschichten und Gedichten jenen Hauch von Wahrhaftigkeit, die das geschriebene Wort so unmißverständlich macht. Wie unnahbar bliebe ein Don Quijote, wäre da nicht das flache Bügelbrett der Mancha, durch die Cervantes seinen Helden auf Reise schickte? Wo hätte Madame Bovary anders in ihrer Sehnsucht vergehen können als in der *Normandie*, über die die Winde des Atlantiks hinwegtoben, dort, »in einem Dorf an der Grenze zwischen dem *Pays de Caux* und der *Picardie*«, wo »sich der große reine Himmel, an dem die rote Sonne unterging«, so unendlich dehnte und »das flache Land (sich) unabsehbar aus(breitete)«. Und wo anders hätten ein Pagnol und Mauriac ihre Theater- und Romanfiguren erfinden können als dort, wo sie lebten, in der *Provence* und im *Bordelais*, wo sie selbst aufgewachsen waren.

Diese Tage der Kindheit und erwachenden Reife verlebte die Schriftstellerin Colette in *Saint-Sauveur-en-Puisaye*. Das kleine Dorf liegt in der *Bourgogne*. Zwischen dem *Auxerrois* und dem *Gâtinais*, den Weinbergen des *Chablis* und des *Sancerre*, zwischen den Flußtälern der *Yonne* und *Loire* befindet sich ein großer grüner Flecken. Wälder umschließen ihn schützend, kleine Flüsse und viele Bäche bewässern ihn ebenso wie die vielen Seen, die *Folie, Bares, Moutiers* und *Orme-du-Pont* heißen. Enge Landstraßen schlängeln sich durch die Cassis- und Gemüsefelder, längs der Wiesen mit den weißen Rindern. Die Holzpantinen der Bauern drücken sich hier tief in die Erde, weil die sich wie ein Schwamm mit Wasser vollgesogen hat.

Im Herzstück dieser Region liegt *Saint-Sauveur-en-Puisaye*, wo am 23. Januar 1873 die Frau des pensionierten Militärs Landoy einem Mädchen das Leben schenkte, das auf den Namen

Sidonie-Gabrielle-Claudine Colette getauft, aber von den Eltern »Minetchérie« oder »meine Goldsonne« gerufen wurde . . . und später nur noch Colette hieß.

Saint-Sauveur-en-Puisaye (zu erreichen von *Orléans* längs der *Loire* über die D 952 bis *Bonny-sur-Loire*, dann über die D 965 bis *Saint-Fargeau* und von dort über die D 85) wurde zum Schauplatz zahlreicher Colette-Bestseller. In ihrem Leben schrieb die Frau mit dem Akzent der *Bourgogne* 73 Romane. Ihr größter Erfolg wurde jenes Quartett über das frühreife Schulmädchen Claudine, das in jenem Dorf aufwächst, das sie in ihren Büchern Montigny-en-Fresnois nennt, aber *Saint-Sauveur-en-Puisaye* ist.

»Häuser, die vom Hügel ins tiefe Tal hinunterkollern, Terrassen und Treppen unterhalb eines in der Zeit Louis XV. neu aufgebauten Schlosses, das jetzt schon verfallener aussieht als der niedere, dicht in Efeu eingekleidete Sarazenenturm, der jeden Tag mehr zerbröckelt. Es ist keine Stadt, sondern ein Dorf; die Straßen sind gottlob nicht gepflastert; der Platzregen fließt darin in kleinen Sturzbächen ab, die in zwei Stunden austrocknen. Es ist ein Dorf, und nicht einmal sehr hübsch – aber ich liebe es sehr.«

Ich – das ist Colette, »der fröhliche kleine Vampir, der ahnungslos das Mutterherz ausbeutete« und sich so mühelos in Claudine verwandeln konnte und die Verwandlung einer kleinen Wilden in eine raffinierte Liebhaberin so ungehemmt vollzog.

In der rustikalen Welt von *Saint-Sauveur-en-Puisaye*, behütet von der Mutter und dem Vater, löste sich die heranwachsende Colette behutsam aus der bürgerlichen Umarmung ihrer Familie und schuf sich ihre eigene Moral, die sie dann als junge Frau in *Paris* auszuleben begann. Dreimal verheiratet und stets aufs neue den Zwängen der Ehe entfliehend, wurde sie zu einer der bekanntesten französischen Kultfiguren des frühen 20. Jahrhunderts. Dabei blieben sich die Protagonistinnen ihrer Bücher immer gleich: Dem verführerischen Schulmädchen und der alternden Verführerin widmete sie die meisten Geschichten. Und Claudine blieb ihr Lieblingskind zeitlebens. Denn Claudine war . . . Colette.

In den Büchern über diesen wuschelköpfigen Wildfang mit den

dunklen Augen ist die Landschaft der *Bourgogne* wie auf einem Aquarell wiedergegeben. Da spiegelt sich die tonfarbene Sonne auf den Bächen, Flüssen und Seen. Da kräuseln sich die Blätter der Bäume im leichten Wind, und die Wälder sind »voller Brombeeren, Maiglöckchen und Schlangen . . . Tannenwälder, bewachsen von wilden Rosen und Veilchen, werden bewohnt von Hasen und Rotwild, Fasanen und Wildschweinen . . . Ich richtete meine Fühler auf alles, was ich betrachtete und hörte und betastete und was atmete . . .«.

»Ich habe in diesen Wäldern sechs Jahre lang ein Landstreicherleben voller Eroberungen und Entdeckungen geführt«, schrieb Colette später in *Paris* in ihrer Wohnung im *Palais Royal* und dankte immer wieder ihrer Mutter Sido, die ihr die Augen für die Schönheiten des Lebens geöffnet hatte.

Ihre Kindheit und Jugend hütete Colette wie eine Kostbarkeit. An ihr Geburtshaus erinnerte sie sich zeitlebens. Es war für sie immer das Haus von Sido. Eine bürgerliche Wohnung »ohne Grazie«, erbaut in einer Straße, deren Neigung die Treppen hinauf zum Eingang so unharmonisch gestaltet hatten: »vier Stufen auf der einen Hälfte, sechs auf der anderen . . .«

Mit 20 Jahren, als sie »Claudine« schrieb, verließ Colette *Saint-Sauveur-en-Puisaye*. Nur selten kehrte sie zurück zu kurzen Besuchen, das letzte Mal vor ihrem Tod, als man am Haus ihrer Kindheit ihr zu Ehren eine Bronzetafel enthüllte. Aber da verließ sie nicht einmal mehr das Auto und weigerte sich, durch das Haus hindurch in den Garten von Sido zu gehen. Sie wollte sich nur noch seiner erinnern so wie auch der Spielsachen ihrer Kindheit, die sie in einer Truhe verschlossen hielt und nie öffnete, um nicht die Düfte der Vergangenheit entweichen zu lassen.

Colette war schon damals, wie die Franzosen gerne ihren Idolen – ihren Filmschauspielern und Radrennfahrern und ihren Chansonniers – zugestehen, in die »Legende eingetreten«. Sie war zur großen Zauberin geworden, die Freude und Trauer je nach Stimmung auszuleben verstand und mit ihren Lebensphilosophien von allen begriffen wurde.

Einfach brachte sie diese zum Ausdruck, wenn sie über ihre Kindheit, ihre Freunde, ihre Lieben sagte: »Nicht weinen, nicht seufzen!« – Und über ihre Bücher, ihren Stil und ihre Heldinnen: »Ich schreibe langsam und voller Verzweiflung.«

»Mitsou« erschien 1919, und Marcel Proust bekannte: »Ich habe mit Tränen in den Augen ... ein Meisterwerk gelesen«. Ein Jahr später gestand der sehr puritanische André Gide, »›Chéri‹ in einem Atem« verschlungen zu haben. Und er fügte hinzu: »Welch eines bewundernswerten Themas haben Sie sich angenommen. Und mit welcher Intelligenz, welcher Meisterschaft, welchem Verständnis der kleinen Geheimnisse der Sünden ...«

Auf dem Ortsschild steht unter *Saint-Sauveur-en-Puisaye* heute *le Pays de Colette.* Die *rue de l'Hospice*, in der sich ihr Geburtshaus mit der so ungleichen Aufgangstreppe befindet, wurde in *rue Colette* umgetauft. Leider bleibt es für Besucher verschlossen, da es sich in Privatbesitz befindet. Und so ist auch der Garten mit seinem »Mantel aus Glyzinien und Begonien«, mit wildem Wein, Efeu, Klematis und Flieder, die überall an den schmiedeeisernen Gittern in der kleinen Ortschaft hochwuchern, nicht zu betreten. Im alten Schloß kann man das *Colette-Museum* besuchen. Räume aus dem Geburtshaus hat man rekonstruiert mit altem Mobiliar und Inventar, als da sind ein massiver Louis-XIV.-Sekretär, ein Bett mit gußeisernen Rosetten und viele Faksimiles und Fotos, die die Schriftstellerin in den schönsten Rollen ihres Lebens zeigen: als Musical-Tänzerin »oben ohne«, als Filmschauspielerin und Journalistin, als Theaterkritikerin und löwenmähnige »Voyeuse«, die vom Fenster ihrer Wohnung im *Palais Royal* hinunterschaut auf das Leben und Treiben der Passanten. Auch ist sie zu sehen im Kreise der Großen ihrer Zeit: Seite an Seite mit Jean Cocteau, Anatole France und André Gide. Und mit unbekannten Männern und Frauen, denen sie gleichermaßen in Sympathie, Liebe und Leidenschaft verbunden war.

Die meisten Frankreichfahrer rasen vorbei an diesem Flecken Erde. Es zieht sie mehr zu den Weinhängen des *Chablis* oder zu den Schlössern der *Loire.* Dabei ist diese Region ihrer harmonischen Ruhe wegen schon einen Aufenthalt wert. Hier fließt die Zeit so träge dahin wie die Wasserläufe. Hektik ist nicht erwünscht. Geschäftig geht es nur in *Saint-Amand* zu, wo rund zwanzig Töpferwerkstätten irdenes orangefarbenes Steingut produzieren. Spezialität sind die couilles de bouc, meterhohe Krüge, in die choucroute (Sauerkraut) eingelagert werden kann. Colette schätzte die Qualität der heimatlichen Töpferkunst. Die passionierte Hobbyköchin bereitete oft für Freunde Poulet à la Cendre et à la Glaise (Huhn in Asche und Ton) zu, ein mittelalterliches Essen, bei dem das Geflügel in eine Lehmkugel eingepackt und in Holzkohlenglut gegart wird. In den Restaurants der *Puisaye* steht dieses Gericht immer auf der Menukarte.

L'Alsace: *Büchners Wanderwege*

Jedesmal, wenn sich Frankreich und Deutschland an ihren hegemonischen Eitelkeiten berauschen, werden die Rheinbrücken besonders intensiv kontrolliert. In der *Alsace* ist man dann auf der Hut. Denn immer noch erinnert man sich in *Bremmelbach* oder in *Hartmannswillerkopf* jener dunklen Zeit, in der man französisch einschlief und deutsch aufwachte. Oder umgekehrt. Nicht ungewöhnlich also, daß diese Region, für die Armeen des Königs und des Kaisers, des Reiches und der Republik nur ein Durchreiseland, grob wie ein Husar geworden ist und sich trotzdem viel Herz bewahrt hat.

Wer vom Süden über *Belfort* kommt oder vom Westen via *Nancy* anreist, weiß genau, wann und wo er elsässischen Boden betritt. Die mit Blumen bewachsenen Häuser protzen mit ihrem Balkenwerk, Weinberge und die blaue Linie der *Vogesen* begrenzen den Horizont, und die Menschen sprechen so »wie d'r Schnawel uns gewachse esch«, das heißt, im elsässischen Dialekt. Aber das sind nur äußere Merkmale ebenso wie die Burgen und Kirchen im

romanischen, gotischen oder »elsässischen Renaissance«-Stil und die gemütlichen Restaurants, in denen »choucroute garnie« oder »Elsässer Baeckeoffe« serviert werden.
Trotz aller Gemütlichkeit: Geschichte ist hier überall, diskret und besitzergreifend. Es genügt, daß man sie zu entschlüsseln weiß, wenn es denn notwendig ist. Auf den Friedhöfen fällt das am leichtesten. Zwei Inschriften entdeckt per Zufall: Charles Meistermann, 1867-1947, Joséphine Creutzmeyer, 1869-1951. Man braucht nicht lange darüber nachzudenken, um zu erkennen, daß Charles und Joséphine, ohne einmal ihr Dorf verlassen zu haben, viermal die Nationalität wechseln mußten. Franzosen sind sie gewesen unter Napoléon III., Deutsche unter dem Kaiser, Franzosen wieder unter Poincaré, Deutsche unter Hitler und wieder Franzosen unter Vincent Auriol. Franzosen für immer?
Außer drei oder vier Schwärmern wünscht sich niemand hier eine beliebige Unabhängigkeit ebenso wenig wie eine Anbindung an die Bundesrepublik Deutschland. Aber selbst mit den Farben Blau-Weiß-Rot in den Köpfen, vergißt man in der *Alsace* nie die Rheinbrücken. Deutschland, greifbar nah, und das Europa von heute, das man mit viel Lärm und Geschrei am 31. Dezember 1992 propagierte, haben zueinander gefunden und benehmen sich gesittet. Es ist nun einmal da, mit europäischen Abgeordneten, die eine Woche im Monat in *Strasbourg* tagen – in jener Stadt, die schon einmal von Hitlers Truppen besetzt worden war. Seit 1980 steht vor dem *Strasbourger* Rathaus die Skulptur »La Marseillaise«. Es ist nur eine Kopie, denn das Original, 1921 dort schon einmal aufgestellt, um die Rückkehr des *Elsaß* in das Hexagon zu dokumentieren, war 1940 von den Nazis zerstört worden ...
Die Skyline von *Strasbourg* dominiert die unvergleichbare Silhouette des Münsters. Das ist der nadelspitze Filigran-Turm dieser Kathedrale, der wie ein Symbol über dem Häusergewirr emporragt. »Ein Pfeil, der den Himmel zum Ziel hat«, wie Claudel einmal schrieb. Enge Gassen zu ihren Füßen, scheinbar unverändert seit Jahrhunderten, mindestens seit jenen Tagen des Novembers 1831, als sich der damals 18jährige Georg Büchner an der Medizi-

nischen Fakultät der Akademie immatrikulierte, nachdem er in der heutigen *rue Calvin* im Haus des Pfarrers Jakob Jaeglé eine kleine Wohnung mit Familienanschluß genommen hatte.
Wie viele Dichter jener Zeit (Hölderlin zum Beispiel) war auch Büchner, »den eine innige Liebe zur Natur beseelte«, kein Stubenhocker. Immer wieder trieb es den passionierten Wanderer hinaus aus *Strasbourg* zu Exkursionen in den »*Schwarzwald, Vogesen* und weiter bis zum *Jura*«, manchmal sogar auf Goethes Spuren (»Dichtung und Wahrheit«), der hier sechzig Jahre vorher, Studiosus der Rechte an der Universität Strasbourg, manchen nächtlichen Ritt ins nahe *Sesenheim* gewagt hatte (». . . es schlug mein Herz, geschwind zu Pferde, es war getan, noch eh gedacht . . .«), um die blondzöpfige Pfarrerstochter Friderike Brion zu becircen. Sechs Stunden hatte der gebraucht für die rund 50 Kilometer lange Strecke.
Georg Büchner, weniger begütert als der zu seiner Zeit noch lebende Dichterfürst, eroberte sich die Welt des *Elsaß* auf Schusters Rappen. »Die *Vogesen*«, schrieb er einem Freund, »sind ein Gebirge, das ich liebe, ich kenne jede Bergspitze und jedes Thal.« Höhepunkt der *Strasbourger* Studienzeit und ihr krönender Abschluß war eine mit Freunden sorgfältig geplante mehrtätige Wanderung, zu der sie am 25. Juni 1832 aufbrachen, indem sie sich per Kutsche nach *Sélestat* bringen ließen, um sich von dort zu Fuß weiterzubegeben nach *Kintzheim* und *Haut-Koenigsbourg.* Es ist das größte, höchstgelegene und imposanteste Schloß in der *Alsace* – ein romantisches Bauwerk, das im 12. Jahrhundert als eine Gründung der Stauffer urkundlich erwähnt wurde. Viele Male wechselte die Burg ihre Besitzer. Sie war *lothringisches* Lehen, *elsässischer* Besitz und gehörte dann dem *Straßburger* Bischof. Später tauchten in der Historie des Gebäudes als Besitzer die Habsburger, die Sickinger, die Bollweiler, die Fugger und die Hohenzollern auf. 1899 schenkte die Stadt *Schlettstadt* die Trümmer Kaiser Wilhelm II., der sie wiederaufbauen ließ und zu einem Symbol deutscher Geschichte machte.
Für den radikal republikanisch eingestellten Büchner, der ein

Jahr später mit seinen Freunden eine revolutionäre Geheimorganisation (»Gesellschaft der Menschenrechte«) gründete, war *Haut-Koenigsbourg* eine politische Etappe auf dieser Wanderung, die dann jedoch in romantischer Euphorie fortgesetzt wurde. Es ist die heutige *Route de Crêtes*, die über die N 430/431 als eine der großartigsten Panoramastraßen Europas vom *Col du Bonhomme* mit Ausblicken auf den *Weißen* und *Schwarzen See* zum *Grand Ballon (Großen Belchen)* führt, der mit 1 423 Metern der höchste Gipfel der *Vogesen* ist. Angesichts dieser Naturschönheiten geriet Büchner noch Tage später ins Schwärmen, als er seiner Familie eine Beschreibung dieser Wanderung nach Hause schickte:

»Bald im Thal, bald auf den Höhen zogen wir durch das liebliche Land. Am zweiten Tag gelangten wir auf einer über 3 000 Fuß hohen Fläche zum sogenannten *Weißen* und *Schwarzen See*. Es sind zwei finstere Lachen in tiefer Schlucht, unter etwa 500 Fuß hohen Felsenwänden. Zu unseren Füßen lag still das dunkle Wasser. Über die nächsten Höhen hinaus sahen wir im Osten die *Rheinebene* und den *Schwarzwald*, nach West und Nordwest das *Lothringer Hochland*; im Süden hingen düstere Wetterwolken, die Luft war still. Plötzlich trieb der Sturm das Gewölke die *Rheinebene* herauf, zu unserer Linken zuckten die Blitze, und unter dem zerrissenen Gewölk über dem dunklen *Jura* glänzten die Alpengletscher in der Abendsonne. Der dritte Tag gewährte uns den nämlichen herrlichen Anblick; wir bestiegen nämlich den höchsten Punkt der *Vogesen*, den an 5 000 Fuß hohen *Bölgen*. Man übersieht den *Rhein* von *Basel* bis *Straßburg*, die Fläche hinter *Lothringen* bis zu den Bergen der *Champagne*, den Anfang der ehemaligen *Franche-Comté*, den *Jura* und die *Schweizergebirge* vom *Rigi* bis zu den entferntesten *Savoyischen Alpen*. Es war gegen Sonnenuntergang, die *Alpen* wie blasses Abendroth über der dunkel gewordenen Erde. Die Nacht brachten wir in einer geringen Entfernung vom Gipfel in einer Sennerhütte zu. Die Hirten haben hundert Kühe und bei neunzig Farren und Stiere auf der Höhe. Bei Sonnenaufgang war der Himmel etwas dunstig, die Sonne warf einen rothen Schein über die Landschaft. Über den *Schwarzwald* und den *Jura* schien das

Gewölk wie ein schäumender Wasserfall zu stürzen, nur die *Alpen* standen hell darüber, wie eine blitzende Milchstraße. Denkt Euch über der dunklen Kette des *Jura* und über dem Gewölk im Süden, soweit der Blick reicht, eine ungeheure schimmernde Eiswand, nur noch oben durch die Zacken und Spitzen der einzelnen Berge unterbrochen. Vom *Bölgen* stiegen wir rechts herab in das sogenannte *Amarinenthal*, das letzte Hauptthal der *Vogesen*. Wir gingen thalaufwärts. Das Thal schließt sich mit einem schönen Wiesengrund im wilden Gebirg. Über die Berge führte uns eine gute erhaltene Bergstraße nach *Lothringen* zu den Quellen der *Mosel*. Wir folgten eine Zeitlang dem Laufe des Wassers, wandten uns dann nördlich und kehrten über mehrere interessante Punkte nach *Straßburg* zurück.«

Am 7. August 1833 reiste Georg Büchner nach Darmstadt zurück. Sein Studium setzte er in Gießen fort. Dort entstand der »Hessische Landbote«; 1835 schreibt er »Dantons Tod«. Der Dichter, Revolutionär und Wissenschaftler, von der großherzoglich-hessischen Justiz steckbrieflich als »Hochverräter« gesucht, starb im Alter von 23 Jahren an Typhus im Zürcher Exil.

Büchners Zickzack-Wanderung entspricht folgender Route: Von *Sélestat* auf der N 59 nach *Haut-Koenigsbourg* – von dort über die D 42 und D 10 nach *Kintzheim* – über die D 11 nach *Sainte-Marie-aux-Mines* – über die D 148 zum *Col du Bonhomme* (949 Meter hoch) – über die Route des *Crêtes* (D 430) zum *Col de la Schlucht* – weiter zum *Grand Ballon* – von dort über die D 27, D 13b, D 34 und D 486 nach *Gérardmer* – dann über die D 8 und D 415 nach *St. Dié*. Von dort zurück nach *Strasbourg* über die D 420.

V.
PARISER GESCHICHTEN

Die Schimären von Notre-Dame

Sie scheinen zu atmen, obwohl sie steinern sind. Denn wie sie dort oben, dreihundert Stufen über der *place Parvis-Notre-Dame* vor der Kathedrale, auf den Balustraden hocken und hinabblicken auf die Stadt, gleichen sie Wächtern, die nachts auf den Wällen den Schlaf der Städter bewachten.
Schimären nennt man sie, die eigentlich Monster sind, Ungeheuer, Ausgeburten des gotischen Menschen und seiner Alpträume, die er, zu Beginn des 12. Jahrhunderts, in diese und andere Kathedralen verbannte und so das Heilige mit dem Profanen verband.
Die Kathedrale, einem Wald vergleichbar und damit der Natur so nahe, wurde so zum Refugium für jene Figuren aus dem Reich der dunkelsten menschlichen Phantasie. Ein Labyrinth voller Rätsel, wie der Wald Schauplatz schauriger Begegnungen für Pilger, Dichter und Ritter war, die in ihm Zwiesprache mit den Metaphern der Natur führten. Überall lauerte dort das Irrationale, jenes Ungefähre, das zwischen Licht und Schatten nie klare Gestalt annahm, immer gegenwärtig war ... Letztlich gewann den Kampf menschliche Logik und verwandelte den Wald in ein Gotteshaus, in dem es kein Leben ohne Schatten und keinen Schatten ohne Körper gibt. Und die Wurzeln der Vernunft trieben Licht in die Dunkelheit.
Natur hatte sich von ursprünglicher Wildheit in geistige Reinheit verwandelt; aus hochstrebenden Bäumen waren steinerne Bögen

geworden und hatten sich durch magische Alchimie zur Kathedrale mit den ihr eigenen traumhaft-theatralischen Auf- und Abwärtsbewegungen vereint; das Reale hatte sich mit dem Symbolischen, das Ideale mit dem Übernatürlichen verbunden, und jener Lokus war entstanden, der dem Bösen keinen Zutritt gestatten sollte. Und um die Kathedrale herum hatte sich die Stadt entwickelt und mit ihr eine Gesellschaft, in deren Untergrund sich Gut und Böse zu einem gewaltigen Anachronismus verbanden und die Kathedrale wieder zu einem Ort am äußersten Rand unserer intellektuellen Fähigkeiten machten, wunderbar, erstaunlich und erschreckend . . .

Und so hocken sie dort oben auf den Türmen, auch auf denen von *Notre-Dame-de-Paris*, blicken hinab in den Abgrund, überschauen die Stadt, verteidigen und beherrschen sie, sprechen mit ihr und befragen sie, denken für sie und ihre Bewohner . . . Wächter eines uralten Traumes und eines Schatzes von Mythen, Vermittler zwischen dem Geist der Welt und dem der Kathedrale, zwischen Öffentlichkeit und Esoterik, Glauben und Mythos.

Sie sind ein gutes Dutzend, und sie existierten bereits, als *Notre-Dame* im 13. Jahrhundert endlich fertig wurde. Schon damals sahen sie so aus wie heute, waren grinsender Affe und Elefant, Greif und Dreigestalt aus Löwe, Schlange und Ziegenbock . . . Zwischenwesen allesamt. In den kommenden Jahrhunderten verfielen sie wieder, lösten sich fast auf in Staub, erwachten aber im 19. Jahrhundert zu neuem Leben, als der Architekt Viollet-Le-Duc 1845 die durch die Revolution demolierte Kathedrale restaurierte. Die Empore war zerstört, das Chorgestühl aus dem 14. Jahrhundert verbrannt, die Pflanzenreliefs waren abgeschlagen worden. Aus dem Gotteshaus war ein »Tempel der Vernunft« geworden, in dem man, wenn es nottat, auch Weinfässer gelagert hatte, um revolutionäre Feste zu feiern.

Victor Hugo hatte 1831 mit seinem historisch-romantischen Roman »Notre-Dame de Paris« (»Der Glöckner von Notre-Dame«) den Anstoß zu dieser Restauration gegeben, als er zur

Rettung für dieses »Roß der Nacht«, für diesen Findling aus einer unlesbar gewordenen Vergangenheit aufrief. Und so geschah es, daß auch die Schimären wieder ihre Plätze einnahmen auf den Balustraden, um in der bizarren Realität ihrer Zwitterhaftigkeit auf die *place Parvis-Notre-Dame* hinabzustarren, jenes Herz der *Cité* und ganz Frankreichs mit seinen Tausenden Besuchern zu jeder Tageszeit, von denen die wenigsten sie entdecken dort oben, Stein in Stein und eins geworden mit den grauen Mauern der Türme, oder die über 300 Stufen hinaufsteigen zu ihnen.
Dabei garantiert der Blick von dort die schönste Aussicht auf die schönste Stadt des alten Kontinents. Die wirre Welt der Häuser mit Schieferdächern in Zinn und Lavendel, den typischen Farben von *Paris*, wird immer wieder unterbrochen durch jene Bauten, die in der ganzen Welt bekannt sind: der rosafarbene *arc de triomphe du Caroussel*, die weiße Kuppel von *Sacré Cœur* auf dem *Montmartre*, der graue Steinturm von *Saint-Germain-des-Prés*, ganz zu schweigen vom *arc de triomphe de l'Étoile*, dem *tour d'Eiffel* und dem *tour Maine-Montparnasse* sowie der futuristischen *Arche de la Defense*.
Der größte Teil der Stadt scheint in einem riesigen Park zu liegen. Und am Morgen glänzt alles »wie Fluten eines stillen Meeres in einer Sommernacht« (Hugo). Oben auf den Türmen, die erst ab zehn Uhr zu besteigen sind, trägt der Wind im Herbst einen leichten Duft von vermodernden Blättern mit sich. In dieser Höhe herrscht eine mystische Stille, während sich unten auf den Avenuen und Boulevards, die der Polizeipräfekt Napoléons III., der Baron Haussmann, durch die Stadt schlagen und strahlenförmig auf den *arc de Triomphe* zulaufen ließ, Menschen und Fahrzeuge sich von der einen zur anderen Minute zu vermehren beginnen.
Im Jahr 1482 war diese Kathedrale eine andere als heute, ebenso wie die place zu ihren Füßen ein Klosterbezirk mit schmalen, sich ineinander verschachtelnden Gassen und schmutzigen Häusern war, durch die dunkle, übelriechende Gänge zu finsteren Treppen führten, die so steil waren, daß man sich mit einem Seil hochziehen mußte ... Im Erdgeschoß befanden sich Läden, deren arm-

selige Auslagen mit Eisen vergittert waren, so sehr fürchteten die Verkäufer »die kühnen Diebe dieses Stadtteils« (Eugène Sue, »Les mystères de Paris«). Ein steinern fahler Rock umgab also *Notre-Dame*, an deren Flanken die erste Universität Frankreichs entstanden war, abgegrenzt von der Außenwelt durch einen ekklesiastischen und scholastischen Argot – durch eben jene esoterische Sprache, die damals nur Eingeweihte, Lehrer und Studenten meistens, verstanden.

In jenem von Victor Hugo in »Notre-Dame de Paris« geschilderten Vorfall aus dem Jahr 1482 tritt der »Mythos von Paris« als wilde Fremdheit auf. Zwar fallen schon die Schatten der neuen Welt der Renaissance auf die Menschen, aber um *Notre-Dame* und in der *Cité* tobt noch das tiefste Mittelalter. Seine Opfer werden die Straßentänzerin Esmeralda ebenso wie der von Leidenschaft besessene Erzdiakon Frollo und der bucklige, grotesk häßliche Quasimodo, der Glöckner von *Notre-Dame*, den das Läuten der Glocken und ihre Bewegung jedesmal in orgiastische Raserei versetzt. Eine quälende Sinnlichkeit verstrickt dieses Trio ineinander, und die Leidenschaft schließlich ist es, die das Schöne wie das Häßliche, das Teuflische ebenso wie das Alltägliche zu jener romantisch-melodramatischen Totalität zusammenführt und vernichtet, die in der Stadt von damals sichtbar, heute nur noch spürbar ist. Aber wer hat noch Zeit und Mut, die Zeitmaschine von Wells zu besteigen, um jene Spiegel zu durchqueren, die uns lehren, nicht mehr zurückzuschauen? Wer will sich noch im Gestern verirren, wo sich Millionen von Türen und Fenstern, Schränken und Truhen wie von selbst öffneten und ihre Geheimnisse offenbarten? Heute endet manche Straße im Dunkel. Gesichter tauchen auf und verschwinden wieder in den 5 000 Straßen, in denen das Leben schon immer höchst lustvoll war.

Es gibt viele Geschichten, die sich im Schatten von *Notre-Dame* abspielten und den Mythos von *Paris* formten. »Von allen Büchern, die je von Menschenhand geschrieben wurden, ist *Paris* das interessanteste«, formulierte der Schriftsteller Esquiros vor hundert Jahren und meinte damit jene Mythen, die selbst viele

Pariser nicht mehr sehen, weil sie die Fähigkeit des Sehens eingebüßt haben. Auch der Bauer in der *Bretagne* weiß nicht mehr, aus welcher Zeit der Megalith auf seinem Feld stammt. In *Paris* gibt es viele Bauern, die mit den Augen am Boden durch die Stadt laufen und nicht erkennen, wie das Pflaster von einer überall gegenwärtigen Vergangenheit erleuchtet wird. Wer auch kann sich vorstellen, daß die *Cité* und die *place-Parvis-Notre-Dame* bis zum 16. Jahrhundert Schauplatz eines total überdrehten Theaters der Mysterien war, das von Priestern und Diakonen als Orgie der Gottlosigkeit für die Ärmsten der Stadt inszeniert wurde.

Gottes Haus – ein Hurenhaus

Es waren die Festtage einer Bevölkerung, die als Kollektiv die gewohnte Ordnung auf den Kopf stellte – eine unheilige Begebenheit an einem heiligen Ort: das Fest der Narren. Es begann mit einer Prozession seltsam gekleideter Büßer und nackter Flagellanten durch die Stadt zur Kathedrale, wo die Wahl des »Papstes der Verrückten« stattfand. Umgeben von Kirchenvätern, segnete der die Menge mit obszönen Gesten. Das sich anschließende Hochamt wurde von hemmungslosen Tänzen begleitet. In den Seitenkapellen wurde gefressen, gesoffen und gehurt. Die Kathedrale – ein Hurenhaus. In den Weihrauchbehältern verbrannte Kuhmist.

Nach der Messe gingen die Priester noch einmal durch die Stadt, beschimpften das Volk, bewarfen es mit Kot und Abfall. So wie es schon Gargantua getan hatte, als er, um die Pariser zu begrüßen, vom Turm herab auf die gaffende Menge urinierte, daß »ihrer 260 418 ersoffen, Weiber und kleine Kinder nicht mitgerechnet«. Vier Tage lang feierte das Volk das Fest der Narren mit Volkstheater auf Podesten im Freien und profanen Darstellungen, die zu Geburtshelfern des Volkstheaters wurden. Dann legte sich wieder

wie schwerer Nebel der Alltag über das Viertel. Die Verrückten wurden wieder normal, und jedes Sakrileg wurde wieder so bestraft, wie es das Gesetz vorsah . . . mit abgeschnittener Zunge, abgeschlagener Hand oder ausgestochenen Augen . . .
Vor diesem Hintergrund ist Victor Hugos Roman »Notre-Dame de Paris« zu verstehen. Als Zeugnis einer heute unlesbaren und unverständlichen Vergangenheit ragt die Kathedrale in die Gegenwart hinein und als Zeuge von alptraumhaften Ereignissen, in denen vom Faun zum Beelzebub alle Fratzengesichter jener Zeit erneut zu leben und zu atmen scheinen. Auf der Strecke blieb damals die Liebe. Die satanische Schönheit Esmeralda, die auf den Plätzen der Stadt mit ihrer Ziege auftrat, wurde auf der *place de Grève* hingerichtet, der »archediacre« Frollo und sein grotesk häßlicher Zögling Quasimodo, zum »pape des fous« gewählt, fielen den Triebkräften jener Zeit ebenfalls zum Opfer: der Kirchenherr wurde von seinem Glöckner, dessen Skelett man Jahre später vereint mit dem Esmeraldas fand, vom Turm gestürzt.

Phantasmagorien der Liebe

Im Bannkreis von *Notre-Dame* lebte es sich schwer. Manches private Drama wurde hier zum Drama der Stadt, wie das Drama der Stadt zum privaten wurde. Waren es der gotische Stil dieses kolossalen Kirchenbaus, die gewaltigen Glocken und die gewundene Treppe hinauf zu den Schimären, die die Menschen des Mittelalters einerseits zur Fassungslosigkeit verdammten, andererseits zum Ausleben ihrer geheimen Wünsche und Sehnsüchte trieben?
Versucht hat das auch jenes Paar, dessen Grab man heute auf dem *Père Lachaise* und dessen Gesichter man auf einer Rundplatte am Haus Nummer 9 am *quai aux Fleurs* betrachten kann. Dazu lautet die Inschrift: »Ursprüngliche Wohnung von Héloise und Abé-

lard, 1188. Wieder aufgebaut 1849«. Hinter diesem Hinweis verbirgt sich das Schicksal zweier Liebender, die an ihrem Glauben scheiterten und trotzdem die Sünde überlebten.

Pierre Abélard, anno 1079 in *Nantes* geboren, wurde nach einer Karriere als philosophierendes Wunderkind im Jahr 1100 als Scholastiker an die *Pariser Universität*, eine der wenigen Domschulen der damaligen Zeit, berufen, um die Studenten in Rhetorik, Logik und Dialektik zu unterrichten. Rasch stieg er zum Dekan und Meister der Künste auf und spaltete mit der von ihm entwickelten Dynamik der Wahrheitssuche die traditionsorientierte Gesellschaft, in der sich die Anhänger des Nominalismus mit denen des Realismus stritten. Ihr »Vordenker«, Guillaume de Champeaux, befürwortete durch die Lehre von der substantiellen Einheit »jene Substanz, die in allen Lebewesen vorhanden ist, aber letztlich durch Zufälle sehr variabel ist«.

Abélard lehnte diese Lehre ab, verließ die Schule (auf einer heute nicht mehr existierenden *Seine*-Insel gelegen; nur die *Chapelle Saint-Aignan* gibt es noch), um nach Lehrjahren in *Laon* und *Melun* 1109 nach *Paris* zurückzukehren. Er mietete sich am *quai aux fleurs* als Untermieter bei dem Kanonikus Fulbert ein, der ihm seine elternlose Nichte zur Bildung und Erziehung anvertraute. Héloise, 17 Jahre alt, verliebte sich in ihren Lehrer. Und der in sie. Ergebnis: Das Mädchen wurde schwanger. Um einen Skandal zu vermeiden, flüchtete Abélard mit Héloise in die *Bretagne* zu seiner Schwester Denise, wo der Sohn Pierre-Astrolabe geboren wurde. Aber Héloise wollte den Geliebten nicht heiraten. Er sollte studieren und lehren. Beide kehrten zurück nach *Paris*, das Abélard bald erneut, vom Neid und Haß der Kollegen angewidert, verließ. Mit wenigen treuen Schülern, unter ihnen der spätere Papst Innozenz III., zog er sich in die Weinberge von *Sainte-Geneviève* zurück. Dort ließ ihn der tief in seiner Ehre verletzte Kanonikus Fulbert durch gedungene Verbrecher überfallen und kastrieren. Erneut flüchtete Abélard, um schließlich bei *Troyes*, am Ufer des *Arduson*, in einer Betkapelle, die er *Paraclet* taufte, Zuflucht zu finden. Schnell wird der Ort bekannt als eine Verbindung von Eremitage und Hochschule – und als Utopie von einem Doppelkloster für Mönche und Nonnen –, ein Kloster freier Menschen, Männer und Frauen vereinend im Geist der Wissenschaft und im Heiligen Geist.

Hierhin möge sie kommen, bat er Héloise, die inzwischen in das Kloster von *Argenteuil* eingetreten war.

Aber die Geliebte lehnte ab und begann statt dessen einen Briefwechsel, der zu den schönsten der mittelalterlichen Literatur gehört. In ihm teilten sich zwei Menschen, ein Mann und eine Frau, ihre Sehnsüchte mit, die für die Nonne und spätere Äbtissin Héloise nie ihre Kraft verloren. »Sogar während der Meßfeier, wo das Gebet am reinsten sein sollte, bemächtigen sich meiner die Phantasiebilder unserer Lüste . . .«, schrieb sie und fuhr an anderer Stelle fort: »Wenn Kaiser Augustus käme und mir die Ehre erwiese, mich zu heiraten . . . mir wäre es süßer und ehrenvoller, Deine Hure zu heißen als seine Kaiserin . . .« Abélards Antwort war nicht weniger schockierend für die damalige Zeit: »Ich bin der Ansicht, daß kein fleischlicher Genuß Sünde ist.«

Auch wenn der Besitz des Kanonikus Fulbert konfisziert und die Verbrecher zum Tod verurteilt worden waren, wurde Abélard seine Gegner nicht los. Auf dem Konzil von *Soissons* mußte er sich 1121 auch noch gegen seinen früheren Lieblingsschüler, Papst Innozenz III., wehren, als dieser ihn dazu verurteilte, »seine Bücher zu verbrennen und den Mund zu halten«; 1140 brandmarkte ihn Bernard de Clairvaux während eines Konzils als Ketzer. Abélard zog sich in die Abtei *Cluny* zurück und später in das Kloster *Saint-Gildas-de-Rhuys*. Am 21. April 1142 starb er in dem Priorat *Saint-Marcel* bei *Châlons-sur-Marne* an, so sagt man wohl, gebrochenem Herzen. Héloise lebte zwanzig Jahre länger. Sie wurde in *Paraclet* an der Seite des Geliebten beigesetzt. »Als man das Grab öffnete«, beschrieb der Chronist Pierre Bayle diese Zeremonie, »hob Abélard die Arme, um sie zu begrüßen und zu umarmen.«

Aber die Ächtung dieser Liebe überlebte die Jahrhunderte. 1630 ließ eine prüde Äbtissin die Reste des Paares in zwei Einzelgräber umbetten. 1701 vereinte eine andere, auf Liebesromane erpichte Äbtissin aus der Familie La Rochefoucauld die Liebenden erneut in einem Sarkophag. 1792 wurden sie wieder getrennt, als man sie in die Kirche von *Nogent-sur-Seine* überführte. 1817 transportierte man sie auf den Friedhof *Père Lachaise*, wo man in der siebten Division das Mausoleum besichtigen kann, das aus Teilen der Grabstätte von *Paraclet* zusammengefügt wurde.

»Das Leben in *Paris* ist fruchtbar auf dem poetischen Bereich«, schrieb Baudelaire einmal. »Das Wunderbare hüllt uns ein und tränkt uns wie die Atmosphäre, aber wir sehen es nicht.« Angesichts der Kathedrale *Notre-Dame* wird das Wunder einer sehr großen und sinnlichen Liebe sichtbar, die im Schatten ihrer Türme erblühte und bis heute Spuren hinterließ. Hier reden die Steine eben manchmal . . .

Der Dichter, der ein Gauner war

Sie erzählen auch von dem ersten Stadtschreiber François Villon, der, wahrscheinlich 1431 in Paris von der verarmten Witwe de Montcorbier geboren und von dem Chorherrn Guillaume Villon aufgezogen, schon als 15jähriger den Titel eines Magister Artium (der freien Künste) an der Universität und damit einen Lehrstuhl erwarb. Ein Wunderkind wie Abélard, aber auch ein Straßenkind, später Trinker und Weiberheld, Penner und Kirchendieb. In den Polizeiakten wurde er als Mitglied der Verbrecherbande »Coquillards« und als Priestermörder geführt, nachdem er 1463 hinter der Kirche *Saint-Benoit* im Streit den Mönch Sermoise so heftig mit einem Dolch verletzt hatte, daß der starb. Nachdem er auch noch in das *Collège de Navarre* eingebrochen war und 600 Goldstücke aus der Kasse gestohlen hatte, lernte Villon die Kerker von *Meung*, *Orléans* und *Angers* kennen, wurde begnadigt und blieb seitdem verschollen. Wo und wie er starb, ist nicht bekannt.

»Sein Ende ist dunkel, wie es damals die Winternächte in Paris waren«, schrieb Friedrich Sieburg in seinem Buch »Unsere schönsten Jahre – ein Leben mit Paris«. »Der Nordwind pfiff von Montmartre her über den gefrorenen Strom, kreischend schaukelten die Schilder der Tavernen, matt schimmerte das Licht des Allerheiligsten durch die Kirchenfenster, während die Richter, Gottesgelehrten, Prälaten und sonstigen braven Leute in ihren sorgfältig verrammelten Bettschränken unter Pelzdecken schliefen.«

Die *Cité* war das Revier der Huren und lichtscheuen Vagabunden, während im *quartier Latin* die Jurastudenten den Ton angaben und die Straßen beherrschten. Schon der heilige Bernard hatte dreihundert Jahre zuvor über »das liederliche Leben der Studenten« geklagt, »die lieber das Geklingel der goldenen Gürtel am Körper hörten als den Gesang der Mönche«. *Paris* muß ihm damals als Narrenschiff erschienen sein. Zu Villons Zeiten hatte sich die Stadt und speziell die Region um die Kathedrale in einen Ort des Chaos verwandelt, an dem man immer wieder den Unmöglichkeiten des realen Lebens begegnete. Und es ist anzunehmen, daß Villon während der Regentschaft des Narrenpapstes von einem Holzpodest seine Balladen in die Menge schrie und so zum ersten Stadtschreiber der Metropole wurde. Lokale Berühmtheit erlangte der »mauvais garçon«, als er und seine studentischen Freunde aus der *rue Lobeau* einen riesigen Monolithen entführten, der sich vor dem Haus Nummer 8 befand. In den Hügeln von *Saint-Hilaire* schmückten sie ihn mit Blumengirlanden und sanktionierten ihn als Symbol der Universitätsfreiheit, um ihn nachts zum Zentrum kultischer Rituale zu machen.

Seine Kindheit hatte Villon an der *porte Rouge* verbracht, an der Kreuzung der heutigen Straßen *rue Saint-Jacques* und *rue des Écoles*. Dann, als er auf seine Lehrtätigkeit pfiff und Bandenführer wurde, trieb es ihn täglich durch die ganze Stadt. Seinen ersten Marc (Schnaps) kippte der »schielende Strolch« schon am Morgen in der Kneipe *La Mule* gegenüber dem Kloster *Saint-Benoit*. Von dort ließ er sich über die *place Maubert* durch die *Cité*, vorbei an der Polizeipräfektur, am *Palais de Justice* und dem *Hôtel de Ville*, ins *quartier Latin* treiben, nicht ohne in Robert Turgis' Pinte *Pomme de Pin* in der *rue de Juiverie* ein Würfelspiel gewagt zu haben. Bei Erfolg war ein Abstecher ins Bordell zur dicken Margot fällig, die dort lebte, wo es die meisten Freudenhäuser und Kneipen gab: um *Notre-Dame* herum. Oft mußte sich Villon wegen Geldmangels dieses Vergnügen verkneifen und nach einer oder zwei Stunden im quartier über die *pont au Change*, durch die dunklen Gewölbe des *Grand-Châtelet*, an die *Seine* zurückkehren, von wo er ins *quartier du Temple* wechselte, um sich endlich am Brunnen *Maubué* in der *rue de la Bardoie* einer erfrischenden Katzenwäsche zu unterziehen. Anschließend überquerte er die *place de Grève* Richtung *rue Saint-Jacques-de-la-Boucherie*, um am *Seine*-Ufer an der großen Viehtränke seinen Freund Popin zu treffen und mit ihm einen Roten zu trinken. Ausklingen ließ Villon einen solchen Tag regelmäßig auf der *Cimetière des Innocents* (Friedhof der Unschuldigen, auch der Findelkinder), der sich nachts in ein Zentrum der Prostitution und des Verbrechens verwandelte. Hier formulierte der Dichter, der die meiste Zeit seines Lebens im Schatten des Galgens verbrachte, seine Anklagen gegen die Herrschenden und seine Reflexionen über Leben und Tod in Balladenform:

Seh' ich im Beinhaus mir daneben
Die Schädel an, die aufgereihten,
Juristen waren das im Leben,
Am Rechnungshof vielleicht vor Zeiten,
Vielleicht Lastträger oder Jäger,
Belanglos ist hier alles Raten;
Ob Bischof, ob Laternenträger,
Wer weiß noch, was sie damals taten?

Villons Verse schildern die Stadt und ihre Menschen in grellen Farben. Es waren »Ballades en jobelin«, in denen er Rätsel- und Schlüsselworte aneinanderreihte, verfaßt keinesfalls in einem simplen Rotwelsch, sondern im »Argot«, jener raffinierten Geheimsprache des *quartier Latin*, durchtränkt von griechischen und lateinischen Brocken und gespickt mit Archaismen. Wenn auch diese von ihm mit dem Federkiel niedergeschriebenen Gedichte als lose Blätter im Wind verflogen, so blieben sie doch – gottlob – der Nachwelt bis heute erhalten. Von dem »poète maudit« selbst, verschwunden an einem Wintertag, blieb außer einem Holzstich kein Abbild. Das Denkmal auf der *square Monge* zeigt ihn im kurzen Kittel und mit einem Degen. Ob er wirklich so ausgesehen hat? Seine Gedichte geben darüber keine Auskunft.

Die Stadtschreiber von Paris

Über die Jahrhunderte haben Dichter wie Villon und Schriftsteller den Mythos der Stadt lebendig gehalten. Diese oft manischen Geschichtensammler machten die Stadt lesbar, indem sie das Rätselhafte und Unbekannte vervielfachten.

Am Anfang der *Paris*-Literatur steht Jean-Jacques Rousseau (1712–1778). In seiner Briefsammlung »Nouvelle Héloise« erscheint die Stadt als erschreckender Brennpunkt einer Welt, deren Versuchungen junge Provinzler nur allzu schnell erliegen. Daß der Propagandist der »Zurück zur Natur«-Philosophie selbst in der Stadt lebte, erstaunt ebenso wie seine Liebe zu dieser Metropole, die ihn zum Aufbruch in die Welt der Kultur inspirierte.

Sein Schüler Louis Sébastien Merçier (1740–1814) löste der Stadt in seinem zwölfbändigen Werk »Tableau de Paris« (erschienen 1783–1788) wirklich die Zunge. Er war der typische Flaneur, der das aus der Menge jäh auftauchende und wieder verschwindende Gesicht zum konstanten Thema seiner Betrachtungen machte. Ganz anders als Villon, der in seinen Gedichten das Aufblühen eines städtischen Proletariats im Mittelalter beschrieb, schilderte Merçier den Pariser in beispielhaften Szenen seines Lebens, beleuchtete seine praktischen Bedürfnisse ebenso wie seine soziale Stellung und seine Umgebung. Merçier tat das in kleinen Kapiteln, die sich dann zum großen Gesamtbild der Stadt zusammenfügten. Dabei bemühte sich der Schriftsteller unermüdlich um die Aufdeckung verborgener Aspekte, die zuvor noch nie Themen für Literaten waren. So erfährt der Leser über Teeverkäufer und Metzger, Monarchen, Großmütter und Bischöfe, Huren, Polizisten und Blinde, aber auch über den *pont Neuf*, die *Sorbonne*, die *Markthallen*, *Port Royal* und *Saint-Sulpice*. Merçier führte ihn in Cafés und Anatomien, auf Brücken und öffentliche Plätze und Friedhöfe. Kurz: Er durchwühlte Paris und zog dabei alle Arten von Existenz und Verderbnis, Moral und Unmoral ins Licht.

Ein Stadtschreiber war auch Honoré de Balzac (1799–1850). In seiner »Comédie Humaine« stellte er das Phantastische in den Vordergrund. Mehr Bürger und Stubenhocker als seine Vorgänger, wurde er ein sehr eigensinniger Erforscher der Gesellschaft. Allerdings war für ihn die Stadt ein Labyrinth, in dem er seine Menschen wie ein Schachspieler die Figuren umkippte, wieder auf die Füße stellte und sie handeln ließ. ». . . niemals leichtsinnig oder ziellos, sondern wie solche, die ihr *Paris* lieben, von ihm Besitz ergreifen . . . Für sie ist *Paris* ein Lebewesen, und jeder Mensch, jede Partei eines Mietshauses ist ein Flecken auf dem Gewand dieser großen Hure, von der viele nur den Kopf, das Herz oder die anrüchigen Seiten kennen . . .«

Balzac setzte statische Bilder in Bewegung um. Sein Drama von *Paris* war das Epos einer Entfesselung aller individuellen Kräfte, Begierden und Bestrebungen, die ein Mensch wie sein Held Lucien de Rubempré ausnutzen und auskosten muß, um berühmt und glücklich zu werden . . . und dann in die Abgründe des namenlosen Elends zurückzufallen.

An den großen Stadtschreiber erinnert das Denkmal von Rodin an der Ecke *boulevard Raspail/boulevard Montmartre*. Es löste 1898, als es im Salon ausgestellt wurde, einen Sturm der Entrüstung aus, weil es Balzac im Morgenrock zeigt. »Trug der Autor der ›Comédie humaine‹ wirklich einen Kohlensack?« ereiferte sich die Zeitschrift »Illustration«. Rodin konterte: »Ich habe den von Schulden gepeinigten Vielschreiber zeigen wollen, wie er sich nachts aus dem Bett erhebt, um seine Gedanken zu Papier zu bringen.« Das Denkmal wurde erst am 1. Juli 1939 in der Öffentlichkeit aufgestellt.

Von dem Stadtschreiber Victor Hugo (1802–1885), der mit »Notre-Dame de Paris« den ersten historischen Roman über die Stadt schrieb, war bereits die Rede. Für ihn war *Paris* »ein Monster« und ein »menschliches Jerusalem« zugleich, das von ihm mit Akribie seziert wurde. Analysierte er in »Notre-Dame de Paris« noch die mittelalterliche Stadt als Ausdruck eines kollektiven Bewußtseins, so war es in »Les Misérables« das *Paris* des 18. Jahrhunderts, durch das er seinen Helden Jean Valjean jagte. Hugo verfolgte ihn dabei durch das *quartier Mouffetard*, die *rue Copeau* (heute *rue Lacépède*), die *rue du Battoir-Saint-Victor* (heute *rue de Quatrefages*), die *rue Puis-de-L'Hermite*, die *rue de Pontoise* und die *rue des Postes* (heute *rue Lhomond*). Valjean passiert den *jardin des Plantes* und die *pont d'Austerlitz* und beendet seine Flucht vor seinem Gegenspieler Javert schließlich in der *rue de Picpus*, »den Entwurf eines Viertels, das an eine spanische Stadt erinnert«, wo er sich mit seiner Cosette in die Obhut der Benediktiner, ins alte Kloster von *Sainte-Aure* in der *rue du Pont-de-Fer* auf den Hügeln von *Saint-Geneviève*, begibt.

Victor Hugo kannte die Stadt so gut wie den Inhalt seines Schreibpults. Im Laufe seines Lebens bewohnte er auf dem linken *Seine*-Ufer elf, auf dem rechten sieben Wohnungen. Aber sein wahres *Paris* war weder jenes Haus an der *place des Vosges*, wo er es 16 Jahre aushielt und in dem sich heute ein Museum mit von ihm selbst gefertigten Möbeln befindet, noch das Appartement in der *rue de Tour-d'Auvergne*, sondern jene imaginären Wohnungen und Häuser, die er in seinen Romanen »Notre-Dame de Paris« und »Les Misérables« beschrieb. Hugo wußte, daß es in dieser Stadt »Straßen gibt, wo eine Begegnung zum grauenvollen Drama werden kann, zu einem Drama voller Blut und Liebe«.

Ein Stadtschreiber mit großer Resonanz war Eugène Sue

(1804–1857), dessen Roman »Les Mystères de Paris« (»Die Geheimnisse von Paris«, erschienen 1842) auf Anhieb ein europäischer Erfolg wurde. Dieses Buch war vom Autor durchlebt: Ein Jahr lang hatte er sich in Spelunken und Bordellen herumgetrieben, um dem Geheimnis der Stadt und ihrer Menschen auf die Spur zu kommen. So entstand jenes »drame de Paris«, in dem das »reine« Straßenmädchen Fleur de Marie und der edelmütige Deutsche Rodolphe de Geroldstein melodramatisch zueinanderfinden. Die zehn Bände der »Mystères de Paris« machten die *Cité* mit *Notre-Dame* zum bedrohlichen Zentrum, von wo das Böse die Stadt wie ein Krebsgeschwür zu überwuchern droht.
Romanhaft verarbeitete Émile Zola (1840–1902) die Stadt in seinem zwanzigbändigen Zyklus »Les Rougon-Macquart«. Für diesen Schriftsteller war *Paris* eine Welt sehr moderner Lebenswelten und -sphären: die der Kaufhäuser, der Mietshäuser, des Bahnhofs, der Eisenbahn und der Spekulanten, des Kunstbetriebs, der Prostitution und des Alkoholismus. Den damals restaurierten *Markthallen* setzte er als Kontrapunkt die mittelalterlichen Kirchen entgegen und machte sie zum mythischen Zentrum des neuen *Paris*. Zola beschrieb visionär jene Stadt, die unter Haussmann und Napoléon III. entstand.
Ein poetischer Stadtschreiber war Charles Baudelaire (1821–1867). Mit seinen Gedichtsammlungen »Fleurs du Mal« und »Tableaux Parisiens« begründete er eine Stadtlyrik, die sich bis in unser Jahrhundert hinein in vielen Chansons fortgesetzt hat. Grotesk und pathetisch zugleich schockte Baudelaire seine Leser, um dann in Melancholie zu versinken und in der Stadt ein Spiegelbild seiner Seele zu sehen, die sich selbst so fremd ist, wie sie sich in der Stadt fremd weiß.

Spaziergänger der Nacht

Kein Dichter aber war pariserischer als Gérard de Nerval (1808–1855). Er verwandelte die Metropole in eine Traumkulisse, die er in einem stets halbwachen Zustand durchwanderte. Nicht seinem Schatten, sondern seinem Alter ego folgend, wurde er zum Vagabunden, der nur auf der Straße leben und arbeiten konnte.

Zwar besaß Nerval ein Haus in der *impasse* (Sackgasse) *du Doyenne* (heute *place du Caroussel*), das ihm Corot und Chassériau mit Fresken dekoriert hatten; treffen konnte man ihn dort aber nie. Sein Zuhause war »tout *Paris*«. Er arbeitete im Gehen, bei schönem Wetter auf der Straße, bei Regen in den Passagen, mal am Tisch eines Cafés oder wiederum einfach an einer Ecke stehenbleibend, um einen Papierfetzen hervorzuziehen und ihn hastig zu bekritzeln.

Nerval schrieb an den seltsamsten Orten, wie in den Steinbrüchen von *Montmartre*, wo er mit den clochards über prähistorische Funde plauderte. Auch im *quartier Saint-Honoré* sah man ihn häufig, von wo er sich dann, begleitet von Arbeitern und leichten Mädchen, auf den Weg in die *Markthallen* machte, wo die Spelunken die ganze Nacht geöffnet waren. Dort blieb er tagelang, schrieb und schlief zwischen den Gemüseabfällen. Gelegentlich jedoch fand er auch ein Bett bei einem Freund. »Ich erinnere mich«, schrieb Maxime du Camp, »ihn im Atelier von Théophile Gautier öfters schlafend unter einer Decke auf einer Couch gesehen zu haben.«

Die Straßen der Stadt waren de Nervals ureigenes Revier. »Manchmal stand er an irgendeiner Ecke irgendeiner Straße, den Hut in der Hand, in einer Art Ekstase und offensichtlich geistesabwesend. Er wußte nie, wo er sich befand. Wir haben uns dann sehr vorsichtig in sein Blickfeld geschoben, um ihn nicht aus den Höhen seiner Träume in die Wirklichkeit abstürzen zu lassen.«

Waren die Visionen Nervals von seiner Stadt auch sehr verzerrt, so folgten sie doch einer Logik. In seinen Romanen (u. a. »Aurélia«) und Novellen vermischen sich die Mysterien alter Religionen und Lehren mit Traum, Dichtung, Phantasie und Wirklichkeit. Seine Vision war eine verfallende Stadt: »Die Ruinen von *Paris* werden ein Haufen von Gips, von Latten und Bruchsteinen sein . . . Die Nachwelt wird nicht sagen: es war der Wohnsitz eines großen Volkes, sondern vielmehr: da lebten wilde Horden, die sich ihre Hütten aus Schlamm und geriebener Kreide bauten . . .«

In den 26 Feuilletons seines Buches »Les nuits d'Octobre« ist *Paris* des Dichters fiktives Ich, das den Leser auf eine Promenade durch eine Vielzahl fremder und sehr bizarrer Welten führt, in denen die Wirklichkeit stumm bleibt.

Für Gerard de Nerval schien sie das ohnehin zu sein. Verliebt in die Schauspielerin Jenny Colon, die dann einen anderen heiratete, verdichtete er diese Liebe zur »amour fou«.

1854 wies man den total verwirrten Poeten zur Kur in die Heilanstalt des Dr. Blanche auf dem *Montmartre* ein, nachdem er im *Palais Royal* einen Hummer an der Leine spazierengeführt hatte. »Hummer sind ruhig«, begründete er sein Verhalten, »sie sind ernst und kennen die Geheimnisse des Meeres und bellen nicht . . .«

47 Jahre alt war der Poet, als er nach mehreren Klinikaufenthalten am 26. Januar 1855 in einer eiskalten Nacht, die er in den Hallen verbracht hatte, Selbstmord beging. Man fand ihn erhängt am Gitter des Klosettfensters einer Parterrewohnung an der Ecke *rue de la Tuilerie/impasse de la vieille Lanterne.* An diesen Freitod erinnert heute eine Plakette am *Theater Sarah Bernhardt* nebenan. Der Tote war in einen schwarzen Anzug gekleidet, trug Lackschuhe und einen hohen Hut. Trotz der Kälte hatte er auf einen Mantel verzichtet, dafür aber zwei Hemden und zwei Paar Handschuhe übereinander angezogen.

Die Gerüchte über den Freitod Nervals und seine Hintergründe sind bis heute nicht verstummt. War es ein von der Polizei inszenierter Raubmord? Oder Rache der Freimaurer, über deren Rituale sich der Poet ironisch geäußert hatte? Oder wirklich »nur« ein Selbstmord? Seiner Tante Labrunie hatte Nerval zuvor

noch vieldeutig mitgeteilt: »Erwarte mich nicht heute abend, denn die Nacht wird schwarz und weiß sein . . .«
Nerval wurde in die *Morgue* gebracht und entkleidet. Da erst sah man, daß er sich mit Tinte auf seine linke Brust das geheiligte Hexagramm des Salomon, den sechszackigen Stern, gezeichnet hatte . . .
Was ist aus den Spaziergängern der Nacht geworden? Zu diesen Alchimisten großer Worte gehörte auch Léon-Paul Fargue (1876–1947), der die Metropole wie schon vor ihm Rétif de la Bretonne (1734–1806) durchstreifte und viele ihrer Eigentümlichkeiten benannte. »Es gab da für mich eine Anzahl von bewundernswürdigen Geheimnissen, Verkettungen und Gesetzen, in denen ich oft irgendeinen Schlüssel zur Welt entdeckte . . . Ich habe meine Art, den Berg zu erklimmen, der das Tal des weißen Papiers von der Hochebene der schwarzen Blätter trennt.« – Der »Berg« war für Fargue *Montmartre*, das er in seinem Buch »Le Piéton de Paris« (»Der Wanderer durch Paris«) ebenso liebevoll schildert wie die Nutten von *Paris*, die für ihn, ebenso wie die täglichen Mörderinnen die schönsten Frauen von *Paris* waren.
Beschrieb de Nerval *Paris* als einen chaotischen Ort, wo man immer wieder den Unmöglichkeiten des Lebens begegnet, so entdeckten seine Nachfolger andere Seiten und Farben: Der Belgier Georges Simenon (1903–1989) sah in der Stadt ein Labyrinth des phantastischen Realismus. Genauere Stadtführer als seine »Maigret«-Romane gibt es nicht. André Breton (1896–1966) ließ den Surrealismus im Irrgarten der Straßen blühen. Walter Benjamin (1892–1940) schließlich versuchte, den unbewußten Fundus des modernen *Paris* mystisch aufzuwerten und die »terra incognita« anhand ihrer Historie auszudeuten, und auch für Louis Aragon (1897–1982) war die Stadt ein Schauplatz »moderner Mythologie«, zu deren »heiligen Orten« (lieux sacrés) die undurchdringliche Welt der Passage de l'Opéra wird.

Das Phantom von Paris

Wer durch dieses *Paris* der Dichter und Schriftsteller flaniert, sollte aufpassen und ... langsam gehen. Denn wie die Angst ist auch die Geschwindigkeit ansteckend. Seien Sie vorsichtig. Zu schnell passiert etwas. Aber spannender als eine Begegnung mit einem Ordnungshüter ist immer noch ein Rendezvous mit Héliogabale oder mit Fantomas.

»Was sagen Sie?«
»Ich sagte ... Fantomas!«
»Was bedeutet das?«
»Nichts ... eigentlich ... »
»Trotzdem, was ist das?«
»Niemand ... aber inzwischen doch jemand.«
»Und was macht dieser ... Jemand?«
»Er macht angst.«

Das nächtliche und kriminelle *Paris*, das Phantom-*Paris*, schien wie geschaffen zu sein für Fantomas. Dieser König der Verbrechen war an der *Seine* allgegenwärtig. Und seine kriminelle Phantasie kannte keine Grenzen. Versuchte er nicht, die vergoldeten Ziegelblätter zu stehlen, die das Dach des *Dôme des Invalides* bedecken? Drohte er nicht, das Wasserreservoir von *Montmartre* zu sprengen, um die ganze Stadt zu überfluten? Hielt er nicht unter der *place de Concorde* den Souverän eines afrikanischen Landes gefangen, dessen Schreie und Wimmern von dem Geplätscher der Brunnen übertönt wurde? Erschien er nicht in vielerlei Masken in der *rue du Cherche-Midi* bei Inspektor Juve und in der *rue Bergère* beim Journalisten Fandor, um seine Verbrechen anzukündigen? Und wer fühlt nicht auch noch heute eine Gänsehaut auf seinem Rücken, wenn er in der *rue Mouzaia* die Kneipe »Aux enfants du Lioran« passiert, wo sich die Bande der Finsterlinge mit Fantomas' Spießgesellen »Ochsenauge« und »Entenschnabel« und »Wespe« traf?

Es waren wahrhaftig keine Geschichten, die man seinen Kindern vor dem Einschlafen erzählte. Aber es waren *Pariser* Geschichten, die ihre Autoren Pierre Suvestre und Marcel Allain von 1912 an in ihrer Billig-Buchreihe (70 Cents pro Stück) ganz dem Rhythmus der Stadt angepaßt hatten. Geschichten, über die man zwar lächelte, aber dennoch nachdachte, weil sie so nahe dem täglichen Leben zu sein schienen, wenn Fandor auf der Suche nach der Leiche des unglücklichen Dillon über das Dach des Justizpalastes kroch, einen nicht in den Plänen verzeichneten Kamin fand und durch ihn in die Kanalisation gelangte, die direkt unter der Verkaufsbude der Mutter Toulouche, am *quai de l'Horloge*, zwischen *pont Neuf* und *rue d'Harlay*, endete. 1963 entdeckten Arbeiter beim Installieren elektrischer Kabeln wirklich diesen Gang, den Fandor auf allen vieren entlanggekrochen war. Der war also nicht der Phantasie der Autoren entsprungen.

In Paris wird die Seele zur Pflanze

Es gehört zu den Eigenarten von Paris, daß in jeder Straße Plaketten an den Häusern zu entdecken sind, die auf Berühmtheiten hinweisen, die dort einmal geboren wurden, wohnten oder starben. Die Vergangenheit ist nachvollziehbar. Wer auf literarischen Spuren durch Paris bummelt, wird jedoch bald erkennen, daß diese Schilder verzehnfacht werden könnten, gibt es doch gewisse Stadtviertel und Straßen, in denen jedes dritte Haus irgendwann einmal in Beziehung zur Literatur, Musik oder Historie gestanden hat. Ebenso wird er Lokalitäten entdecken, die den Schauplatz von Romanen, Theaterstücken und Gedichten abgegeben haben. Und es sind nicht nur die Repräsentanten der französischen Kultur, die sich in dieser Stadt durch ihre Anwesenheit oder durch ihr Werk im Balzacschen Sinn zu einer »comédie humaine« vereint haben . . .

So ließ zum Beispiel in der *rue Pavée-Saint-André* Edgar Allan Poe seine Gruselnovellen »Das Geheimnis der Marie Roget« spielen. In der *rue de l'Université* bezog 1920 mit Frau und Tochter der Ire James Joyce in einer Absteige, heute das *Hotel Lennox*, Quartier. Nicht einmal einen Tisch hatte der Gast in dem kleinen Zimmer. Statt dessen benutzte er einen Koffer. Essen konnten die Joyces nur »auswärts«. Später, kurz vor Ausbruch des Zweiten Weltkriegs, wohnte im selben Zimmer zeitweilig T. S. Eliot.
In einer Mansarde in der *rue Campagne-Première 17* hatte sich Rainer-Maria Rilke nach seiner Rückkehr aus Spanien 1902 eingemietet. Sein Nachbar war Romain Rolland. Nachdem der Deutsche *Paris* wieder verlassen hatte, versteigerte der Hausbesitzer den Hausrat des Schriftstellers. Einige Manuskripte konnte sich André Gide noch sichern und Rilke später zurückgeben.
In der *Villa Seurat*, im Haus Nummer 101 der Sackgasse *rue de la Tombe-Issoire*, lebte der amerikanische Schriftsteller Henry Miller für mehrere Jahre in einem kleinen Atelier, das vor ihm Antonin Artaud bewohnt hatte. Seine Freundin Anaïs Nin hatte diese Bleibe für ihn gefunden, in der im Laufe der Jahre auch noch Chaime Soutine, Salvador Dali und der Surrealist Kurt Seligman wohnen sollten. Miller schrieb hier seine Bücher »Sexus« und »Stille Tage in Clichy«. Über Frankreich und speziell über *Paris* notiert er: »Hier wird die Seele zu einer Pflanze, die sich aus eigener Feuchtigkeit ernährt, eine Aura erschafft, eine Blüte treibt. Ich sehe eine riesige Zelle, die im Blut des großen Tieres Mensch schwimmt. Diese Zelle ist Paris. Ich sehe sie, rund und voll, und immer die ganze Kugel auf einmal. Die Zelle will sich strecken und ausdehnen, die phantastischsten Bewegungen sind ihr erlaubt, aber sie wird nicht zerbrechen. Plötzlich bin ich in der Zelle. Ich befinde mich in der Osmose. Zwischen dem späten Nachmittag und Mitternacht bin ich hineingeschlüpft. Ich bin nun im Innern. Ich kenne es. Es ist mir gelungen, zur Gänze darin aufzugehen, als vollständiger Mensch, die Seele eingeschlossen.«
Paris und die Pariser zu entdecken und über sie zu schreiben und

zu berichten war immer ein Ziel vieler Ausländer, die von dieser Stadt inspiriert wurden. Unter dem Titel »Pariser Skizzen« tat dies auch der Amerikaner Henry James, als er 1875, damals Korrespondent der »New York Tribune«, an die *Seine* kam und von dort seinen Landsleuten über Stadt und Leute berichtete. Am liebsten durchstreifte er die Gegend um den Bahnhof *Montparnasse*.
Aus New York kam die Schriftstellerin Djuna Barnes und stieß hier auf Hemingway (»Paris – ein Fest fürs Leben«), Katherine-Ann Porter und William-Carlos Williams. Ihr Roman »Baum der Nacht« spielt in der französischen Metropole und erinnert in Sprache und Stimmung stark an James Joyce.

Cafés – Treffpunkte der Literaten

Hauptstadt der Literatur blieb *Paris* bis heute, wenn auch die Gespräche und Diskussionen der Künstler untereinander nicht mehr so vital und rege geführt werden wie früher, als man sich in den Caféhäusern traf. Diese existieren nach wie vor – jedoch ohne jene Hausgötter, die ihnen einst den Stempel der Exklusivität verliehen. Literarische Reliquien sind nur hier und dort die alten Bartresen, oder auf den Tischen kleine Metallschilder, auf denen die Namen der früher hier ein- und ausgehenden Persönlichkeiten verewigt sind.
Ältestes *Pariser* Café ist das *Procop*, das 1670 von dem jungen Sizilianer Frencesco Procopio dei Coltelli am Markt von *Saint-Germain* gegründet wurde, dann in die *rue l'Ancienne-Comédie 6* (Métro-Station Odéon) umzog und als Trinkhalle bekannt wurde, die sich auf die Vorbereitung und den Verkauf des tropischen Aufgusses Kaffee spezialisiert hatte. Aber der Sizilianer beschränkte sein Geschäft nicht nur auf den Ausschank dieses Getränkes, sondern verkaufte nebenbei auch noch Eis und anderes. Zum Künstlertreff avancierte das *Procop*, als 1687 nebenan die *Comédie Française* einzog.

Das *Procop* erlebte viele Literaten »live«. Dort diskutierten La Fontaine mit Regnard, Voltaire mit Prion, Marivaux mit Marmontel, Beaumarchais mit Helvetius. Es war der Ort literarischer Stürme zwischen den Enzyklopädisten Diderot und d'Alembert, aber auch politischer Streitgespräche zwischen Danton und Robespierre, die in dieser Gegend wohnten. Man sagt, daß die erste phrygische Mütze im *Procop* von dem Bürger Julien getragen worden sei.

Im 18. Jahrhundert, als es an die 700 Cafés in der Hauptstadt gab, die zwischen den aristokratischen, von Frauen geleiteten »Salons« und den volkstümlichen »Cabarets« eine ganz gewisse männliche Klientel (»gens à talents«) hatten, vernebelte sich der literarische Ruf des *Procop* ein wenig. Nachfolgende Besitzer veränderten das Lokal, degradierten es zum Suppen-Restaurant und Vegetarier-Tempel. Es waren unrühmliche Intermezzi, denen dann im 19. Jahrhundert Bohemiens wie George Sand und Alfred de Musset, Daudet, Arène, Coppée, Huysmans und Verlaine ein Ende machten. Das *Procop* mußte schließen, wurde vergessen. Erst 1952 eröffnete es erneut, diesmal als Domizil für die mißachteten Existentialisten des *quartiers*.

Heute geht man wieder ins *Procop*. Die neue Fassade des Cafés ist geschmückt mit den Köpfen der Philosophen, die dort die Themen des Aufklärungszeitalters diskutierten und dem Etablissement den Charakter einer Institution verliehen hatten – »eine Art Tribunal« (Marmontel) und »akademisches Büro« (Mercier), das über den Erfolg von Theaterstücken, Kunstwerken und Büchern entschied. Und immer noch entscheidet, wenn dort Schriftsteller und Verleger, Journalisten und Filmemacher »Meinung machen«. So wie es schon an dieser Stelle während der Revolution geschah, als wenige Meter entfernt vom *Procop* der Volkstribun Marat, assistiert von seinem Gehilfen Brune, sein Kampf- und Volksblatt »Ami du peuple« redigierte.

»Out, démodé, dépassé« als Literaten-Treffs sind jene Cafés, in denen ein Jean-Paul Sartre und seine Lebensgefährtin Simone de Bauvoir Stammgäste waren. Während der deutschen Okkupation erlebten das *Flore* und das *Café des Deux Margots* – beide am *boulevard Saint-Germain* – ihr goldenes Zeitalter. Picasso, Giacometti und Camus genossen dort die distanziert-komplizenhafte Fürsorge der Kellner, die diese ihren Gästen immer noch angedeihen lassen. Nur sind das heute Touristen, die oft nicht wissen, daß im *Flore* wie auch im *Mabillon* Picasso seinen Stammplatz immer in der zweiten Reihe links vor dem Fenster hatte. Sartre und Freundin bevorzugten die von draußen nicht einsehbaren Innenräume, wo sie – auf abgewetzten Polstern sitzend und ununterbrochen schreibend – nur durch ein kaum wahrnehmbares Nicken ihren Kaffee bestellten. Heute rufen die Gäste dort laut nach dem Kellner oder »Zahlen!«, statt das Geld diskret auf den Tisch zu legen und zu gehen, wie es so lange üblich war.

Den Zeitgeist jener vergangenen Zeiten atmet auch das *Café de Madrid* auf dem *boulevard de Montmartre* wieder, jener breiten Straße, die Louis Aragon als einen »Wildbach« beschrieben hatte. Honoré de Balzac hätte sie gerne mit Ananas bepflanzt, um die Keimlinge dann in einem »Laden« mit dem Freund Théophile Gautier zu verkaufen. »Der Laden soll schwarz gestrichen sein und auf einem riesigen Schild ›Ananas aus dem Garten‹ propagieren.« Diese Idee blieb Utopie, ebenso wie jene vom eigenen Café, in dem er mit George Sand an der Kasse und Gautier als Kellner tätig sein wollte. »Ich selbst, die Serviette unterm Arm, werde alles dirigieren, organisieren, überwachen.« Aber statt den Wirt zu spielen, wurde Balzac durch seine Bücher vermögend. Das *Café de Madrid* erinnert an ihn und andere mit Porträts an den Wänden. Zu sehen sind auch jene, die während der Revolution hier ein und aus gingen, wie der Dichter und Bürger Carjat und ein ganzer Schwarm junger Lyriker, die den Absinth in diesem Etablissement besonders schätzten. Ihnen folgten dann die Großen ihrer Zeit: Baudelaire, Delvau, Bataille, Gambetta ... Manchmal besetzten fast nur Politiker die Tische.

Über eine illustre Kundschaft verfügte auch die *Closerie des Lilas* (*boulevard du Montparnasse 171*). Das sündhaft teure und luxuriöse Restaurant hat nichts mehr gemein mit dem bescheidenen Bumslokal, das im vorigen Jahrhundert an einer Haltestelle für Diligencen nach *Fontainebleau* entstanden war. Von berühmter Kundschaft träumte damals keiner. Aber dann fand die Weltausstellung 1900 in *Paris* statt, und mit ihr entdeckten die Literaten die *Closerie*. Verlaine und Wilde, Strindberg und Paul Bouquet waren die ersten namhaften Gäste dort. 1905 luden André Salmon und Paul Fort Kollegen dorthin zu literarischen Dienstagen ein, weil man in der *Closerie* so gut essen und trinken konnte. Im Gästebuch verewigten sich die meisten: Materlinck, Louys, Jammes, Laforgue, Fournier und Alfred Jarry, der noch im Meßgewand per Fahrrad kam, während Paul Claudel den grünen Absinth für geweihtes Wasser hielt.

Nach dem Ersten Weltkrieg bekam die *Closerie* ein kosmopolitisches Image, als Trotzki dort ein und aus ging und mit anderen Gästen die Weltrevolution diskutieren wollte. Aber man belächelte seine Ansichten hier als Spleen. Im *Café de Flore* hätte er ein größeres Echo gefunden. In der *Closerie* legte man auf andere Gäste Wert, auch wenn die nicht immer friedfertig waren.

So wie jene, die am 25. Februar 1920 eine tumultuöse Sitzung veranstalteten, in deren Verlauf sich die Dadaisten von den Kubisten trennten. Und weil die Auseinandersetzungen zu hitzig waren, drehte der Wirt einfach die Beleuchtung ab.

1925 organisierte die Gruppe »Les Nouvelles Litéraires« ein Bankett zu Ehren des erzkatholischen Poeten Saint-Pol-Roux. Auch die Surrealisten schickten eine Delegation. Allerdings wollten die, statt den Barden zu ehren, den ebenfalls anwesenden Paul Claudel verhöhnen. Der nahm damals schon die Aufgaben eines Botschafters wahr und rühmte sich, während des Krieges den Amerikanern Speck für 200 Millionen Francs verkauft zu haben. Beim Servieren eines »traurigen Kohlfisches in weißer Sauce« begann die Aktion. Soupault jonglierte mit den Tellern, und Michel Leiris öffnete das Fenster und schrie: »Nieder mit Frankreich!« Fast von Gaffern gelyncht, fand er sich im Krankenhaus wieder. Die Schauspielerin Rachilde klagte später den langen Deutschen Max Ernst an, ihr in den Magen getreten zu haben.

Allerdings habe sie zuvor geschrien, so der Zeuge André Breton, daß eine Französin nie einen Deutschen heiraten solle.

Jede Generation von Künstlern und Schriftstellern hat die *Closerie des Lilas* für sich entdeckt. Messingschilder an der Bar und auf den Tischen erinnern an Hemingway, Joyce, Dos Passos, Fitzgerald und Ezra Pound. In vielen Romanen dieser Stammgäste finden sich Szenen wieder, die in diesem Restaurant spielen (z. B. in Hemingways »Fiesta« und Thomas Wolfes »Von Zeit und Strom«).

Der Astrologe der Königin

Mehr als nur ein Zentrum der schönen Künste, ist *Paris* immer eine dunkle und mysteriöse Stadt geblieben, in der Nähe und Ferne zu imaginärer Kopräsenz zusammentreten. Hier wird das Fernste und Undenkbarste plötzlich reale Gestalt, während das Alltägliche und Gewohnte ebenso rasch in eine unglaubliche Ferne rücken. Die Vereinsamung der Menschen und ihre Entfremdung von allem, was sie umgibt, war und ist in dieser Stadt des Lichts und der Liebe schon immer groß gewesen. Heilsprediger und falsche Propheten, Astrologen, Hellseher und Scharlatane bemühten sich in allen Jahrhunderten um die Mühseligen und Beladenen, nicht zuletzt, um an ihr Geld zu kommen.

Einer dieser Lebenshelfer war der Astrologe Cosme Ruggieri, der im 16. Jahrhundert einen großen Ruf besaß. Wohnhaft in der *rue du Four*, wurde er vor allem von Hofleuten besucht, die sich von ihm Horoskope anfertigen und Liebeswässerchen verordnen ließen. Ruggieris prominenteste Kundin war Catherine de Médicis, die vor jeder Entscheidung seinen Rat einholte und ihn als Dank mit der Abtei *Saint-Mahé* in der *Bretagne* beschenkte. 1572 ließ sie dem wendigen Florentiner als Dank ein Observatorium im

Palast errichten, um mit Hilfe der Gestirne noch mehr Einfluß über den Duc d'Anjou zu gewinnen.
Die Abhängigkeit der Königin von Ruggieri war enorm. Sie unternahm keine Reise ohne ihn. Nach dem Tod seiner Gönnerin 1589 fiel Ruggieri jedoch in Ungnade, nachdem er zuvor Henri IV., damals noch Prinz von Navarra, in einem Horoskop vorausgesagt hatte, daß er nie regieren und also auch keine Gefahr für die Söhne Catherines sein würde. Frustriert zog er sich nach *Saint-Mahé* zurück, um dort jedes Jahr einen astrologischen Almanach zu publizieren. Erst 1605 sah ihn *Paris* wieder. Er war gekommen, um dort zu sterben. Während der Letzten Ölung ketzerte er: »Es gibt keine anderen Teufel als nur Gott und die Prinzen und die Könige, die uns entweder Schaden oder Gutes zufügen. Ich habe in diesem Glauben gelebt, und in diesem Glauben werde ich sterben.« Der Klerus rächte sich, indem sie dem Astrologen ein Begräbnis in heiliger Erde verweigerte. Statt dessen schleppte man den Toten in einem Weidenkorb durch die Stadt und warf ihn auf einem Abfallplatz den Hunden zum Fraß vor.

Die Gäste des Cagliostro

Zwei Jahrhunderte später erregte ein anderer Italiener die Pariser. Graf Cagliostro alias Joseph Balsamo hatte sich am 30. Januar 1785 in der *rue Saint-Claude 3*, im ehemaligen Hotel de Bouthillier, eingemietet, um dort in einem Labor Elixiere für ein langes Leben herzustellen. Man erzählte sich, daß er niemals schlief und Tote wiederbelebte. Nichts war unmöglich für diesen Mann, der schon einige tausend Jahre gelebt haben wollte und erst wie 30 aussah.
Ein Zeitgenosse berichtete: »Als er einmal durch den *Louvre* ging, begann er plötzlich vor dem Bild ›Kreuzabnahme‹ von Jouvenet zu weinen. Später erklärte er seinen Begleitern: ›Ich weinte, weil

ich den Tod dieses guten Mannes beklage, mit dem ich so angenehme Stunden im Haus des Pilatus verbrachte. Warum hat er nicht auf mich gehört? Ich sagte ihm, daß alles schlimm enden würde . . .« – Die Pariser liebten und verehrten Cagliostro wie einen Gott, auch wenn ihr König, Louis XVI., den Magnetiseur Franz Anton Mesmer favorisierte, dessen therapeutische Séancen sich eines ungeheuren Zulaufs erfreuten. Mittelpunkt seiner Lehrstunden über den tierischen Magnetismus war eine mit Wasser und Eisenspänen gefüllte Wanne (baquet), der über metallene Stäbe das heilende Fluidum entströmen sollte. In einem dunklen Raum befreite Mesmer manchmal auch junge Damen von hysterischen Symptomen, was seinem Institut den Ruf einer Brutstätte der Unmoral einbrachte.

Cagliostro hingegen scheute keineswegs das Licht und versammelte seine betuchte Klientel bei Kerzenlicht um einen runden Tisch, wo sich die Geister der Toten ungezwungen zu den Lebenden setzten. »Das Dinner fand statt in der *rue Saint-Claude*«, beschrieb einer der Augenzeugen eine solche Séance. »Die sechs Gäste und Cagliostro nahmen Platz. Als das Essen serviert war, wurde das Dienstmädchen hinausgeschickt mit der Drohung, daß sie sofort getötet würde, wenn sie die Tür öffnete, bevor man sie wieder rief. Jeder Gast bat, jene Person zu sehen, die ihm im Leben am wichtigsten gewesen war. Cagliostro schrieb die Namen nieder, verstaute den Zettel in der Tasche seiner modisch goldenen Weste und kündigte an, daß auf einen einfachen Ruf von ihm die Geister aus der anderen Welt erscheinen würden . . . in Fleisch und Blut. Diese waren an diesem Abend der Duc de Choiseul, Voltaire, d'Alembert, Diderot, der Abt von Voisenont und Montesquieu. Mit lauter Stimme aufgerufen, kamen die sechs, setzten sich nieder und beantworteten alle an sie gestellten Fragen mit freundlichem Gleichmut . . .«

Aber dann passierte ein »Unfall«, der die blühende Karriere des italienischen Abenteurers jäh beendete. In die Affäre um die Juwelen der Königin verwickelt, wurde Cagliostro verhaftet. Aber während man seinen Beschützer, den Kardinal von Rohan, für immer in die *Bastille* schickte, blieb er dort nur zwei Wochen, um dann außer Landes gewiesen zu werden. Nach seiner Freilassung von Tausenden in der *rue Saint-Claude* empfangen, während die Glocken der umliegenden Kirchen läuteten, verließ er Stunden später bei Nacht und Nebel die Stadt.

Das Rendezvous mit dem Teufel

Geisterbeschwörungen ganz anderer Art fanden zu Cagliostros Zeiten in den Steinbrüchen von *Montsouris* statt, in denen sich nicht nur Schmuggler und Banditen vor der Polizei zu verstecken pflegten, sondern auch geheime Sekten, Hexen und Mystiker ihr dunkles Gewerbe ausübten und denen eine Begegnung mit Satan höchstpersönlich ermöglichten, die bereit waren, dafür zu zahlen.

Einer von diesen Geisterbeschwörern, César genannt, berichtete später vor Gericht über seine dunklen Praktiken:
»In *Gentilly* fand ich einen sehr tiefen Steinbruch ... Wenn jemand den Teufel sehen wollte, bestellte ich ihn dorthin. Bevor er eintreten durfte, mußte er 45 bis 50 Pistolen bezahlen. Dann ließ ich ihn schwören, von dieser Begegnung keinem Menschen zu berichten, keine Angst zu zeigen und weder Gott noch einen Heiligen anzurufen.
Dann forderte ich ihn auf, mir zu folgen. Ich machte Kreise, murmelte Beschwörungen und nuschelte einige unverständliche Schimpfwörter. In tiefster Dunkelheit angekommen, schrie ich dann los wie am Spieß. Alsbald erschienen sechs Figuren, Kumpel von mir, mit brennenden Fackeln in den Händen. In ihrer Mitte führten sie einen mit einer zinnoberroten Kette geschmückten Ziegenbock. Meine Helfer hatten sich Hörner auf den Kopf gesetzt. Sie heulten und fluchten gewaltig ... Vor Schreck rasselte der Ziegenbock mit seiner Kette, die aussah, als

ob sie glühte und er der Teufel höchstpersönlich sei. Es gab kein anderes Licht in der Höhle als das der Pechfackeln ...
Zwei der sechs in Lumpen gekleideten Männer peinigten nun meinen Kunden, schlugen mit sandgefüllten Säcken auf ihn ein, so daß ich oft befürchtete, er würde halbtot zusammenbrechen. Aber die meisten faßten sich und liefen weg. Ich konnte ihnen nur noch nachrufen, nicht noch einmal den Teufel sehen zu wollen ...«

Botschaften aus dem Jenseits

Unter den vielen Spiritisten, die in *Paris* tätig waren, ist Allan Kardec wohl der prominenteste. Sein Grab in der 44. Division des Friedhofes *Père Lachaise* ist eine der meistbesuchten Kultstätten der Stadt. Sogar im kältesten Winter verschwindet der Menhir unter Bergen von Blumen, speziell Veilchen. Die Büste des 1869 gestorbenen Sehers ist blank vom Berühren und Streicheln der vielen Besucher.
Alles begann in der Mitte des vorigen Jahrhunderts im Haus Nummer 18 der *rue de la Grange-Batelière*, wo ein gewisser Monsieur de Plainemaison in seiner kleinen Wohnung Tische und Stühle springen ließ. Er tat es im geheimen, denn diese aus Amerika importierte »Mode« provozierte noch Witze über solche Geisterbeschwörungen. Skeptisch war auch der Lehrer und Autor verschiedener Broschüren über Wissenschaften für Schüler, Dénizard-Hippolyte Rivail. »Ich glaube es erst, wenn ich es sehe«, erklärte dieser pragmatische Mensch einem Freund, der bereits an einer dieser Séancen teilgenommen hatte. »Sie müssen mir beweisen, daß ein Tisch einen Verstand zum Denken hat und Nerven, um sie zu fühlen und schlafzuwandeln.«
Im Mai 1845 begleitete Rivail seinen Freund in die *rue de la Grange-Batelière* und wurde rasch zum Adepten. »Ich erkannte«, erklärte er später, »unter den oberflächlichen Erscheinungen und Spiele-

reien mit diesem Phänomen etwas sehr Ernsthaftes. So etwas wie die Offenbarung eines neuen Gesetzes, das ich ernsthafter studieren wollte.« Rivail wurde ein ständiger Besucher in Plainemaisons Haus. Der Spiritismus hatte einen neuen Anhänger gefunden und ... seinen Propheten, denn schon zwei Jahre später publizierte Rivail unter dem Namen Allan Kardec sein »Buch der Geister«.

Die Geschichte dieses Buches ist erstaunlich und seltsam. Denn was Rivail dort niederschrieb, hatte er größtenteils jenen 50 Notizheften mit Botschaften und Mitteilungen aus dem Jenseits entnommen, die der Dramaturg und Stückeschreiber Victorien Sardou gesammelt hatte. Der wiederum war durch Zufall an Rivail geraten und hatte ihn gebeten, Ordnung in diese Aufzeichnungen zu bringen. Anfangs zögerte der, aber dann, am 30. April 1856, erschien ihm der Geist Zephir und befahl: »Wenn die Hummel klingelt, laß sie läuten. Nur du wirst die anderen unterstützen, du wirst sie magnetisieren und heilen. Dann, wenn jeder auf seinem Posten ist, wird alles zerstört werden. Keine Religion wird noch existieren. Aber wir brauchen eine, eine die wahr ist, eine große, eine angenehme, eine würdig des Schöpfers ... Die erste Basis ist da. Du, Rivail, bist auserwählt.«

Es waren dunkle Worte, in denen Rivail allerdings einen Auftrag entdeckte, zumal in weiteren Séancen andere Geister wie der Begründer der Homöopathie Hahnemann auf seiner Mitarbeit bestanden und ihn zum Wortführer der toten Menschen wählten. Rivail stimmte zu, und Zephir, hoch erfreut, erinnerte sein neues Medium daran, daß sie gemeinsam in den alten keltischen Wäldern heilige Misteln mit goldenen Sicheln geschnitten hätten. Fortan nannte Rivail sich Kardec. Am 18. April 1857 erschien das aus Fragen und Antworten bestehende »Buch der Geister« und wurde umgehend ein Bestseller. Zwar war der Titel nicht dazu angetan, besondere Aufmerksamkeit auf sich zu ziehen, aber den Spiritisten – und davon gab es bereits sehr viele – versprach es viel:

»Das Buch der Geister, enthaltend die Prinzipien der spirituellen Wissenschaft über die Natur der Geister, ihre Kundgebungen und ihre Beziehung zu den Menschen, ihre moralischen Gesetze, ihr gegenwärtiges Leben, das zukünftige Leben und die Zukunft der Menschheit. Geschrieben nach Diktat und publiziert auf Befehl von Allan Kardec«.

Als enge Mitarbeiter an seinem Werk benannte der Autor Johannes den Evangelisten, Sokrates, Fénélon, Hahnemann, Franklin, Napoléon und Swedenborg.

Letztgenannter hatte ein Jahrhundert zuvor in *Paris* gewirkt, als er, nach sechs Besuchen auf dem Merkur, 23 auf dem Jupiter, sechs auf dem Mars, drei auf dem Saturn und einem auf dem Mond für kurze Zeit an der *Seine* erschienen war, um sich dort in »himmlischer Ekstase« mit jenen zu vereinen, die bereit waren, sich einem neuen, einem mythischen Weltbild zuzuwenden, dessen universales Prinzip die Lehre von den Entsprechungen war. Mit ihrer Hilfe sollten Diesseits und Jenseits überschaubar und einsehbar werden. »Gott ist nicht nur eine Idee oder ein gestaltloser verfließender Geist«, predigte der Schwede: »Seine Geistnatur ist leibhaft. Die Menschengestalt ist eine Repräsentation Gottes. Es eignet ihr daher eine besondere Würde. Sie bildet die Urform der Schöpfung . . . So kehrt die Menschengestalt auf einer höheren Ebene und in größeren Dimensionen wieder. Die Geistwesen gruppieren sich in Gemeinschaften, die Menschengestalt tragen, und diese Gemeinschaften schließen sich wieder zusammen im ›Großen Menschen‹, dem homo maximus, der sich aus Geistern und Geistergemeinschaften als seinen Zellen und Gliedern zusammensetzt.«

Kein Mystiker hat einen tieferen Eindruck auf die französische Literatur des 19. Jahrhunderts ausgeübt als Swedenborg. Balzac, Baudelaire, Nerval und Georg Sand beriefen sich auf ihn. Das Bedürfnis, nach seinem Tod 1772 eine Religionsgemeinschaft zu bilden, blieb jedoch gering. In der *rue Barthélemy 1* trafen sich zwischen den zwei Weltkriegen die letzten Swedenborgianer in einem Wäschegeschäft alle zwei Monate, um mit den Engeln zu kommunizieren. Dann sprachen sie das von Swedenborg empfohlene Gebet »Pater«, sangen mutschöpfende Lieder aus dem lutherischen Repertoire und kommentierten die Schriften des Meisters.

Die Schimären von Notre Dame

Grab von Abélard und Héloise auf dem Père Lachaise

François Villon

Alexandre comte de Cagliostro
alias Guiseppe Balsamo

Teufelsbeschwörung in den
Steinbrüchen von Montsouris

Allan Kardec

Exhumierung des Dauphin Louis XVII. (oben rechts)

Querschnitt durch eine der ersten Métro-Stationen

François de Paris

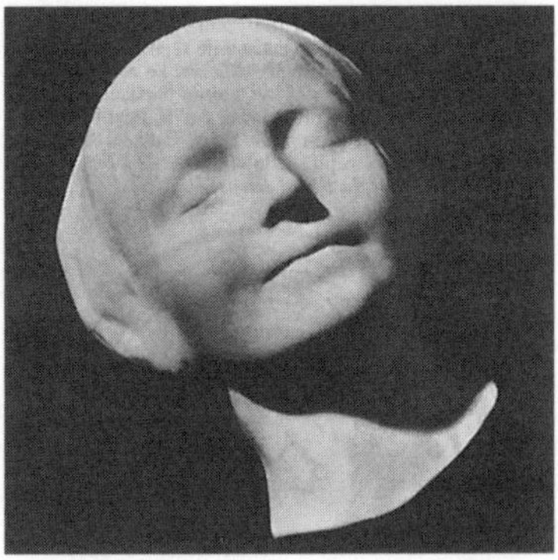

Die Unbekannte aus der Seine

Brouillette: »Charcot in der Salpêtrière«

Cimetière des Innocents

Das blutige Gewerbe der »Nachbarin«

So harmlos war es nicht immer zugegangen, wenn Magier, Alchimisten und Sektierer sich mit ihren Jüngern trafen. Zu den Horrorfiguren dieser Spezies gehörte zweifellos eine gewisse Catherine Deshayes, die Frau des Montvoisin, auch »La Voisine«, die Nachbarin, genannt. Sie ging als Hohepriesterin der Hexerei in die Stadtgeschichte ein. Während der Regentschaft Louis' XIV. bewohnte sie in der *rue Beauregard* jenes Haus, das heute die Nummern 23 und 25 trägt. Damals verlief hier, im *quartier la Villeneuve-sur-Gravos*, ein Wall, hinter den die Pariser Müll und Abfall verbrachten. Das Haus der »Nachbarin« besaß einen Hinterausgang zur *rue de la Lune*, der vorzugsweise von ihrer prominenten Klientel benutzt wurde. Ihre Beratungen ließ sich die Deshayes, so sagt man, sehr teuer, mit bis zu 1 500 Livres bezahlen.

Natürlich blickte auch sie, wie ihre 300 Kolleginnen, die damals in der Stadt ihr Gewerbe ausübten, in die Zukunft. Aber darüber hinaus tat sie noch mehr, wenn von ihrer vorwiegend weiblichen Kundschaft immer wieder eine Frage gestellt wurde: »Wie werde ich meinen Mann los?« – Dann konnte die »Nachbarin« meistens mit einem Pülverchen helfen, das Erbschaften oder neue Ehen beschleunigte.

Die »Nachbarin« war eben nicht nur eine Wahrsagerin . . . Auch als Hexe und Engelmacherin war sie gefragt. Manches Neugeborene wurde als Medium in ihrem magischen Zirkel benutzt, in dessen Zentrum die Mutter nackt auf der bloßen Erde lag und dem Ritualmord zusehen mußte. Vermischt mit ekelhaften Beigaben, wurden die Reste der kleinen Opfer später als Liebeselixiere verkauft. Durch ein solches Mittel, angereichert mit dem Samen eines Ziegenbocks, der Galle einer Kröte und dem Blut einer Fledermaus, wollte sich des Königs Mätresse, Madame de Montespan, die Gunst ihres Liebhabers erhalten.

Dreimal, im April 1666, ließ sich die Montespan in eine verkommene Wohnung in der *rue de la Tannerie* bringen, wo ein verfluchter

Priester namens Mariette über dem nackten Leib der Montespan ein Kind opferte und alle Teufel beschwor: »Astaroth, Asmodée, Prinz der Freundschaft, ich beschwöre Euch, dieses Opfer anzunehmen, das ich Euch in diesem Kind darbiete, um dafür die Liebe des Königs, des Monsieur le Dauphin und aller Prinzessinnen und Prinzen am Hof zu erringen, daß nichts und niemand mich herabsetzen möge und ich für meine Eltern alles vom König erbitten und verlangen kann, was ich will ...«

Man weiß heute, wie diese Séancen ausgingen: Vom 1. April 1679 bis zum 21. Juli 1682 tagte die Hohe Kammer in Sachen Hexerei und schwarze Magie. Danach belieferten mit Hexen und Wahrsagerinnen gefüllte Henkerskarren Schafotte, Scheiterhaufen und Galeeren. Madame de Montespan wurde ins Exil verbannt; auch ein Dichter wie Racine der Teufelei verdächtigt ... Das Ancien régime begann langsam zu verfaulen ...

Ganz auszurotten jedoch waren die schwarzen Messen nicht. Und manche ihrer Protagonistinnen inspirierten immer wieder Dichter und Schriftsteller zu Elogen, besonders wenn sie es verstanden, Schönheit mit Intelligenz zu verbinden. Berthe de Courrière wurde während der Belle Époque eine solche Kultfigur. Von den Lehren Swedenborgs und Kardecs gleichermaßen besetzt, ging sie nicht nur als Modell des Bildhauers Jean-Baptiste Clesinger für mehrere Statuen der Republik in die Geschichte ein, sondern erregte auch als Muse schwarzer Messen Aufsehen. In der *rue Varenne 9* bewohnte sie gemeinsam mit Clesinger und dem Schriftsteller Remy de Gourmont eine Wohnung. Der sehr mystisch veranlagte Georges Charles Huysmans setzte ihr in seinem Roman »Là-bas« unter dem Namen Madame Chantelouve ein literarisches Denkmal und beschrieb sie dort sehr wortreich als Satans schönstes Medium. »Sie war noch ganz 16. Jahrhundert und eine Gefangene in ihrer eigenen Abtei. Gekleidet in Rot, ruhten ihre Füße auf einem schwarzen Kissen. Ihre Finger leuchteten von Granaten und Rubinen, vielleicht auch Edelsteinen, und spielten mit einer weißen Kordel, die ihr Kleid in schweren purpurnen Falten zusammenhielt ...«

Von ihrer Wohnung gab Henry de Groux eine eindrucksvolle Schilderung: »Alles ist hier im positiven Sinn wild zusammengewürfelt. Nicht nur die Meßgewänder und Altardecken sind Objekte eines ungewöhnlichen Kultes ... Die Düfte von Benzoe, Amber und Rosenessenzen verbinden sich in schwüler Dosierung mit dem Geruch des Weihrauchs ... »

Ganz prosaisch sah Léo Larguer diese Frau: »Madame de Courrière war eine sehr dicke und stark gepuderte Person, die sich den ganzen Tag allein in einem schmuddeligen Frisiermantel in ihrer wenig gepflegten und vollgestopften Wohnung aufhielt. An die Wände hatte sie viele Postkarten gepinnt, in allen Ecken standen Abgüsse von Clesingers Werken. Dort sah man einen Schenkel, hier die Hälfte eines Torsos, einen Arm oder nur einen Kopf.«

Huysmans dagegen muß sie als große Verführerin erlebt haben: »Sie entkleidete sich, warf ihre Bluse und ihren Rock auf die Erde, schlug das große abscheuliche Bett auf und rieb sich, das Hemd über den Rücken gleiten lassend, mit Vergnügen am rauhen Stoff des Bettlakens, verdrehte die Augen und riß ihn an sich und lehrte ihn das Verhalten eines Gefangenen, was er sich nie hatte vorstellen können. Sie fügte Pfeffer und die Verrücktheiten einer Hure hinzu ...«

Im Rausch der Frömmigkeit

Rauschhaft und überspannt verlaufen meistens jene Andachten, wenn sich die Anhänger einer geweihten Person treffen oder in einer Sekte vereinen. Der frühe Tod des Diakons François de Paris aber sprengte alle Grenzen. Zu Lebzeiten war er, ein Sproß aus wohlhabender Familie, ein Wohltäter gewesen, der sich und sein Vermögen nur für die Armen eingesetzt hatte. Sein Tod im Jahr 1727 löste eine Massenhysterie aus, die mehrere tausend Frauen erfaßte. Zuerst waren es einige wenige Anhängerinnen, die regelmäßig sein Grab auf dem Friedhof *Saint-Médard* besuchten, um dort zu beten. Dann jedoch fielen dort Frauen in Krämpfe (acht von hundert, sagt die Chronik). Diese Vorkommnisse machten schnell die Runde, und der Strom der Besucherinnen und Neugierigen schwoll schnell an, um sich dieses nekrophile Theater nicht entgehen zu lassen. Es kam zu einer kollektiven Massenhysterie. Vor allem unverheiratete Mädchen äußerten in ekstatischen Formen ihren Schmerz über den Tod des jungen Priesters. Um dies nicht zur Gewohnheit werden zu lassen, versuchten Aufsichtsbeamte auf dem Friedhof, die Zahl dieser Besucherinnen, der sogenannten Konvulsionärinnen, einzudämmen. Und der Erzbischof von Paris verbot den Kult um seinen ehemaligen Hilfspriester.

Aber er konnte nicht verhindern, daß auch Vertreter des Klerus sich zu den Konvulsionärinnen bekannten. So scharte ein Mönch namens Augustin Anhänger um sich, die mit ihm, für die Anhängerinnen des François de Paris protestierend, sich nackt vor der Kirche *Notre-Dame* und dem *Hôtel de Ville* auf die Erde warfen und dort liegen blieben, in der Furcht oder . . . Hoffnung, hingerichtet zu werden.

Die Discernants ihrerseits hielten sich für die Propheten unter den Anhängern des hochverehrten Toten und verkauften an seinem Grab Parolen und Halbwahrheiten; die Figuristen spielten während ihrer Anfälle Szenen aus der Passionsgeschichte oder aus dem Martyrium der Heiligen nach; die Secouristen schließlich, eine Art dienender Brüder, leisteten den Konvulsionistinnen erste Hilfe, indem sie sie in ihren Trancezuständen vor Stürzen bewahrten und ihre Kleidung ordneten.

Die Konvulsionärinnen hatten sich schnell zur Sekte mit verschiedenen Strömungen zusammengeschlossen. Sie hatten Regeln, redeten sich mit Bruder und Schwester an und wurden von Mäzenen mit dem Notwendigen versorgt. Der Graf Daverne wurde 1735 von seiner Familie angeklagt und zur *Bastille* verurteilt, weil er sein gesamtes Vermögen den Konvulsionärinnen überschrieben hatte.

Ein Blick auf die Besessenen und ihre Exerzitien, die sie »œuvre« (Werk) nannten, beweist, daß hier der blanke Irrsinn ausgebrochen war. Verschiedene junge Mädchen hatten eine Choreographie entwickelt, die in Sprüngen und Hopsern ihren Höhepunkt fand, weshalb man sie »sauteuses« (Springerinnen) nannte. Andere wiederum heulten, miauten, bellten und fielen also unter die Spezies »aboyeuses« (Kläffer) und »miaulantes« (Maunzer). Fünf Jahre lang waren die Vorstellungen am Grab des Diakons François de Paris von allgemeinem Zuspruch begleitet, zumal sich dort auch Wunder ereigneten: Kranke sollen geheilt worden sein. Falsche Propheten versammelten sich dort und kannibalisierten durch ihre Weissagungen die Grausamkeit nur noch. »Gott ändert seine Wege«, predigten sie, und in der Tat geschah das auch, als sich der Friedhof in einen Ort des Verbrechens verwandelte, auf dem die Secouristen den Ton angaben und die von Krämpfen heimgesuchten Mädchen peinigten. Den Frauen schienen diese Torturen von Gott gesandt. Unempfindlich gegen Schmerzen, schlugen sie sich auch noch selbst mit Zweigen und Peitschen, piesackten sich mit Zangen und ließen sich, Kopf nach unten, in die umstehenden Bäume hängen.
Am 27. Mai 1732 wurde der Friedhof auf Verordnung Ihrer Majestät eingezäunt: »Der König verbietet bei Gott, hier Wunder zu vollbringen.«
Die Konvulsionärinnen setzten ihr grausames Treiben in Privathäusern fort. 1733 schaltete sich erneut die Regierung ein und verbot auch solche Versammlungen. Vergeblich. Die Brutalitäten steigerten sich. Die Tochter des Antiquars Milet ließ sich in Trance erdrosseln, ein anderes Mädchen aus gutem Hause auf eigenen Wunsch kreuzigen. Andere verschluckten brennende Kohle oder . . . die Bücher des Neuen Testaments.
Die Gründe für diese Auswüchse sahen Mediziner damals in einer mit Naivität gepaarten Hysterie. Die Moralisten sprachen sibyllinisch von Liebe: »Diese Sucht hängt davon ab, ob die Betroffenen mehr oder weniger moralisch sind, mehr oder weniger verführbar, mehr oder weniger intelligent. Wenn ein junges

Mädchen von Haus aus an Teufel glaubt, nimmt sie solche Einflüsse leichter auf. Sie glaubt sich besessen. Sie fühlt sich von den Menschen, die den Praktiken der Frömmigkeit ergeben sind, eingeengt. Sie gibt sich der Religiosität exzessiv hin. Ihre Enthaltsamkeit, ihre Demütigungen werden wachsen, und sie wird Ekstasen und Konvulsionen erleben. Alle jungen Mädchen tragen in sich, was der Arzt Hysterie, der Moralist Liebe nennt.« Die Verrücktheiten und Tollheiten im Namen des Diakons François de Paris setzten sich mit gleicher Heftigkeit 35 Jahre fort. Im August 1762 wurde die Gemeinschaft der Jesuiten aufgelöst, die als Anstifter dieser und ähnlicher Sekten galten. Der Friedhof *Saint-Médard* wurde später im Zug einer Erweiterung der Kirche überbaut. Das Grab des François de Paris befindet sich heute unterhalb der *Chapelle de la Vièrge*, links von der Apsis, und ist leicht durch das fälschlich Watteau zugeschriebene Gemälde »Die heilige Genoveva weidet ihre Lämmer« zu finden.

Der Schrei der Hysterie

Viele der Mädchen und jungen Frauen wurden damals in die *Salpêtrière* (*boulevard de l'Hôpital* 47) geschafft, ehemals ein Pulverarsenal, das 1654 ein Krankenhaus für die Armen geworden war, später aber Anstalt und zugleich Gefängnis für leichte Mädchen und Ehefrauen, deren Gatten sich für gutes Geld von ihnen befreiten, indem sie sie eines infamen und unmoralischen Lebenswandels anklagten. So erging es auch der Halbweltdame Manon Lescaut, die aus diesem Haus von ihrem Geliebten, dem Chevalier des Grieux, befreit wurde. Einer anderen berühmten Insassin, der Drahtzieherin in der »Halsband-Affäre«, der falschen Gräfin de Lamotte-Valois, gelang ebenfalls die Flucht. In Männerkleidung entkam sie nach London, wo sie im Alter von 35 Jahren bei einer Orgie aus dem Fenster stürzte und sich den Hals brach.

Während der Revolutionsjahre wurde die *Salpêtrière* speziell für Geisteskranke genutzt. Die Revolutionärin und Volksheldin Théroigne de Méricourt verdämmerte dort, irre geworden, den Rest ihres Lebens. Am 4. September 1792 verurteilte im mittleren Hof ein Volksgericht 44 Insassinnen zum Tod und vollzog die Hinrichtung mit Bajonetten. Im Hof dahinter befindet sich der Brunnen, an dem Manon Lescaut ihren Fluchthelfer erwartete.

In den letzten Jahren des 19. Jahrhunderts mißbrauchten berühmte Ärzte wie Pinel die Kranken für ihre Experimente. Charcot hielt Vorlesungen über die Hysterie, die von der Bevölkerung immer noch mit Besessenheit gleichgesetzt wurde. Sowohl privat als auch öffentlich kam es immer wieder zu kollektiven Wahnvorstellungen. Vor allem bäumten sich junge Mädchen gegen die väterliche Autorität auf und ließen sich als Strafe dafür von Priestern und Exorzisten geißeln und mißbrauchen. Die Kirche war oft involviert in diese hysterischen Manifestationen der jungen Frauen, die eigentlich nur auf der Suche nach ihrer eigenen Identität waren.

1848 brach mitten in *Paris* eine hysterische Epidemie unter den 400 Arbeiterinnen einer Fabrik aus. Wie viele von ihnen in die *Salpêtrière* eingeliefert wurden, ist nicht belegt. Immerhin gab es dort genug Fallstudien für jene theatralischen Zurschaustellungen, in die Professor Charcot seine Vorlesungen verwandelte. Viel Prominenz saß regelmäßig im Publikum, Künstler, Publizisten und Politiker. Ein Bild von Brouillet – »Une leçon clinique du professeur Charcot à la Salpêtrière« – bezeugt die Anwesenheit der Schriftsteller Claretie und Arène. Auch Guy de Maupassant nahm an den Vorlesungen des »großen Mandarin« teil und setzte in verschiedenen Erzählungen die Methoden des Arztes literarisch um.

Diesen und anderen bürgerlichen Literaten wurde in der Tat viel geboten, wenn die Kranken sich in ihrem Wahnsinn und geschürtem krankhaftem Narzißmus auf einer Theaterbühne präsentierten und dafür sogar bezahlt wurden. Der Angstschrei der hysterischen Frauen verriet mehr über das private Leiden der Menschen im 19. Jahrhundert als irgend etwas sonst. Auch wurde regelmäßig ein »Ball der Verrückten« veranstaltet, auf dem sich vor allem die Pariser Halbwelt ein Stelldichein gab. »Das ist der geweihte Tag«, schrieb Arène, »wo manche dieser armen Kreaturen, oft gestrandet durch eine unglückliche Liebe, den Verlust eines lieben Nahestehenden, durch ein Leiden in der Familie, den Verlust ihres Vermögens und anderer unvorhersehbarer Ereignisse für einige Sekunden die Instinkte ihres Geschlechtes und den Gebrauch ihres Verstandes wiederentdecken.« Die Tragödin Sarah Bernhardt nahm gerne an diesen Bällen teil und betrachtete sie als Inspirationsquelle. Mehr noch, nicht nur die hysterische Gebärde übernahm sie für ihre Darstellungen, sondern entdeckte auch manch neues Talent für ihr Theater.

La Morgue: unter den traurigen Toten ...

Ein Todesort, dem intensivsten Leben der Stadt entgegengesetzt und Endstation für viele dieser verlorenen Geschöpfe, war das *Institut médico-légal* an der *place Mazas* im 12. Arrondissement, auch *La Morgue* genannt. Nur besucht von Nahestehenden, die hier die sterbliche Hülle eines Freundes oder Familienmitgliedes identifizieren wollten, erregte *La Morgue* trotzdem immer wieder die Öffentlichkeit durch jene Klientel, die ohne Erlaubnis und Formalität diese Welt verließen und als Tote aus der *Seine* gezogen oder als Ermordete in irgendeiner dunklen Gasse gefunden worden waren. Besonders in der romantischen Epoche beschäftigte dieses Gebäude die Phantasie. Der Schriftsteller Charles Nodier beschrieb sie als »Kapelle, brennend vom Unglück und vom Verbrechen, wo man die Toten aufbewahrt, die keinen Namen haben und die die Polizei geerntet hat in der Öffentlichkeit. *La Morgue* ist ein gereinigter Gerichtsraum, wo man die Anonymität der Leichen zu dechiffrieren versucht, bevor man sie der Müllabfuhr oder dem Friedhof überläßt ... Es gab Jahre, wo *La Morgue* viel zu klein war: am Abend eines Aufstandes, am Morgen nach einem Volksfest oder einer nationalen Feier ...«

Und natürlich während der Revolution, wo die Franzosen nur noch Blut atmeten und Tausende unter der Guillotine ihr Leben ließen. Auch spätere Volksbewegungen, etwa 1871, als in Paris die Commune herrschte, ließen die Bedeutung der *Morgue* immer wieder so anwachsen, daß man sie vergrößern mußte. Die Dritte Republik versorgte sie mit Eisfächern, einem Sektionssaal, einer Garderobe und ... einem Protokollführer. Dieser, der Dichter Clovis Pierre, schrieb damals:

(La Morgue) ist ein Ort, der ruhiger nicht sein kann.
Aber je nach Saison,
wenn sie ein Domizil brauchen,
dann kommen sie in dieses Haus ...

Im Jahr 1914 wurde *La Morgue*, im Volksmund auch »Villa der Ertrunkenen« genannt, als medizinisches Institut anerkannt. Vom *quai du Marché-neuf* zog sie um in das große Haus an der *place Mazas*, das auch heute keiner gerne betritt, und wenn es denn sein muß, dann nur auf Vorladung oder ... mit den Füßen voran.

Clovis Pierre war nicht der einzige Poet, der durch diesen Ort inspiriert wurde vom Schrecken und Horror des Todes und seiner Opfer. Angelin Ruelle veröffentlichte 1890 »Les Chansons de la Morgue«, in denen er auch einer unbekannten Göttin im Eisschrank einige einfühlsame Zeilen widmete:

Unter den traurigen Toten in erbarmungswürdigen Posen
im Gold ihrer Haare, die Augenlider halb geschlossen,
weiß und ruhig, ähnlich den Königen in ihren Sarkophagen,
liegt sie dort unten auf den Fliesen,
arm und prachtvoll, eine Elfe geblümt vom Schlamm
wie die Vision eines Engels.
Während im Blick der frommen Besucher

Tränen plötzlich ihre Augen verschleiern,
drängelt sich ein Straßenjunge durch die Menge und
schreit zynisch: »Oh, wie schön! Die Prinzessin!«

Vielleicht handelt es sich hier um jene Schöne, die als Ertrunkene 1880 aus der *Seine* geborgen wurde und ebenso durch ihr rätselhaftes Lächeln als auch durch ihre mysteriöse Todesursache zur großen Unbekannten, zur »inconnue« wurde. Wahrscheinlich gehörte sie zu jenen »misérables«, die sich in jener Zeit scharenweise das Leben nahmen, weil sie in der Großstadt *Paris* keine Überlebenschance sahen. Der Ausdruck dieses armen Wesens jedoch beeindruckte die Mediziner so sehr, daß sie eine Totenmaske abnahmen und diese als Gipsabdruck tausendfach reproduziert und verkauft wurde. Es entstand ein Kult um dieses Mädchen, der mehrere Autoren, vom französischen Surrealisten Louis Aragon bis zum deutschen Romanautor Reinhold Conrad Muschler, zu mehr oder weniger gelungenen Werken inspirierte. Alles in allem ein ergreifendes Memento mori. Das wirkliche Schicksal der »Unbekannten aus der Seine« – Mord oder Selbstmord – wurde nie aufgeklärt. Statt dessen kam nekrophile Sehnsucht als Modekrankheit auf, verbunden mit der Furcht vor körperlicher Auflösung nach dem Hinscheiden und kitschig verbrämt mit der Erlösung durch einen Selbstmord.

Der Friedhof als Markt

Jeder Pariser Friedhof ist eine Welt für sich. Bewegend meistens, oft beeindruckend. Aristokratisch und barock ist der von *Passy*, ländlich der von *Montmartre* und groß und ehrfurchtheischend der *Père Lachaise*, auf dem die Wärter einen Plan verkaufen, der zu den Gräbern der Berühmtheiten führt. Man kann sich dort auf Stunden verirren und dem Charme dieses Gottesackers verfallen, der mehr einem romantischen Garten gleicht. Das geheimnisvolle *Paris* hatte schon immer eine sehr enge Beziehung zum Tod und lebte diese stets auf seinen Friedhöfen aus.

So war es auch schon im 12. Jahrhundert, als an der Kirche *des Innocents*, dem späteren Standort der inzwischen abgerissenen Hallen und dem heutigen des *Centre Pompidou*, an der Kreuzung *rue Saint-Denis* und *rue Berger*, ein Friedhof entstand, dessen erster Toter ein gewisser Richard war, den Juden gekreuzigt haben sollen. Die Nekropole, rund um die Uhr geöffnet, vergrößerte sich rasch, denn auf ihm fanden nicht nur die Toten von 22 Pariser Pfarren, sondern auch die aus dem *Hôtel-Dieu* und aus der *Morgue* ihre letzte Ruhe. In fünf mal sechs Meter großen Massengräbern wurden diese Anonymen und Ärmsten der Armen, eingeschlagen in ein Leinentuch, bestattet. Einige Tausend Leichen faßte so ein Grab. Die Erde dieses Friedhofs galt als exzellent. »Sie frißt einen Kadaver in neun Tagen auf!« Eines dieser Gräber war immer geöffnet. Trotzdem war der Friedhof bald restlos überfüllt. Also entschied man sich, ihn wie ein Kloster mit Galerien und Arkaden zu umgeben, deren combles als Beinhäuser für die den Gräbern entnommenen Knochen dienten.

Diese Beinhäuser nutzten die Lebenden, um sie in Markthallen zu verwandeln. Man fand hier Mode-Boutiquen und Wäschegeschäfte. Zwischen Gräbern und Knochenhaufen saßen die öffentlichen Schreiber, verfaßten für ihre Kundschaft Geschäfts- und Liebesbriefe und bereiteten Prozesse vor; Maler nutzten die Arkaden, dessen Wände der Duc de Berry längs der *rue de Ferronnerie* mit einem überdimensionalen danse macabre hatte bemalen lassen, für ihre Ausstellungen, und in verborgenen Ecken des Friedhofs verschwanden die Dirnen mit ihren Kunden, während in den Wintern die Bettler hinter den Grabsteinen ihre Feuer mit Knochen aus den Gebeinhäusern anlegten und sich dort wärmten. Seinen Pantagruel ließ Rabelais später nicht grundlos klagen: »Paris ist eine gute Stadt zum Leben, aber nicht zum Sterben, denn die Bettler vom *Innocents* machen sich Feuer unterm Hintern mit den Knochen der Toten.«

Eine Oase der Stille auf dem stets belebten Friedhof war die Kirche *des Innocents*, in die sich fromme Frauen von der sündigen Welt in kleine Logen zurückzogen, deren Türen zugemauert wurden. Nur durch kleine Fenster konnten sie mit Verwandten und Betreuerinnen kommunizieren und in die Kirche oder auf den Friedhof schauen. Durch diese Ausblicke ernährte man sie oder schob ihnen neues Stroh für ihr hartes Lager zu.

Manche wurden gegen ihren Willen mit Gewalt eingemauert, so wie Renée de Vendomois, die 1485 ihren Liebhaber ermordet hatte und vom Gericht zu ewiger Zellenhaft in dieser Klausnerei verurteilt wurde.

In der benachbarten Kirche *Saint-Opportune* hatte sich 1403 in einem Anfall von Mystizismus Agniès de Rocher für ein solches Zellenleben entschieden. Aber weil sie gerade 18 Jahre alt war und der Herr, entzückt über ihre Glaubensstärke, ihr ein langes Leben gönnte, starb sie erst 80 Jahre später. Was wiederum beweist, daß es weder frische Luft noch Sonne oder Hygiene sind, die manche von uns am Leben halten.

Sorge machte den Anwohnern des Friedhofs das stets geöffnete und nur mit Holzplanken bedeckte Massengrab, dem über die Jahrhunderte ein unsäglicher Gestank entwich. Ihn zu beseitigen schlug stets fehl. Der Friedhof wurde größer, wuchs auf zwei Millionen Tote an und mußte immer häufiger mit neuer Erde versorgt werden. 1780 geschah es dann: Die Mauer im Keller eines Privathauses in der *rue de Lingerie* brach unter dem Druck der in einem Beinhaus nebenan gelagerten Knochen zusammen. Ein entsetzlicher Gestank überzog die benachbarten Häuser. Der Stadtrat beschloß die Auflösung des Friedhofs. An seiner Statt sollte ein öffentlicher Platz entstehen, »sauber genug, um einen Markt einzurichten . . .«. 1786 begannen die Arbeiten. Die Kirche und die Beinhäuser, von Molière als »Zeichen der Barbarei, die uns auf eine Stufe mit den Hottentotten stellt«, bezeichnet, wurden abgerissen, die Denkmäler größtenteils zerstört. Manche prominente Tote wurden umgebettet auf den *Père Lachaise*, die Gebeine der meisten jedoch verschwanden für immer in den

Katakomben von *Paris*, wo sie, nach Größen geordnet, gestapelt wurden.
Vom Friedhof *des Innocents* sind heute nur noch Arkadenteile an den Häusern Nummer 11 und 13 der *rue des Innocents* zu sehen.

Eine unterirdische Nekropole

Der Generalaufseher der Steinbrüche, Thiroux de Crosne, hatte für die Toten die Steinbrüche von *Montsouri* bestimmt, denen man den Namen »Katakomben« als Anspielung auf jene römischen Steinbrüche von Pouzzalon gab, in denen sich die ersten Christen versteckt hatten. Nachdem der Erzbischof die unterirdische Nekropole geweiht hatte, begannen am 7. April 1786 die Umbettungen, die nicht nur den Friedhof *des Innocents* betrafen. Auch andere Nekropolen wie die von *Saint-Eustache*, *Sainte-Étienne-des-Gés*, *Saint-Landry* und *Saint-André-des-Arts* löste man auf. 15 Monate wurden die Gebeine durch einen Schacht unter dem heutigen Haus Nummer 8 in der *avenue Président-René-Coty* in die unterirdischen Gänge verbracht und dort gestapelt. Dann sortierte man sie, lokalisierte die Herkunftsfriedhöfe, stellte Grabsteine und Todessymbole auf. Eine Art Freiluftmuseum entstand, das viele Besucher anzieht.
Das große Gebeinhaus erstreckt sich heute unter den Straßen *Dareau*, *d'Alembert*, *Hallé* und der *avenue Président-René-Coty* über 11 000 Quadratmeter. Die Reste von fünf bis sechs Millionen Toten ruhen dort. Anonym. Unter den Sehenswürdigkeiten zeigt man die Quelle von *Léthé*, auch *Fontaine de le Samaritaine* genannt, in der eine besondere Spezies von Krusten- und Schalentierchen leben soll. Sie haben farblose Augen, zerbrechliche Membranen und ernähren sich vom Moos auf den menschlichen Knochen.
Eine weitere Attraktion ist die Miniatur des *Fort Port-Nahon* in der Hauptstadt der Balearen. Ein Veteran der Armee Louis' XVI.,

der in den Katakomben arbeitete, erbaute es in seinen Arbeitspausen zwischen 1777 und 1778 als Erinnerung an den Ort, wo er einst als Soldat tätig war. Schließlich wird auch auf die Revolutionsgräber hingewiesen: Vier Steine in Form von Sarkophagen nennen die Namen von Plätzen und Opfern und die Kämpfe zwischen 1789 und 1792.

Erwähnenswert ist jenes berühmte Konzert, welches in den Katakomben (die über eine hervorragende Akustik verfügen) am 2. April 1897 gegeben wurde. 50 Musiker spielten in der *Rotonde du Tibias* vor Hunderten von Zuhörern den Totenmarsch von Chopin, den Danse macabre von Saint-Saëns, den Choral und Totenmarsch von Perses und den Totenmarsch aus Beethovens Eroica. Der Eingang zu den Katakomben befindet sich an der *place d'Enfert-Rocherau 1* (Besichtigungszeiten Dienstag – Freitag 14 bis 16 Uhr, an Wochenenden 9 bis 11 und 14 bis 16 Uhr).

Friedhofsgeschichten

Die Hingabe der Franzosen an ihre Vergangenheit spiegelt sich in ihrer Sucht nach Denkmälern wieder. Präsentieren sich die Monumente für die Toten zweier Weltkriege in der Provinz als bronzene Krieger oder gallische Hähne eher sparsam auf dem Marktplatz oder vor dem Rathaus, so hatten die Stadtväter von *Paris* nie Skrupel, für große Männer und Frauen ihrer Historie Statuen zu errichten, um große Gefühle und Mythen zu personifizieren. Die öffentlichen Gärten in *Paris* sind überreichlich bestückt mit solchen marmornen und bronzenen Zeitgenossen. Und auch auf den Straßen und Plätzen der Metropole dominieren diese Zeugen der Geschichte den Blick.

Die meisten Denkmäler jedoch finden sich auf den 15 Pariser Friedhöfen und bilden dort eine Welt für sich. Der *Père Lachaise* ist zwar nicht der älteste, aber der berühmteste und mit Abstand der größte. Seit seiner Eröffnung anno 1804 wurden hier rund zwei Millionen Tote beerdigt. Unter ihnen ziehen die Gräber einiger Persönlichkeiten täglich Hunderte von Anhängern und Gläubigen an. Zu ihnen gehören auch die Ruhestätten des Spiritisten Allan Kardec (Division 44) und des unglücklichen Liebespaares Abélard und Héloise (Division 7). Aber auch die Gruften des »Spatzes von Paris« Edith Piaf (Division 97) und ihres Liebhabers Yves Montand (Division 91) wie auch des »Doors«-Sängers Jim Morrison (Division 6), der homosexuellen Dichter Oscar Wilde (Division 9) und Raymond Radiguet (Division 56), des Romantikers Alfred de Musset (Division 4), des Dramatikers Eugène Scribe (Division 12), des Schauspielers Talma (Division 12), des deutschen Dichters Börne (Division 19), des Zeichners Gustave Doré (Division 22) und des Komponisten Frederic Chopin (Division 11) wurden, wie viele andere prominente Grabstätten, zu Wallfahrtsorten.

Eine sehr spezielle Verehrung genießt der Journalist Victor Noir (Division 92), der, überlebensgroß in Bronze gegossen, im Anzug und mit Hut, hingestreckt auf einer Platte liegt. Am 10. Januar 1870 wurde der 22jährige, in der Blüte seiner Jahre also und im Vollbesitz seiner Manneskraft, von dem Prinzen Pierre Bonaparte erschossen, bevor ein von Noir gefordertes Duell überhaupt begonnen hatte. Seine Grablegung wuchs zu einer gewaltigen antimonarchistischen Demonstration an. Als nekrophile Kultfigur erlebte der Tote seine Renaissance, als seine delikateste Körperpartie zum »Berührungspunkt« vieler unfruchtbarer und frustrierter Frauen wurde, die immer wieder zu diesem Grab kommen, um Hand anzulegen.

Rätsel ranken sich um das Grab des Theaterschriftstellers Molière (Division 25). 1658, während der Vorstellung des »Eingebildeten Kranken« von Krämpfen heimgesucht, verstarb er wenig später in seinem Haus. Pech für den geistreichen Spötter: Geistlicher Beistand vom Priester seiner Gemeinde *Saint-Eustache* wurde ihm nicht gewährt. Auch die Bestattung in geweihter Erde verweigerte ihm der Geistliche. Statt dessen sollte der Tote »ohne Pomp und nur von zwei Priestern begleitet« und »außerhalb der Tagesstunden« beerdigt werden. Aber der bigotte Klerus hatte die Rechnung ohne die Verehrer Molières gemacht. Der Tod des Dichters hatte Hunderte vor sein Haus gelockt. Ein Augenzeuge: »Die Molière (Armande Béjart) war darüber sehr erschrocken. Sie konnte die Absicht dieses Volksauflaufs nicht durchschauen. Man riet ihr, hundert Goldstücke aus dem Fenster zu werfen, und sie zögerte nicht und bat das Volk mit trauernder Gebärde, es für Gebete für ihren Mann zu opfern und in ihnen aus ganzem Herzen zu Gott zu beten. Dann setzte sich der Konvoi, erleuchtet von Hunderten von Fackeln, am Dienstag, dem 21. Februar, ruhig in Bewegung . . .«

Von 1674 an ging das Gerücht um, daß man Molière heimlich in einem Massengrab unter Verbrechern und Ungetauften beigesetzt habe. Und auch heute ist man sich immer noch nicht sicher über den Verbleib der sterblichen Überreste, die 1792 ebenso wie die La Fontaines (Division 25) von der Bürgermeisterei des 3. Arrondissements exhumiert worden waren, dann ins Kloster der *Petit-Augustins* und von dort 1817 angeblich auf den *Père Lachaise*, verbracht worden seien.

Auch ein anderes Grab auf dem *Père Lachaise* in der 29. Division an der Kreuzung *avenue des Acacias/chemin Masséna*, wirft Fragen auf. In ihm sollte eigentlich Marschall Ney liegen, der sich in den Revolutionskriegen und später in der napoleonischen Armee den Beinamen »Tapferster der Tapferen« verdient hatte. Am 7. Dezember 1815 wurde er, nach mißglückter Flucht in die Schweiz, wegen Hochverrats verurteilt und im Alter von 46 Jahren erschossen. An der Stelle der Exekution, Ecke *boulevard Montparnasse/boulevard St. Michel*, wurde 1853 ein Denkmal von François Rude enthüllt, das Rodin als das schönste von *Paris* bezeichnete. Aber war der Marschall wirklich dort erschossen und dann auf dem *Père Lachaise* beerdigt worden?

»Nein«, behauptete später der Friedhofsgräber Paul Albert: »Der Sarg war leer!« – Szenenwechsel. Ein anderes Land, ein anderer Ort: Brownsville in South-Carolina. In der Dorfschule verrichtet ein rothaariger Riese, um die 50 Jahre alt, seinen Dienst als Französischlehrer und Direktor. Auffallend an ihm ist sein aufrechter Gang. Sein Name: Peter Stuart Ney. Eines Tages, im Mai 1821, sehen seine Schüler ihn während der Zeitungslektüre ohnmächtig werden. Wochen später findet ihn ein Nachbar fast verblutet in seinem Haus. Neys Finger umkrampfen ein Messer; ein Selbstmordversuch.

»Seit Napoléon tot ist«, flüstert er, »will ich nicht mehr leben.« Und er weist auf die Zeitung, in der geschrieben steht, daß der Kaiser der Franzosen am 5. Mai auf St. Helena gestorben sei. Dann fragt er: »Kennen Sie den Marschall Ney? Das bin ich ... Ich wurde durch Wellington gerettet. Er bat Louis XVIII. um Gnade, wurde abgewiesen und organisierte ein Schauspiel. Am 7. September 1815 verließen drei Reiter *Paris* Richtung *Bordeaux*, schifften sich auf die ›City of Philadelphia‹ ein.« Dort habe er, Ney, sich von den anderen getrennt, um sich in Charleston niederzulassen. In drei Jahren lernte er Englisch und übernahm den Posten des Direktors an der Schule von Brownsville.

Ney genas von seiner Wunde und starb in Third Creek bei Statesville am 15. Oktober 1846 im Alter von 77 Jahren.

Aber warum hat der als unerbittlich bekannte Duke of Wellington seinen ehemaligen Gegner vor den Kugeln des Erschießungskommandos überhaupt entkommen lassen? – Schuldirektor Ney: »Ich war Mitglied der schottischen Freimaurerloge, die sich damals Ritter Rosenkreuz des Schwarzen Adlers nannte. Wellington gehörte zur selben Loge. Indem er mich schützte und rettete, befolgte er das Gesetz der Treue, das uns alle verband.«

Louis XVII. und der heilige Platz

Eine königliche Leiche, ein neues Mysterium. *Rue Saint-Bernard*, 11. Arrondissement. Den Friedhof der Kirche *Sainte-Marguerite* gibt es nicht mehr – an seiner Stelle befindet sich ein gepflasterter Platz mit einem Grab dicht an der Mauer der Kapelle, die den Seelen derer, die im Fegefeuer leiden, gewidmet ist. Dieses Grab ist das geheimnisvollste der französischen Geschichte, seit hier am 10. Juni 1795 ein Knabe beerdigt wurde, der zwei Tage zuvor im *Temple* gestorben war. Sein Tod wurde geheimgehalten, bis vier Doktoren die Autopsie beendet hatten. Sie hatten die Kopfplatte aufgesägt, den Leib geöffnet, die Innereien exhumiert und diagnostiziert, daß das Kind an Tuberkulose gestorben war. Einer gab zu Protokoll: »Wie der Kommissar uns sagte, war es der Sohn des geköpften Louis Capet.« Noch an seinem Todestag wurde Louis Charles XVII., Sohn von Louis XVI. und Marie-Antoinette und Duc de Normandie, gegen Abend zur letzten Ruhe gebettet. An der schlichten Zeremonie nahmen 25 Gendarmen, Gefangenenwärter und Totengräber teil. Der Konvoi fuhr direkt zum Friedhof von *Sainte-Marguerite*, wo die Kiste mit der Leiche in ein Massengrab hinabgelassen wurde, das sich links, nahe dem gegenwärtigen Kircheneingang, im Abstand von 3,30 Metern zur Mauer, die damals den Friedhof umschloß, befand.

Louis XVIII. und Charles X. bekundeten kein Interesse, die Reste ihres königlichen Neffen bei den Eltern auf dem Grund und Boden der heutigen *Chapelle Expiatoire* beizusetzen. Später wurde das, was von ihnen noch gefunden wurde, in die Kathedrale nach *Saint-Denis* überführt. Auch die Schwester, die als Madame Royal bekannte Herzogin von Angoulème, fand nie den Weg zum Grab des Bruders. Dieses Desinteresse veranlaßte im November 1846 den Curé von *Sainte-Marguerite*, in Anwesenheit des Arztes Dr. Millicent eine Exhumination vorzunehmen. Das Ergebnis: Vom Kopf war wirklich die Hirnplatte entfernt worden, und auch die Knochen wiesen Tuberkulosespuren auf, aber es waren die Kno-

chen eines 12- bis 16jährigen Knaben. Louis XVII. hatte dagegen nur zehn Jahre und zwei Monate gelebt.
Am 5. Juni 1894 beschlossen vier bekannte Mediziner eine erneute Exhumination und bestätigten dieses Ergebnis. Der tote Knabe mit dem aufgeschnittenen Schädel, konstatierten sie, sei im Alter zwischen 16 und 18 Jahren gestorben. Er war ein Meter sechzig groß gewesen. Ist es also wirklich eine königliche Leiche, die hier ruht? Oder hat man statt des Dauphins hier ein anderes Revolutionsopfer begraben, nachdem man es »präpariert« hatte, während Louis XVII. vielleicht doch, wie manche Gerüchte wissen wollen, ins Ausland entkommen war? Die Grabinschrift gibt eine klare Antwort: L. XVII 1785–1795.
Um sie zu entdecken, muß man die Zweige einer Weide anheben, die aus dem Grab an der Wand in die Höhe geschossen ist.

Von Vampiren und Grabschändern

Unheimliche Geschichten gibt es über viele Gräber. Da ist von schwarzen Messen die Rede und von Ärzten, die, um sezieren zu können, sich die Leichen direkt von den Nekropolen holten. »Die jungen Mediziner«, schrieb einer, der dabei war, »tun sich zu viert zusammen, nehmen eine Mietkutsche, erklimmen einen Friedhof. Der eine kämpft gegen den Hund, der die Toten bewacht, der andere steigt mit der Leiter in die Gruft, der dritte sitzt rittlings auf der Mauer, wirft den Leichnam hinunter, der vierte hebt ihn auf und legt ihn in den Wagen.«
Nekrophilie war ein großes Thema in Zusammenhang mit den Friedhöfen. Im 19. Jahrhundert überschwemmte, inspiriert von den Werken des »schwarzen Marquis« de Sade, unter dem Motto »Le satanisme a gagné« (Satan hat gesiegt) die Salons eine Flut von melodramatischen Schauerromanen. Ungeheuer wie Sardanapel und Heliogobal wurden in übernatürlicher Schönheit dar-

gestellt. Morbide Raffinesse wurde zur Sucht, die Nekrophilie romantisiert, und der Ort, wo alles geschah, wimmelte von makabren Lüsten. Schaurig-schöne Novellen und Romane von Lord Byron (»Giaur«), Mary Woolstonecraft Shelley (»Frankenstein«), Prosper Mérimée (»Guzla«), Restif de la Bretonne (»Anti-Justin«), Isidore Ducasse (»Les chants de Maldoror«), Denis Diderot (»La religieuse«) oder Loaisel de Tréogate (»Comtesse d'Alibre«) erzählten von Menschen, die ihr Blut dem Teufel verkauft oder Tote zerstückelt hatten, um ein neues Wesen zu erschaffen oder das große erotische Erlebnis mit der Schönheit des Bösen zu verschmelzen.

»Die Eulen in den Zypressen schlugen mit verstaubten Flügeln unter klagendem Geheul«, beschrieb Théophile Gautier in seiner Erzählung »Die liebende Tote« eine solche Szene. Und fuhr fort: »Von fernher hörte man das Bellen der Füchse und tausend andere unheimliche Geräusche, wie sie der nächtlichen Stunde angehören. Endlich stieß der Spaten mit dumpf hallendem Ton an die Bretter des Sarges. Es war der schreckliche Laut, den das Nichts von sich gibt, wenn man es anrührt. Serapion erhob den Deckel, und ich erblickte Claramonde, blaß wie Marmor, mit gefalteten Händen. Ihr Leichentuch spannte sich glatt, ohne die geringste Falte vom Kopf bis zu den Füßen. Ein roter Tropfen schimmerte wie eine Rose in einem Winkel ihrer ganz verblaßten Lippen. Bei diesem Anblick schrie Serapion in furchtbarer Wut: ›Da haben wir dich also, Dämon! Schamlose Kurtisane! Blut- und Goldsauger!‹ Mit diesen Worten schwenkte er wild seinen Weihwasserkessel über Körper und Sarg der Toten und machte das Zeichen des Kreuzes über der Gruft.«

»Alle bösen Elemente der Erde, der Luft und des Wassers« (Joseph Sheridan Le Fanu, »Draculas Gast«) sind in solchen Erzählungen und Romanen vereint. Und über allem schwebt der Vampir, der sich so rasch in ein blutsaugendes Ungeheuer mit menschlichen Zügen verwandeln kann. »Die Energiequelle seiner Existenz nach dem Erwachen ist eine entsetzliche Gier nach warmem Blut. Vampire fühlen sich häufig mit einer der Liebesleidenschaft ähnlichen Heftigkeit von bestimmten Menschen fasziniert ... Sie geben nie auf, bevor sie nicht ihre Leidenschaft gestillt und ihren Opfern den letzten Blutstropfen aus den Adern gesaugt haben.« (Le Fanu, »Carmilla«)

Der Vampir vom Montparnasse

Ein knochiger Vampir ist es, der auf dem Friedhof *Montparnasse* saugend am Hals des in Stein gehauenen Dichters Charles Baudelaire an der Friedhofsmauer zur *rue Émile Richard* hängt und dessen Werk mit »unbegreiflich makabrem Glanz« (Victor Hugo) überstrahlt. Und ein solches Ungeheuer war es auch, das hier in der Mitte des 19. Jahrhunderts sein Unwesen getrieben und die Ruhe dieses Stadtfriedhofs empfindlich gestört hatte.

Begonnen hatte die Affäre in *Bléré* bei *Tours*, wo sich ein Mann in Soldatenuniform nachts an den Gräbern auf dem Gemeindefriedhof zu schaffen machte. Monate später registrierte man ähnliche Schändungen auf dem *Père Lachaise*, konnte aber des Verursachers nicht habhaft werden. Zur gleichen Zeit entdeckte ein Friedhofswärter des *Cimetière Montparnasse* den Sergeanten der 3. Kompanie des 2. Bataillons im 74. Regiment, François Bertrand. Der 25jährige aus *Voirey* (*Haute-Marne*) lag schlafend in einem frisch ausgehobenen Grab.

Auf die Frage, was er hier tue, antwortete der Uniformierte mit großer Ruhe: »Ich bin zu einem Rendezvous mit einer Frau hierhin gekommen. Aber dann hat mich wohl die Müdigkeit übermannt.« Ohne Mißtrauen zu schöpfen, wurde er in die Kaserne von *Neuilly* zurückgeschickt.

Die nekrophilen Vergehen nahmen ihren Fortgang und erreichten ihren Höhepunkt, als die Wärter am 30. Juli 1848 mehrere Frauenleichen, die aus ihren Gräbern gezerrt worden waren, auf den Wegen fanden. Nun wurde die Suche nach dem Vampir ver-

doppelt. Man versteckte unter Blumen ein Schrotgewehr auf einem Grab und richtete seine Mündung auf eine drei Meter hohe Mauer, an der man verräterische Spuren entdeckt hatte. Ein Draht vom Gewehrabzug zur Mauer sollte bei der kleinsten Berührung einen Schuß auslösen.
Man wartete monatelang. Als man schon gar nicht mehr an einen Erfolg glaubte, knallte es am 15. März 1849 gegen Mitternacht. Die Wärter fanden einen von fünf Schrotkugeln getroffenen Mann in Uniform und beförderten ihn ins Krankenhaus von *Val-de-Grâce.*
Dort nahmen sich Justizbeamte jenes Sergeanten Bertrand an, der in seinem Regiment einen vorzüglichen Ruf hatte und die Funktion eines Schatzmeisters ausführte. Im Kreuzverhör brach er zusammen und gestand, immer eine unbändige Lust verspürt zu haben, Gräber zu öffnen, die Leichen von Frauen herauszuzerren und sie zu zerfetzen. Über 15 bis 20 Grabstätten habe er in manchen Nächten heimgesucht.
Der Fall kam vor das Militärgericht, das den Sergeanten zu einem Jahr Gefängnis und zur Zahlung eines Strafgeldes verurteilte. So wie es das Gesetz in Frankreich noch immer vorschreibt: »Es wird bestraft mit Gefängnis von drei Monaten bis zu einem Jahr und zu einer Geldstrafe von 500 bis 1 800 Francs, wer sich der Grab- und Leichenschänderei schuldig macht.« – François Bertrand saß seine Strafe im Gefängnis von *Belle-Isle* ab. Was dann aus ihm wurde, ist nicht bekannt . . .

Die place de la Concorde – ein Obst- und Gemüsegarten

Die *place de la Concorde* ist der größte Platz in *Paris.* So wie er sich heute präsentiert, entspricht er den Plänen des Architekten Gabriel, der seine Größe und Form zwischen 1754 und 1763 festlegte. Das Terrain war den Parisern von Louis XV. geschenkt worden, um dort eine Reiterstatue des Königs zu errichten, die damals dem Platz ihren Namen gab. 1790 tauften ihn die Revolutionäre nach der mißlungenen Flucht Louis' XVI. in *place de la Révolution* um.

Im Oktober 1792 wurde dort zum erstenmal die Guillotine aufgestellt, um die Räuber der Kronjuwelen zu köpfen. Ihnen folgte am 21. Januar 1793 seine Majestät höchstpersönlich. Als Louis XVI. noch ein letztes Wort an sein Volk richten wollte, unterbrach ihn ein zum Tambour beförderter Hofpage mit der Verlesung des Urteils. Einige Historiker wollen wissen, daß dieser ein unehelicher Sohn der Majestät und der Tänzerin Morphise gewesen sei . . .

Am 11. Mai 1793 bezog die Guillotine erneut Position auf der *place de la Révolution* und blieb dort bis zum 28. Juli 1794. 1 119 Verurteilte wurden in dieser Zeit enthauptet, unter ihnen auch Robespierre und seine Freunde. 1795 erfolgte die noch heute gültige Umbenennung des Platzes in *place de la Concorde*. Eine kolossale Statue der Freiheit von Dumont stand im Zentrum.

Gegen Ende des 18. und zu Beginn des 19. Jahrhunderts breiteten sich hinter den Balustraden der place Gärten von 20 Metern Tiefe mit viel Obstbaumbestand, Gemüse und Blumen aus. Die acht großen Steindamen, die Frankreichs größte Städte symbolisierten, gab es noch nicht, aber man hatte schon die Sockel für sie errichtet. Diese unterkellerten sogenannten »Schilderhäuschen« besaßen jedes für sich einen Garten von 250 Quadratmetern und wurden von Familien bewohnt.

In dem Sockel, der später eine Statue der Stadt *Lyon* trug, lebte ein Angestellter des Marineministeriums mit Namen Blanchard. Seine aus einem Zimmer bestehende Wohnung wurde erhellt von drei Kreuzfenstern in Form eines Ochsenauges . . . Eine 16stufige Treppe führte hinunter in den Garten, in dem Aprikosen- und Pflaumenbäume, Gemüse und wilder Wein längs der Mauer wuchsen. Ein Steinbecken fing Regen auf, und ein Pavillon erlaubte es dem Mann, sich wie auf dem Land zu fühlen.

Der Zuckerbäcker Baudouin im Sockel für die Dame *Brest* zahlte

500 Francs Miete für das ganze Jahr. 30 Jahre lang lebte er auf der *place de la Concorde* und besaß zuletzt vier Weinspaliere und 130 Obstbäume.
Einen schlechten Ruf hatte der Bürger Joseph Thurot im Sockel unter der Dame *Nantes*. In seinem Garten hatte er Kabinen aufgestellt, wo er Limonade verkaufte. Aber die Polizei identifizierte diese als »Arbeitsplätze« für einige Damen mit sehr lockeren Sitten. So ordnete der Finanzminister, besorgt um den Ruf der Gegend, den Auszug Thurots und seiner an dem Geschäft beteiligten Nachbarn Paumier und Billard an. Innerhalb von zwei Tagen mußten sie ihre Häuschen räumen, waren aber nach einem Jahr wieder da. Nun schickte man ihnen einen Gerichtsboten und acht Schmiede auf den Hals, die die Türen zuschweißten. Ein Kavalleriekommando sorgte von nun an für die Moral auf der *place de la Concorde*.
Der *Obelisk von Luxor*, der sich heute in der Platzmitte erhebt, wurde 1836 durch den Ingenieur Jean-Baptiste Apollinaire Lebas errichtet, der für diese Arbeit eine spezielle Hebevorrichtung erfand. Der rosafarbene Granit-Monolith, ein Geschenk des Vizekönigs von Ägypten an die französische Nation, ist 23,39 Meter hoch und wiegt 250 Tonnen. Seine vier Seiten sind mit Hieroglyphen bedeckt, die aus dem Leben der Könige Ramses II. und Ramses III. berichten. Der Sockel, auf dem das Ungetüm steht, ist vier Meter hoch und 1,70 Meter breit. Auf ihm wurden die Namen aller Arbeiter, die an der Errichtung dieses Steins beteiligt waren, eingraviert.
Von den acht steinernen Damen, die die Städte *Lille, Strasbourg, Lyon, Marseille, Bordeaux, Nantes, Brest* und *Rouen* auf Sockeln symbolisieren, ist das Modell *Lille* am attraktivsten. Eine gewisse Juliette Drouet stand dafür Modell. Und die war schließlich jahrelang die Geliebte von Victor Hugo . . .
An der Einmündung zu den *Champs Élysées* sind jene zwei Pferdegruppen in Stein verewigt worden, die den Monolithen über Flaschenzüge in die Höhe gezogen haben. Bekannt sind sie unter dem Namen »die Pferde von Marly«, weil sie früher zur Dekora-

tion des *Château Marly-le-Roi* bei *Loveciennes* gehört hatten, bevor sie während der Revolution nach *Paris* transportiert wurden.
Verkaufen wollte diese Pferdegruppen um 1960 ein Hochstapler an gutbetuchte amerikanische Touristen, denen er versicherte, vom Staat dazu autorisiert worden zu sein. Als ihm das gelang und er die Pferde abtransportieren wollte, griff die Polizei ein und steckte den umtriebigen »Kunsthändler« trotz Kaufvertrages für einige Tage ins Gefängnis.

Les égouts: sauber, aber grauslich

Die *place de la Concorde* ist auch Ausgangspunkt für eine Reise in die Gedärme der Stadt Paris. In die *égouts* hinab, also zur öffentlichen Besichtigung, geht es nahe der Figur der Stadt *Lille* (und zwar montags, mittwochs und am letzten Samstag jeden Monats von 14 bis 17 Uhr, ausgenommen bei oder nach schweren Regenfällen). Leider ist diese erlaubte Erkundung nur auf eine kurze Promenade beschränkt, aber reizvoll ist es allemal, im Boot eine Dreiviertelstunde von der *Concorde* zur *Madeleine* unter der *rue Royale* zu fahren. Ein kleines Museum am Endpunkt erklärt die Geschichte der Pariser Kanalisation und das Berufsrisiko der etwa 1 000 »égoutiers« anhand von Bildern und Dokumentationen.
Das Abwasserkanalsystem ist eine eigene Stadt unter der Stadt, die ihre Straßen, ihre Kreuzungen, ihre Plätze, ihre Sackgassen, ihre Zirkulation hat. Und es ist verblüffend, wie sauber und geordnet hier alles ist. Emaillierte Schilder an den Wänden geben die Straßen und Plätze außerhalb dieses bemerkenswerten Geflechts von Kanälen, Gängen und Galerien, Wasserleitungen und elektrischen Leitungen wieder. Ältere Pariser wissen, was sich unter ihren Füßen befindet. Denn noch kurz vor dem Zweiten Weltkrieg waren nicht alle Einstiege in die Kanäle mit Eisen-

deckeln verschlossen. Aber sie wurden so gut bewacht, daß man nicht unversehens einen Fehltritt tun konnte.
Die Gesamtheit der *égouts* besteht seit über hundert Jahren. Vier große Kanalisationen in einer Gesamtlänge von 30 Kilometern sind die Hauptschlagadern, die ein Netz von 70 Kilometer Nebenkanalisation und 1 300 Kilometer einfacher Kanalisation durchschneiden. 62 000 Abzweigungen gibt es und 400 Kilometer korrespondierende Gänge sowie an höher gelegenen Punkten der Kanalisation 5 786 Auffangbecken, die frei vom Flußwasser sind und bleiben.
»Heute«, schrieb der Stadtschreiber Victor Hugo nach einer Ortsbesichtigung, »ist die Kanalisation sauber, kalt und funktionabel. Es ist grauslich dort unten, aber auch ordentlich; wie gezogen an einer Schnur verlaufen die Gänge, ja, man kann fast sagen: geschniegelt und gebügelt.«
Aus jener Zeit des 19. Jahrhunderts existieren auf einer Länge von 30 Kilometern immer noch jene gewölbten Gänge, die oft als Schauplätze in Gangster- und Gruselfilmen herhalten mußten. Um sie zu kontrollieren, brauchte der Inspektor Bruneseau während des Empires acht Jahre. Sein Urteil über diesen Bereich fiel wortgewaltig und ... vernichtend aus: »Gekrümmt, rissig, zerborsten, sumpfig, zerrissen von bizarren Knicken, unlogisch steigend und fallend, feucht, wild, unergründlich, dunkel mit Vernarbungen auf den Platten und Schmissen auf den Mauern – das sind die alten Abwasserkanäle von *Paris*: ein Babylon von Gängen und Gräben, titanisch, schwarz, ein enormer blinder Maulwurf der Vergangenheit.«
1633 hatte der Magistratsbeamte François Miron, auch wegen seiner Fürsorge »père du peuple« genannt, einen ersten unterirdischen Kanal, ein Teilstück zwischen der *rue Saint-Martin* und der *rue Saint-Denis*, der damals in den Jauchegruben von *Montfaucon* endete, graben lassen. Fünf Arbeiter vom Wegeamt kamen damals ums Leben, als sie diesen Kanal *Ponceau* auskratzten. Mediziner machten für ihren Tod ein Monster, auch Kroneneidechse genannt, verantwortlich, das dort unten vegetierte. »Die

Strahlen seiner Augen«, schrieb der Arzt Dr. Thomas Brown, »waren mit einem sehr subtilen Gift geladen. Das bohrte sich in den Blick des Betrachters, attackierte zuerst das Gehirn, dann das Herz. Und brachte so den Tod.«

Die Métro – ein Instrument der Hoffnung

Sind *Eiffelturm* und *Sacré-Cœur* zweifellos die zwei meistgekauften Fotomotive der *Seine*-Metropole, so rollt durch die Unterwelt das nützlichste: le Métropolitain, kurz Métro genannt. Als die Wühlaktionen 1899 für die Linie 1, geleitet von dem Ingenieur und Generalinspekteur der Stadt, Fulgence-Marie-Auguste Bienvenue (ihm zu Ehren trägt eine Station seinen Namen), begannen, verfügten andere Hauptstädte bereits über solche elektrischen Verkehrsmittel. Durch London rollte seit 1872 The Metropolitan and Distrikt Railway, durch Berlin seit 1871 die Ringbahn und durch New York seit 1872 The Eleveted. Nichtsdestotrotz festigte die am 19. Juli 1900 in Betrieb genommene Pariser Métro schnell ihren Ruf als beste Untergrundbahn der Welt. Die Ausschachtungen und Unterminierungen für die ersten Linien begeisterten die Archäologen. 1903 entdeckten sie einen Abdruck des Elephas primigenius, der auf den Höhen von *Belleville* gelebt haben muß. 1906 wurde in der *Île de la Cité* ein altrömisches Relief gefunden, das zwei verschleierte Frauen zeigt; im selben Jahr exhumierten sie unter der *place Saint-André-des-Arts* mehrere Totenschreine, darunter den Marie de Blanvilles, der Comtesse de Rochechouart. Im Jahr 1930 fanden Erdarbeiter im Zug von Ausbesserungsarbeiten unter dem Haus Nummer 47 der *avenue des Gobelins* ein merowingisches Grab mit vier großen und einem kleinen Sarkophag.

Drei Monate nach Inbetriebnahme der Linie 1 zwischen der *Porte Maillot* im Westen und der *Porte de Vincennes* im Osten kam es an der

Station *Concorde* zu einem Unfall, bei dem 29 Menschen verletzt wurden. Aber die größte Katastrophe in der Geschichte der Métro ereignete sich am 10. August 1903 um 17 Uhr. In der Station *Barbes-Rochechouart* machte der Vorsteher einen kleinen Brand am Ruder des Motorwagens aus. In der Annahme, ihn gelöscht zu haben, gab er die Fahrt Richtung *Concorde* frei. Aber schnell standen mehrere Waggons in Flammen. Passagiere versuchten den brennenden Zug zum nächsten Bahnhof zu schieben; die abfallende Strecke verursachte mehr Tempo als erwartet, der Zug schoß über die Station *Couronne* hinaus, fädelte sich ins Streckennetz nach *Menilmontant*, stoppte dann unter dem *boulevard Belleville*. Dort sahen Menschen Rauchwolken aus dem Métro-Aufgang steigen und benachrichtigten die Feuerwehr, die allerdings wegen der Höllenglut, die aus dem Schacht drang, nicht absteigen konnte. Erst im Morgengrauen konnten der Präfekt des quartiers und einige Helfer hinunter in die Hölle, in der inzwischen 77 Passagiere verbrannt waren.
Diese Katastrophe ließ das Interesse der Pariser für das neue Verkehrsmittel vorerst abkühlen. Und auch im Ausland litten die Untergrundbahnen von London und Berlin erst mal unter Fahrgastmangel. Weitere Unfälle erschwerten die Akzeptanz. So tat sich am 3. Oktober 1908 beim Ausschachten unter dem Hof einer Kaserne plötzlich die Erde auf und verschluckte ein Pferd samt seinem uniformierten Reiter. Am 4. September 1927 verkeilte sich der Colonel Decharogne so unglücklich zwischen der automatischen Tür, daß er die nächste Station nicht mehr lebend erreichte. Im April 1931 prallten zwei Züge aufeinander. Es gab Verletzte.
Dem literarischen Image der Métro tat dies keinen Abbruch. Auch wenn Salvador Dali warnte: »Ein Mensch von 40 Jahren, der die Métro benutzt, ist ein Blindgänger!«, flochten viele Literaten diesem Verkehrsmittel einen Blütenkranz und schrieben Hymnen auf den Ingenieur Bienvenue, der gesagt hatte: »Allen Menschen und Altersklassen wird diese Métro das Image einer sehr speziellen Mythologie vermitteln.« Louis Aragon und Pierre

Courtade, Raymond Queneau und Jacques Prévert haben sie besungen. Auch der Film konnte und wollte nicht auf sie verzichten. 1938 entstand »Métropolitain« von Maurice Cam; Marcel Carné huldigte diesem Verkehrsmittel in »Les Portes de la Nuit« und sah in ihr in Kriegszeiten ein »Instrument der Hoffnung«, dem Kritiker, die immer Taxi fahren, nicht unbedingt zustimmen.
Immerhin nutzen vier Millionen Menschen täglich die Métro, deren Netz die Metropole heute auf einer Länge von 170 Kilometern durchschneidet. Die Stationen geben vielen Heimatlosen Asyl und eine wärmende Nachtruhe, sind ein Refugium für Clochards und Penner – allerdings auch ein Schlupfwinkel für jene dunklen Gestalten à la Fantomas, der sie zum Schauplatz seiner Verbrechen machte. Auch soll dort unten eine rätselhafte »Frau in Schwarz« herumgeistern, die ihren Mitreisenden Blut absaugt. Opfer soll sie genug finden. Kein Wunder! Geht sie doch ihrer Leidenschaft abends, um 18 Uhr, während der Hauptverkehrszeit nach ...

VI.
26MAL FRANKREICH ABSEITS DER GROSSEN STRASSEN

1 Les Andelys (Normandie): *Château Gaillard – erbaut in nur eineinhalb Jahren*

Wie schön meine einjährige Tochter ist!« rief Richard Cœur de Lion (Richard Löwenherz) aus, als er zum erstenmal das *Château Gaillard* sah. Die wehrhafte Festung hoch über einer *Seine*-Schleife auf felsigem Plateau sollte *Rouen* und die *Normandie*, vor allem die Region zwischen der *Epte* und der *Seine*, gegen Angriffe des französischen Königs Philippe-Auguste verteidigen. Denn hier verlief damals die Grenze mit den englischen Burgen auf der einen Seite und mit den Befestigungen (châteaux forts) Philippe-Augustes bis nach *Gisors* auf der anderen.

Während viele der Burgen, die in Frankreich zwischen dem 10. und 15. Jahrhundert errichtet wurden, administrative und gerichtliche, ökonomische und politische Zentren, auch Zwischenstationen für Pilger auf ihren Wallfahrten und Kaufleute auf ihren Handelsreisen waren, diente *Château Gaillard* ausschließlich der Verteidigung des Landes. Noch heute veranschaulichen die Ruinen die damalige Art der Kriegsführung. Steil fällt der Felsen ab zur *Seine*. Eine zweifache Ringmauer schützt die Burg, deren innere Mauer mit eng nebeneinander stehenden Türmen bestückt war. Der die Mauer überragende Donjon war ein so gut wie uneinnehmbarer Bergfried, dessen Mauern wiederum 4,5 Meter breit waren und von dem die Verteidiger die Angreifer mit Pfeilen und mit Pech überschütten konnten. An jener Seite, wo der Felshang weniger steil abfällt, hatte man ein weiteres Gemäuer mit runden Türmen errichtet. Die Reste dieser Burg sind imposant. Vor allem die kurze Bauzeit von knapp eineinhalb Jahren erstaunt. Nach dem Tod von Richard Cœur de Lion eroberte 1204 Philippe-Auguste während der Auseinandersetzungen mit Jean sans Terre (Johann Ohneland) *Château Gaillard* und ließ sich noch im selben Jahr als Herrscher des normannischen Herzogtums ausrufen. Ein erneuter Wechsel fand dann während des Hundertjährigen Krieges statt, als der englische König Henry V. nach sechsmonatiger Belagerung *Gaillard* zurückeroberte. 30 Jahre später wiederum fiel die Burg den Franzosen unter Charles VII. zu. Unter dem Hugenotten Henri IV. wurde die Festung geschleift.

Neben den Burgen *Haut-Koenigsbourg* im *Elsaß* und *Carcassonne* im *Languedoc* gehört *Gaillard* zu den imponierendsten Zeugnissen mittelalterlicher Baukunst. Hier wird eine Architektur sichtbar, in der die Funktion von Form und die Konstruktion von der Vernunft bestimmt wurde. Von jener Pseudoromantik, mit der im 19. Jahrhundert solche Burgen von dem Architekten Violett-le-Duc restauriert und von dem Schriftsteller Victor Hugo in seinen Romanen idealisiert wurden, ist hier nichts zu spüren.

Château Gaillard gehört in Frankreich zu jenen 39 000 Monumenten, die – entsprechend einem Gesetz vom 31. Dezember 1913 – im Interesse der Historie und der Öffentlichkeit (»conservation présente du point de vue de l'histoire de l'art un intérêt public«) geschützt werden. Weitere 1 433 Burgen fallen unter diese Vorschrift. Die bedeutendsten sind *Alleuze, Anjony, Essertines-Basses, Messilhac, les Sailhans, Polignac* und *Val* in der *Auvergne* und im *Centre*; *Beaufort, Coudrée, Haut-Koenigsbourg, Igé, Kintzheim* und *Puopetières* in Ostfrankreich; *Aguilar, Aigues-Mortes, Anques, Bram, Carcassonne, Coanac, Foix, Gaussan, Lastours, Minerve, Montségur, Puylaurens, Quéribus* und *Sales* in den *Midi-Pyrénées; Adres, Arques, Caen, Château Gaillard, Coucy, Gisors, Guise, la Ferté-Milon* und *Verneuil* in der *Normandie* und im Norden; *Angers, Apremont, Bressuire, Château-Renault, Fougères, la Rochelle, Lassay, Loches, Tiffauges* und *Vitré* in Westfrankreich; *Avignon, Tarascon, If, Lacoste* in der *Provence; Blandy-les-Tours, Dourdan, Pierrefonds* und *Pontpoint* in der Region *Paris; Blanquefort, Bonaguil, Budos, Mercuès, Portes* und *Roquetaillade* in Südwest-Frankreich.

■ Zu erreichen ist *Château Gaillard* von *Rouen* aus über die N 14, dann von *Ecouis* über die D 1 nach *Les Andelys.*

2 Cabourg (Normandie): *das Grand Hôtel – Marcel Prousts Balbec*

Die Geographie des Proustschen Werkes »Auf der Suche nach der verlorenen Zeit« ist ein gigantisches Puzzle, dessen Einzelstücke sich erst dann zu einem Bild vereinen, wenn man es einerseits bis zur letzten Seite gelesen hat und sich andererseits in der Biographie des Schriftstellers auskennt. Ein Beispiel ist der Romanort Balbec. Aus seiner Jugend schöpfend, als er mit seiner Familie die Sommer oft in den normannischen Seebädern *Cabourg, Trouville, Deauville, Houlgate* und *Honfleur* verbrachte, setzt Prousts sein Balbec aus Erinnerungen an diese Orte zu einem imaginären Bild zusammen.

»Dort hat jeder meiner Sommer ein eigenes Gesicht gehabt, die Form eines Wesens und eines Landes, aber mehr noch die Form eines Traumes, in dem ich alles miteinander – Wesen und Land – vermischte.« – So sind die Landschaften um Balbec in Wirklichkeit jene von *Houlgate* (der Strand) und *Trouville* (das *Hôtel des Roches-Noires*), und die Villa der dem Schriftsteller nahestehenden Madame Straus wurde zum Vorbild für jene, die Louisa de Mormand mietete. Alles wurde verwertet, was Proust an dieser Küste, wo er jeden Sommer zwischen 1891 und 1893 weilte und wohin er dann als Schriftsteller jahrelang zurückkehrte, wahrnahm. »Morgens, vor allen anderen, öffnete ich die Vorhänge voller Ungeduld, wie das Meer war, das an diesem Morgen da am Rand des Strandes spielte wie eine Meerjungfrau. Denn keines dieser Meere würde einen Tag bleiben. Am Nachmittag würde da ein anderes sein, das, vielleicht, ihm ähnelte. Aber ich würde nie zweimal dasselbe sehen.«

Die Erinnerungen an die Mole von *Trouville*, den alten Hafen von *Honfleur* und die Kirche von *Coutances* waren für ihn immer abrufbar: »Der zum Meer hin geöffnete Speisesaal in Balbec mit seiner Damastwäsche, die wie ein Altartuch hingebreitet schien, um den Sonnenuntergang zu empfangen ... die Steifheit einer Serviette ... der Anblick des Meeres ... der Duft des Zimmers ... die Schnelligkeit des Windes, das Verlangen nach dem Mittagessen, das ungewisse Schwanken zwischen den Spaziergängen ...« In dem Bedürfnis, die Empfindungen gewisser Situationen und Orte zu verlängern, kehrte Proust immer wieder in Gedanken zurück in die *Normandie*. So wurden bestimmte Lokalitäten zum festen Bestandteil seines Werkes. In »Swanns Welt« sind es die Türme der *Abbaye aux Hommes* in dem *Cabourg* nahen *Saint-Étienne*, die als die der Kirche von Martinsville »in der Gegend von Guermantes« auftauchen und den Helden in tiefe Gedanken stürzen: »An einer Wegbiegung hatte ich einmal jenes besondere Vergnügen, das keinem anderen glich beim Anblick der beiden Kirchtürme von Martinsville, auf denen der Widerschein der sinkenden Sonne lag. Die Kirchtürme wirkten so fern, und es sah aus, als ob wir uns ihnen nur wenig näherten, so daß ich ganz erstaunt war, als wir gleich darauf vor der Kirche von Martinsville hielten. Ich wußte nicht, weshalb es mich glücklich gemacht hatte, sie am Horizont zu erblicken, und der Zwang, nach dem Grund zu forschen, lastete quälend auf mir; ich hatte Lust, die Erinnerungen an die sich verschiebenden Linien in meinem Kopf aufzubewahren und im Augenblick nicht mehr daran zu denken. Hätte ich es getan, so wären wahrscheinlich die beiden Türme zu den zahllosen Bäumen, Dächern und Klängen hinübergewallt, die mir vor andern aufgefallen waren wegen der unbestimmten Lust, die ihre Wahrnehmung mir verschaffte, der ich jedoch nicht nachgegangen war ...«

Zwischen 1907 und 1914 verbrachte Marcel Proust jeden Sommer an der normannischen Küste. Und immer bezog er das Zimmer 414 im *Grand Hôtel de la Plage* in *Cabourg*, wo die Gäste noch heute zum Frühstück und zum Abendessen im *Restaurant Marcel Proust* im blauen Blazer und offenen Hemd und zum Abendessen in großer Garderobe erscheinen. Diese barocke Nobelherberge, damals bevorzugter Aufenthalt für betuchte Pariser und ihre Familien, strahlt den Geist der Jahrhundertwende aus, in der Luxus so perfekt vorgetäuscht wurde und der Schein wichtiger war als Sein. Proust wurde zum festen Bestandteil dieser Inszenierungen. »Man sah ihn nur abends«, erinnerte sich später in ihren Memoiren die Comtesse de Pange. »Den ganzen Tag hatte er eingesperrt in seinem Zimmer verbracht oder in seinem Bett. Man erzählte sich, daß er liegend schrieb. Gegen neun Uhr, nach dem Diner, kam er die Treppe herunter mit einem großen schwarzen Schal um die Schultern geschlungen. Er ging langsam und ließ sich auf dem Kanapee nieder und verharrte dort träumend . . .« Seine Romanfiguren ließ Proust mittags im Eßsaal speisen, »gegenüber dem blindmachenden Licht des Strandes, die Transparenz dieser großen gläsernen Bucht ertragend, die so viel Licht hineinläßt und am Abend ein großes Aquarium wurde, wo die schönen Wilden feierten . . .«

Cabourg hat sich seit jenen Tagen, in denen Proust Gast war, kaum verändert. Prachtvolle Villen in normannischer Bauart dominieren den Ort, für dessen nackte und vom Wind übertobte Küste der Schriftsteller aus *Paris* nicht nur Sympathie empfand. »Balbec! Das ist das älteste geologische Knochengerüst unserer Erde . . . das Ende der Welt . . . eine verfluchte Gegend unter ewigem Nebel wie das sagenhafte Land der Chimären in der Odyssee . . .«

1986 rekonstruierte die Direktion des *Grand Hôtel* das Zimmer 414. Es kann für 850 Francs in der Vor- und Nachsaison bewohnt werden. Das Mobiliar entspricht mit dem großen Bett in der Mitte des Raumes, so wie es in dem Band »Im Schatten junger Mädchenblüte« beschrieben worden ist, dem zu Prousts Zeiten. Dem Fenster gegenüber steht der Spiegel, der die Färbungen des Himmels reflektiert. Die kleine Bibliothek im Schrank enthält das Gesamtwerk von Proust sowie Bücher von Balzac, Gide und Chateaubriand. Ein Kristallglas, aus dem er getrunken hat, steht ebenfalls dort. Auf einem Beistelltisch liegen Partituren des Proust-Freundes Reynaldo Hahn. Ein Porträt des Schriftstellers hat man aufgehängt. Seine Zeit jedoch ist passé . . . perdu . . . verloren.

■ *Cabourg* liegt zwischen *Caen* (24 Kilometer) und *Deauville* (20 Kilometer) an der D 513.

3 Loudun (Charente): *wo die Teufel in die Nonnen fuhren*

Im ersten Drittel des 17. Jahrhunderts lebten im kleinen *Loudun* etwa 14 000 Menschen – vorwiegend Handwerker, Ladenbesitzer und kleine Beamte, einige wenige reiche Kaufleute und Personen von Stand, Prälaten und Kleinadlige. Das Städtchen wurde überragt von dem Donjon des großen Château und dem Turm der Kirche *St. Pierre*. Da die meisten Einwohner Hugenotten oder Protestanten waren, spielte diese Kirche keine große Rolle in ihrem Leben. Ebenso wie *Loudun* auf der Karte Frankreichs ein unbedeutender Name war. Aber das sollte sich ändern, als ein 1626 gegründetes Ursulinenkloster den Ort über seine Grenzen hinaus bekannt machte.

Siebzehn Nonnen, junge Adlige allesamt und somit Töchter aus höheren Kreisen wie Claire de Saint-Jean aus der Familie des Kardinals Armand-Jean du Plessis de Richelieu, beteten und unterrichteten unter der Leitung von Jeanne des Anges, einer 25jährigen Äbtissin, in einem düsteren Gebäude in der *rue Paquin* neben der Kirche *St. Pierre* die Töchter der wohlhabenden Familien *Louduns* in Französisch und höfischen Manieren. Den Nonnen brachte das einen gewissen Wohlstand ein: Sie mußten nicht mehr auf dem harten Boden des Refektoriums schlafen und nicht nur Brot und Wasser essen.

Grund genug wahrscheinlich für böse Geister, die schon vor ihrem Einzug in dem alten Haus gespukt hatten, sich wieder zu melden und die frommen Schwestern durch zotenhafte Befehle aufzufordern, Jesus und sich selbst leiblich zu begehren. Mehr noch: Die Dämonen besetzten die fiebrigen Körper und Seelen ihrer Opfer und verwandelten das Refektorium in ein Tollhaus. Während für manche aufgeklärten Geister die Nonnen simulierten, fanden herbeigerufene Exorzisten bald den Schuldigen heraus. Nach mehreren Sitzungen, zu denen Tausende von Zuschauern aus den umliegenden Städten und Provinzen wie auch Gäste aus dem Ausland anreisten und viel Geld in den Gasthöfen und Logierhäusern ließen, nannten die Dämonen den Namen des Priesters Urbain Grandier, dem, nach einer Erziehung auf dem Jesuitenkollegium von *Bordeaux*, die Pfründe von *Saint-Pierre-du-Marché* in *Loudun* verliehen worden war.

Grandier war 27 Jahre, als er seinen Dienst antrat. Ein Freigeist und gut aussehendes Mannsbild mit einem schwarzen Haarschopf, schlank und athletisch gebaut – alles in allem: sehr präsentabel! Er sorgte in *Loudun* sofort für Ärger, als er sich mit den Mönchen der Stadt, den Karmelitern und Kapuzinern, anlegte und seinen Pfarrkindern verbot, diesen zu beichten. Nur er, ihr Sprengelpfarrer, sei dafür zuständig. Aber unvorsichtigerweise ließ er auch seinen Charme spielen und machte der ältesten Tochter des Staatsanwalts Trincant den Hof. Mit Folgen. Ein Mädchen wurde geboren, ein anderes bekannte sich zur Mutterschaft. Die Mühlen des Gesetzes begannen zu mahlen: Beschwerden über den Pfarrer gingen zum Erzbischof nach *Poitiers* und zum König nach *Paris*. Es war die Rede von der Verführung weiterer Frauen und Mädchen.

Im Kloster der Ursulinerinnen nahmen des Priesters Liebesabenteuer gewaltige Ausmaße an: Grandier wurde zur mythischen Gestalt und zum lüsternen Satyr hochstilisiert und brachte es in der Phantasie der inbrünstigen Nonnen zum Sexsymbol. Der Wahn brach aus. 17 junge Frauen träumten nur noch von dem Geistlichen und berichteten einander am nächsten Morgen, was sie mit ihm erlebt hatten.

Dann bekam der Fall politisches Gewicht. Kardinal Richelieu schaltete sich ein. Und das nicht nur, weil seine Nichte von den Teufeln heimgesucht wurde. *Loudun* war ihm schon lange ein Dorn

im Auge, weil auch hier das hugenottische und protestantische Unkraut wucherte. Das auszureißen hatte sich der Kardinal und Premierminister Ludwigs XIII., der sich fürstlich und priesterlich, politisch und literarisch zugleich als Halbgott seiner Zeit inszenierte, vorgenommen. Zwar waren diese Hugenotten königstreu, aber gegen den verhaßten Protestantismus hatten sie nie Front gemacht. Für den Kardinal war klar: Schon allein deshalb war ihnen wie auch den Protestanten eine Rebellion immer zuzutrauen. Vorausschauend hatte er deshalb schon so manche Festung wie *la Rochelle* schleifen lassen. Auch das *Château von Loudun* stand auf seiner Liste. Und dann würden die Privilegien und Rechte auf jene Stadt übertragen, die seinen Namen trug: *Richelieu.*
Die Affäre um den Abbé paßte dem Kardinal gut ins Konzept. Zumal der nicht nur ständig die Mönche kritisiert, sondern auch gegen das Zölibat polemisiert hatte. Außerdem – und das wollte Richelieu nie vergessen – war Grandier 1618 bei einer Prozession dem Bischof von *Luçon* – und das war damals kein geringerer als Richelieu gewesen – in dessen eigener Kirche vorangeschritten. Persönliche Animosität vereinte sich also mit politischen Zielen. Und als dann auch noch Schwester Jeanne einem ihrer Exorzisten gestand, daß Urbain Grandier von ihr, der Äbtissin, Besitz ergriffen habe, war die Strategie in stiller Übereinstimmung zwischen der Staatsmacht und der Gerichtsbarkeit klar: Der Mann wurde der Hexerei und Magie angeklagt.
Im Frühjahr 1634 begann, angeheizt von den Exorzisten der Kapuziner und ihren immer wieder in der Öffentlichkeit vorgenommenen Teufelsaustreibungen, der Prozeß gegen den Weltpriester Grandier. Die Meinungen über den Mann waren gespalten. Für die einen war Grandier ein Teufel, der sich in den Nächten gemeinsam mit den bösen Geistern Leviathan und Asmodé an den Nonnen vergangen und ihnen befohlen hatte, Jesus leiblich zu begehren, sich die Kleider vom Körper zu reißen, im Hemd über die Dächer zu wandern und auf Bäume zu klettern. Und die frommen Schwestern gestanden dies auch: Fleischlich verkehrt hätten sie mit Grandier. Schon die Erwähnung seines

Namens habe sie in Ekstase getrieben. Ja, monatelang sei Grandier nachts im Kloster umhergeschlichen und habe ihnen Obszönitäten ins Ohr geflüstert. Manchmal in Latein, meistens auf französisch. Und geschlafen habe er auch mit ihr, bekannte selbst die Oberin Jeanne des Anges und erbrach die Asche einer geweihten Oblate und Reste von Grandiers Blut und Samen.
Für Grandiers Gegner genügten diese »Beweise« zur Verurteilung. Für andere – Protestanten, Freigeister, Mediziner und auch Vertreter des geistlichen Standes wie Grandiers Vorgesetzten, den Erzbischof von Poitiers – waren die Nonnen Hysterikerinnen, die ihre libidinösen Einbildungen auslebten.
Trotz vieler Zweifel wurde der Abbé zu einer »hochnotpeinlichen Befragung« – der Folter – und der anschließenden Verbrennung auf dem Marktplatz verurteilt. Dieses geschah am 18. August 1634. Anschließend schlug die Staatsmacht zu: Den Hugenotten von *Loudun* wurde ihr Friedhof genommen; das protestantische Schulgebäude wurde konfisziert und den Ursulinerinnen übergeben, wo sie von nun an in großem Rahmen und publikumswirksam exorziert wurden.
Eine Diffamierungskampagne ohne Beispiel begann. Die mit Grandier sympathisierenden Katholiken der Stadt wurden als Ketzer und Hexer beschimpft und beschuldigt, am Sabbat teilgenommen und dem Teufel den Hintern geküßt zu haben. Priester wurden der Unzucht bezichtigt. Einige wurden zeitweise ins Gefängnis gesteckt. Die frommen Schwestern schließlich wurden dank des Einsatzes renommierter Exorzisten wie des jesuitischen Beichtvaters Surin dem rechten Glauben wieder zugeführt. Mutter Jeanne des Anges pilgerte nicht nur zum Grab des heiligen Franz von Sales nach *Chambéry*, sondern wurde auch von Richelieu, Louis XIII. und Anna von Österreich empfangen und durfte sogar bei der Geburt Louis XIV. assistieren.
Loudun war Anfang des 17. Jahrhunderts in Frankreich kein Ausnahmefall. Das *Poitou* wurde von ähnlichen Ereignissen heimgesucht. Die jesuitischen Exorzisten, die in *Loudun* die Volksmassen faszinierten, hatten dies zuvor schon in *Chinon* und anderen

Orten getan. So wie ihnen schon im 16. Jahrhundert in *Bordeaux* und *Paris* viele Frauen – als Hexen denunziert – zum Opfer gefallen und verbrannt worden waren. Nach der *Loudun*-Affäre ging die Hatz unvermindert weiter. 1670 gab im *Béarn* ein 16jähriger zu, am Hexensabbat teilgenommen zu haben und denunzierte in verschiedenen Gemeinden 6210 Frauen. 195 waren es allein in der Ortschaft *Labourcade*. Viele wurden zum Tod auf dem Scheiterhaufen verurteilt. Als das Gericht in *Pau* davon erfuhr, war das Leben in vielen Dörfern bereits desorganisiert.

Im heutigen *Loudun*, einer Kleinstadt mit guterhaltenem Stadtkern, sprechen die Bewohner nicht gerne über den religiösen Wahn des Mittelalters. Innerhalb weniger Monate hatten damals nach Grandiers Verbrennung alle Protestanten und Hugenotten den Ort verlassen und die Bevölkerung von 15 000 auf 3 200 Seelen verringert. Der Exodus dieser Handwerker und Kaufleute ruinierte die Stadt, die seitdem nie wieder auf die Beine kam. Im 18. und 19. Jahrhundert wurden viele der historischen Gebäude zerstört oder verfielen. So auch das Refektorium der Ursulinerinnen im Hinterhof der Kirche *du Martray* (ehemals *Saint-Pierre*). Das Innere des Gebäudes, das von außen mehr einem Schuppen gleicht, befindet sich in einem erbarmungswürdigen Zustand. Aber der Geist jener Zeit lastet erschreckend schwer in diesen zugestaubten Räumen.

Ganz anders dagegen präsentiert sich *Richelieu*. Nur 20 Kilometer von *Loudun* entfernt, scheint die Stadt mit dem Namen des allmächtigen Kardinals die Zeitläufte unbeschädigt überstanden zu haben. Die quadratische Anlage, von einer durchgehenden Mauer und einem Graben umgeben, wurde nach Richelieus Vorgaben von dem Architekten Jacques Lemercier erbaut und gibt einen Eindruck von hochherrschaftlicher Allmacht.

■ *Loudon* ist zu erreichen von *Tours* aus über die A 10 Richtung *Poitiers*, Abfahrt *Châtellerault* über die D 749 nach *Richelieu* und von dort über die D 61.

4 Château Tiffauges (Vendée): *der Wüstling, der einer Heiligen diente*

Es ist eine romantische Ruine, die in der *Vendée* an jenen Ritter erinnert, der als Gilles de Rais (auch Rays oder Retz) traurige Berühmtheit erlangte. Um dem Teufel ähnlich oder ihm sogar ebenbürtig zu sein, soll er über 100 Kinder gemordet haben. Der Faszination des Bösen konnte er nie widerstehen. Und dann wurde er, nach einem bewegten Leben, auch noch zum Urbild des legendären Ritter Blaubart, der, nachdem er ein Dutzend seiner Ehefrauen ermordet hatte, von den Brüdern seiner letzten zur Strecke gebracht wurde.

Gilles de Rais ist als Waffengefährte und Begleiter Jeanne d'Orléans zur historischen Figur geworden. Er gehörte dem höchsten Adel an und hatte sich, früh verwaist, nie Zwang auferlegt, wenn es darum ging, seine sexuellen Gelüste zu befriedigen. Mit 23 Jahren wurde er durch Charles VII. als Marschall von Frankreich bestätigt. Im April 1429 verpflichtete er sich mit einem feierlichen Eid der Armee der Jungfrau, von deren Seite er fortan nicht mehr wich. Wie weit er Einfluß auf ihre Entscheidungen ausübte oder sie auf ihn als Katalysator wirkte und ob er mehr von ihren Stimmen oder ihren Taten beeindruckt wurde, ist nicht bekannt. Daß versucht wurde, ihn als absolut bösen Menschen in einem Gegensatz zur Lichtgestalt Johanna darzustellen und für den Ausgang des Prozesses in *Rouen* verantwortlich zu machen, gehört ebenso ins Reich der Legende wie das Blaubart-Image, das man Gilles de Rais anzuhängen versuchte. Perrault erzählte über ihn 1697 in seinen »Histoires ou contes du temps passé«, während im 18. Jahrhundert de Sade und im 19. Eugène Rossard, René de Maulde und Stendhal die Leidenschaften dieses Ungeheuers und seines Lebens in Biographien und Essays festhielten. Ihnen schloß sich eine Biographie von Georges Charles Huysmans an, die wiederum den mythischen Gilles de Rais für die Surrealisten als umstrittenes Zeitphänomen interessant machte, um schließlich von Georges Bataille im Rahmen seiner Untersuchungen über das Verhältnis Erotik und Tod psychoanalytisch behandelt zu werden.

Tatsache ist, daß Gilles de Rais, vom Bösen fasziniert, dem Satanismus huldigte. Den ersten Kindermord soll er 1432 begangen haben. Da war die heilige Jungfrau schon ein Jahr tot. Gilles hatte sich von ihr nach der Niederlage von *Paris* getrennt und verjubelte sein großes Vermögen, indem er sich der schwarzen Magie und der Suche nach dem Stein der Weisen zuwandte. Dabei ließ er sich von einem Kinderchor begleiten, wenn er von einem Château zum anderen zog. Einige dieser Kinder wurden Opfer des Libertins.

Im September 1434 erschien Gilles mit seinem Gefolge in *Orléans*, um die sechs Jahre zuvor von Jeanne erkämpfte Befreiung der Stadt von den Engländern zur eigenen Glorifizierung zu nutzen. Er verbrachte dort ein Jahr in Saus und Braus und verschwendete so viel Geld, daß er sich nicht mehr davon erholte. Sechs Jahre später wurde ihm der Prozeß gemacht. Die Anklage lautete auf Ketzerei und vielfachen Mord. Mit zwei Komplizen wurde er für schuldig befunden und gehenkt.

Das wilde Leben des Gilles de Rais hatte vor allem auf die bretonischen Sagen und Märchen einen langanhaltenden Einfluß. Düstere Burgen nährten sein Blaubart-Image ebenso wie das eines ungehemmt lebenden Libertin, der zuerst »ein braver, frommer Soldat./ Sodann der raffiniert, verbrecherische Künstler./ Schließlich der reuige Sünder, der Mystiker« (Huysmans) war. Letztlich war der satanische Zeitgenosse der Jeannne d'Arc ein Mensch mit vielen Neigungen: Neben seinen Verbrechen sind es vor allem seine Passion für liturgische Zeremonien und die Kirchenmusik, die das Bild seiner rätselhaften Persönlichkeit formten.

Château Tiffauges im Zentrum der östlichen *Vendée* imponiert noch immer durch einen mächtigen Donjon, der sich über den Ruinen neben dem zerstörten Chor der Kapelle aus dem 13. Jahrhundert erhebt. Welches Leben Gilles de Rais in dieser Burg führte, wissen nur die Steine. Und die schweigen bekanntlich für immer und alle Zeiten.

■ *Château Tiffauges* ist zu erreichen von *Nantes* über die N 149 bis *la Colonne* und von dort über die D 752 Richtung *Montaigu*.

5 Île d'Aix (Charente): *Napoléons letzte Nacht in Frankreich*

Die *Île d'Aix* liegt so winzig und verloren im *Golf von Biscaya*, daß manche Landkarten sie verschweigen. Dabei ist ihr geschichtliche Bedeutung nicht abzusprechen. Denn zweimal besuchte Napoléon das 130 Hektar große Eiland, das sich heute in Erinnerung an diese Visiten »L'Île Imperial« nennt.

Napoléons erster Besuch fiel in das Jahr 1809, als »der größte Monarch der Welt die kleinste Gemeinde Frankreichs« (so der damalige Bürgermeister Demoiré) mit seiner Anwesenheit beehrte und sofort den Bau einer neuen Kommandantur mit Stockwerk und Balkon befahl. Die kaiserliche Order wurde in die Tat umgesetzt, und so hätte sich Napoléon bei seiner zweiten Visite im Juli 1815 schon heimischer fühlen können, wenn nicht die Bucht von *Rochefort* von einem englischen Geschwader blockiert gewesen wäre. Sieben Jahre nach seinem ersten Kurzaufenthalt auf der *Île d'Aix* sollte dem Kaiser hier die letzte Stunde seines Lebens auf französischem Boden schlagen. Überall war er besiegt worden: vor Moskau, an der Beresina, bei Leipzig in der Völkerschlacht. Auch die hundert Tage hatten nichts gebracht außer einem mühseligen Marsch durch die *Seealpen* nach *Paris* in den Tuilerien-Palast, wo unter dem Bett noch der Nachttopf Louis' XVIII. stand. Und dann kam die totale Niederlage: Waterloo.

Am 22. Juni 1815 dankte Napoléon ab. Sein ehemaliger Polizei-

minister Fouché forderte ihn auf, Frankreich sofort zu verlassen. Aber wohin? Am 29. Juni ließ sich Napoléon in Zivil aus *Paris* auf die Fregatte »La Saale« bringen, die vor *Fort Enet* ankerte. Einen Tag später nahm er auf der *Île d'Aix* die Parade der dort stationierten 14 Marines ab. Was dann folgte, war tragisch: Der Empereur, von dem Intriganten Fouché böse gegen Louis XVIII. ausgespielt, begab sich in die Hände der Engländer. Würde er wie Jeanne d'Arc zum nationalen Opferlamm werden? Wenigstens blieb ihm ein demütigender Prozeß erspart. Statt dessen wurde er, von seinem Leibmamelucken Ali, seinem Sekretär Las Cases und dem jungen General Gourgaud begleitet, nach St. Helena gebracht und starb dort, nach fünfjährigem Exil und schwerem physischen Leiden, müde und apathisch am 5. Mai 1821.
Erinnerungen an Napoléon finden sich auf der *Île d'Aix* auf einem Gedenkstein am Hafen (Inschrift: »Hier hat Napoléon am 18. Juli 1815 den Kontinent verlassen, um ins Exil zu gehen«) und im ehemaligen Kommandanturhaus, das 1925 von dem Urenkel General Gourgauds vor dem Verfall gerettet und in ein Museum verwandelt wurde. Hier ist auch jenes Zimmer neu erstanden, in dem Napoléon die letzten Nächte in Frankreich verbrachte. Das Möbel ist winzig, dabei war der Kaiser mit 170 Zentimetern Größe guter Durchschnitt. Die Kaiserin Joséphine, von der ein Kleid in diesem Museum gezeigt wird, war dagegen nur 150 Zentimeter groß. Auf einem kleinen Tisch liegt das Faksimile eines der letzten kaiserlichen Briefe, der an den englischen König gerichtet war, er lautet: »Königliche Hoheit, den Parteien ausgesetzt, die mein Land zersplitterten, und der Feindschaft der europäischen Mächte überliefert, habe ich meine politische Laufbahn beendet und komme wie Themistokles, im Lande des britischen Volkes eine Zuflucht zu suchen. Ich stelle mich in den Schutz Ihrer Gesetze und bitte Eure königliche Hoheit als den mächtigsten, beständigsten und großmütigsten meiner Feinde, ihn mir zu gewähren . . .«

■ Zu erreichen ist die *Île d'Aix* mit der Fähre von der *Ponte de la Fumée* bei *Fouras* an der *Charente*-Mündung oder von *la Rochelle*, von wo täglich ein Küstenpassagierschiff zu der Insel fährt. Die Anlegestelle befindet sich hinter der *Tour de la Chaîne*. Das Schiff steuert zuerst die *ponte de Sablonceaux* auf der *Île de Ré* an, dann *Boyardville* auf der *Île d'Oléron*, um an der *Île d'Aix* die Fahrt zu beenden. Autos müssen auf dem Festland zurückbleiben. Übernachtungen auf der Insel sind in einem einfachen Hotel möglich. Fahrräder können gemietet werden.

6 Banyuls/Céret/Collioure (Pyrénées-Orientales): *Maillol, Matisse, Picasso & Co.*

So wie für Frankreichs Schriftsteller *Paris* zur wesentlichsten Inspirationsquelle wurde und das Leben dort die Kreativität förderte, so zog es die Maler hinaus in die Provinz. Die Impressionisten hatten mit dem Reisen begonnen, als sie im Tal der *Seine* ihre Motive suchten und fanden. Van Gogh verwandelte auf der Suche nach dem idealen Licht und der malerischen Wahrheit der Dinge die Landschaft von *Saint-Rémy-de-Provence* in ein Bündel zuckender Farben; Cézanne fiel ebenfalls der dramatischen Wahrheit der südlichen Sonne zum Opfer und füllte seine Leinwände mit Farben, wie man sie in den Salons nie zuvor gesehen hatte. Gauguin schließlich trieb es, nach Fluchten in die *Bretagne* und zu van Gogh in die *Provence*, bis nach Tahiti, wo er seine Auffassung einer primitiven Kunst kreierte. So wurde eine moderne Geschichte der Malerei von jenen geschrieben, die das Hexagon auf der Suche nach einem anderen Licht als dem in den Ateliers der Großstädte durchquerten und bislang nie geschaute Farbkompositionen auf die Leinwand warfen.
Für den Katalanen Salvador Dalí war der Bahnhof von *Perpignan*

das Zentrum der Welt. Denn hier waren sie schon vor ihm angekommen, die großen Maler dieses Jahrhunderts, um sich vom prachtvollen Licht *Kataloniens*, auch *Pyrénées-Orientales* genannt, faszinieren zu lassen. In der grünen *Cerdagne* mit ihren Schafherden vor der Kulisse rosafarben-gezackter Berge, die sich – manchmal mit Schnee bedeckt – gegen das Blau des Mittelmeeres abhoben, mit ihren dunklen Kastanienwäldern und den schattigen Tälern waren die Kontraste der Farben von einmaliger Intensität. Hier, wo Gebirge und Weltall sich begegneten, konnten ihre Augen denken lernen. Und weil das so war, entstand in dieser Region, als Transformation zwischen der Kunst des 19. und 20. Jahrhunderts, der Kubismus.

Der Künstler, der für sich in Anspruch nehmen konnte, diesen Flecken Erde im Hinterland der *Côte Vermeille* als erster entdeckt zu haben, hatte mit jener neuen Richtung jedoch nichts im Sinn. Aristide Maillol war ein »Eingeborener«, ein Kind des Landes, war in den steilen Weinbergen direkt am Meer geboren worden, in jener Landschaft, die für ihn »graziöser Klassizismus« war: »Die Berge sind nicht zu hoch, und sie sind schön. Hier, das ist Sizilien, das ist Griechenland . . .«

Maillol, der auch ein Atelier in *Paris* besaß, tauschte das Leben in der Metropole gerne und oft gegen das einfache Leben auf seinem Landgut bei *Banyuls* ein. »Verloren in der Natur«, wurde er, seinem Wunsch entsprechend, auch dort begraben. Die Statue »La Mediterranée«, die ihn berühmt machte, bewacht seine von Zypressen und Olivenbäumen umgebene Ruhestätte.

Maillol fühlte sich den einfachen Menschen dieses Landstriches immer sehr verbunden. Er bewunderte neben den Weinbauern vor allem jene Männer, die mit primitiven Werkzeugen den Stein aus dem Felsen schlugen, zu Mauern schichteten und der Gegend ein ganz eigenes Gesicht gaben. Wie sie fühlte er als Katalane, der sein eigenes Öl und seinen eigenen Wein produzierte und die Frauen des Landes als Modelle in sein Atelier am *Baillaury*-Fluß bat. (*Seine-Mas* erreichen Sie von *Banyuls* aus über die Route *des Mas*, auch C 3. Nach drei Kilometern zweigen Sie hinter der

Brücke über den *Baillaury* ab und folgen 300 Meter dem Hinweisschild *»mas Maillol«.*)
Maillols Plastiken, vorwiegend Akte, symbolisieren die Nacht, die Harmonie, den Fluß und die Berge. Sie sind Lobgesänge auf den weiblichen Körper. Viele stehen als Kriegerdenkmäler auf öffentlichen Plätzen in *Port-Vendres, Perpignan* und vor der Kathedrale von *Elne.* Und natürlich auch in *Céret.*
Aber Maillol fand, wie mancher »Prophet«, zu Lebzeiten in seiner Heimat keine große Resonanz. Ein Museum seines Namens entstand in der *rue de Grenelle* in *Paris.* Erst jetzt restauriert man in seinem schlichten Landhaus, einer Einsiedelei, die Küche und das Atelier. Yvon Berta-Maillol, die Enkelin des Bildhauers, hat diese Aufgabe übernommen. Sie erinnert sich noch heute an ihren »Onkel Aristide mit den Augen blau wie Porzellan« und »groß und trocken wie eine Grille. Er hatte eine Vorliebe für Samt und gutes Benehmen und trug an kühlen Tagen immer einen Filzhut und einen Wollumhang. Wenn wir ihn besuchten, empfing uns Tante Clotilde unten an der großen Treppe, und Mama mußte sich sofort ans Klavier setzen und Mozart spielen . . .«

Knapp 30 Kilometer von *Banuyls* landeinwärts (zu erreichen über die D 618) liegt im *Bas-Vallespir* das von Obstgärten umgebene Dorf *Céret,* das der Kritiker Maurice Raynal das »Mekka des Kubismus« und sein Kollege André Salmon »Barbizon des Kubismus« nannte und es mit jenem Weindorf im Departement *Seine-et-Marne* verglich, wohin sich Rousseau, Corot, Diaz de la Pena, Millet und andere zur Arbeit zurückzuziehen pflegten. Auch *Céret* sollte ein so ausgewählter Ort werden, als im Sommer 1911 Pablo Picasso und Georges Braque hier jene künstlerische Epoche begründeten, die man die kubistische nennt.
Im Jahr 1909 war mit dem katalanischen Bildhauer Manolo der erste Künstler von Rang nach *Céret* gekommen, wo bereits der amerikanische Millionärssohn und Freizeitmaler Frank Burt Havilland, ein Sammler von afrikanischen Skulpturen und Masken, lebte. Im Januar 1910 erweiterte das Künstlerduo ein junger

Komponist aus dem *Languedoc*, Déodat de Séverac, um die Volksmusik jener Gegend zu erforschen.
Manolo fühlte sich schnell heimisch und schrieb seinem Freund Picasso in *Paris* begeisterte Briefe über das einfache Leben in den *Pyrenäen* und die Menschen dort. Hier würde er spanische Freunde wiederfinden, und bis nach Barcelona, wo seine Familie wohnte, wäre es auch nicht sehr weit. Im Juli 1911 kam Picasso dann nach *Céret*; einen Monat später folgte seine Freundin Fernande Olivier, und dann Braque.
Das Leben in *Céret* war in der Tat angenehm und leicht. Picasso, der sich im *Hôtel du Canigou* einquartiert hatte, arbeitete den Tag über im leeren Obergeschoß eines verlassenen Franziskanerklosters, das Havilland gekauft hatte, während Braque das Erdgeschoß belegte. Abends fand sich die Künstlerclique im *Grand Café* ein. Hier gab den Ton der Dichter Apollinaire an, der seinem Freund Picasso gefolgt war und schnell herausfand, daß Matisse nicht weit entfernt in *Collioure* arbeitete und jedesmal in Zorn geriet, wenn er auf der Hauswand gegenüber seinem Atelier die Buchstaben KUB las – keineswegs ein Witz seiner Gegner, der Kubisten, sondern nur die Werbung für ein Nahrungsmittel.
Picasso vollendete in diesem ersten *Céret*-Jahr mit dem Bild »L'Accordéoniste« (heute im Guggenheim-Museum in New York) eines der Hauptwerke der kubistischen Epoche. Es ist eine unerbittlich-strenge Komposition monochromer Flächen, auf die Braque umgehend mit seinem Bild »L'homme a la guitarre« (heute im Museum of Modern Art in New York) antwortete. Hier sind die Flächen wie in einem pyramidenförmigen Gitter über die Leinwand verteilt. Beide Bilder beeindrucken durch konstruktiven Willen und künstlerische Kühnheit, die sich während der gemeinsamen Zeit von Braque und Picasso, vom Sommer 1911 bis zum Jahresbeginn 1912, in allen Arbeiten bemerkbar macht. Die Nähe der zwei Künstler führte dazu, daß ihre Bilder aus jener Periode manchmal kaum zu unterscheiden sind. So malten beide Stilleben, in die sie als typographisches Element den Titel der lokalen Zeitung »L'Indépendant« einfügten. Auch die Bilder »Les

Toits« und »Céret« von Braque ähneln verblüffend der Komposition »Paysage de Céret« von Picasso.

Dieses Produzieren nebeneinander fand ein Ende, als Picasso im September kurzfristig nach *Paris* zurückfuhr, um als Zeuge in einem Kunstraubprozeß auszusagen. Apollinaires Sekretär Gery-Pieret hatte aus dem *Louvre* einige Miniskulpturen gestohlen und sie Picasso verkauft. Der konnte seine Unschuld beweisen. Braque, von der Gegenwart des dominanten Freundes befreit, beendete sein Bild »Le Portugais« und besuchte Matisse in *Collioure.* Im Januar 1912 kehrte er nach *Paris* zurück.

Aber schon ein Jahr später war Braque wieder in *Céret.* Picasso war schon da. Er hatte sich im *Maison Delcros* mit seiner Freundin Eva Gouel und dem Schriftsteller-Freund Max Jacob eingemietet. Es begann die Epoche der Collagen, in der Picasso, immer erfindungsreich und dynamisch, und Braque, meditativ und langsam, erneut miteinander konkurrierten. Wenig später kam auch Juan Gris nach *Céret.* Ungeheuer fleißig und auf eine sehr konstruierte und strenge kubistische Aussage fixiert, vollendete er in kurzer Zeit eine Anzahl Bilder mit Landschafts- und »nature morte«-Motiven.

1919 suchte Soutine das Dorf wie ein gewaltiges Erdbeben heim. Sein Kunsthändler hatte ihm den Aufenthalt finanziert. Scheu und zurückgezogen in einer Art Schweinestall lebend, erregten seine wie im Rausch gemalten Bilder im Ort Aufsehen und Empörung. Die Dorfbewohner erkannten ihr *Céret* nicht mehr wieder. Halluzinierend zuckte rote Farbe wie Blut über die Leinwand und verwandelte »Rue et arbres à Céret«, »Les Platanes à Céret«, »Le Château rouge« und »Maisons à Céret« in ein glühendes Chaos.

Das war der Ursprung einer neuen Welle von Malern – eine damals undiskutable, heute klassische Avantgarde. Einer von ihnen war André Masson, der sich bei Manolo einquartierte und dort Soutine traf und ihm schließlich ein annehmbares Atelier ebenfalls im Kapuzinerkloster verschaffte. Dort malte Soutine sein Bild »Le Couvent de capucines à Céret«, das heute im Museum der Stadt hängt. »Verglichen mit Soutine«, schreibt

Manolo später, »wirkte van Gogh wie eine alte Jungfrau beim Stricken ihres Pullovers.«
Nach *Céret* werden auch in den kommenden Jahren noch viele Maler reisen, um ihre Arbeiten von der Sonne des Südens verzaubern zu lassen. Einer von ihnen war Chagall, der einige Monate mit seiner Frau Bella auf einem Bauernhof bei *Tech* verbringt. Im Museum der kleinen Stadt sind neben Bildern von André Lhote, Pignon und de Manessier auch viele Arbeiten von Marquet zu sehen, der 1940 aus dem besetzten *Paris* floh und sich bei dem Töpfer Artigas einquartierte.
Heute erinnert an die Maler von *Céret* das kleine, aber feine *Musée d'Art moderne* in der *rue Joseph-Parayre.* In diesem lichtdurchfluteten, rund um einen Patio errichteten Neubau werden Meisterwerke des Kubismus, aber auch Arbeiten noch lebender Künstler wie Antoni Tàpies gezeigt. Picasso ist mit einer Sammlung von Fayence-Tellern mit Stierkampfmotiven vertreten. Die Altstadt von *Céret,* die legendenumwobene Teufelsbrücke oder der Pyrenäengipfel *Canigou* sind auf Bildern von Kubisten wie Herbin oder André Masson abgebildet.
30 Kilometer nördlich von *Céret* befindet sich direkt an der karminroten Küste des katalonischen Mittelmeeres *Collioure.* Ehemals nur ein kleines Fischerdorf, wurde es Ende des 19. Jahrhunderts von dem Maler Paul Signac als Freilichtatelier entdeckt, der Paul Matisse sofort von der Einmaligkeit des Ortes berichtete. 1904, im Herbst, wurde dieser Mensch des Nordens zum erstenmal mit der Intensität des lokalen Lebens und der Menschen in den ockerfarbenen Schieferhäuschen mit ihren grünen und blauen Fensterläden, der grell getünchten Boote im Hafen und dem gleißenden Weiß ihrer salzverkrusteten Fangnetze konfrontiert. Der Maler hatte den Sommer zuvor in *Saint-Tropez* verbracht und sich dort von seinem Freund Paul Signac zu einer neoimpressionistischen Technik verführen lassen. Aber er war ihrer schnell müde geworden. Nun fand er in *Collioure* jene puren Töne, die ihn auf Anhieb schockten. In einem Brief an Vlaminck beschrieb er begeistert »die Menschen mit den bronzenen Köpfen und der

orangen Haut und den schwarz-bläulichen Bärten . . . und überall dieses blonde, goldene Licht, das alle Schatten überflüssig macht . . .«
Im Sommer 1905 kehrt Matisse mit Derain nach *Collioure* zurück. Die Freunde mieten sich in der Pension von Madame Rosette in der *avenue de la Gare* ein. Derain, damals ein kraftstrotzender Bursche, war ganz das Gegenteil von Matisse, dem der blonde Bart und eine randlose Brille das Image eines Intellektuellen gaben. Sie hatten sich vor drei Jahren kennengelernt, und Matisse hatte sofort erkannt, welch großes Talent in diesem ungebärdigen Sohn des *Chatou* brannte. Er stellte ihn dem Kunsthändler Ambroise Vollard vor, der dem jungen Mann alles abkaufte, was sich damals in seinem Atelier befand.
Derain seinerseits war tief beeindruckt von den Bildern seines Mentors, der sich bereits in *Collioure* endgültig vom Pointillismus losgesagt hatte und statt dessen mit großen Pinselstrichen die Formen nachmalte und das kraftvolle Sonnenlicht mit einem Maximum an Intensität und leuchtenden Farben auf die Leinwand konzentrierte. Dieses Gefühl für die Leuchtkraft entwickelte er in *Collioure* zur Meisterschaft. Das beweisen die dort entstandenen Landschaftsbilder, die viel Zärtlichkeit für die mediterrane Natur ausdrücken. Derain wurde durch diese Leidenschaft zu jenen Bildern inspiriert, auf denen er den Hafen und den engen Gassen, den Schiffen und den feiernden Menschen in *Collioure* hingebungsvoll huldigte. Das katalanische Dorf kocht auf ihnen in allen Rottönen. Manchmal posierte Madame Matisse den zwei Malern in ihrem japanischen Négligé. Und einmal porträtierte Matisse Derain als Fischer auf den Felsen von *Collioure.*
Für den jüngeren Derain war die Zusammenarbeit mit dem großen Matisse verwirrend. »Alles, was ich tue, scheint mir so blödsinnig«, schreibt er voller Zweifel in einem Brief an Vlaminck. »Ich schufte mit Matisse und glaube manchmal, daß er mir meine Leidenschaft und mein Wissen über Farben einfach nicht

abnimmt . . .« Seite an Seite malten beide in vibrierenden Farben den Leuchtturm und die zart-rosa Kirchturmkuppel von *Saint-Vincent* – ein Motiv, das heute die am häufigsten fotografierte Ansicht des Ortes ist.
Matisse kehrte in den Sommern 1906, 1911 und 1914 noch dreimal nach *Collioure* zurück, bis 1916, nach Ausbruch des Kriegs, andere Maler die *Côte Vermeille* entdeckten und von der Idylle des Ortes angeregt wurden. Soutine und Chagall, Tzara und Dufy nisteten sich in den heißen Monaten dort ein, um zu malen.
1950 eröffnete der Maler Pierre Brune das kleine, aber feine *Musée Municipale*. Er bat Matisse und Picasso um Unterstützung. Sie und andere gaben kostenlos einige Leinwände an das Haus, wo man heute Keramiken und einige Meisterwerke des Kubismus findet. Das Museum befindet sich in der *Villa Pams* an der *Route de Port-Vendres*.

7 Ventadour (Ardèche): *die Burg der Troubadoure*

Auf einem felsigen Zacken, hoch über der *Luzège*, erheben sich die Ruinen von *Ventadour*. Das sind zwei Türme, einige Mauerreste und die Reste des herrschaftlichen Hauses – vor fast tausend Jahren ein sicheres Refugium für seine Bewohner. Dies war, Ende des 11. Jahrhunderts, der Graf Èble II., der dem Musiker- und Poeten-Prinzen Guillaume IX. d'Aquitaine (1071–1127) zumindest auf dem Gebiet der schönen Künste Paroli zu bieten versuchte.
Das poetische Wort als Schwert gebrauchend, machte Éble seine Burg zu einem Zentrum der schönen Künste, wo die Troubadoure ein und aus gingen. Damals wurde dieser Kunstbegriff geboren und erschien zum erstenmal in den Chroniken, um die bislang gebräuchliche Bezeichnung »cantator« oder »cantadour«

(Sänger und Dichter im langue d'oc) abzulösen. Der Troubadour fand, erfand (trouver – finden) Texte und reicherte sie mit Melodien an (tropus – melodische Ausschmückung von Texten im Gregorianischen Choral). Sein intellektueller Anspruch verwehrte ihm jedoch die Akzeptanz beim Volk. Er fühlte sich immer dem Adel und der herrschenden Klasse seiner Zeit verpflichtet, für die er seine Gedichte bei Harfe- und Zitherklang sang.

Diese sehr höfische Poesie, wahrscheinlich die älteste der okzidentalen Welt, hatte ihre Blütezeit unter Guillaume d'Aquitaine, der – »einer der größten Hofleute der Welt und einer der größten Frauenverführer, ein tapferer Ritter in Waffen und unbändig im Minnedienst« – als Mäzen seiner Zeit eine große inspirative Kraft war. Sehr komplex in sich und verfeinert, von literarischem Anspruch und auf hohem musikalischen Niveau, erinnern die Lieder, die unter seinem Einfluß entstanden, an Liturgien aus dem *Limousin*. Vergleichbar auch der lyrischen Poesie der moslemischen Welt, die während der Kreuzzüge vor allem in Spanien gelesen wurde, wo Guillaume gelegentlich seine Vettern besuchte, die wiederum eine gute Nachbarschaft zu den Arabern unterhielten.

Rund 460 Troubadoure sind heute bekannt, deren Aktivitäten sich damals über zwei Jahrhunderte erstreckten. Die meisten dieser Sänger-Poeten waren adelig. Denn die Höhergeborenen favorisierten damals für die Ernennung zum Troubadour ihresgleichen. In ihrem erlauchten Kreis konnte sich kein Bürgerlicher behaupten. Eine Ausnahme machte Bernard de Ventadour, dessen Begabung vom Grafen Èble entdeckt wurde, als er noch ein Kind war. »Er war von niedriger Herkunft«, berichtete später eine zeitgenössische Biographie über ihn, »Sohn eines Knechtes und Ofenheizers, der den Ofen zum Brotbacken im Schloß Ventadour heizte. Er erwuchs aber zu einem schönen und gewandten Mann, wußte trefflich zu dichten und zu singen und war höflich und belehrt.« Dank Èble, der dem jungen Mann eine feine Erziehung angedeihen ließ.

Bernard revanchierte sich und wurde zum bedeutendsten Troubadour seiner Zeit. Über sein Leben ist wenig bekannt. Man weiß aus seinen Liedern, daß ihm hohe Damen oft ihre Gunst schenkten. Am Hof seines Wohltäters verliebte er sich in Marguerite de Turenne, wurde – deshalb? – verstoßen und begab sich gen Norden an den Hof der Aliénor d'Acquitaine, der Enkelin Louis' IX. Auch in sie verliebte sich der Troubadour und folgte ihr, bis sie Königin von England wurde. Dann kehrte er zurück in den Süden. Warum? Wieder aus Liebe? Oder aus Heimweh? Er ließ sich in *Narbonne* nieder, begab sich dann an den Hof des Raymond V. de Toulouse, um schließlich, um 1200, als Klosterbruder zu sterben.

Bernard de Ventadour ist ein absoluter Meister gewesen, vielleicht der einzige große Dichter unter den Troubadouren zweier Jahrhunderte. Seine völlig unpolitischen Kanzonen waren der Liebe gewidmet und offenbaren einen bezaubernden rhythmischen Charme:

Mein Herz ist so voll Blüten,
Verwandelt scheint die Welt:
Daß noch in Winters Wüten
Ein Blumenregen fällt.

Daß noch in Sturm und Meeren
Mir wächst der Liebe Mut –
Vergeßne Lieder kehren
Mir wie zum Strand die Flut.

Mein Herz ist so voll Gluten,
Voll Freud und süßem Weh,
Daß Rosen mir erbluten
Hervor aus Eis und Schnee.

■ Zu erreichen ist die Burgruine Ventadour von *Tulle* aus auf der D 89 bis *Egletons*, dann über die D 991 über *Moustiers-Ventadour.*

8 Notre-Dame-des-Fontaines (Alpes-Maritimes): *ein Comic aus dem Mittelalter*

Den ausgemergelten Körper umhüllen Lumpen, die Augen starren angstvoll und stier, aus dem dunklen Loch seines Mundes scheint ein schreckliches Gelächter zu dröhnen! So erscheint dem Besucher Judas Ischariot im Halbdunkel der Kapelle. Was müssen erst die Pilger angesichts dieser Visage empfunden haben, wenn sie vor 500 Jahren das kleine Gotteshaus *Notre-Dame-des-Fontaines* nicht weit vom *col du Tende* für eine kleine Andacht aufsuchten? Erbarmen? Erschrecken? Und wie viele waren es überhaupt, die damals hier einkehrten, nur um zu beten, und dann sich wie erschlagen fühlten von der Bilderflut auf den Wänden.

La Brigue-de-Nice. Ein vergessenes Bergnest im Tal von *Roya* nahe der italienisch-französischen Grenze. Einige Häuser, eine romanische Kirche mit Glockenturm im Stil lombardischer Baukunst, ein paar Ruinen. An sich nichts Ungewöhnliches, wenn da nicht jenseits der Einsamkeit des Ortes, in 866 Metern Höhe, die Pilgerkapelle *Notre-Dame-des-Fontaines* wäre – wie angeklebt an die steile Bergwand.

Der äußere Anblick läßt nichts von den Kostbarkeiten erahnen, die sich im Innern befinden: Wandmalereien, die als größter Freskenzyklus Südfrankreichs bezeichnet werden. Die Bibel als Comic, verteilt über 200 Meter Wandfläche und erstaunlich gut erhalten.

500 Jahre alt sind die Malereien. Das verrät eine Datierung: 12. Oktober 1491. War das nicht der Tag, an dem Christoph Columbus seinen Fuß auf den neu entdeckten Kontinent setzte? Die Kapelle ist noch älter. 1375 wird sie zum erstenmal als religiöser Anziehungspunkt urkundlich erwähnt. Sie wurde über sieben Quellen erbaut, die – einer Legende nach – bei einem Erdbeben versiegt waren, aber dann durch die Gebete an die Mutter Gottes wieder zu sprudeln begannen und das Land vor Trockenheit

bewahrten. Beim Bau des kleinen Gotteshauses habe sich das Wasser in Wein verwandelt, um dann, als ihn die Bauleute mit nach Hause nahmen, wieder zu Wasser zu werden. Zwischen 1480 und 1492 erhielt das Kirchlein seinen Bilderschmuck.

Solcherart bemalte Kirchen und Kapellen sind in den *Savoyer Alpen* nicht selten. 28 zählt man in den *Alpes-Maritimes* und 380 in den Trentiner Alpen und in der Region um Bozen. Nahezu alle wurden am Rande der kleinen Bergdörfer errichtet und sollten den Gottesgläubigen in Pestzeiten als Zuflucht dienen. So wie die Kapelle *Notre-Dame-des-Fontaines.*

16 mal 11 Meter mißt der saalartige Innenraum, in den früher durch viele Fenster Sonnenlicht hereindringen konnte, um die Malereien in ihren Farben leuchten zu lassen. Heute herrscht dort gespenstisches Halbdunkel, und die Figuren tauchen nur noch wie possenhafte Schatten auf.

Das ikonographische Programm umfaßt drei Themenkreise: auf der östlichen Stirnwand in elf Einzelszenen das Leben Marias und die Jugendgeschichte Christi; an den Seitenwänden den Passionszyklus mit 26 Einzelszenen in zwei Reihen übereinander, und an der Westwand Szenen des Jüngsten Gerichts mit Auferstehung der Toten und der Darstellung von Himmel und Hölle. Weitere erst kürzlich freigelegte Temperamalereien zeigen Stationen aus dem Leben der Maria.

Während die Malereien im Kirchenschiff in ihrer volkskunstartigen Dramatik die Realität der damaligen Zeit übersteigern und die Menschen fast karikiert darstellen, zeigen die Gesichter im Chor edlere Züge. Die Gebärdensprache ist von vornehmer Zurückhaltung, und die Gewänder haben etwas von jener Eleganz der Linienführung, wie sie den Künstlern der sienischen Malerei der ersten Hälfte des 15. Jahrhunderts zu eigen war.

Als Maler dieses großen Welttheaters wird in einer Inschrift an der Nordwand der Kleriker Jean Canavesio genannt. Der aus dem Piemont stammende Künstler war zwischen 1482 und 1495 an mehreren Orten – unter anderem in *Peillon* und *Saint-Étienne-de-Tinée* – tätig. In *Notre-Dame-des-Fontaines* arbeitete er gemeinsam mit einem gewissen Jean Balaison, der den Chorraum ausmalte. Das erklärt die stilistischen Unterschiedlichkeiten: In Balaisons Szenen aus dem Leben der Jungfrau verzaubert die unvollendete Süße der zarten Gesichter mit ihren großen Mandelaugen und einem leichten Lächeln auf den Lippen; der Realist Canavesio überspringt durch seine dramatischen Darstellungen die Legende und reist direkt ins Zentrum der mittelalterlichen Nacht.

Welchen Rang nun nehmen diese Wandbilder von *Notre-Dame-des Fontaines* ein? Ist das nur Volkskunst? Oder ist es eine Malerei, die mehr weiß, als sie darstellt – sinnträchtig und symbolbeladen? Für Kunsthistoriker ist Canavesios Malerei außergewöhnlich durch ihre Kraft und durch ihren Überfluß an Leben. Die Fähigkeit des Künstlers, den Betrachter durch tausend Details zu faszinieren und die Heilige Geschichte dramatisch zu steigern, erhebt die Bilder in den Rang eines gezeichneten Schauspiels. So verwandelt sich von einem zum anderen Bild das Gesicht des Schinders zuerst in eine Tierschnauze und letztlich in einen Schweinerüssel.

Eine der zentralen Figuren in diesem Getümmel ist der Verräter Judas. Sechsmal dargestellt, dominiert er das besessene Treiben. Ist hier eine Botschaft verborgen? Eine Botschaft der Hoffnung an die in dieser Kapelle betenden Sünder? Oder ist in dieser seltsamen Passion Esoterik im Spiel, wie es Pater Avena, der frühere Abbé von *la Brigue*, vermutete? Sind nicht des Schinders Arme, die Jesus geißeln, wie eine Sigrune geformt, jenes Kreuz, das Sonne und Fruchtbarkeit symbolisierte und so sträflich von den Machthabern des »Dritten Reiches« mißbraucht wurde? Auch an anderen Stellen der Kapelle erscheinen solche und ähnliche Kreuze. Oder sollte man in dieser kleinen Kirche den Kult der Isis beschworen oder gar dem Buddhismus gehuldigt haben, wie es manche Esoteriker glauben? Sind es nicht ganz einfach Reflexionen eines phantasiebegabten Künstlers über seine chaotische Zeit? In der Tat befinden wir uns in diesem kleinen Gotteshaus mitten im 15. Jahrhundert, in dem der Aberglaube blühte, Ketzer

das Land durchzogen und die Seelen verwirrten. In den Niederlanden malte ein Hieronymus Bosch seine Bilder, und in Rom saß ein Borgia auf dem Thron des Petrus. Ist der es vielleicht, den Canavesio hier als (Schein)Heiligen beim Abendmahl mit einem übergroßen Messer, einem Symbol der Gier und Begierde, darstellte?
Im Zentrum seines Jüngsten Gerichtes, wo die Teufel die Sünder verspeisen, hat Canavesio zwei Worte gemalt: »Erit recordatio« – »Eine Erinnerung für die Zukunft«. Vielleicht ist das die Botschaft der Kapelle *Notre-Dame-des Fontaines*.

■ *Notre-Dame-des-Fontaines* ist von *Nice* aus zu erreichen über die D 2204 Richtung *Sospel* und von dort über die D 38 über *Saorge* und *Saint-Dalmas-de-Tende* bis *la Brigue-de-Nice*. Eine herrliche, sehr kurvenreiche Strecke durch die bis 3 000 Meter hohen Berge der *Alpes-Maritimes*.

9 Salon de Provence (Provence): *der Arzt, der Astrologe wurde*

In der Franziskanerkirche *Saint-Laurent* liest man links vom Haupteingang in einer der Jungfrau geweihten Nische auf einem Flachrelief an der Wand die Inschrift:

Hier ruhen die Gebeine des Michel Nostradamus,
Dessen beinahe göttliche Feder, von allen geachtet,
Würdig war zu schreiben und den Menschen mitzuteilen,
Die nach dem Einfluß der Sterne kommenden Ereignisse
Rund um das ganze Universum.
Gestorben zu Salon de Craux in der Provence
Im Jahre 1566 am 2. Juli im Alter von 62 Jahren, 6 Monaten und 17 Tagen.

Nachwelt störe ihn nicht in seiner Ruhe.
Anne Ponce Gemelle de Salon wünscht ihrem Gatten ewige Seligkeit.

Diese Sätze, in weißen Marmor eingraviert und über dem gemeinsamen Grab des Nostradamus und seines Sohnes César angebracht, sind die Fermate unter einem erstaunlichen Leben, das sich unter provenzalischer Sonne abgespielt hat.
Wer war Nostradamus? Zweifellos der Nachkömmling einer alten jüdischen Familie, die sich bis auf den der Prophetie kundigen Stamm Isaschar zurückführen ließ. Sein Vater war ein angesehener Notar, der Großvater hatte als Arzt und Astrologe im Dienst des Herzogs von Kalabrien bzw. des Grafen der Provence gestanden. Der Urgroßvater Jacques hatte sich nach der Flucht vor der Inquisition aus Spanien in einer Kirche »unserer lieben Frau« (de Notre Dame) taufen lassen und den Namen Nostradamus angenommen. Allerdings könnte der auch dem Lateinischen entstammen: Nostra damos – wir geben, was wir haben.
Unter dem günstigen Einfluß von Uranus, Jupiter und Saturn und mit dem Mond im achten Feld des Todes in *Saint-Rémy de Provence* am 14. 12. 1503 geboren, waren Nostradamus mathematisches Talent und prophetischer Geist gleichermaßen in die Wiege gelegt. Poetische Erfindungsgabe und spekulativer Wagemut sollten später seinen vorausgesagten Menetekeln in ihrer arabesken Kunstform bis in die heutigen Tage Bestand verleihen. Aber bevor Nostradamus zum großen Astrologen wurde, begann er in *Avignon* Medizin und die humanistischen Wissenschaften zu studieren. Dort erstaunte er seine Lehrer durch ein ungewöhnliches Gedächtnis und eine lebhafte Intelligenz, die auch in *Montpellier* auffiel, wo er sein Studium fortsetzte. Als dort die Pest ausbrach, floh er nicht wie alle seine Kommilitonen, sondern stellte sich als Arzt der Seuche. Ebenso handelte er, inzwischen Doktor der Medizin, 1544 in *Marseille*, 1546 in *Aix* und 1547 in *Salon*.
Nostradamus machte sich als Pestarzt einen Namen, indem er aus dem Sägemehl von Zypressenholz, aus dem Blütensaft der

Schwertlilie und dem Extrakt aus Rosenblättern, grauem Bernsteinpuder, Aloe und Muskat ein Pulver mixte, das den pestilenzartigen Gestank des »schwarzen Todes« vertrieb. Andererseits verdiente er viel Geld mit Schminken und Parfüms, die er den auf Schönheit erpichten Frauen verkaufte, während er den Männern Potenzwässerchen aufschwatzte. Seine Praxis, die er zuerst in *Agen* betrieb und dann nach *Salon* verlegte, florierte. Dort heiratete er, nachdem seine erste Frau und die zwei Kinder Opfer der Pest geworden waren, zum zweitenmal. Anne Ponsard (nicht Anne Ponce Gemelle, wie irrtümlich in der Kirche verzeichnet) war eine junge Witwe, mit der er sich im *quartier Ferreiroux* in einem bescheidenen bürgerlichen Haus, heute Nummer zwei in der *rue Nostradamus*, etablierte (nicht zu verwechseln mit dem Boulevard gleichen Namens). 19 Jahre lebte und arbeitete er als Arzt, verkaufte seinen Patienten Schönheitsmittel und Liebessäfte (bekannt und begehrt waren bei den Männern seine »dragées d'Hercule«), verfaßte Bücher über diese und andere Kosmetika, editierte Konfitürerezepte, weissagte privat und öffentlich und wurde reich. Seine Frau gebar ihm sechs Kinder.

Aber je stärker er sich der Astrologie zuwandte, desto suspekter wurde er seinen Mitbürgern. Sie verdächtigten ihn der Rechthaberei, der schwarzen Magie und Grabschänderei und hielten ihn für vom Teufel besessen. Auch die reiche Klientel wie Catherine de Medicis, der er als Wahrsager zu Diensten war, konnte das Unbehagen der Bürger von *Salon*, die Nostradamus wiederum als dumm, barbarisch und brutal beschimpften, nicht ausräumen. So verkroch er sich in sein Haus, auf dessen Balkon er nachts, wenn Frau und Kinder schliefen, die Unermeßlichkeit des Universums auf seine Weise auslegte.

Ergebnisse waren Almanache, Kalender mit Voraussagen für die Landwirtschaft und Monatsorakel. Ihnen folgten die berühmten Centurien, deren Botschaften der Astrologe, um sich vor seinen immer zahlreicher werdenden Gegnern zu schützen, nach dem Motto verschlüsselte: je rätselhafter die Aussage, desto unwahrscheinlicher ihre Widerlegung. Die okkultistische Neugier seiner

Leser ausnützend, konfrontierte er sie zusätzlich mit Kryptischem, wechselte häufig zwischen Latein und Französisch und gab seine Rätsel in Kürzeln und Anagrammen auf, die damals und auch heute viel Kenntnis und Unterscheidung von dem verlangen, was an Kabbalistischem, Kalenderweisheiten und Gelehrtenkauderwelsch die Runde machte und immer noch macht. Nicht zu vergessen ist bei der Ausdeutung der Centurien natürlich die Bibel, deren Nutzanwendung für die Wahrsager aller Zeiten immer eminent wichtig gewesen ist.

Die Centurien des Nostradamus blieben Bestseller der prophetischen Literatur bis in unser Jahrhundert. Es ist ein eigenartiges Buch, das aus über 900 Vierzeilern besteht, die über das Jahr 2000 hinaus die Zukunft voraussagen. Der Seher bezeichnete dieses Werk als die Summe »nächtlicher prophetischer Berechnungen, die mehr nach natürlichem Instinkt, begleitet von poetischer Begeisterung, als nach den Regeln der Poesie entworfen sind, und zwar größtenteils entworfen nach dem astrologischen Kalkül, entsprechend den Jahren, Monaten und Wochen der Regionen, Länder und der meisten größeren Städte ganz Europas, inbegriffen Afrika und einen Teil von Asien . . .«

Zweifellos enthalten diese Verse eine Vision von der Zukunft der Menschheit, die – glaubt man den verschiedenen Interpreten – allerdings keinem Mut machen kann: Denn nicht nur sagte er, was heute bereits hinter uns liegt, Ereignisse voraus wie die Französische Revolution, die Weltkriege, den Nationalsozialismus, die Atombombe und die Gründung des Staates Israel. Er sah auch für das kommende Jahrhundert Schreckliches auf uns zukommen: Dann werden, so entschlüsselten seine Nachfolger, die Chinesen gemeinsam mit den Arabern Europa erobern; den Vatikan machen russische Partisanen dem Erdboden gleich; der größte Teil Japans wird im Ozean versinken, und Heinrich der Glückliche wird das Erbe der Bourbonen antreten und die Herrschaft Europas übernehmen. Ein Franzose wird in Heinrichstadt, heute noch Istanbul, Herrscher der Welt und den Papst in den Vatikan heimführen.

Nicht zuletzt dank dieser und anderer Schreckensvisionen wuchs der Ruhm des Nostradamus nach seinem Tod gewaltig und international an, nachdem noch zu Lebzeiten über seinem Kopf oft das Schwert der Inquisition geschwebt hatte. Aber diesem irdischen Unbill entkam der Seher, der durch einen Zweig in seiner Hand, quasi eine Antenne ins Weltall, den Kraftstrom aus der Ewigkeit empfangen hatte. Dank dieser Körper und Geist durchdringenden Kräfte sah er im Juni 1566 seinen eigenen Tod voraus:

Zurückgekehrt legt ich des Königs Gabe nieder.
Die Arbeit ist vollbracht – ich geh' zu Gott!
Mir nah'n Verwandte, Freunde, Blutesbrüder:
Auf einer Bank an meinem Bett werd' ich gefunden tot.

Am 2. Juli 1566 sank der Nostradamus tot auf einer Bank zusammen. Seiner Familie hinterließ er ein Vermögen: 1 500 écu in bar sowie Juwelen und Gold im Wert von 3 500 écu.
Im Jahr 1791 wurde das Grab des Nostradamus geschändet, als ein Jakobiner in der Kirche einen Brand legte und die sterblichen Überreste des Sehers verstreute. Der damalige Bürgermeister von *Salon-de-Provence* sammelte sie wieder ein und ließ sie in der Kathedrale *St. Laurent* beisetzen, die heute ein Wallfahrtsort für Nostradamus-Verehrer geworden ist. Zum 400. Todestag wurde in der Stadt ein Brunnendenkmal des Bildhauers Bouché enthüllt, das in seiner stilisierten Form allerdings sehr wenig Ähnlichkeit mit dem Nostradamus mittelalterlicher Holzschnitte und Stiche aufweist.

■ *Salon de Provence* erreichen Sie von *Arles* aus durch die *Camargue* über die N 113 und von *Aix-en-Provence* aus über die N 7 und die D 572.

10 Route Napoléon (Provence): *der Flug des Adlers*

Die Dramatiker und Dichter, Maler und Musiker des 19. Jahrhunderts haben nie gezögert, für Napoléon Bonaparte Partei zu ergreifen und sich für ihn zu begeistern. Für die Romantiker wurde er zum Medium, durch das sie sich selbst formulierten. Die Fresken von Delacroix und die »Menschliche Komödie« von Balzac wären ohne den Kaiser aller Franzosen nie entstanden. »Das, was er mit dem Schwert begonnen hat, habe ich mit der Feder vollendet«, sagte einmal Balzac. Napoléons Bild reifte aber erst zum Mythos durch das Martyrium auf St. Helena – die verordnete Buße »auf einem schwarzen Felsen, von Wellen umbrandet«, für einen Mann, größer als das Leben, machte ihn zum Idol einer Generation von Künstlern, die sich zu Tode langweilten in der Gesellschaft nur auf Geld versessener Spießbürger. Alfred de Musset und Alfred de Vigny erinnerten sich und ihre Leser immer wieder an jene Zeiten, »die genährt wurden von Nachrichten über den Kaiser, immer ein Schwert griffbereit und bereit, es zu ergreifen in jenem Augenblick, in dem in Frankreich wieder die Bourbonen die Macht ergreifen würden«. So wie die Literaten selbst waren auch ihre Romanhelden – Fabrice del Dongo, Julien Sorel, Amaury und andere – tief beeindruckt von militärischen Paraden, kriegerischer Musik, dem Wiehern der Rösser und wehenden Bannern und Helmbüschen.

Kurz: Man war in der ersten Hälfte des 19. Jahrhunderts fasziniert von dem »gigantischen Mann« (Chateaubriand). Den Höhepunkt erreichte diese Begeisterung im März 1815, als der kaiserliche Adler von seinem Exil auf St. Helena direkt bis zu den Kirchtürmen von *Notre Dame de Paris* flog.

Am 1. März war Napoléon mit kleiner Begleitung am *Golfe-Juan* gelandet und machte sich auf den Weg in die Hauptstadt. Die Route führte ihn über *Cannes, Grasse, Castellane, Barrême, Digne, Sisteron, Gab, les Barraques, Corps, Laffray* und *Grenoble* – eine Strecke, die heute die N 85, auch *Route Napoléon* genannt wird und als solche

noch erkennbar ist an den alten Kilometersteinen, die den kaiserlichen Adler mit entfalteten Flügeln zeigen.
Für Napoléon und seine 1100 Soldaten war diese »Tour de France« eine Tortur. Hinter *Grasse* mußten sie Wagen und Kanonen im Stich lassen; Schneestürme fegten über sie hinweg, und oft mußte der Weg über halsbrecherische Pfade im Gänsemarsch gesucht werden. Aber die Persönlichkeit des Kaisers und sein Wille dominierten alle: Die 320 mühsamen Kilometer zwischen dem *Golfe-Juan* und *Grenoble* wurden in sechs Tagen zurückgelegt.
Am 7. März kam es am *Lac de Laffray* zur Konfrontation mit den royalistischen Truppen, dem 5. Bataillon unter Major de Lessard, der seine Männer dazu verpflichtet hatte, »zu schießen, anzugreifen und Gefangene zu machen«. Aber statt dessen entstand eine Situation, die zur berühmtesten napoleonischen Episode geriet. Der Kaiser ging allein auf die Soldaten zu und öffnete seinen Rock. »Wenn einer unter Euch ist, der auf mich schießen will, hier bin ich!« Lessard befahl Feuer. Aber es fiel kein Schuß. Dann ein Schrei: »Vive l'empereur!« »Dort«, kommentierte Stendhal später in seinem Buch »Mémoires d'un tourist«, »entschied sich der Ausgang des romantischen und schönsten Unternehmens aller Zeiten.« Des Dichters Vision: »Eines Tages wird hier eine Statue stehen, fünfzehn oder zwanzig Fuß hoch und gekleidet wie Napoléon an jenem 7. März 1815.«
Am 10. März 1910 wurde am Ufer des *Lac de Laffray* diese Statue errichtet. Nicht als Bergwanderer steht Napoléon hier, sondern er sitzt hoch zu Roß und blickt, die rechte Hand im Revers, über den See. Der Bildhauer Emmanuel Frémier hat dieses würdige Monument geschaffen, aber kaum war das Werk in *Grenoble* auf der *place d'Armes* errichtet, wurde es mit dem Sturz des Zweiten Kaiserreiches auch wieder entfernt. Glücklicherweise blieb das Denkmal unzerstört und kann nun von der Größe des kleinen Korsen sein eigenes Lied singen.
An dieser klassischen Strecke gelegen sind manche pittoreske Städte und Dörfer, für die Napoléons Soldaten damals keinen Blick übrig hatten. Ebensowenig wie sie die Schönheiten dieser

Landschaft wahrnahmen. Sie türmte ihnen ja nur Hindernisse in den Weg. Davon kann sich der Reisende heute kaum noch eine Vorstellung machen, wenn er durchs Tal der *Durance* oder das 1 000 Meter hohe, terrassenförmige Gletscherbecken von *Champsaur* fährt und im Dunst die Hochgipfel der Alpen vor sich sieht. Und dann die Städtchen am Wege . . .
Besonders empfohlen sei ein Besuch des *Château Vizille*, das man, dem Gebirgsbach *Drac* über *Corps* und *la Mure* folgend, ebenfalls an der N 85 kurz vor *Laffray* findet. Dieses Schloß gilt als Wiege der Französischen Revolution schlechthin und beherbergt heute als Museum die größte Kollektion von Gemälden, Gravuren, Dokumenten, Miniaturen, Objekten (Kleidern, Waffen), Karten, Büsten und Medaillons über dieses Ereignis.
Seinen Ruf verdankt das Château einer Versammlung, die 1788 dort tagte und beschloß, zwei königlichen Edikten nicht Folge zu leisten und die Einberufung der Generalstände zu verlangen. Acht Tage später gab der König dem Begehren nach und berief die Generalstände für den 1. Mai 1789 ein.
Das Château stammt aus dem 17. Jahrhundert Henris IV. und Louis' XIII. Sein erster Besitzer, der Herzog von Lesdiguières, Gouverneur und Vizekönig der Dauphiné, grüßt am Eingang als Reiterstandbild. Das nach außen hin wie ein Landhaus wirkende Gebäude zeigt in der dem Park zugekehrten Seite den schöpferischen Formwillen des frühen Barock. Montags und dienstags ist das *Musée de la Revolution française* geschlossen.

11 Vauvenargues und Mougins (Provence): *die letzten Stationen des Pablo Picasso*

Daniel-Henry Kahnweiler war der erste seiner Freunde, dem Picasso im Winter 1959 den Neuerwerb mitteilte: »Ich habe den Sainte Victoire gekauft!« – »Welchen?« fragte der Kunsthändler, dem sofort Cézanne einfiel. »Den wahren«, kam es von Picasso, und er fügte hinzu: »Den Cézanne gemalt hat. Jetzt gehört er mir.«

Es war am Fuß dieses heute von den furchtbaren Bränden des Sommers 1989 geschädigten Berges, wo Picasso in jenem Winter das herrlich-majestätische, aber auch finster-strenge *Château de Vauvenargues* erwarb. Er hatte es während einer Fahrt durch die Berge entdeckt, als er nach einer Corrida in *Arles* im September 1958 mit seinem Freund Pignon unterwegs gewesen war. Das Anwesen hatte ihn sofort für sich eingenommen. Nicht nur, weil Cézanne in der Nähe gearbeitet und gewohnt hatte, sondern weil es so spanisch war. Erbaut im 14. Jahrhundert, flankiert von runden Türmen, strahlte es dank einer Terrasse und einer kunstvoll getriebenen Eingangstür mehr Charme und Freundlichkeit aus. Jahrhundertealte Zypressen, Pinien und Eichen wuchsen verstreut im großen Garten.

Das Innere des Gebäudes jedoch war dunkel und düster. Der Vorbesitzer hatte die riesigen Räume verkommen lassen. Von den herrlichen Stuckwänden und -decken blätterte die Farbe ab. Und auch die Turmkapelle des Châteaus, in der die Reliquien des heiligen Severin ruhten, war vom Zahn der Zeit mächtig angenagt. Picasso, der mit dem Kauf des Châteaus auch das Recht erworben hatte, sich Marquis de Vauvenargues zu nennen, ließ das Gebäude keineswegs restaurieren. Statt dessen erhöhte er nur noch seine Baufälligkeit, indem er die kostbaren Stukkaturen durchbrach, um elektrische Leitungen zu legen. Dann installierte er sich. Aus seinem letzten Pariser Atelier in der *rue des Grands-Augustins* und dem Tresor seiner Bank ließ er die Bilder seiner Freunde, die er über die Jahrzehnte erworben hatte, nach *Vauvenargues* bringen. Leinwände von Matisse und Derain, Rousseau und Cézanne, Corot und Braque, Miro und Modigliani standen nun dort gegen die feuchten Wände gestapelt. Und natürlich Picassos in jeder Menge.

Während der Maler sich an der strengen provenzalischen Kalklandschaft berauschte, fürchtete sich seine Lebensgefährtin

Jacqueline vor einer Zukunft ohne Heizung und Komfort in dem alten Gemäuer. Aber Picasso überging ihre Bedenken. »Vergiß nicht, ich bin Spanier und liebe die Traurigkeit«, beschied er ihr. »Wenn das Château jetzt noch sehr leer ist, werde ich es bald füllen.«

Schon am Tag seiner Ankunft in *Vauvenargues* begann er fieberhaft zu arbeiten. Während Jacqueline vor Kälte zu erfrieren glaubte, bearbeitete er, wie immer leicht bekleidet, die Leinwände. Eines seiner ersten Bilder war das »Büffet von Vauvenargues«, auf dem ein grünes Kind und ein Dalmatiner vor dem riesigen schwarzen Möbel posieren. Auch auf anderen Bildern dieser Zeit tauchen der Dalmatiner Perro, das kleine Mädchen und der Frauenkopf auf dem Sockel wieder auf.

Auch Jacqueline wird immer wieder gemalt (Jacqueline de Vauvenargues). Aber sie kann und will sich nicht an dieses schreckliche Exil gewöhnen. Picasso dagegen blüht auf. Innerlich kehrt er heim nach Spanien. Es entstehen neben den großen Leinwänden Zeichnungen mit »Toros y Toreros«, die später mit einem Text des Freundes und Stierkämpfers Luis Dominguin als Buch erscheinen. Auch taucht hier zum ersten- und letztenmal ein Christus auf. Nie wieder sollte sich dieses Thema wiederholen.

Die Farben Picassos in *Vauvenargues* waren Tiefrot und Ocker und Grün. Auf seinen ersten Variationen zu Manets »Frühstück im Freien«, die er hier begann und später, nach 27 Gemälden und 138 Zeichnungen, in *Mougins* abschließen wird, ist die meisterliche Kombination dieser Töne imponierend.

Die Periode von *Vauvenargues* wird immer wieder unterbrochen von Fahrten zurück in die *Villa la Californie* in *Cannes*, deren einstige Ruhe von Bauarbeiten in der Umgebung so stark gefährdet war, daß Picasso sie verkauft. Und weil auch *Vauvenargues* immer wieder den Widerstand Jacquelines hervorruft, erwirbt Picasso auf einem Hügel bei *Mougins*, nicht weit von *Cannes, le Mas Notre-Dame-de-Vie*, ein von Zypressen abgeschirmtes Haus, das seinen Namen von der Kirche nebenan hatte.

Picasso kannte *Mougins* sehr gut von früheren Aufenthalten in den Jahren 1936 bis 1938, als er dort mit seiner Freundin Dora Maar und dem Ehepaar Paul und Nush Eluard Ferien verbracht hatte. Jetzt war er 80 Jahre alt, und er begann auf *Notre Dame de Vie* sein Leben zu ordnen, indem er Jacqueline im Bürgermeisteramt von *Vallauris* heiratete. Sie war 35 Jahre alt und beeindruckte und inspirierte ihn noch so stark, daß er sie immer wieder, wenn auch oft formal verzerrt und kaum erkenntlich, auf vielen seiner Bilder verewigte. So entstanden in der ersten Hälfte des Jahres 1963 allein fünfzig Gemälde über das Thema »Maler und Modell«, für die ihm Jacqueline posierte.
Vauvenargues schien aus Picassos Leben verschwunden zu sein. Es diente ihm nur noch als Lagerhaus und Zwischenstation für jene Ausflüge, die er nach *Arles* oder *Avignon* unternahm, um dort die von ihm so heißgeliebten Stierkämpfe zu besuchen. Dann kehrte er jedesmal schnell nach *Mougins* zurück, um die verlorene Arbeitszeit wieder wettzumachen. Hier vollendete er die Serien »Frühstück im Freien« und »Maler und Modell«, um 1966 in 347 Variationen – gezeichnet oder gemalt – an dem Thema Musketiere zu arbeiten und seine Auffassung von Liebe und Verlangen zu dokumentieren. Millionen Menschen sahen später die Ausstellung mit diesen Arbeiten im *Grand* und im *Petit Palais* in *Paris* und staunten angesichts der Produktivität des alten Mannes.
Das außerordentliche kreative Fieber des Malers während seiner letzten Lebensjahre war ein Wunder; die Malerei, ein wahrer Vulkan mit ständigen Ausbrüchen, gipfelte in einem barocken Übermaß an Farben, deren Vitalität und Virtuosität nur mit schöpferischer Barbarei verglichen werden kann. Musketiere, Paare, Frauen, Köpfe, Musiker u. a. folgten einander in einem höllischen Rhythmus. Das Selbstporträt vom 30. Juni 1972 drückt zum ersten- und zum letztenmal aus, daß Picasso Picasso akzeptiert hatte ...
Pablo Picasso starb am 8. April 1973 an den Folgen einer Lungeninfektion in seinem Bett, mitten im Durcheinander seiner Bilder. Er war 92 Jahre alt geworden. Das Erstaunen war groß, als

bekannt wurde, daß er im Garten des *Château Vauvenargues* begraben werden wollte. So fuhren sie ihn 170 Kilometer durch die verschneiten Berge dorthin und brachen mit Preßluftbohrern die Erde auf, um das Grab ausheben zu können. Später wurde dort eine massive schwarze Bronzestatue errichtet, die eine Frau mit einer Vase darstellt. Jacqueline wußte nicht, daß sie Marie Thérése Walter, Picassos erste französische Geliebte, war.
Jacqueline war nun allein in *Notre Dame de la Vie*. Sie versuchte zu überleben. Aber der Schatten Picassos lag schwer auf ihrem Witwendasein. Am Ende ihrer Kräfte nahm sie sich am 15. Oktober 1986 das Leben. Begraben wurde auch sie in *Vauvenargues*.
Zurück blieb ein Riesenvermögen von 260 Millionen Dollar, 1 885 Gemälden, 1 228 Skulpturen, 2 880 Keramiken, 18 095 Radierungen, 6 112 Lithographien, 3 181 Linolschnitten, 7 089 Zeichnungen und weiteren 4 659 Zeichnungen und Skizzen in 149 Notizbüchern sowie 11 Wandteppichen und 8 Brücken.

■ Das *Château de Vauvenargues* ist zu erreichen von *Aix-en-Provence* aus über die D 10. Es ist nicht zu besichtigen.
Le Mas Notre-Dame-de-Vie liegt acht Kilometer nördlich von *Cannes* Richtung *Grasse* an der N 85. Auch sie ist geschlossen.

12 Lyon (Provence): *Glanz und Elend der »Traboules«*

Gerade mal für eine Übernachtung reicht es auf dem Weg zum Mittelmeer für viele Touristen in *Lyon* und für ein Abendessen in einem der vielen Feinschmeckerlokale. Dabei hat diese Stadt, wo *Rhône* und *Saône* aufeinanderstoßen, mehr zu bieten als nur eine ausgezeichnete Gastronomie. Neben den Ausgrabungen im ehemaligen Caput Galliarium und römischen Lugdunum, neben Kirchen und Museen belegen die kulturelle Wichtigkeit dieser Stadt, ebenso wie Handel und Industrie ihr Gesicht

gezeichnet haben, jene prachtvollen Bauten, die das Herzstück *Lyons*, die *place Bellecour*, rechteckig einrahmen und sie größer erscheinen lassen, als sie ist.
Ein Phänomen jedoch, das den Besuchern selten auffällt, sind die historischen *Traboules*, jene öffentlichen Passagen, die nur jener erkundet, der die scheinbar privaten Hauseingänge zu durchschreiten wagt, die im alten Seidenweberviertel in Innenhöfe führen, wie man sie selten sieht. Sie sind Zeugen jener Zeit, in der *Lyon* die europäische Hauptstadt der Seidenweberei war.
Lyon, heute »nur« die Hauptstadt eines Departements, war damals, als noch kein Mensch von *Paris* sprach, im Verbund des römischen Reiches Galliens offizielle Kapitale, deren Bewohnern Kaiser Claudius im Jahre 49 nach Christus die Bürgerrechte verlieh.
Hundert Jahre später: *Lyon* zählt 200 000 Einwohner und ist nach Rom Europas größte Stadt mit reichen Bürgern. Ein Köder für die germanischen Burgunder, die zuerst einfallen. Nach ihnen kommen die Araber. Und die Stadt kommt nicht mehr zur Ruhe. Vom Hundertjährigen Krieg gebeutelt, verliert *Lyon* weiter an Bedeutung. Die Bevölkerung schrumpft, um erst in der Renaissance wieder anzuwachsen und *Lyon* neue wirtschaftliche Bedeutung zu garantieren.
Aber zur Hauptstadt war es zu spät, *Paris* war es bereits. So brillierte *Lyon* als Handelszentrum. Italienische Seidenweber, von den im nahen *Avignon* residierenden Päpsten nach Frankreich gezogen, importierten den Maulbeerbaum und boten auf den Märkten von *Lyon* ihre Produkte an. 1536 gewährte ihnen der Stadtrat, um sie zum Bleiben zu veranlassen, große Vorrechte wie die Befreiung von Steuern, vom Wach- und Milizdienst und das Recht, eine Gilde zu bilden.
Ansässig wurden diese ersten Seidenhändler, die »Canuts«, in den quartiers *Saint-Georges* und *Saint-Jean* unterhalb der Kathedrale auf dem Berg *la Fourvière* (forum vetus – altes Forum). Hier findet man die schönsten Renaissance-Höfe aus dem 16. Jahrhundert. Die Bescheidenheit der Fassaden zur Straße hin kontrastiert

gewaltig mit den teilweise üppig ausgestalteten Innenhöfen, in denen sich ein reiches Bürgertum am künstlichen Zierrat von Brunnen und Treppengeländern austobte. Von einem Innenhof gelangt man mühelos, ohne über die Straße gehen zu müssen, zum nächsten. *Traboules* heißen diese Passagen (transambulare – durchschreiten), in denen man das ganze Stadtviertel passieren kann.

Aber die stolzen und reichen Seidenweber und Handwerker verarmten Anfang des 19. Jahrhunderts mit Beginn der Industrialisierung. Viele mußten in ein neues Viertel umsiedeln, ins *Croix Rousse* auf der Insel zwischen *Rhône* und *Saône*. Hinter den Bürgerhäusern aus dem 18. Jahrhundert steigen die Gassen und Treppen hinauf in das Hügelviertel zu jenen armen Schluckern, die hier in kleinen Seidenwebereien ums Überleben kämpfen mußten. Anders als auf dem *Fourvière*, wo die Pracht vieler Innenhöfe geradezu majestätisch ist, spiegelt das Ambiente im *Croix Rousse* eine kafkaeske Welt der Armut wider. Die Wohnung eines Seidenwebers bestand ausschließlich aus einem großen Raum, in dem der riesige Webstuhl stand und zugleich die Familie lebte. Das Licht der Sonne scheuend, bewegte man sich von Haus zu Haus vorwiegend durch die oft bizarren *Traboules*, man »traboulierte«, indem man kletternd hinabging und absteigend kletterte.

In diesem Viertel kam es auch zu den ersten Weberaufständen in Europa. Napoléon III. half den Armen von *Lyon,* indem er das erfand, was wir heute »Mode« nennen, heizte damit die Stoffproduktion an und gab den Webern neue Arbeit und Brot. Aber dieser Aufschwung hielt nicht lange an. Mit der Industrialisierung und Mechanisierung der Seidenindustrie verwaisten die Webstühle wieder, und heute gibt es keine »Canuts« mehr auf dem Weber-Berg.

Für *Lyon* ist die Seidenfabrikation trotzdem der erste Industriezweig geblieben. An die 250 000 Menschen arbeiten auf diesem Sektor. Das *Croix-Rousse*-Viertel wird heute vorwiegend von Algeriern bewohnt. Wer sich hierhin wagt, sieht nicht nur die Berg- und Inselstadt *Lyon* unter sich ausgebreitet, sondern wird auch

konfrontiert mit einer Welt, in der die ersten großen sozialen Auseinandersetzungen Europas stattfanden. Im eindrucksvollen *cour des Voraces* wurden 1831 über einhundert aufständische und hungernde Weber von der Gendarmerie erschossen. In dieser *Traboule* spürt man noch den Nachhall der Tragödie, das Echo der Todesschreie ist in den Gemäuern hängengeblieben. Die reichen Bürger *Lyons* tauften diesen Ort des Grauens zynisch »Hof der Gefräßigen«, weil hier Jahre später Webergesellen von ihren Arbeitgebern eine Erhöhung der täglichen Brot- und Weinration verlangt hatten.
Dieses alte Weberviertel zu besichtigen, wird von öffentlicher Stelle nicht empfohlen. Die Stadt *Lyon* ist keineswegs stolz auf diesen Stadtteil mit seinen bizarren *Traboules*, die zu den interessantesten architektonischen Sehenswürdigkeiten zählen.

■ Tips für beispielhafte *Traboule*-Architektur im *Fourvière*-Viertel sind die Häuser *rue St. Jean 24* und das *Maison Henri IV.* – Als Eingänge zu den bemerkenswertesten Vierteln im *Croix Rousse* empfehlen sich die *Traboules* in der *rue de la Bombardec, rue Blandon, rue Désirée, rue Juiverie* und *rue Martine*. Der markanteste Weg durch die *Traboules* beginnt an der *place Colbert 9*, am berühmten *cour des Voraces* (Hof der Gefräßigen).

13 Loches (Touraine): *Rätsel an Kerkerwänden*

Keine größere Verzweiflung gibt es in der Welt . . .«
Diesen unvollendeten Satz in gotischer Schrift liest man auf der einst weißen Kalkmauer des Kerkers, wenn ein wenig Sonnenlicht durch das vergitterte Fenster in den kleinen Raum fällt. Dann ist auch die Signatur als die des Herzogs von Mailand und Gönners Leonardo da Vincis als Autor dieses Satzes zu entziffern: Ludivic Sforza (1452–1508), der acht Jahre in diesem Loch

geschmachtet haben soll. Er war einer von jenen Tausenden, die in den Verliesen der Festung von *Loches*, die über fünf Jahrhunderte, bis 1926, ein Staatsgefängnis war, einsitzen mußten. Heute gehört *Loches* zu jenen Schlössern der frühen Renaissance-Zeit, die sich immer noch in einem hervorragenden Zustand befinden. Eine Burg auf dem Felsplateau von *Loches* existierte bereits im 6. Jahrhundert. Im Jahre 741 wurde sie geschleift und durch ein neues Bollwerk ersetzt, das Charles le Chauve (Karl der Kahle) 840 dem Duc d'Anjou schenkte. Unter Henri d'Anjou (Henri II. Plantagenêt) fiel das Château im 12. Jahrhundert an die englische Krone, um 1205 durch Philippe II. Auguste für Frankreich erobert und 1249 durch Louis IX. (Saint Louis) endgültig an die französische Krone gebunden zu werden.

Markantestes Gebäude ist der Donjon geblieben, der um 1030 herum von dem grausamen Foulque Nerra gebaut wurde. 37 Meter hoch, rechteckig und von 2,80 Meter starken Mauern geschützt, enthielt er drei Wohnetagen, die gut erkennbar sind an den drei Kaminen an der Westwand. Zwischen dem 12. und 15. Jahrhundert wurde der Donjon mit starken Befestigungsanlagen umgeben; im 15. Jahrhundert errichtete Louis XI. die Tour Ronde westlich des Donjons. Aus dieser Zeit stammt auch der schauerliche Turm *Martelet*, der vor allem als Gefängnis genutzt wurde, wie später auch die anderen Gebäude. Im *Martelet* schmachteten die ersten Gefangenen, persönliche Gegner der Besitzer; später wurden all diese Gebäude zu einem großen Kerker vereint, zum verrufensten der französischen Geschichte, dessen Mauern nicht nur die Schreie und Tränen der Gefolterten hörten, sondern auch als Schreib- und Malfläche benutzt wurden . . .

Will man den Spezialisten für historische Graffiti Glauben schenken, dann datieren die ersten Inschriften aus dem 11. Jahrhundert. Auf einer Länge von insgesamt 15 Metern erkennt man Fabeltiere, Kreuze und Gräber und, in Lebensgröße, die Hauptpersonen der Kreuzigung in Golgatha. Das Verblüffende ist, daß sich all diese Darstellungen in Gängen befinden, die als Sackgassen enden. Sie sind so eng, daß man sich in ihnen kaum bewegen kann. Im schmalsten dieser Gänge ist das erschütterndste Bild in den Stein geritzt und zeigt einen liegenden nackten Mann, der von gräßlichen Phantomen umgeben ist.

Wen sperrten die Herren von *Loches* in diesen Turm ein? Wer mußte in den Gängen hungern und leiden? Waren es gefangene Häretiker und religiös Erleuchtete, die hier ihre Spuren hinterließen?

Man weiß von einigen prominenten Häftlingen wie dem Kardinal La Balue, der im Auftrag Louis XI. für dessen Gefangene in *Loches* eiserne Käfige anfertigen ließ, in denen sie weder stehen noch liegen konnten. Nach einer Verschwörung, die er mit anderen Bischöfen gegen den König angezettelt hatte, mußte er selbst in einem solchen Käfig leiden. Auch Philippe de Commynes, der Chronist Louis', war in *Loches* Häftling, wie der Graf von Saint-Vallier, der Vater von Diane de Poitiers, der hier nach einem Attentat auf Henri II. eingekerkert wurde. Kein Dokument weist darauf hin, in welchem Kerker dieses Turms die hohen Herren einsaßen. Graffiti-Forscher jedoch vermuten sie dort, wo die schönsten Inschriften entdeckt wurden, denn wer anders als Adlige der Renaissance wären fähig gewesen, Bibelverse in gotischer Schrift in die Wände zu ritzen? Wer anders hätte Lilien und in einer sich öffnenden Hand ein Herz zeichnen können?

War also die erste Etage von den Aristokraten besetzt, dann beherbergte das Untergeschoß zweifellos die gemeinen Gefangenen. Hier ist mancher Witz und manche Zote zu lesen, wie zum Beispiel diese Aufforderung an . . .

. . . Madame la Comtesse
Für zwei Heller liebkost man sie,
für zwei Sous bedient man sie . . .

Die Kerker von *Loches* sind voller Rätsel, so wie auch die gesamte Anlage ein Schauplatz vieler denkwürdiger Ereignisse war. Jeanne d'Arc beschwor hier nach ihrem Sieg von *Orléans* Charles VII., sich in *Reims* zum König krönen zu lassen. Auch des Königs

Mätresse, Agnès Sorel, residierte hier, nachdem Charles' Cousine Isabelle d'Anjou sie bei Hof eingeführt hatte. Manchmal soll ihr Geliebter sie aus Eifersucht im Donjon eingesperrt haben. Die königliche Kurtisane hatte sich *Loches* als Wohnsitz gewählt und wurde hier, nachdem sie der Kirche reiche Schenkungen gemacht hatte, auch begraben. 1793 beschädigten Revolutionäre das Grabmal, das jedoch 1809 nach einer gründlichen Renovierung »im Turm der schönen Agnès« aufgestellt wurde. Auf ihm liegt die Tote, in Stein gehauen, in Lebensgröße, flankiert von zwei Engeln an ihrem Kopfende und zwei Schafen zu ihren Füßen (agnus – das Schaf).
Sehenswert ist auch die sich unterhalb der Château-Anlage erstreckende Unterstadt mit ihren verwinkelten Gassen und Häusern, die sich als historisch gewachsenes Ganzes präsentiert. Zwei Tore stehen hier: die *porte des Cordeliers* im Süden und die *porte Picoyis* im Nordwesten. Als markantestes Renaissance-Bauwerk der Stadt am *Indre* präsentiert sich der *Tour Saint-Antoine* (erbaut 1529–1579), dessen Glocken man, im Gegensatz zu denen der Kirche, überall hört. Eine Kuriosität, die in der Historie der Stadt als Sprichwort vermerkt ist: »In *Loches* gibt es einen Glockenturm ohne Pfarrkirche, und eine Pfarrkirche ohne Glockenturm.«

■ *Loches* ist zu erreichen von *Tours* aus über die Autoroute A 10, Ausfahrt *Chambray-lès-Tours/Tours Sud*, dann über die N 143. Mit dem TGV sind es von *Paris* aus 55 Minuten Fahrtzeit.
Für Graffiti-Liebhaber empfiehlt sich ein Besuch im *L'atelier d'Halatte-musée des Graffiti anciens* in *Verneuil-en-Halatte* bei *Compiègne, rue Aristide Briand 12.* 2 000 Graffiti-Kopien vom Bronzezeitalter bis zum Beginn unseres Jahrhunderts sind dort gesammelt worden. Auch über die Graffiti von *Loches* wird hinreichend Auskunft gegeben. *Verneuil-en-Halatte* ist von *Amiens* aus zu erreichen über die D 916 bis *Nogent-sur-Oise/Creil* und von dort über die D 123.

14 Château Ussé (Touraine): *das Schloß der schlafenden Schönen*

In der Nacht vom 28. zum 29. Mai 1418 fielen die Burgunder in *Paris* ein. Ihr Anführer, Jean sans Peur de Bourgogne (Johann ohne Angst), übernahm in Übereinstimmung mit den Engländern, die damals große Teile Frankreichs besetzt hatten, das Kommando in der Stadt. 5 000 Menschen sollen in dieser Nacht getötet worden sein. Wer hätte dem neuen Herrscher von *Paris* Widerstand leisten können? Bestimmt nicht König Charles VI. Er war seit über 20 Jahren geistig umnachtet, und seine Frau Isabeau machte mit den Feinden des Landes gemeinsame Sache. Aber anstatt den kranken König abzusetzen, betrachteten seine Untertanen ihn mit einer Mischung aus Zuneigung und Mitleid. Zwei seiner Söhne waren bereits gestorben. Zwei Dauphins. Geblieben war nur noch ein kränkelnder Sohn – ein uneheliches Kind? –, um den Thron als Charles VIII. zu übernehmen.
In dieser Nacht des Blutes und der Tränen rettete der Majordomus den damals 15jährigen aus dem *Louvre.* Von wenigen Getreuen der königlichen Familie eskortiert, brachte man den Dauphin nach *Melun.* Erst 20 Jahre später würde Charles als König von Frankreich seine Hauptstadt wieder betreten, nachdem er seine Kindheit und Jugend dort verbracht hatte, wo es ihm so gut gefiel, im Tal der *Loire.* Aber da genoß er nicht nur das Leben, sondern baute auch eine Gegenregierung auf, die ihr Parlament in *Poitiers* hatte und die Rechnungskammer in *Bourges.* Charles selbst beanspruchte für sich, der einzige Hüter der monarchistischen Tradition in Frankreich zu sein.
Seine Nachfolger auf dem Thron werden seinem Beispiel folgen. Über ein Jahrhundert lang. Und dann, bis zum Ende des 16. Jahrhunderts, werden es die Valois-Angoulêmes sein, die in diesem Garten Frankreichs die schönsten Schlösser bewohnen. Ja, hätte nicht der Majordomus den jungen Dauphin so geistesgegenwärtig aus *Paris* gerettet, dann wären an den Ufern von *Loire*

und *Indre*, *Cher* und *Vienne* viele der Schlösser mit ihren weißen Mauern und Schieferdächern vielleicht gar nicht erst entstanden. Aber warum fühlten sich Frankreichs Könige gerade im *Orléanais* und im *Blésois*, in der *Touraine* und im *Anjou* so heimisch? – Die Entfernung zu den Grenzen des Landes, die ständig von Frankreichs Feinden attackiert und überschritten wurden, war weit; hier, jenseits von *Paris*, konnte man das Land aus seiner geographischen Mitte heraus regieren, und schließlich schlug im königlichsten Fluß des Landes, der *Loire*, das Herz Frankreichs. Nur hier konnten sich unter dem Einfluß von Harmonie und Schönheit Eleganz, Geschmack und Maß zur Vollendung entwickeln.

So entstanden in diesem »jardin de la France« die schönsten Schlösser des Landes. Vom »Königstal« spricht man heute, in dem sich die Nobelbehausungen der ehemaligen Könige und Grafen wie Perlen auf einer Schnur aneinanderreihen. Es sind Prunkbauten der Renaissance, in deren Konstruktionen die Grazie und die Phantasie den Ton angeben; runde Wege führen durch kunstvoll angelegte Gärten, und der rechteckige Donjon des 11. und 12. Jahrhunderts verwandelte sich hier im Laufe der Generationen in einen anmutigen Campanile.

Jedes dieser Schlösser beschwört Erinnerungen herauf. In *Sully-sur-Loire* empfingen die Herzöge von La Trémouille Charles VII. und die Jungfrau, Voltaire und Lafayette; in *Chenonceaux* residierte Diane de Poitiers, die das Château von Henri II. als Geschenk erhalten hatte, der es wiederum für seine Frau, Catherine de Medicis, hatte erbauen lassen. Henri III. feierte hier orgiastische Feste, bevor er von dem Mönch Jacques Clement ermordet wurde. Einer der späteren Schloßbesitzer war der Steuerpächter Dupin, der seinen Sohn auf *Chenonceaux* von Jean-Jacques Rousseau erziehen ließ. Im *Château von Blois* wurde der Herzog von Guise ermordet; in *Chaumont-sur-Loire* verbrachte Madame de Staël Monate ihres von Napoléon verordneten Exils; das Schloß *Plessis-lès-Tours* wählte Louis XI. zu seiner Residenz, während François I. mit einem Troß von Dienern und Knechten, mit Packeseln, Wagen und Proviant, mit Möbeln, Geschirr und Wandbehängen, bald

auf dem einen, dann auf dem anderen Schloß Hof hielt. Insgesamt 14 Residenzen soll er im ständigen Wechsel zwischen dem Januar 1530 und dem Oktober 1531 bewohnt haben.
Dieser König hatte von seinen Italien-Feldzügen im 16. Jahrhundert jene Künstler und Handwerker mitgebracht, die einen belebenden Einfluß auf die französische Architektur ausübten, der noch heute verzaubert. Der Übergang vom Mittelalter zu den modernen Formen ist hier stark und deutlich ausgeprägt.
Eines dieser Schlösser, in dem man sich das Leben kühner Herren und zierlicher Damen so gut vorstellen kann, ist *Ussé* – eine Anlage wie aus einem Märchenbuch mit Türmen und Türmchen und so vielen Winkeln und Ecken, daß man sie nicht zählen kann. Schon aus der Entfernung inspiriert es »als weißer Komplex von großem Glanz« die Phantasie des Besuchers in unerhörter Weise. So muß das Schloß auch auf den großen französischen Märchenerzähler Charles Perrault (1623–1703) gewirkt haben. Er siedelte hier seine »Schöne, die im Wald schlief« («La belle au bois dormant«) an, eine Dornröschen-Variation, die sich in Frankreich großer Popularität erfreut: »Es war einmal eine Prinzessin, die schönste auf der Welt, eingeschlafen vor zehn Jahren . . .«
Der Bau dieses Schlosses wurde in der zweiten Hälfte des 15. Jahrhunderts durch die in der *Touraine* berühmte Familie de Bueil (Ein Mitglied der Familie war mit Jeanne, der Tochter der Agnès Sorel, verheiratet.) begonnen und entspricht, vor allem in der Fassade des Ostflügels, jenem Flamboyant-Stil, den die italienischen Bauherren von François I. in das Land brachten. Hangabwärts, zum *Indre* hin und inmitten eines romantischen Waldes, entstand im 17. Jahrhundert durch den Abbruch des Nordflügels ein Terrassengarten, während der Westflügel durch einen klassischen Bau mit Flachdach erweitert wurde.
Aufgrund dieser Veränderungen ist das Innere des Schlosses uneinheitlich. Da gibt es einen Saal im Erdgeschoß mit einem romanischen Tonnengewölbe, Wendeltreppen aus der Zeit der Gotik und eine hochherrschaftliche Treppe im Renaissancestil. Der runde Donjon an der Südwestecke steht auf dem Unterbau

eines älteren Schlosses. Bemerkenswert ist die zwischen 1523 und 1525 erbaute Kapelle, deren Renaissance-Ornamentik an Feinheit ihresgleichen sucht, mit in Frankreich bis dahin nicht bekannten Medaillons mit vollplastischen Köpfen (Christus und die Apostel) und Kandelaberornamenten, die an Stelle der früheren gotischen Fialen treten. Als Vorbild gilt die Kartause von Parma.

Attraktion des *Château Ussé* ist, neben einem italienischen Kabinett aus dem 11. Jahrhundert und einer großen Galerie mit flämischen Wandteppichen, das »Zimmer des Königs«, das für Louis XII. eingerichtet worden war, aber nie von diesem benutzt wurde. Der Raum hat eine originale Wandbespannung aus roter, mit weißen Chinoiserien durchsetzter Seide. Eingerichtet ist der Raum mit dem königlichen Bett »à la polonaise«, überspannt von einem Baldachin auf pompösen korinthischen Säulen, und mit entsprechenden Sitzmöbeln.

Das *Château Ussé* befand sich über viele Generationen im Besitz der Familie de Buiel. Ein Vertreter dieses Namens war mit Jeanne de Valois verheiratet. Aus diesem Zweig ernannten Louis IX. und Charles VIII. verschiedene Nachkommen zu ihren Kämmerern. Zwischen 1807 und 1813 verbrachte der Schriftsteller René de Chateaubriand, damals ein Freund der Gräfin von Duras, mehrere Sommer auf *Ussé*, redigierte hier einen großen Teil der »Mémoires d'outre-tombe« und pflanzte die Zedern am Eingangstor. Zu Beginn dieses Jahrhunderts erwarb der Graf Bertrand de Blacas das Anwesen, auf dem seine Nachkommen heute noch leben.

■ Zu erreichen ist *Château Ussé* von *Tours* über die D 7 oder von *Saumur* über die D 947.

15 Auvergne: *fünf Kirchen*

Ich habe immer mehr Geschmack für das gehabt, was die Menschen eint, als für das, was sie trennt«, schrieb der 1885 im *Massif Central* geborene Schriftsteller Jules Romains. Und charakterisierte damit gleichzeitig die Menschen seiner Heimat, die immer sehr gläubig waren, in ihrer Intoleranz aber anderen Glaubensfreiheit absprachen und sie bis in den Tod verfolgten. Die Rede ist von den Religionskriegen, die zwischen 1685 und 1787 in den *Cevennen* grausam wüteten, nachdem Louis XIV. das Edikt von Nantes mit einem Federstrich außer Kraft gesetzt und nur Protestanten Glaubensfreiheit zugesichert hatte. Fast alle flohen damals. Und wahrscheinlich ist *Mazet-Saint-Voy* deshalb immer noch *die* protestantische Kommune (95 Prozent) Frankreichs und ein symbolischer Ort der Résistance in einer Region, deren Bevölkerung bis heute bibelfeste Katholiken geblieben sind, so gläubig und stark im Charakter, daß der Papst bei seinem letzten Frankreichbesuch darauf bestand, in der *Basilique du Sacre-Cœur* von *Parayle-Monial*, dem Pilgerzentrum am rechten Ufer der *Bourbince*, zu predigen. Und sie kamen, um zuzuhören, denn die Menschen der *Auvergne* sind zwar – wie der Schotte Robert Louis Stevenson vor über hundert Jahren schrieb – trunksüchtige und großmäulige Querköpfe, »die alles hassen, einander mißtrauen, sich verleumden und verleugnen und doch in der Kirchenbank zueinander finden«. Wenn denn ein Glaube sie eint ...
Kirchen, um im Glauben zueinanderzufinden, gibt es genug zwischen *Velay* und der *Ardèche*, wo man über die drailles, über die Jahrhunderte von Schafherden ausgetretenen Pfade, zu jenen verborgenen Talkesseln und Grotten wandern kann, wohin sich vor 200 Jahren die verfolgten Hugenotten flüchteten und um ihre Prediger scharten, bevor sie das Land für immer verließen und dorthin emigrierten, wo man ihnen Asyl gewährte: Brandenburg, Dänemark, Hessen, Surinam, Pennsylvania ... Hier, in dieser scheinbar von allen guten Geistern verlassenen Welt, findet man

auch jene Kirchen, die im Mittelalter in einem Wahn von Mystik und Angst entstanden und die heute jeden Besucher erstaunen wie jene fünf, die sich in einem Umkreis von 30 Kilometern um *Clermont-Ferrand* befinden und den Ruf der romanischen Kunst in der *Auvergne* begründeten. Erbaut wurden sie zwischen dem 11. und 12. Jahrhundert, und das wahrscheinlich nach einem einzigen Grundplan, wenn man die perfekte Homogenität ihres Stils betrachtet. Ihre Grundrisse sind nahezu identisch, nur die Dimensionen variieren. Und gerade das macht ihre Originalität aus, zumal im frühen Mittelalter eine solche Vereinheitlichung in der Kirchenarchitektur nicht üblich war. Die Sparsamkeit der dabei verwandten Mittel tat der Schönheit dieser Sakralbauten keinen Abbruch. Im Gegenteil betonte die Einfachheit die Vielfalt und bewahrte jeder Kirche einen sehr eigenen Charakter.

Die erste Station auf dieser touristischen Pilgerreise ist *Notre Dame d'Orcival*. Eingebettet zwischen *Mont-Dôme* und *Mont-Dore*, liegt das alte Dorf auf dem Grund eines sehr schmalen Tales mit der prächtigen Kirche im Zentrum, die das schrundig-idyllische Häuserlabyrinth überragt und es zu bewachen scheint wie ein Hirte seine Schafe vor den Wölfen. In ihrer Klarheit und Düsternis zugleich beeindruckt das äußere Erscheinungsbild; in ihrem Innern jedoch hat der Architekt faszinierend die theologischen Tendenzen seiner Zeit umgesetzt: Ein sehr ernstes und nüchternes Hauptschiff unter einem Tonnengewölbe mündet in einem von Licht durchfluteten Chor, in dessen Rund sich mehrere Kapellen entfalten können. Acht elegant geschwungene Säulen begrenzen ihn. Die Vorhalle (Schwelle ins göttliche Königreich) ist solide und groß. Es ist eine subtile Harmonie, die sich jedem Besucher sofort vermittelt.

40 Kilometer entfernt, auf der anderen Seite des Berges, ist alles ganz anders. Die Kathedrale *Saint-Nectaire*, wie angehängt ans Gebirge, dominiert die Landschaft und scheint das gleichnamige Dorf zu ignorieren. Äußeres und Inneres dieser Kirche präsentieren sich stolz als perfekte Kostbarkeit. Ein paar Kilometer weiter, in der alten Stadt *Issoire* am Fuß der *Cevennen*, erhebt sich die Ka-

thedrale *Sainte-Austremoine* auf einem riesigen Platz, der der größten dieser fünf kirchlichen Schwestern den passenden Rahmen zum Glänzen und Imponieren gibt. Mit ihrer dreistöckigen Anordnung ist sie ein vollkommenes Beispiel der Kunst der *Auvergne*, vom Geist her scheinbar freundlicher und damit zugänglicher, und das nicht nur wegen ihres ikonographischen Programms auf den Kapitellen des Chors, sondern weil sie den romanischen Stil der Region hemmungslos entfaltet. Alles an ihr ist weit und groß und hell. Und voll majestätischer Würde.

Die Kathedrale *Saint-Saturnin*, im hellen Sandstein erbaut, in dem gleichnamigen mittelalterlichen Städtchen am Ausgang der Schluchten der *Monne*, ist das bescheidenste der fünf Gotteshäuser, aber auch das charmanteste. Ganz anders dagegen die Basilika *Notre-Dame-du-Port* in *Clermont-Ferrand*, die mächtig und ernst das Stadtzentrum beherrscht. Ohne jenen rustikalen Charme präsentiert sie sich als eines der großartigsten Zeugnisse romanischer Bauten in der *Auvergne*. Errichtet wurde sie aus dem Sandstein mit den warmen Aprikosentönen und nicht aus jenen dunklen Volvic-Steinen, die die Stadt so verdüstern. Oft kurios ist der Figurenreichtum auf Türen und Kapitellen. Signiert mit »Robertus« bilden sie die schönste Geschichtensammlung, die in einer romanischen Kirche in diesem Teil des Hexagons zu finden ist.

Diese Ikonographie der Kirchen der *Auvergne* – diese Magie, mit der Maler und Bildhauer ihre Arbeiten gleichsam würzten – fällt immer auf. Denn hier werden Geschichten erzählt, in denen Hunderte von Personen ihre Rollen spielen. Allein 87 hat man auf den sechs Säulen-Kapitellen von *Saint-Nectaire* namentlich bestimmen können.

Es sind biblische Comics, in denen jede Episode ihre Helden hat: Jesus und seine Apostel, Jonas und der Wal, Daniel und die Löwen, die Soldaten am Grab des Herrn und Engel . . . überall Engel. Sie erscheinen in Legionenstärke. Mit wehenden Haaren, segnend-erhobenen Händen und immer schlank und sportlich durchtrainiert, sind sie die Vollstrecker des göttlichen Willens. Manchmal allerdings tun sie das sehr grob wie in *Notre-Dame-du-*

Das Refektorium von Loudun

Ritter Blaubart

Vézelay 1190: Aufbruch zum dritten Kreuzzug

Nostradamus

La Danse macabre in der Église Saint-Robert von la Chaise-Dieu

Villa von Alexandre Dumas fils

Le jardin de Retz

Port, wo Adam an seinem Bart aus dem Paradies geschleift wird. Gelegentlich lassen die himmlischen Heerscharen auch Milde walten wie der Engel, der die heiligen Frauen empfängt, die zum Grab gepilgert sind, um den toten Jesus einzubalsamieren. Mit erhobenem Arm deutet er die Auferstehung an.

Frauen sind zahlreich vertreten in diesem Universum aus Stein. Aber nicht immer werden sie sympathisch dargestellt. Da ist Eva ein dickes und sehr laszives Geschöpf, das von einem gutgebauten Adam offensichtlich auch nicht sehr geliebt wird (*Notre-Dame-du-Port*). Er verachtet dieses Wesen, das ihn verführte, so sehr, daß er sogar nach ihr tritt.

Natürlich ist die Jungfrau Maria überall vertreten. Die berühmteste ist die von *Orcival*, die sich ganz in Gold präsentiert. Auf einem Thron sitzend, mit einem Jesuskind auf den Knien, das ein Buch in den Händen hält, strahlt sie trotz ihres kostbaren Gewandes Bescheidenheit und Anmut aus. Noch rührender ist jene Szene in der bescheidenen Nachbarkirche von *Auzon*, wo die Jungfrau als Schwangere nachgebildet ist. Joseph, den Arm um sie gelegt, bewacht und tröstet sie.

Die Welt dieser Säulenkapitelle ist nicht nur biblisch. Mit ätzender Ironie haben die Künstler der *Auvergne* auch eine Galerie von Karikaturen geschaffen, wie den Geizhals mit seinem Spartopf, den Choleriker, den Schafhirten, den Weltenträger Atlas und viele nackte Männer. Dazu – wie in der Kathedrale *Saint-Julien* in *Brioude* zu sehen – auch Sirenen, Drachen und Hähne, die menschlichen Köpfen gegenübergestellt sind. Die Sünder werden durch Dämonen in Tiere verwandelt. Sünder, die in der Welt des Mittelalters überall ihr Unwesen trieben als religiöse Fanatiker und obskure Propheten oder mythische Eiferer – allesamt vom Teufel besessen und so gefürchtet, daß man sie in Stein bannte und so exorzierte.

Man kann viel Zeit damit verbringen, die Kirchen der *Auvergne* zu besuchen und Bekanntschaft mit einer Romanik zu machen, die ohne Zweifel strenger ist als alle anderen Stilrichtungen der Kirchenarchitektur. Früher einmal Priorate oder Klöster, haben sie

Religionskriege und Revolutionen überstanden. 250 existieren – meistens gut erhalten – allein in der Region des *Puy-de-Dôme*. Zu entdecken sind sie durch Zufall, über Nebenstraßen durch das faszinierende *Massif Central*, in oft zerfallenen Nestern.
Noch ein paar Tips: Bei *Mauriac* sind die Abtei von *Brageac* so wie bei *Brioude* das Benediktiner-Kloster *Lavaudieu* mit schönem Fresko in seinem Refektorium aus dem 13. Jahrhundert einen Abstecher wert; die Abtei *Chanteuges* liegt malerisch am Rand einer Felsenkette.
In der *Limagne bourbonnaise* sind *Ebreuil, Ennezat* und *Mozac* mit ihren herrlichen Kapitellen und Malereien sehenswert, während sich in der Kathedrale *Notre-Dame* in *le Puy* byzantinische und islamische Einflüsse mit der Romanik faszinierend mischen. Aber das alles in den Schatten stellt *la Chaise-Dieu*, gelegen zwischen *Limagne* und *Velay*, auf dem Hochplateau des *Livradois* – ein Ort der Einkehr und Meditation in einer weiten und leeren Landschaft, die wie ein zerfallenes Beinhaus aussieht.

■ Alle hier genannten Kirchen und Abteien befinden sich im unmittelbaren Einzugsbereich von *Clermont-Ferrand*.

16 La Chaise-Dieu (Auvergne): *»Ich dichtete den Gräbertanz . . .«*

Casa Dei, *Chaise-Dieu*, Stuhl Gottes . . . ist der berühmteste Klosterbau der *Auvergne*, gelegen auf einer wald- und weidenreichen Hochebene. Im Jahre 1044 zog sich der adelige Domherr von Brioude, Robert de Turlande, in diese karge Region zurück, um ein Leben in religiöser Hingabe und Askese zu führen. Die Herren von Beaumont überließen ihm ein Felsplateau in tausend Metern Höhe, das schnell zur Pilgerstätte für alle jene wurde, die dem Beispiel des Domherrn folgen und ihr Leben mit frommen

Exerzitien verbringen wollten. Rasch machten die Laubhütten der Eremiten einem bescheidenen Klosterbau Platz, der beharrlich durch Anbauten vergrößert wurde. Die 30 frommen Brüder der Anfangsjahre hatten sich beim Tod Robert de Turlandes um das Zehnfache vermehrt und verwalteten 15 Kirchen und drei Schlösser in der nahen Umgebung. Ebenso waren dem Kloster zahlreiche Prioreien bis nach Spanien unterstellt.
Diese Entwicklung setzte sich fort und erreichte ihre Blüte im 15. Jahrhundert, als ein alter Mönch aus *la Chaise-Dieu* unter dem Namen Clement VI. (1342–1352) zum Papst gewählt wurde. Er veranlaßte den Bau einer Kirche, die von seinem Neffen, dem späteren Papst Gregor XI., auf dem Gelände der Gründerabtei vollendet wurde.
Im 15. Jahrhundert, als die Pest über Europa hinwegfegt, entsteht im nördlichen Seitenanbau auf drei Tafeln in einer Länge von 26 Metern und einer Höhe von zwei Metern ein einzigartiger »danse macabre« in Temperafarben. Tote sind es hier, Gerippe, die die Großen dieser Welt, Kirchenväter, Könige und Adlige, zum Tanz führen.
Der Ausdruck »danse macabre«, hergeleitet von dem Ausdruck »de macabre le danse«, wurde 1376 zum erstenmal in einem Gedicht von Jean le Fèvre erwähnt, als er dort schrieb: »Je fis de Macabre le danse . . .« – »Ich dichtete den Gräbertanz/der alle an seinem Bande leitet/und zum Grabe sie geleitet, /das ihr letztes Erdenhaus.« Damals bestand die Vorstellung, daß der Tote (le mort) – und nicht der Tod (la mort) – die Hinterbliebenen zu einem Tanz abholte, um sie zur Umkehr zu bewegen, so wie es auch die Flagellanten jener Zeit mit ihren Bußübungen taten. Auf den meisten Darstellungen spielte der Tote den Lebenden zum Tanz mit einer Fiedel auf.
Die Bilder von diesem Totentanz, in französischen Kirchen und am Kirchhof von *Aux Saints Innocents* in *Paris* meistens Darstellungen von überdimensionaler Größe, sind nicht selten mit Versen geschmückt, die die Gleichheit vor dem Tod betonen. »Du selbst bist es«, steht auf einem der drei Bilder in *la Chaise-Dieu* geschrie-

ben, womit sich der Tote selbst als einer jener Totenkopf-Gestalten entlarvt, die ihre Gäste zu einer spirituellen Reise ins Land der Seele und Meditation führen.
Auf nordeuropäischen Totentanz-Darstellungen lautet die Botschaft der Toten an die Lebenden: »Quod fuimus, estis, quod sumus eritis! – Was ihr seid, das waren wir, was wir sind, das werdet ihr sein!« – Diese Worte sind an Junge und Alte, Reiche und Arme gerichtet. Alle müssen sich in dieses Schicksal fügen. Besonders in jenen dunklen Zeiten des Hochmittelalters, in denen die meisten Malereien dieses Genres schlicht als Bild- und Abwehrzauber und Bannung von Ängsten entstanden.
Der Totentanz von *la Chaise-Dieu* erfüllt diese Aufgabe eindrucksvoll: Während sich der vielfältig dargestellte Tote bereits in tänzerischen Bewegungen windet, verharren die Lebenden erstarrt von der Angst. In lange Gewänder gehüllt die meisten von ihnen, in geradezu hölzerner Didaktik spüren sie alle den Griff der kalten Knochenhand, die sie zur Buße auffordert.
Zwischen dem 15. und 18. Jahrhundert entstanden solche Totentanz-Darstellungen in ganz Europa. Die Botschaft dieser Wandgemälde entsprach einer Bußpredigt, die sich zur Versinnlichung des Wortes solcher Bilder bediente. An die Wände von Klöstern gemalt, wurden sie zum Teil der Predigeraufgaben der Mönche, die im Sinne des Gleichheitsmotivs immer wieder strenge Gesellschaftskritik übten, die sich auch auf den Totentanz-Darstellungen ausdrückte. Der Tod als großer Gleichmacher holt sie alle: Papst und Kaiser, König und Bischof, Kaufmann und Soldat, Hure, Bauer und Student, Galan und Jungfrau und selbst die Kinder. Egal, ob sie Christen, Juden oder Heiden sind. Eine ausgleichende Gerechtigkeit kennt der Tod nicht. Seine Opfer finden keine Ruhe im Grab, sie müssen wiederkehren und unter dem Rauschen windgeschüttelter Bäume »in Leichengestalt einen irrlichterhaften Reigen über den Gräbern tanzen«.
Neben dem Schrecken brach sich auch die Vitalität hier Bahn. Tod und Lebenslust – auch das gehörte zum Geheimnis dieser Totentänze. Denn gerade im Mittelalter war der Tanz immer Lie-

besspiel und Liebeswerben. Makabre Welt. Das Totengerippe tanzt, äußert sich in der intensivsten Form des Lebens und verspottet hüpfend und springend wie ein Narr auf sehr burleske Art die Lebenden.
Im strengen und wuchtigen Bau von *la Chaise-Dieu* ist das Mittelalter in seiner reinsten Form gegenwärtig. Die streng gotische Fassade wird von zwei quadratischen Türmen flankiert; den Blick in das riesige Langhaus mit drei Schiffen gleicher Höhe unterbricht eine Empore im Flamboyantenstil. Im Chor hängt eine schöne Serie flandrischer Tapisserien des 16. Jahrhunderts. Der Totentanz befindet sich, auf die Wand des Chorabschlusses gemalt, im ewigen Halbdunkel.

■ *La Chaise-Dieu* ist zu erreichen von *Clermont-Ferrand* aus über die N 102 Richtung *le Puy*; ab *Brioude* über die D 588.

17 Vézelay (Bourgogne): *zu Ehren der Maria Magdalena*

Die Szenerie ist vorstellbar: Auf einem Felsklotz stehend, schreit ein Mönch, das Kruzifix schwenkend, einer tausendköpfigen Menge zu seinen Füßen zu: »Wo die Not ist, ist Gott!« – »Dieu le veut! Gott will es!« rufen Ritter und Mönche zurück. Und: »Montjoie! Montjoie!«, um dann mit ihrem Prediger Bernard de Clairvaux und in Anwesenheit der königlichen Hoheiten Louis VII. und Aliénor d'Aquitaine unisono ein Hosianna anzustimmen, das letzte, bevor sie sich nach Jerusalem aufmachen, in Sieg, Tod und Verderben, in einer nie dagewesenen Selbstentäußerung. Der zweite Kreuzzug beginnt.
So soll es in *Vézelay* geschehen sein, anno 1146, am 22. Juli, an jenem Tag also, an dem man immer noch hierhin pilgert, um die Reliquien der Sünderin Maria Magdalena zu verehren, die Jesus die Füße wusch und mit ihren Haaren trocknete. An jenem Juli-

tag jedoch war die Menge gewaltiger als sonst. Zu Füßen jener mächtigsten Kanzel der Christenheit, eines Felsklotzes, und angesichts der Basilika, die 42 Jahre zuvor eingeweiht worden war, hatten Tausende aus allen Regionen des Königreiches, unter ihnen fanatische Kämpfer aus Lothringen und Deutschland, nur das eine Ziel: die Zinnen Zions – Jerusalem. Dort wollten sie das Grab Christi aus den Händen der Heiden befreien.

Vézelay – Montjoie! Berg der Freude! Heute ist das ein Ort, der Unsägliches unter den Wechselfällen der geschichtlichen Ereignisse erleiden mußte, seit gegen 860 auf einem Bergkegel von Lothaire III. ein Kloster für Frauen gegründet wurde. Es war die Urzelle jenes Wallfahrtsortes, von dem im Mittelalter die Pilger nach *Saint-Jacques-de-Compostella* aufbrachen. Ein schwer mystischer Ort, wohin die Reliquien der Maria Magdalena verbracht worden waren, nachdem ein Mönch sie in der Grotte von *Saint-Baume* in der *Provence* gefunden hatte . . . Dorthin hatte sich die Heilige, der Legende zufolge, nach einer Schiffahrt über das Mittelmeer geflüchtet und sich bußesuchend in eine Grotte zurückgezogen, wo sie dann auch gestorben war. Es war ein Gerücht nur, daß ihre Gebeine kurz nach der Gründung des Klosters nach *Vézelay* kamen, behauptete zweihundert Jahre später Gérard de Roussillon, als er für sich in Anspruch nahm, die Reste der Heiligen – es handelt sich nur um den Körper, der Kopf ruht in einem Sarkophag in der provenzalischen Kirche von *Saint-Maximin* – entdeckt und nach *Vézelay* gebracht zu haben. Immerhin ließ der Erfolg nicht lange auf sich warten: Angeregt von der Aussicht, vor den Gebeinen der Hohen Frau zu beten und zu meditieren, machten sich Tausende auf Pilgerfahrt nach *Vézelay*, das nach einem Brand im Jahre 1120, dem über tausend Menschen zum Opfer gefallen waren, nun ohnehin im neuen Glanz erstrahlte und auf der Reise nach *Saint-Jacques* von nun an zu einem bedeutenden Ausgangspunkt wurde.

Vézelay gewann schnell Ruhm und Wohlstand. Im 12. Jahrhundert zählte die Ortschaft bereits 2 000 Seelen, die mit den Pilgern gute Geschäfte machten. Und als die im 11. Jahrhundert erbaute Kirche zu klein wurde, ließ der Abt Artaud kurzentschlossen eine neue bauen. Die Basilika *Sainte-Madeleine* war zu ihrer Zeit zweifellos die größte und schönste Kirche in der *Bourgogne*. Ihre einstige Größe und Reinheit ist heute nur noch zu erahnen. Ihr Reichtum an Schmuck und Farbigkeit ist – auch nach den Restaurierungsarbeiten durch Viollet-le-Duc im 19. Jahrhundert – atemberaubend. Mit ihrem herrlichen Westportal, das die Ausgießung des Heiligen Geistes, also das Pfingstwunder, darstellt, den figurenreichen Kapitellen und dem klar gegliederten Schiff sowie dem machtvollen Narthex mit Portalen aus der Mitte des 12. Jahrhunderts wie auch dem gotischen Chor hält *Vézelay* allen Superlativen stand.

Aber es gab auch Kritiker wie Bernard de Clairvaux, der von der Kanzel herab die Darstellung jener Tiere und Fabelwesen, »diesen garstigen Prunk und diese prunkende Garstigkeit«, heftig attackierte: »Diese unreinen Affen? Diese wilden Löwen? Diese monströsen Zentauren? Diese Halbmenschen? Diese Tiger? Du siehst unter einem Kopf mehrere Leiber und umgekehrt auf einem Kopf mehrere Köpfe; du siehst einen Vierfüßler in eine Schlange auslaufen, einen Fisch mit dem Kopf eines Säugetiers; hier ein Tier, das vorne Roß und hinten Ziege ist, ein anderes dort, das vorne Hörner, hinten Pferdefüße hat . . . Bei Gott! Habt ihr vor diesen Albernheiten keine Scham, so scheut euch wenigstens vor den Kosten! Was soll diese lächerliche Ungeheuerlichkeit?«

Trotz dieser Attacken des Heiligen zu Beginn des 12. Jahrhunderts vergrößerte *Vézelay* sich ständig und wurde auch im Ausland zu einem festen Begriff. 1166 floh der Erzbischof von Canterbury, Thomas Becket, hierhin; später berührten die Religionskriege die Region, als dort Albigenser verbrannt wurden und anschließend Hugenotten das Kloster besetzten, die Archive plünderten und die Mönche töteten. Im Anschluß an den zweiten Kreuzzug brach von hier – unter der militärischen Leitung von Philippe Auguste und Richard Cœur de Lion – 1249 auch der dritte ins Heilige Land auf. Während der Revolution wurde das Kloster aufgegeben und verfiel, um erst einhundert Jahre später zu neuem Leben zu erwachen, als der Schriftsteller Prosper Mérimée, damals Inspecteur des Beaux Arts, die Restaurierung verfügte. Von 1876 an wurden dann die Pilgerfahrten nach *Vézelay* wieder aufgenommen.

Eine solche Reise nach *Vézelay* ist wie die zu einem anderen Stern. Denn von welcher Himmelsrichtung man sich diesem Wallfahrtsort nähert, immer wird es zur Begegnung mit einem Mysterium kommen, das den Besucher in jene Zeiten der Menschheitsgeschichte zurückversetzt, in denen Himmel, Hölle und Fegefeuer als Orte der Erlösung und Verdammung noch sehr konkret waren.

Vom Norden her, über die Autoroute A 6, nähern sich die meisten Pilger und Touristen. Von *Nittry* aus geht es fünf Kilometer über die D 944 bis zum Wald von *Joux-la-Ville*, dann über die D 32, die ein verlassenes Hochplateau durchschneidet, das im Winter schwarzerdig, im Sommer blond von Getreide und Mais ist. Im Juni riecht der Wind hier nach Honig. Vorbei an einigen kleinen Seen und durch die Ortschaft *Voutenay*, in der gelegentlich der Kirchturm schwanken soll, sind noch vier Kilometer zu bewältigen, bis man das verschlafene Tal der *Cure* erreicht und *Vézelay* schon am Horizont erahnt. Man passiert den Ort *Asquins*, in dessen Kellern kostbare Weine lagern. Und dann ist man auch schon am Ziel, passiert die *porte Saint-Étienne* und befindet sich auf der *place du Barle*, wo früher einmal unter viel Geschrei der Viehmarkt stattfand und heute ein Markt für Pilger abgehalten wird.

Erreichbar ist *Vézelay* auch von *Avallon* aus über die D 957. In Kurven geht es über eine Rampe hinauf zum Berggipfel mit Blick auf den Fluß *Cousin*, der vom Glanz seiner eisenhaltigen Steine und der Forellen schillert. Oben angekommen, schwimmt man plötzlich wie in einem Meer der Unendlichkeit, während sich unten im Tal die Häuser aneinanderdrängen wie eine Herde Schafe in ihrer Angst vor einem Wolf. Die Türme der kleinen Kirchen sind wie in Nebel getaucht, überall kreuzen sich die Täler, verfolgen einander und bilden sanfte Dünungen.

Erkennen kann man längs dem Lauf des *Cousin* den alten Römerweg, die *Via Agrippa*, die von Mailand über *Lyon* führte und gen Norden zurück über die *Yonne*. Und mancher hat hier oben in seinem Inneren schon einen Schrei gehört, auch wenn er es nicht glauben wollte, wenn er am Hang des *Montjoie* jenes Kreuz aus grau-rosa Kalk erblickte, aus dem auch die Basilika erbaut wurde, die im nahen *Tharoiseau* gleich einem Balkon am Felsen klebt. Für die im Mittelalter durch diese Landschaften irrenden Ritter war hier das Ende ihrer Reise in Sicht, und sie begannen die mystische Liebe zu spüren, die von *Vézelay* aus ihre Strahlen über das Land schickte. Und dann waren sie angekommen auf dem Berg, manche bei Sonnenuntergang während der Tag-und-Nacht-Gleiche im Frühling oder im Herbst. Und die Sonne versank am Horizont im Feuer einer überirdischen Schwertschmiede und erleuchtete *Vézelay* so heftig, daß man glauben konnte, dort ein gigantisches Feuer zu sehen. Vielleicht weihten die Römer deshalb so viele Tempel dort ihren bäuerlichen Göttern Merkur, Bacchus und Janus. Und die Christen so viele Kirchen ihrem Gott, dem zu Ehren sie mit dem Ruf »Gott will es!« zu ihren Kreuzzügen aufbrachen.

Vom Süden her kommend, erscheint dem Besucher das Wunder *Vézelay* bereits 20 Kilometer vor seiner Ankunft am Horizont. Von *Nevers* aus führt die D 977 vorbei an Kriegsgräbern der Gallier und einigen liebenswerten Schlössern über *Quarré-les-Tombes* und *Chastellux* zum Berg der Magdalena, wo man plötzlich vor einer Säule steht, den die Goldschmiede mit einem goldenen Pfeil geschmückt haben.

Bleibt noch die Route von *Auxerre*, auf der man hinter *Vincennes* von der National Route 6 auf die D 950 gen Westen wechseln sollte, um die himmlische Überraschung zu erleben. Denn dort, durch nichts anderes beseelt als durch den Wunsch, schnell zum Ziel zu kommen, erhebt sich plötzlich, nach einer mühsamen Fahrt durch Haarnadelkurven und Schluchten, hinter dem Ort *Bois-de-la-Madeleine* der *Montjoie* vor dem Reisenden . . . wie vom Himmel herabgefallen.

Da steht sie auf dem Felsen des Skorpions und läßt sich, gebettet in Gebete und Weihrauchduft, von der Welt umarmen. Über den weiten Vorplatz weht immer ein frischer Wind. Die Abtei, wo einst die Mönche wohnten, gibt es nicht mehr. Und das Château, das ein hochmütiger Abt einst aus den Almosen der Gläubigen errichtete, fiel der Revolution zum Opfer. Aber geblieben ist dieser Blick ins Land – hinunter zu den Felsen und Flüssen, Bächen und zu diesen Eichenwäldern, die sich wie braune Schärpen in der Landschaft entrollen. Ist hier das Zentrum dieses Planeten? Für die Maria-Magdalenen-Verehrer gab und gibt es darüber keine Zweifel. Der Schriftsteller Romain Rolland, der sein Leben lang für ein hohes Ideal focht, verbrachte nicht weit von hier, in *Clamecy* im *Nivernais*, seine letzten Jahre. Neben *Vézelay* konnte für ihn keine andere Kathedrale bestehen.

18 Château de Bussy (Bourgogne):
Auch als Verbannter läßt sich's leben

Die Lage entspricht der Rousseauschen Idealvorstellung von einer Landschaft: Inmitten hügeliger Wälder, umgeben von Seen und Flüssen, erhebt sich im Departement *Côte d'Or* das *Château de Bussy*, das den originellen Geist und den eigenwilligen Charakter einer der seltsamsten Persönlichkeiten des 17. Jahrhunderts widerspiegelt: Roger de Bussy-Rabutin, ein Cousin Madame de Sévignés, prägte diesen Landsitz mit der ihm eigenen Harmonie und Melancholie und schuf sich ein herrschaftliches Domizil, das auf französischem Boden seinesgleichen sucht.
Gekommen war es zur Verbannung des Grafen, eines Mannes von Geist und bissigem Spott, aus *Versailles*, nachdem der den Zorn seines Königs durch eine Satire mit dem Titel »Histoire amoureuse de Gaules« über dessen Liaison mit Mademoiselle de

Lavallière erregt hatte, die am Hof als Histoire amoureuse die Runde machte. Verärgert ließ Louis XIV. den geistreichen Spötter im April 1665 in die Bastille einkerkern, um ihn Monate später auf seinen Besitz *Bussy* zu entlassen. Der elegante Graf, ebenso verliebt in das geistreiche Vergnügen wie in die galante Lebensart des Hofes, tröstete sich über seine Vertreibung, indem er sein Schloß mit außerordentlich persönlichen Malereien ausstatten ließ. Er inspirierte die Künstler zu unglaublichen Gemälden auf Holztafeln, die sich in verschlüsselter Weise mit seinem Leben beschäftigten und die Frivolitäten der Zeit enthüllten. Auch schrieb er, um seiner Einsamkeit Herr zu werden, seine Memoiren – er war 1653 Feldzeugmeister der leichten Kavallerie Frankreichs und erreichte 1656 mit dem Feldzug von *Artois* den Höhepunkt seiner Laufbahn – und unterhielt einen sehr intellektuellen Briefwechsel mit den großen Geistern seiner Zeit.

Das *Château de Bussy-Rabutin* ist ein viereckiges Gebäude. Drei kleine Brücken verbinden das Schloß mit einem französischen Garten, der von Le Nôtre entworfen und angelegt wurde. Bis zum 17. Jahrhundert gehörte der Besitz der Familie Chandio, die ihn im 16. Jahrhundert als Feste errichtet hatte, die dann einhundert Jahre später von Antoine de Chandio modernisiert worden war, indem er die Burg durch zwei Seitenflügel mit raffiniertem Skulpturenschmuck – Schimären, Kriegern, Putti und Bukranien – erweiterte. Eine Reminiszenz an die lombardische Bildhauerei – und eine Vorliebe, die viele Schloßbesitzer im *Loire*-Tal teilten.

Im Jahr 1604 verkauften die Chandios an François de Rabutin, den Baron d'Epiry und Großvater Rogers. Der ließ den Donjon schleifen und errichtete zwischen Nord- und Ostturm ein Hauptgebäude, das sein Enkel 1647 vollendete.

Nach seiner Entlassung aus der Bastille gestaltete Roger de Bussy-Rabutin das Schloß in eine Bildergalerie um, die ihm die Erinnerung an sein Leben bei Hofe ebenso leichtmachte, wie sie den Haß auf jene Günstlinge und seine Ex-Geliebte, die Marquise de Montglas, nährte, die sich nach seiner Verhaftung sofort in die Arme eines anderen Edelmannes geworfen hatte. Der Graf de Bussy mag hier in eigener Person als Fremdenführer durch sein Château dienen. In einem Brief vom 24. August 1677 beschrieb er es seiner Freundin Madame du Bouche folgendermaßen:

»... es sind die vergnüglichsten Dinge darinnen zu entdecken, denen man andernorts durchaus nicht begegnet. So habe ich zum Exemplum dort eine Galerie mit Porträts aller Könige aus dem letzten Geschlecht eingerichtet, von Hugo Capet bis zu unserem König; unter einem jeden Bildnis ist ein Täfelchen, worauf alles zu lesen steht, was man von ihren Taten wissen muß. Auf einer anderen Seite hängen die Staatsmänner und Literaten. Um das Ganze aufzuheitern, findet man an anderer Stelle die Mätressen und geneigten Frauen unserer Könige seit der schönen Agnès, der Mätresse Charles VII. Vor dieser Galerie aber befindet sich ein großes Antichambre, wo die berühmten Kriegshelden seit dem Grafen von Duras zu sehen sind, auch sie mit Schriftzügen versehen, die von ihren Taten sprechen und berichten, was sich in einem jeden Jahrhundert zutrug, da sie lebten. Sodann folgt ein großer Raum, der allein meiner Familie vorbehalten ist, und dieses Gemach wird abgeschlossen von einem großen Salon, wo man die schönsten Frauen des Hofes bewundern kann, die mir ihr Bildnis ließen. All dies umfaßt vier trefflich geschmückte Räume, die zugleich einen Abriß von der alten und neuen Geschichte geben, gerade so viel, daß meine Kinder über diesen Gegenstand unterrichtet seien.«

Im »Saal der Sinnbilder« zieren bemalte Balken die Decke, während die in drei Paneelreihen angeordnete Vertäfelung in einer harmonischen Ordnung eine Dokumentation des Lebens jener Zeit bietet. Zu bewundern sind vor allem Reiterszenen vor den verschiedenen königlichen Schlössern (*Sceaux, Versailles, Reuil, Chambord, Saint-Cloud, Vincennes, Gaillon* u. a.). Unter diesen von unbekannten Künstlern gemalten Bildern hat Bussy-Rabutin seine berühmten Maximen angebracht, die seine Bildung in ihrer ganzen Vielfalt glänzen lassen. Sie enthalten Anspielungen auf seine Geburt, seinen Charakter und den Haß auf seine Mätresse, die das Manuskript der indiskreten Klatschschrift in Umlauf und ihn in die Bastille brachte. Mehrere Sinnsprüche beziehen sich auf diese treulose Frau, die mal als Schwalbe vor einem Gewitterhimmel (»Sie flieht das Unwetter«) dargestellt, dann mit einem Regenbogen (»Weniger wechselhaft als meine Mätresse«) verglichen wird. »Diese Sinnbilder«, schrieb de Bussy-Rabutin in einem Brief, »entsprechen eigentlich nicht den Regeln der Kunst, da auf ihnen keine menschlichen Gestalten Platz haben dürfen; da aber Monster dort erscheinen können, muß man sie nur in diesem Sinne betrachten.«

Im »Saal der großen Männer« sind es die Heroen wie Antoine de Grammont, »Marschall von Frankreich und Zierde am Hof Ludwigs XIV. aufgrund seines Geistes und seiner Pracht« (so Rabutins Maxime unter dem Bild), die hochmütig und stolz ins Weite blicken. Auch de Bussy-Rabutin selbst ist hier verewigt. Ein weiteres Porträt des Grafen hängt im »Goldenen Turm«, der in der Art eines cabinetto eingerichtet ist. Es ist ein kleiner, runder Salon, den die Porträts der großen Männer bei Hofe und der vornehmen Damen der Epoche, die wegen ihrer Schönheit, ihres Geistes oder ihrer Liebesabenteuer berühmt waren, schmücken. Mit wenigen treffenden Worten umriß der Graf ihre Stellung und Eigenschaften, wie zum Beispiel unter dem Bild von »Catherine d'Angennes (1634–1714), Comtesse d'Olon, die schönste Frau ihrer Zeit, doch weniger berühmt wegen ihrer Schönheit als wegen des Gebrauchs, welchen sie von ihr machte«.

Die Ehre, in diese Galerie aufgenommen zu werden, fanden auch die Damen Isabelle de Harville-Paloiseau, Lucie de Tourville und Isabell-Angélique de Montmorency, die 1645 Gaspard de Coligny heiratete, den Herzog von Châtillon und späteren Herzog von Mecklenburg. Inmitten all dieser Schönheiten thront der Schloßbesitzer selbst, mit einer blonden Perücke auf dem Kopf und eingezwängt in einen römischen Panzer. In seiner »Histoire amoureuse de Gaules« beschrieb er dieses Bild und damit sich selbst geradezu in schwärmerischen Tönen:

»Roger de Rabutin, Graf von Bussy, Feldzeugmeister der leichten Kavallerie, hatte große und sanfte Augen, einen wohlgestalteten Mund, eine große Nase, die manch einer wohl Adlernase nennen mag, sowie eine vorgewölbte Stirn, ein offenes Gesicht, eine angenehme Gestalt, hellblondes feines Haar; er war von zartfühlendem wie kraftvollem Verstande, heiteren und frohgemuten Sinnes; er wußte in wohlgesetzten Worten zu reden und ebenso angemessen wie gefällig zu schreiben; von Geburt aus war er sanft, doch der Neid, welchen ihm seine Verdienste eintrugen, hatte ihn über die Maßen verbittert, so daß er Gefallen daran fand, mit seinen Freunden all jene zu verspotten, die er nicht leiden mochte; er war ein guter, zuverlässiger Freund; er war tapfer, ohne damit zu prahlen; er schätzte das Vergnügen höher als den Reichtum, doch höher noch als Vergnügen schätzte er die Ehre; den Damen gegenüber verhielt er sich galant und stets gesittet; und bei aller Vertrautheit, die er im Umgang mit seinen besten Freundinnen pflegte, ließ er dennoch nie den Respekt vermissen, den er ihnen schuldete.« – Eine dieser Freundinnen war Cécile de Huraut, die Marquise de Montglas, vor deren Porträt der Schloßherr in diesem Saal oft geträumt haben mag.
Natürlich sind es vor allem die Großen jener Zeit wie Richelieu, Louis XIII., Anna von Österreich, Mazarin und Louis XIV., »König von Frankreich, Freude und Schrecken des Menschengeschlechts«, die die Aufmerksamkeit der Besucher in diesem barocken, für das 17. Jahrhundert so typischen cabinetto sofort auf sich ziehen und bekannt machen mit jener Synthese von bildender Porträtkunst und spielerischer Porträtliteratur, die sich großer Beliebtheit erfreute. Der Graf de Bussy-Rabutin hat es auf einzigartige Weise verstanden, mit dieser Kunst sein Château und sein Leben in der Verbannung zu füllen.

■ Das *Château Bussy-Rabutin* ist zu erreichen von *Dijon* aus über die N 71 Richtung *Chatillon-sur-Seine.*

19 Clairvaux (Champagne): *das ewige Schweigen*

Von allen Klöstern im weiten Gebiet des Hexagons berührt keines so sehr wie *Clairvaux.* Zweifellos strahlen *Silvacane, Fontfroide, Noirlac* oder *Fontenay* durch ihre Architektur mehr mittelalterlichen Zeitgeist aus. In den Augen der Historiker jedoch repräsentiert sich die Geschichte der Zisterzienser nirgendwo reiner und asketischer als in *Clairvaux,* wenn auch die Wiege des Ordens, *Cîteaux,* heute nur noch eine Ruine zwischen *Dijon* und *Beaune* ist. Robert de Molesme gründete im Jahr 1098 im Burgunder Wald mit zwanzig Mönchen das Kloster Cistercium, damals noch ein Ableger von *Cluny.* Aber weil später der Glanz von *Cluny* den Insassen nicht vereinbar schien mit dem benediktinischen Mönchsideal, lösten sie sich Anfang des 12. Jahrhunderts von den Benediktinern und gründeten ihren eigenen Orden.

1112 trat ein gewisser Bernard, geboren 1091 im *Château de Fontaines* bei *Dijon,* in das Kloster von *Cîteaux* ein. Begleitet wurde er von 30 Onkeln, Brüdern und Freunden. Für *Cîteaux* war das wie eine Bluttransfusion, zumal viele junge Leute dem Beispiel Bernards folgten. Der allerdings verließ das Kloster drei Jahre später, um mit zwölf Mönchen zuerst die Tochterabtei *la Ferté,* dann ein neues Kloster bei *Bar-sur-Aube* zu gründen, in einem Tal, auf der einen Seite die Unendlichkeit der kalkhaltigen Felder ohne Strauch und Baum, auf der anderen der tiefe Wald. Und dort, auf dieser Lichtung und später umgeben von einer drei Kilometer langen Mauer, entstand die herrlichste Abtei des christlichen Mittelalters, die heute das ausbruchsicherste Gefängnis Frankreichs ist. Victor Hugo sperrte seine Romanhelden – Jean Valjean, Auguste Blanqui und Charles Maurras – hier ein. Und auch jetzt noch, nachdem vor 20 Jahren die Mauern restauriert wurden, ist *Clairvaux* keineswegs mehr ein »Tal des Lichts«, sondern ein Ort der Justiz, in dem die Verurteilten in Vergessenheit dahindämmern.

Zurück ins Jahr 1115. Der junge Bernard, ein Kind der *Bourgogne,*

läßt sich mit Gleichgesinnten im *Val d'Absinthe* nieder – ein Knecht Gottes, der sich bewußt war, daß hier in der Undurchdringlichkeit der Wälder und Dornen ein religiöses Leben am besten zu führen sei. Die Brüderschaft der Mönche konnte hier die strengen Regeln der Nächstenliebe ideal praktizieren – Regeln, die Bernard für sich und seine »Brüder« entworfen hatte und die so schwer in dieser Einsamkeit, für manche »ein Ort des Schreckens, verloren in einer weiten Einöde«, zu befolgen waren. Demütige Askese wurde verlangt, Arbeit und Gebet. So wollte es Bernard. Der spätere Prediger des zweiten Kreuzzuges reagierte schon als junger Mann unerbittlich in Glaubensfragen und zwang allen ein Christentum auf, das das religiöse System seiner Epoche des Mittelalters, die Synthese eines ganzen Jahrhunderts verkörperte.
Die anfangs noch kleine Gemeinschaft der größtenteils miteinander verwandten Brüder errichtete auf der anderen Seite der *Aube* ein kleines Kloster und eine Scheuer. Diese Anlage sollte Vorbild werden für die später so populären landwirtschaftlichen Bemühungen der Ordensbrüder, Menschen und Tiere unter einem Dach zusammenleben zu lassen.
Schon zwanzig Jahre später hatte sich die Situation der Brüder von *Clairvaux* gewaltig verändert. Der Ruf des Klosters überstrahlte den von *Cîteaux* um ein Vielfaches. Zumal die frommen Brüder schnell reich geworden waren. Und das nicht nur durch Gaben des einfachen Volkes wie Brote und Kuchen aus Wachs und bescheidene Schmuckstücke, sondern vor allem durch Schenkungen der der Bruderschaft beigetretenen Ritter, durch Ländereien und Lehnsherrschaften, die zu Stammgütern vereint wurden. Hinzu kamen respektable Opfergaben der Geistlichen, der Domherren und Bischöfe, die nach lebenslangen Streitereien mit den Mönchen in ihren letzten Stunden bereuten und ihnen ihr Vermögen überschrieben. Kurz: Arm und Reich spendeten mit vollen Händen.
Aber es war natürlich auch Bernard und seine sehr aktive Rolle als gewaltiger Prediger, der den Ruhm von *Clairvaux* begründete.

Seine unablässig-drängenden Moralpredigten wurden bis an die Grenzen der christlichen Welt gehört. Sein Urteil war gefragt. So mußte er die Rolle eines Schiedsrichters im Konflikt zwischen Innocenz II. und dem Antipapst Anaclet und dessen Nachfolger Eugène III. spielen. In *Cluny* saß er sogar zu Gericht und verdammte den Mönch Abélard wegen seiner Liebe zu der Nonne Héloise. Er wetterte gegen diejenigen, die in Südfrankreich Irrlehren verbreiteten, gegen die Ritter, die anderes im Sinn hatten als die Verteidigung des Heiligen Grabes in Jerusalem, gegen die Judenverbrenner längs der Rheinufer, gegen Arnold von Brescia, der mit aufrührerischem Ton Armut predigte, und gegen die prunkliebenden Bischöfe, kurz gegen alles, was die Christen vom rechten Weg abbrachte und der Fortentwicklung in Christo im Wege stand.
Von der Armut und Bernards Lehre der Barmherzigkeit wollte das Mönchtum in jenen Zeiten nicht viel wissen. Lieber wandte man sich den Annehmlichkeiten des Lebens zu. Viele der Klosterbrüder hatten ihre Jugend an Höfen verbracht, hatten als Ritter gedient und schöne Frauen geliebt. Und dieser höfische Geist lebte in ihnen weiter, wenn sie in die »Schule Christi« eintraten und dort ihren Neigungen zur Poesie und Kunst frönten. Schließlich dienten sie auch hier einem König, dem König der Könige, dessen irdischen Besitz sie verwalteten und verteidigten. Pächter dieses Lehnsherrn waren sie. Und als solche war es für sie normal, auch im Kloster eine Zweiklassengesellschaft zu dulden, wie sie ihrer Meinung nach in der Hierarchie des Glaubens bestand, jener Welt oben und unten, Paradies und Hölle.
Auch die Zisterzienser waren nicht frei von menschlichen Schwächen. Jenseits des heiligen Bezirkes, wo die nach Vollkommenheit strebende Gemeinschaft der ritterlichen Mönche lebte, vegetierten, zusammengepfercht in eigenen Schlafsälen und Räumen, die Laienbrüder, die für das Wohlergehen der Klosterinsassen zu sorgen hatten. Die mußten schmieden, das Land beackern, das Vieh versorgen und die großen Scheuern füllen, die manchmal weiter als einen Tagesmarsch von der Urzelle entfernt lagen. 20 Bauern-

höfe besaß *Clairvaux*; das größte Gut war das von *Corvay* mit seiner 1500 Quadratmeter großen Scheuer. In *Colombe-le-Sec* wurde Weißwein produziert.

Ihre emsigen Gehilfen hatten die Mönche aus der Landbevölkerung rekrutiert, ohne sie den strengen Regeln des Ordens zu unterwerfen. Der Vorteil für die Brüder lag auf der Hand: Sie konnten sich mehr dem Gebet und der Meditation widmen. Und der Organisation des Ordens, dem Bernard selbst – in einem Anfall hybrider Gottgefälligkeit – eine neue Ordnung angedeihen ließ, indem er von 1135 an *Clairvaux I* in eine neue gigantische Bauphase stürzte und im Schatten der drei Kilometer langen Mauer *Clairvaux II*, eine Klosterstadt von 30 Hektar Umfang, entstehen ließ.

In dem Raum hinter der Mauer, für den Rest der Welt nicht einsehbar und betretbar, war alles auf das geistige Engagement der Mönche ausgerichtet. Und deren Maximen lauteten: beten und schweigen und alle Gedanken auf Gott ausrichten.

Als der heilige Bernard starb, waren aus seinem Kloster *Clairvaux* 70 Abteien hervorgegangen. In ganz Europa besaßen die Zisterzienser im Jahre 1153 über 167 Abteien, 1 823 Hektar Wald, 335 Äcker und 43 Scheuern. Bernard selbst hatte immer wieder ein Beispiel für diese Expansion gegeben und uneigennützig den Reichtum des Ordens gemehrt. Pflanzen ließ er aus Ungarn, Vieh aus Italien importieren, und bauernschlau erfand er die Dreifelderwirtschaft, die nicht nur der Abtei im *Val d'Absinthe* ökonomische Unabhängigkeit und Vermögen eingebracht hatte, sondern auch in allen anderen Klöstern mit Erfolg praktiziert wurde. So kam ein beachtlicher Besitz zusammen, mit dem die Mönche nach dem Tod ihres Heiligen zu spekulieren und Geschäfte zu machen begannen. Auch anderen Orden in Frankreich ging es zu Beginn des 11. Jahrhunderts, in jener bedeutenden Epoche klösterlicher Gründungen, gut: So besaßen die nach Franz von Assisi benannten Franziskaner (1209) beim Tod ihres Gründers mehr als ein halbes Dutzend Klöster, in denen sich über 5 000 Brüder aufhielten. Der 1215 in *Toulouse* durch den heiligen Dominique gegründete Dominikaner-Orden spielte schon wenige Jahre nach seinem Auftauchen, den Regeln des heiligen Augustin folgend, eine wesentliche Rolle in der Entwicklung der philosophischen Theologie des Mittelalters (Scholastik). In *Clairvaux* und seinen Filialen dagegen legte man viel Wert auf Unabhängigkeit und Besitz.

»Überall, wo man verkauft, profitiert *Clairvaux*«, sagten damals die Bauern, die sich als erste von dem Orden abwandten, der ihnen das Land genommen und sie aus ihren Weihern vertrieben hatte. Kein Bauernsohn ließ sich noch von den Mönchen als Laienbruder anwerben. Der Riß in der zisterziensischen Gesellschaft wurde größer. War der heilige Bernard noch in die nächste Ortschaft gewandert, um ein paar Gramm Salz zu kaufen, so ritten seine Nachfolger mit einer Eskorte über ihre Besitztümer und betrogen ihre Geschäftspartner nach Strich und Faden.

Im Jahre 1708 wurde die alte Abtei abgerissen. An ihrer Statt entstand ein Palast im gotischen Stil mit einem Innenhof, Pferdeställen sowie einem großen und einem kleinen Kloster. Im prachtvollen Wohnhaus des Abtes befanden sich ein vertäfelter und ein mit Gemälden dekorierter Eßsaal sowie ein Tanzsaal. Dagegen war die Kirche im Kloster sparsam ausgefallen. Sie wurde während der Revolution geschleift, um dann Stein für Stein verkauft zu werden. Vom mittelalterlichen Kloster blieben nur noch der Chor und Reste des Kreuzgangs.

■ Zu erreichen ist *Clairvaux* von *Paris* aus über die Autoroute A 5 Richtung *Nancy* bis zur Ausfahrt *la Ville-sous-la-Ferté*, von *Bar-sur-Aube* dann über die D 396.

20 Meudon (Île de France): *Richard Wagner – ein armer Komponist aus Deutschland*

Im April des Jahres 1839 verließen Richard Wagner und seine Freundin Minna bei Nacht und Nebel die Ostseestadt Riga. Das Paar reiste ohne Pässe, um die Gläubiger des hochverschuldeten Komponisten nicht durch ein Paßgesuch auf sich aufmerksam zu machen. An Bord eines Seglers schifften sich die Flüchtlinge Richtung Kopenhagen ein und erreichten England nach zwei heftigen Stürmen, die Wagner an die Sage vom Fliegenden Holländer, »wie ich sie aus dem Mund der Matrosen bestätigt erhielt«, erinnerten. In London, wo Wagner einen Monat blieb, machte er die Bekanntschaft von Giacomo Meyerbeer, der ihm riet, nach *Paris* zu fahren und dort eine Karriere zu machen. Noch in Deutschland ermutigt durch einen Brief von Eugène Scribe, dem er ein Libretto zur Begutachtung übersandt hatte, entschied sich Wagner zur Reise in die französische Hauptstadt. Am 17. September kam er dort an und bezog ein Zimmer im Haus Nummer 3 in der *rue de la Tonnellerie.* Aber *Paris* hatte nicht auf ihn gewartet: Meyerbeers Referenzen erwiesen sich als wirkungslos, ein Gespräch mit dem Direktor der *Grande Opéra* blieb ohne Ergebnis. Als Komponist leichter Werke hätte er eher reüssiert. Um überleben zu können, stellte er für den Musikverleger Maurice Schlesinger Arrangements und Klavierauszüge her. Tagelang irrte er sogar auf Bittgängen durch *Paris* um ein paar Francs, »fürchterlichere Tage kann niemand erleben«. Wagners schwermütige Musik war nicht gefragt.

»Auf der Suche nach einem möglichst billigen Sommersitz« fand Wagner im April 1841 ein kleines Haus in der *avenue du Château,* die heutige Nummer 27, in dem Pariser Vorort *Meudon.* Er machte »lange Spaziergänge durch die Wälder«, während Minna Pilze suchte, um die »Mahlzeiten ein wenig abwechslungsreicher zu gestalten«. Im Mai 1841 verfaßt Wagner die Urschrift des »Fliegenden Holländers«, den er als Libretto-Entwurf in der *Grande*

Opéra einreichte. 500 Francs bekam er für das »Vaisseau fantôme«. Nun machte er sich daran, dazu die Musik und die Orchestration zu schreiben. In sieben Wochen war das Werk vollendet, außer der Ouvertüre, die er im November komponierte. »In der Nacht und im Elend«, schrieb er später, »per aspera ad astra« wurde so ein Werk geboren, das alle Elemente des Wagnerschen Genies enthielt. »Ich hatte mich zu einer neuen Sicht entschlossen, zu jener der Revolution und der Opposition im öffentlichen Charakter der Kunst.« Er interpretiert den Holländer als Mischung aus Odysseus und »ewigem Juden«. Der erste Schritt zum Musikdrama war getan.

Am 30. Oktober 1841 kehrten Wagner und Minna von *Meudon* zurück nach *Paris* in ein Hintergebäude des Hauses Nummer 14 der *rue Jacob*, wo der Komponist die Volksbücher »Der Venusberg« und »Der Sängerkrieg auf der Wartburg« studierte. Das Lohengrin-Epos entstand, in dem Wagner den Venusberg-Stoff mit dem Sängerkrieg verschmolz. Nachrichten aus Berlin, wo sein »Holländer« aufgeführt werden sollte, veranlaßten Wagner und Minna, *Paris* und Frankreich am 7. April zu verlassen. »Zum ersten Male sah ich den Rhein – mit hellen Tränen im Auge schwor ich als armer Künstler meinem Vaterland ewige Treue.« Ein halbes Jahrhundert später, von 1891 an bis 1914, wurde das gesamte Opernwerk Richard Wagners an der Pariser *Grande Opéra* aufgeführt: 1891 »Lohengrin«, 1893 »Walküre«, 1895 »Tannhäuser«, 1897 »Die Meistersinger von Nürnberg«, 1901 »Siegfried«, 1904 »Tristan und Isolde«, 1908 »Götterdämmerung«, 1909 »Das Rheingold« und schließlich 1914 »Parsifal«. Die erste Gesamtaufführung des »Ring der Nibelungen« fand in ungekürzter Form an vier Abenden – vom 10. bis 15. Juni 1915 – unter der musikalischen Leitung von Felix Weingartner statt. Womit das französische Publikum Wagner angenommen hatte und sich zum Musikdrama bekannte.

Der Pariser Vorort *Meudon* hatte immer große Persönlichkeiten und Künstler mit Namen fasziniert. Von Rabelais bis Rodin waren es zahlreiche, die hierhin kamen, um in der frischen Landluft zu leben und zu arbeiten. 1693 bezog der Sohn Louis' XIII. das *Neuf-Château*, das der Hofarchitekt Mansart gebaut hatte. Wenig geeignet für die intellektuellen Disziplinen, die ihm sein Hauslehrer Bousset abverlangte, konzentrierte sich Königliche Hoheit auf die Jagd und jene musikalischen Abendunterhaltungen, die in adeligen Kreisen gang und gäbe waren. Der junge Louis, der eine Ausbildung als Tänzer und Musiker erhalten hatte, bewies Geschmack und Fachwissen, als er den Komponisten Marc-Antoine Charpentier in seine Dienste nahm. »La Musique de Monseigneur« zog viele Höflinge und Künstler nach *Meudon*.

In *Meudon* lebte auch Eugène Scribe. Der Verfasser von mehr als 350 Theaterstücken und Opern-Libretti für Boieldieu, Rossini, Meyerbeer und Verdi hatte 1829 die Domäne *Montalets* (heutige Adresse: *rue des Gardes 23*) erstanden, die er bis zum Fluß hinunter durch Landkäufe erweiterte.

Alexandre Guilmant (1837–1911) gilt als der bedeutendste französische Organist. Der Sohn einer Orgelbauerdynastie aus *Boulogne-sur-Mer* bewohnte in *Meudon* von 1893 bis zu seinem Tod ein Haus an der *place de la gare Montparnasse*. Diesem Musiker war es vorbehalten, die großen Orgeln seiner Zeit – vor allem die der Hauptstadt – einzuweihen: 1862 die von *Saint-Sulpice*, 1868 *Notre-Dame*, 1871 *la Trinité* und 1878, im Jahr der Weltausstellung, *le Trocadéro*. Guilmant machte sich auf vielen Tourneen ins Ausland einen Namen. Seine Vorliebe galt den großen Meistern des 17. und 18. Jahrhunderts.

»Ich wollte mich schon immer hier in *Meudon* installieren, am liebsten in einem Saal mit einer großen Orgel, wo ich in Ruhe würde arbeiten können. Endlich fand ich eine Villa, nur wenige hundert Meter entfernt vom Haus meines Meisters Guilmant. Einige Wochen nach dem Einzug im Jahr 1925 hörte ich, daß Guilmants Orgel zum Verkauf stünde. Ich war glücklich, die *Cavaillé-Col* zu erwerben, auf der ich dann so viele Jahre arbeiten konnte.« – Marcel Dupré war 39 Jahre alt, als er in *Meudon* ansässig

wurde. Im Haus Nummer 40 des *boulevard Anatole France* blieb er bis zu seinem Tod im Jahr 1971 wohnen.
Er war ein bemerkenswerter Virtuose und Komponist, der auf Tourneen durch Europa, Amerika und Asien die große Schule des französischen Orgelspiels meisterlich vertrat. Er war Titularorganist in *Saint-Sulpice* und stellvertretender Titularorganist in *Notre-Dame* und beeinflußte die größten Orgelkomponisten seiner Zeit wie Olivier Messiaen, Yannis Xenakis und Jehan Alain.
Die Orgel hat in Frankreich eine lange Tradition. Von den 10 000 in Frankreich existierenden Instrumenten (davon allein 3 500 im Elsaß) stammen 900 aus dem 19. Jahrhundert; 700 gelten als historische Monumente. Rund 80 Orgelbauwerkstätten restaurieren und betreuen nicht nur die existierenden Orgeln, sondern bauen auch neue, in denen die Elemente des barocken Orgelbaus mit den neuesten Techniken und Materialien verbunden werden. Die moderne Orgel kann daher sowohl die klaren Linien der Barock- wie auch die farbenprächtigen Klänge der Orgelmusik jüngerer französischer Komponisten wiedergeben.

Die maßgeblichen und wichtigsten französischen Orgeln befinden sich in *Albi (Cathédrale Saint-Cécile) – Aire-sur-l'Adoure – Arbois – Auch – Aurillac (Saint-Géraud) – Auxi-le-Château – Bar-sur-Aube – Bar-sur-Seine – Bayonne (Cathédrale Sainte-Marie) – Besançon (Saint-Jean) – Blénos-lès-Toul – Bordeaux (Sainte-Croix) – Caen (Saint-Étienne) – Carcassonne (Saint-Nazaire) – Chaumont – Cintegabelle – Cuers – Cors – Dijon (Saint-Bénigne) – Dole (Notre-Dame) – Ebersmunster – Epernay (Saint-Pierre-Saint-Paul) – Ergué-Gabéric – Falaise – Gimont – Grenoble (Saint-Louis) – Grignan – Guimiliau – Houdan – Joinville – Juvigny – Lambesc – Lanvellec – le Petit Andely – Lescarène – Lisieux (Saint-Pierre) – Lons-le-Saunier – Lucon – Lyon (Saint-François) – Malaucène – Marmoutier – Marseille (Abbaye de Saint-Victor) – Mirecourt – Mitry-Mory – Mollau – Monastier-sur-Gazeille – Narbonne (Saint-Just) – Nice (Visitandines) – Nogent-sur-Marne – Oltingue – Orléans – Paris – Perpignan (Cathédrale Saint-Jean) – Poitiers (Cathédrale Saint-Pierre) – Poligny – Riquewihr – Rodez – Roquemaure – Rozay-en-Brie – Rouen (Saint-Quen) – Saint-*

Brieuc (Cathédrale) – Saint-Chinian – Saint-Denis – Saint-Félix – Saint-Guilhem – Saint-Gaudens – Saint-Jean-de-Losne – Saint Malo – Saint-Maximin – Saint-Michel-en-Thiérache – Saint-Omer – Saint-Pons – Saint-Quentin – Saint-Rémy-de-Provence – Saint-Sever – Saorgue – Sarlat – Sospel – Souvigny – Soultz – Strasbourg (Saint-Thomas) – Tende – Thionville (Saint-Maximin) – Toulouse (Saint-Sernin, Saint-Pierre, Les Augustins) – Valréas – Verdun – Verneuil sur Avre – Vézelize – Villefranche-sur-Mer – Vitry le-François – West-Capell.

■ *Meudon* ist erreichbar von *Paris* durch die RER Linie C oder mit SNCF vom Bahnhof *Montparnasse.*

21 Port Marly (Île de France): *Alexandre Dumas – der Anfang vom Ende*

Der Auftrag an den Architekten war klar und unmißverständlich: »Etwas Einfaches muß es sein!« Auf dem Abhang des Felsens von *Port-Marly* sollten ein Renaissance-Schloß und ein gotischer Pavillon mitten in einem See gebaut werden. »Höhlen Sie den Felsen einfach aus und verankern Sie das Haus durch zwei Kellergeschosse«, entschied der Kunde. »Das wird Sie an die zwei Millionen Francs kosten, Monsieur!« – »Ich hoffe es!« Typisch Größenwahn! Typisch Alexandre Dumas, dessen Leben wie in einem seiner Romane ablief. So wie auch diese Episode vom Bau seines Châteaus, von ihm selbst beschrieben in den »Mémoires«, die sein atemberaubendes Leben in einer temperamentvollen Diktion und mit viel Überschwang schildern. In *Port Marly*, in jenem Château, das er *Monte-Cristo* nannte, erreichte es in den Jahren 1847 bis 1850 seinen Höhepunkt und gleichzeitig den Anfang vom Ende.

Port-Marly, ein verschlafenes Provinznest in der Banlieu von *Paris*, wurde durch Dumas' Erscheinen wachgerüttelt. Wie ein Erdbeben fiel der zu seiner Zeit berühmte Romancier über den Ort her, als er dort jenes Haus bauen ließ, das zum Spiegelbild seines Lebens werden sollte. Eine mächtige und ornamentreiche Eisentür mit den Initialen A/D gewährte Eintritt in ein Reich, das an Prunk und Dekor seinesgleichen suchte.

Das Château, eine sehr stämmige und solide Villa, ist ein typisches Produkt jener Neorenaissance-Architektur, die damals en vogue war. Viereckige Wandpfeiler rahmen groteske Blumenreliefs ein; unter den Fenstern verläuft ein Fries mit den Medaillons illustrer Persönlichkeiten wie Homer und Sophokles, Shakespeare, Hugo und Goethe und Delavigne. »Mein persönliches Pantheon«, pflegte Dumas zu sagen, und auf die Frage, warum er selbst sich nicht in diese Schar eingereiht habe, antwortete er, auf das Haus weisend: »Ich bin da drinnen!«

Am 25. Juli 1847 weihte Dumas sein Château ein. Statt der geladenen 50 Gäste erschienen 600 Personen. Das Essen wurde aus dem Pavillon Henri IV. in *Saint-Germain* herbeigekarrt. Dieses Ereignis war gleichsam die Ouvertüre für jene wilden Jahre, in denen der Schriftsteller von den höchsten Gipfeln seines Ruhms tief ins finanzielle Elend abstürzte. Dabei hatte alles so prunkvoll begonnen: Ein Majordomus beaufsichtigte eine Schar von Hausdomestiken, die die täglichen Gäste zu bedienen hatten. Die wenigsten waren Freunde Dumas'; Parasiten, Pumpgenies und Halbweltdamen gaben sich die Klinke in die Hand. Und mancher verkannte und bedürftige Poet wurde von Dumas mit ein paar Goldmünzen beschenkt, die für solche Besucher immer auf dem Kaminsims bereitlagen.

Dumas' Produktivität lief trotz der vielen Besucher stets auf Hochtouren: Er schrieb in diesen Jahren »Die drei Musketiere« und den »Grafen von Monte-Cristo«. Das tat er in der »Mönchzelle« seines neogotischen Pavillons, den er *Château d'If* getauft hatte, meistens vom Morgen bis zum Abend oder vom Abend bis zum Morgen. Nur zu den Mahlzeiten mit den Freunden oder zum Flirt mit einer schönen Besucherin erschien er im Château. Dieses Leben war teuer. Und nach zwei Jahren war

Dumas nicht mehr flüssig. 1850 erschienen die ersten Gläubiger auf der Bildfläche. An die 50 und mehr sollen es gewesen sein, die den Schriftsteller bedrängten. Aber noch konnte der sie mit der ihm angeborenen Gerissenheit austricksen und gegeneinander ausspielen. Aber die Frist war nur kurz. Die Gläubiger kehrten zurück, und schließlich mußte der Schriftsteller *Monte-Cristo* verkaufen. Durch die nun folgenden Epochen und Regierungen wechselten die Besitzer ständig, bis schließlich im Jahr 1970 der Abriß das Château bedrohte. Eine öffentliche Kampagne, ausgelöst von einigen Intellektuellen, verhinderte das Schlimmste, die Domäne wurde zu gleichen Teilen von den Gemeinden *Marly-le-Port*, *Port-Marly* und *Le Pecq* übernommen, während das *Château d'If* der »Gesellschaft der Freunde Alexandre Dumas'« anvertraut wurde. Schließlich spendete der König von Marokko einige Millionen, um den ganzen Besitz in ein Museum umzuwandeln.

Das Château überrascht den Besucher durch seine sparsame Möblierung. Aber das war schon zu Lebzeiten des Schriftstellers so: Aus Angst vor Pfändungen hatte Dumas weitgehend auf teure Möbel verzichtet. Erstaunlich auch die kleinen Räumlichkeiten. Statt im Eßzimmer speiste man vorwiegend in Zelten oder, bei schlechtem Wetter, im geräumigen Salon, an den sich ein damals übliches Rauchzimmer anschließt.

Die Decken sind im Neorenaissance-Stil gehalten; die in Blei gefaßten Fenster erinnern an das *Château de Villers-Cotterêts*, in dessen Nähe Dumas geboren wurde. Im ersten Stock befindet sich der maurische Salon im Alhambra-Stil, den Dumas von zwei tunesischen Künstlern gestalten ließ, die er bei einem Besuch in Tunis vom Bey auslieh. »Aber sie arbeiten an meinem Grab«, hatte der damals eingewandt. Dumas: »Hoheit lassen sie ein Werk des Todes bauen, für mich sollen sie ein Werk fürs Leben schaffen.«

Wenige Meter vom *Château de Monte-Cristo* erhebt sich der kleine Pavillon. Er ist von einem Wassergraben umgeben und nur über eine Brücke zu betreten. Auf den Steinen der Fassade sind die

Titel von Dumas' Büchern eingraviert. Im Erdgeschoß befindet sich das Arbeitszimmer.

■ Das *Château de Monte-Cristo* befindet sich in der *avenue Kennedy 1*, in *Port-Marly*. Von *Paris* ist es mit der Buslinie 158 oder über die D 113 (*Porte Molitor* oder *Porte d'Auteuil*) zu erreichen.

22 Die Ufer der Seine (Île de France/Normandie): *Monet und die Geburt des Impressionismus*

Gegen Ende des Jahres 1860 positionierten einige junge Maler, die bis dahin im Wald von *Fontainebleau* der sogenannten »Schule von Barbizon« angehört und dort im Freien gearbeitet hatten, ihre Leinwände westlich von *Paris* an den Ufern der *Seine*. Renoir und Monet taten das, auch der geringen Entfernung zur Hauptstadt wegen, in *les Grenouillères* auf der Insel *Croissy*. In diesem bezaubernden Ort befand sich vor dem Krieg von 1870 ein schwimmendes Café, das den Kanufahrern als Treffpunkt diente. Hier malten die zwei Freunde 1869 mehrere sehr frische und farbenfrohe Bilder. Während Renoir als Modelle Menschen bevorzugte, legte Monet mehr Wert auf die Reflexe des Lichts auf dem Wasser. Es entstanden auch mehrere Ansichten der *Seine* bei *Bougival*, wo Monet sich gelegentlich mit seiner Familie einquartierte. Auch Pissarro und Sisley arbeiteten dort und verewigten die kleinen Ortschaften dieser Region wie *Louveciennes*, *Marly-le-Roi*, *Port-Marly*, *Voisins* und andere in ihrem rustikalen Charme.
Sisley hielt sich jahrelang in dieser Gegend auf. Ende 1871 zog Monet von *Paris* aufs Land nach *Argentueil*. Renoir und Sisley besuchten ihn oft, und Boudin mietete sich am 2. Januar 1872 bei ihm als Untermieter ein. Diese Periode von *Argentueil* war nicht nur wichtig für Monet, der dort herrliche Landschaften auf die Leinwand bannte, sondern gab dem Impressionismus insgesamt

entscheidende Impulse. Monet fand schnell einen Interessenten in dem Kunsthändler Durand-Ruel, der ihm viele seiner Arbeiten abkaufte.
Es waren Bilder, auf denen der Maler vor allem in kleinen Strichen und Punkten im Licht flimmernde Landschaften wiedergab, wobei er trotz ihrer wie dahingewischten Leichtigkeit keineswegs eine Genauigkeit des Auges vermissen ließ. Die *Seine* mit ihren Schiffen, ihren mit Bäumen bepflanzten Uferböschungen, auf denen die Spaziergänger promenierten, und mit ihren Brücken (Die Eisenbahn erschien hier zum erstenmal in der Malerei.) war auf fast allen diesen Bildern das Motiv wie auch die Freizeitvergnügungen der Pariser, das Angeln und das Kanufahren.
»Le Bassin d'Argentueil«, »Les Régates à Argentueil«, »Le Pont d'Argentueil« (Alle Bilder sind im *Musée d'Orsay* in *Paris* zu sehen.) – entstanden 1872/1873 – gehören zu den berühmtesten Bildern dieser Epoche. Ebenso wie jene Leinwände, auf denen Monet Frau und Sohn im blühenden Garten unter dem gleißenden Sonnenlicht des Sommers porträtierte. Auf diesen Bildern, vor allem auf jenen *Seine*-Ansichten, ging es ihm immer wieder um die Spiegelungen des Lichts auf dem Wasser, die er mit roten, orangefarbenen und grünen Tupfern auf einem blauen Untergrund festhielt. Faszinierend immer der waagerechte Strich des Horizonts, vor dem weiße Segel kreuzen, während sich am Ufer Bäume und kleine Häuser zu einer idyllischen Ansicht vereinen. Es ist denkbar, daß Monet sich selbst auf dem Wasser, in einem Boot, das er als schwimmendes Atelier nutzte, befand, als er diese Bilder malte.
Aber Monet interessierte sich nicht nur für die *Seine* und die sich in ihr spiegelnde Sonne. Er malte auch, weil sie modern und neu waren, die Lokomotiven, die damals im Bahnhof von *Argentueil* stationiert waren, und die Fabriken, die dort allmählich im Zug der Industrialisierung gebaut wurden. Während der zweiten Periode seines Aufenthaltes widmete er sich noch intensiver der Technik, indem er fast ganz auf Landschaftsmotive verzichtete

und statt dessen oft die Eisenbahnbrücke malte. Sie wurde während des Zweiten Weltkrieges zerstört.
Im April 1874 fand die erste Ausstellung dieser Gruppe statt, die sich nach einem Bild Monets mit dem Titel »Impression« Impressionisten nannte. Auf einer zweiten Vernissage 1876 stellte Monet dann nur Bilder von *Argentueil* aus. Während dieses Sommers malten Manet, Monet und Renoir gemeinsam, Seite an Seite, vor dem Hintergrund der *Seine* und unter einem Himmel voller Gewitterwolken, in einem blühenden Garten. Manet porträtierte die Familie und war weniger zufrieden mit seinem Ergebnis als Renoir, der an gleicher Stelle unter den Bäumen »Madame Claude Monet und ihren Sohn« malte.
Es war jener Sommer, in dem der Impressionismus, nach heftigen Attacken seitens der Öffentlichkeit und Kritik, seinen Durchbruch in Frankreich erlebte. Im Tal der *Seine* und *Oise* befinden sich mehrere Ortschaften, die immer wieder von den Malern des 19. Jahrhunderts besucht wurden wie
Auvers-sur-Oise (*Val-d'Oise*) – Daubigny, von Corot dazu angestiftet, mietete sich 1860 hier mit zwei Freunden ein. Ihnen folgte Pissarro, der wiederum Cézanne mitbrachte. Berühmt machte den Ort jedoch der Holländer Vincent van Gogh, der am 21. Mai 1890 bei Dr. Gachet ein Zimmer bezog.
Bazincourt (*Eure*) – Pissarro lebte bis 1886 in diesem Dorf und malte hier einige seiner schönsten Bilder.
Bougival (*Yvelines*) – Corot, Turner, Renoir und Sisley fanden hier manches Motiv. Sie bezogen immer Quartier in der *Auberge Jaunart*. Dieses Restaurant liegt bei *Croissy* an einem Seitenarm der *Seine*. Während des Sommers 1869 hielten sich auch Renoir und Monet hier einige Wochen lang auf.
Chatou (*Yvelines*) – Das *Restaurant Fournaise* war der Treffpunkt für Schriftsteller, Maler und Kanufahrer. Renoir malte hier 1881 sein berühmtes Bild »Le Déjeuner des canotiers« und porträtierte auch einige Male die Familie Fournaise. Zwischen 1900 und 1905 kamen Derain und Vlaminck auf diese *Seine*-Insel, um hier ihre ersten »wilden« (fauves) Bilder zu malen.

Gisors (*Eure*) – Monet kam 1883 hierhin. Er vergrößerte das Haus, das er gekauft hatte, ständig durch Anbauten und ließ im Garten den berühmten See der Nymphen ausheben. Dieses Motiv erschien dann öfter auf seinen Leinwänden. Hier besuchten ihn Renoir, Sisley, Cézanne und Pissarro, später auch Bonnard, Signac, Maximilien Luce und viele ausländische Künstler, vor allem Engländer und Amerikaner.
Honfleur (*Calvados*) – Boudin, hier geboren und von Baudelaire als »König des Himmels« gefeiert, machte Courbet auf die Schönheiten dieses malerischen Städtchens aufmerksam. Später bauten Isabey und Jongkind hier ihre Leinwände auf. Nicht weit von *Honfleur* entfernt, wurde der Bauernhof *Saint-Siméon* zum Zentrum zahlreicher Maler wie Harpignies, Cals, Bazille, Monet und Pissarro.
La Roche-Guyon (*Val-d'Oise*) – Pissarro als erster, dann Monet und Renoir kamen 1885 hierher, um zu malen. 1909 erschien Braque, um die Landschaften von Cézanne neu zu entdecken und sich von ihnen für seinen Kubismus inspirieren zu lassen.
Le Havre (*Seine-Maritime*) – Von Bonington bis Boudin, Isabey bis Huet regte *le Havre* viele Maler an. Boudin verführte dort Monet zur Malerei; der wiederum traf dort Jongkind, der ebenso wie Corot und Manet von der Atmosphäre an der See angezogen und inspiriert wurde. In *le Havre* malte Monet seine »Impression« von einer aufgehenden Sonne. Dufy, Othon Friesz, Braque, Manet und Derain waren ebenfalls Besucher in dieser Stadt.
Pontoise (*Val-d'Oise*) – Wie Daubigny siedelten sich auch andere Maler hier an. Pissarro lebte hier von 1866 bis 1869 und dann wieder von 1875 an, wo er zuerst Cézanne und später Gauguin für den Impressionismus interessierte.
Rouen (*Seine-Maritime*) – Stadt und Hafen übten auf Bonington, Turner, Corot und Huet einen wesentlichen Einfluß aus; Renoir und Sisley folgten hierhin Monet, der 1872/73 mehrere Landschaftsbilder malte. Erst 20 Jahre später entstanden seine berühmten Bilder von der Kathedrale unter dem Einfluß des Sonnenlichts. 1894 kam Sisley nach *Rouen*, und im folgenden Jahr

Pissarro, dessen Motiv der Hafen bleiben sollte. Gegen Ende des 19. Jahrhunderts entstand im Sog des Impressionismus die »Schule von Rouen«, der unter anderen Lebourg, Delattre, Lemaitre, Louvrier und Dumont angehörten. Der Hafen von *Rouen* war ein immer wiederkehrendes Motiv auf den Bildern von Boudin, Marquet und dem Normannen Jacques Villon.
Sainte-Adresse (*Seine-Maritime*) – Jongkind, Corot, Monet und Bazille besuchten diesen Ort oft; später, zu Beginn dieses Jahrhunderts, waren Dufy und Marquet dort malende Gäste.
Vétheuil (*Val-d'Oise*) – Manet malte 1878 einige Male das Dorf und seine Umgebung.

■ Die meisten dieser Orte sind zu erreichen von *Paris* aus über die N 14 oder die *Autoroute de Normandie*. *Vétheuil* ist anzufahren über die A 4 bis Abfahrt Meaux.

23 Auvers-sur-Oise (Île de France): *Vincent van Gogh*

Es ist fünf Uhr morgens. Am Horizont hinter den Weizenfeldern kriecht eine rote Sonne am Himmel hoch. Endlich! Die Farben verdichten sich. Das Gepolter einer Schubkarre durchbricht die Stille des kleinen Ortes. Vincent van Gogh ist schon am frühen Morgen zu erschöpft, um seine Malutensilien zu tragen. Aber dieses Licht hat ihn aus dem Bett getrieben. Diese Sonne!
37 Jahre alt war der Maler, als er am 21. Mai 1890 nach *Auvers-sur-Oise* kam und in der *Auberge Ravoux*, oben unter dem Dach, ein mickriges Zimmer bezog. Abgekämpft und erschöpft schien er zu sein, denn er kam aus einer Heilanstalt im Süden des Landes, aus *St. Mausole* bei *Saint-Remy* in der *Provence*, wo er sich ein Jahr lang, gemartert von der Hitze des Südens und einem Selbstverstümmelungsversuch, hatte behandeln lassen müssen. Nun will er im

Norden wieder ganz gesund werden und endlich jenen künstlerischen Durchbruch schaffen, dem er bislang nachgelaufen ist.
Heute wissen wir es: Auch in *Auvers-sur-Oise* überschätzte der Holländer seine Kräfte. Ganze Tage verbrachte er malend auf dem Lande, in einem Ozean von Weizenfeldern. Und das im heißen Juli. Es gelangen ihm die eindrucksvollsten Bilder seines Lebens. 70 Gemälde und 32 Zeichnungen entstanden zwischen dem 21. Mai und dem 27. Juli. Impressionen von einer Kleinstadt und ihrer Umgebung, in der sich seit über hundert Jahren nichts geändert zu haben scheint. Selbst die Eingangspforte des kleinen Friedhofs ist dieselbe wie damals so wie auch die Kirche, die so berühmt geworden ist und heute als L'Église d'Auvers im *Pariser Musée d'Orsay* hängt. Ein visionäres Bild, auf dem das Gebäude verdreht unter einem leuchtenden Himmel und gepeinigt von blauen Funkenflügen jenen übererregten Zustand widerspiegelt, in dem sich der Maler damals befunden haben muß.
Es waren Monate im Leben des Vincent van Gogh, in denen er von einem neuen Leben träumte, wenn er abends total erschöpft heimkehrte in den Gasthof *Ravoux*, verfolgt von den mißtrauischen Blicken der Dorfbewohner, denen das fiebernde Gesicht des Fremden wie ein Alp vorgekommen sein muß. Klopfte er nicht manchmal an die Türen ihrer Strohkaten und bot Bilder gegen Brot an? Murmelte er nicht ständig vor sich hin, wenn er seinen Karren durch die Straßen schob oder schreiend in den Kornfeldern die Farbe auf die Leinwand hämmerte?
»Er war«, erinnerte sich Jahre später die Gastwirtstochter Adeline Ravoux, die ihm einige Male Modell saß, »ein Mann von stattlicher Figur, die Schulter auf der einen Seite seines verletzten Ohres leicht hochgezogen, die Augen sehr glänzend. Wenn man mit ihm sprach, antwortete er stets mit einem liebenswürdigen Lächeln. Sein Französisch war einwandfrei, obgleich er manchmal nach Worten suchte . . . Als ich sehr viel später erfuhr, daß er in einer Irrenanstalt im Süden eingesperrt gewesen war, war ich sehr überrascht, da er auf mich immer freundlich und lieb

gewirkt hatte. Er wurde in unserer Familie sehr geschätzt, wir nannten ihn zwanglos ›Monsieur Vincent‹. Er verkehrte nie mit den Gästen des Cafés ... Im übrigen verkehrte er, soweit ich weiß, mit niemandem im Dorf ...«

Die anderen Gäste – das waren zwei Maler, die Holländer Hirschig und van der Valk, die ebenfalls in *Auvers* und Umgebung ihre Motive suchten. Van Gogh mied sie, hielt sich immer woanders auf, dort in den »endlos weiten Kornfeldern unter trüben Himmeln«, wie er seinem Bruder Théo nach *Paris* schrieb und ankündigte: »Ich habe den Versuch nicht gescheut, Traurigkeit und äußerste Einsamkeit auszudrücken ... ich glaube fast, diese Bilder werden Euch sagen, was ich in Worten nicht sagen kann, nämlich was ich Gesundes und Kraftgebendes im Landleben erblicke.«

Kein Zweifel, van Gogh malte *Auvers*, wie es noch keiner vor ihm gemalt hat und nach ihm malen wird. Vor ihm arbeiteten dort bereits Daubigny und Corot, die sich zwischen 1860 und 1868 in der Ortschaft ein gemeinsames Atelier eingerichtet hatten. Aber es ist heute schwer, den Part jedes einzelnen nachzuvollziehen. Daubigny hat mehrere Landschaftsbilder des *Oise*-Tales gemalt, Flüsse, Bäume und viel Himmel mit Reflexen; auch sich selbst porträtierte er oder stand Corot Modell für ein Bild mit dem Titel »Daubigny auf einem Boot bei Auvers-sur-Oise arbeitend«.

1872 hatte sich Paul Cézanne mit seiner Freundin Hortense Fiquet und ihrem Sohn im nahen *Pontoise* einquartiert, wo er Pissarro traf und sich von diesem überreden ließ, ein Jahr später nach *Auvers-sur-Oise* umzuziehen. Gemeinsam versuchten sich beide an denselben Motiven, bauten ihre Staffeleien vor der Kirche und in den engen Straßen auf. Cézannes »Vue d'Auvers-sur-Oise« befindet sich heute in einer amerikanischen Kollektion, »La Route du village« im *Musée d'Orsay*. »La Maison du pendu à Auvers« ist das berühmteste Bild dieser Serie und beweist am eindrucksvollsten die revolutionären Visionen und Techniken Cézannes. Es war auch der Mittelpunkt der ersten großen Impressionisten-Ausstellung in *Paris* im April 1874 und provozierte einen enormen Skandal. Heute hängt es im *Musée d'Orsay*. Andere Maler, die vor van Goghs Ankunft in *Auvers* arbeiteten – Jules Dupré, Théodore Rousseau und Arman Guillaumin zum Beispiel –, gehörten den »Barbizonniens« an, jener Künstlerclique im Wald von *Fontainebleau*, die dem naturalistischen Realismus verbunden bleiben wollten und so in starker Opposition zu den Impressionisten standen.

Von diesen Strömungen nahm van Gogh in *Auvers* wenig Notiz. Sein Bruder Théo hatte ihn zu einem Aufenthalt hier überredet und ihn einem gewissen Dr. Gachet zur Beobachtung anvertraut. Dieser Spezialist für Herz- und Nervenleiden hatte sich dort 1872, nachdem er mit einer Arbeit über die Melancholie promoviert hatte, als praktizierender Arzt und Sonntagsmaler niedergelassen und mit allen Künstlern, die nach *Auvers* kamen, das Gespräch gesucht und ihnen Bilder abgekauft. Mit van Gogh war das nur begrenzt möglich. Dem saß er sogar manchmal Porträt, konnte aber auch das blutige Finale nicht verhindern. Zu spät erkannte er die Krise, in der der Maler sich befand, analysierte sie als krankhafte Raserei, in die zuviel Inspiration und Kreativität seinen Patienten getrieben hätten. Dabei ist die Spannung in den Bildern van Goghs kaum zu ertragen. Es sind pathetische Konvulsionen, in denen sich Häuser, Bäume und Felder winden, und letztlich endet alles in dem Gemälde »Champ de blé aux Corbeaux« (»Getreidefeld mit Raben«, Nationalmuseum Vincent van Gogh, Amsterdam): Himmel und Erde verbinden sich da zu einem tragischen Chaos, das von einem Schwarm Raben dominiert wird, die in ihrem ewigen Auf- und Abfliegen den Maler quälen und ihn ins Ende treiben.

Auvers-sur-Oise hat den Ausbruch dieses total aus seinem Gleichgewicht geratenen Künstlers ausgehalten. Van Goghs Motive sind erkennbar vorhanden. »Les Maisons à Auvers« – das sind die Häuser in der *rue François-Coppé*. Und »La Sente du Gré au no 5« trägt auch heute noch diesen Namen: eine kleine schmale Straße, gesäumt von Blumen. Und ein wenig weiter dann, außerhalb der Ortschaft, die Strohhütten – »Les Chaumes de Gré à Chaponval«. Immer noch erstrecken sich die Weizenfelder bis zum Horizont, wuchern Millionen von Blumen auf den Böschungen. Und der Klatschmohn ist überall.

Seinem Bruder Théo, der in *Paris* als Kunsthändler tätig war, hat van Gogh aus *Auvers-sur-Oise* manchen hoffnungsvollen Brief geschrieben. Und der war sich sicher: Vincent malte und lebte wieder auf. Aber dann, am 6. Juli, bekam die Psyche des Malers erneut Brüche. Er war nach *Paris* gefahren, zu Théo, kehrte am Abend jedoch schon wieder zurück nach *Auvers*. Er hatte einen kranken Bruder angetroffen, einen mit finanziellen Problemen, in die er, Vincent, ihn gebracht hatte. Er fühlte sich schuldig, schwankte zurück in den Gasthof, völlig geistesabwesend, nachtwandlerisch.

In den folgenden Tagen war er kaum noch ansprechbar, bemerkte es nicht mal, daß die Kinder hinter ihm her lachten und die Erwachsenen Witze über ihn machten. Am 27. Juli zeichnete er die Kirche, verließ dann die Stadt, ging zum »Weizenfeld mit den Raben«, das er tags zuvor gemalt hatte. Die Vögel flogen auf. Der Knall hatte sie hochgejagt. Verwundet hatte van Gogh noch die Kraft, sich in den Gasthof zurückzuschleppen. Doktor Gachet konstatierte einen »Streifschuß, in der Leibgegend ...« Er und ein anderer Arzt taten nicht viel, verbanden den Verletzten, entschieden sich für passives Abwarten, ließen Vincent van Gogh mit der Kugel im Leib nach zweitägiger Agonie in den Armen seines herbeigeeilten Bruders sterben. Der bezahlte die Ärzte mit Bildern des Toten und folgte ihm Monate später in den Tod.

Vincent van Gogh in *Auvers-sur-Oise* – das ist ein trauriges Kapitel der Kunstgeschichte: zwei Monate Leben voller Leiden. Aber mit dem Tod am 29. Juli 1890 erstarrte ein Toter zur Legende für die Lebenden. Die *Auberge Ravoux*, wo dieses geschah, gibt es noch, ebenso wie das Zimmer des Maler, genauestens restauriert, wo van Gogh 68 Tage lang lebte und zwei Tage starb. Und da ist auch der kleine Friedhof, wo Vincent und Théo van Gogh begraben liegen, unter einer Zwillingsstele, verborgen unter dem Efeu eine brüderliche Liebe ...

■ *Auvers-sur-Oise* ist zu erreichen von *Paris (Péripherique porte de St. Quen)* aus über die N 328: *Saint-Denis, Eaubonne, Bessancourt* und *Méry-sur-Oise*. Ein gerade eröffnetes Museum führt in einer audiovisuellen Schau in die Zeit des Impressionismus ein.

24 Le Désert de Retz (Île de France): *das irdische Paradies*

Ich habe *le Désert de Retz* besucht, an einem schönen brennendheißen Tag, günstig für Siesta und schlechte Träume. Ich werde nie wieder dorthin zurückkehren, aus Angst, daß der Eindruck von diesem Ort, der wie für einen gemäßigten Alptraum geschaffen ist, verblassen könnte. Ein trübes, von Binsen bewachsenes Gewässer schlief dort am Fuße eines Pavillons, der voll war von zerbrochenen Vertikos, fußlosen Schemeln und anderem herrenlosen, unerklärlichen Meublement. Ich erinnere mich an einen verstümmelten Turm, brutal beendet mit einem schrägen, stufigen Dach. Im Innern teilte er sich in Zellen, die rings um eine Wendeltreppe lagen und dem Auge wie Trapeze erschienen . . . Er strotzte von zerbrochenen Möbeln. Soll ich über ihre Skelette lachen oder sie als unheilvollen Rest vom Leben fürchten . . .«
So die Eindrücke von einem 40 Hektar großen Garten zwischen *Paris* und *Versailles*, beschrieben von der Dichterin Colette in »Irdische Paradiese«. Und »quelle merveille« seufzten auch die Surrealisten um André Breton, als sie den *Désert* entdeckten, zum Picknick dorthin einluden, Aktionen veranstalteten und Filme an diesem Ort einer schaurig schönen Vergänglichkeit drehten.
Zu Beginn dieses Jahrhunderts befand sich das Gelände in einem erbärmlichen Zustand. Verwahrlost und restlos zugewachsen von Brombeersträuchern und Unkraut, dämmerte es in einem Dornröschenschlaf dahin, bis es 1966 von dem Kulturminister André Malraux auf die Liste der schützenswerten französischen

Kulturgüter gesetzt wurde. Erst dann fanden sich zwei »Prinzen«, die *le Désert* durch einen Kuß, sprich durch einen symbolischen Kaufpreis von einem Franc, wieder zu einem Kleinod klassizistischer Gartenbaukunst, vergleichbar den Gärten von *Bagatelle*, *Monceau* und *Ermenonville*, aufputzten.

Noch sind die Renovierungen nicht abgeschlossen, aber schon jetzt ist dieser Garten verlorener Träume im Wald von *Marly* zu besichtigen. 15 Jahre vor der Revolution, 1774, hatte Monsieur de Monville, Musiker und Botaniker, Kavalier und Raufbold, Liebhaber der Enzyklopädisten und der Du Barry, dieses Gelände erworben, um hier zu denken und zu träumen. Monville war reich, intelligent und so versponnen, daß er eine fixe Idee in die Tat umsetzte und hier eines jener künstlichen Paradiese entstehen ließ, das als Abbild des Universums in idealer Weise nur den einen Sinn hatte, seine Besucher durch ein idyllisches Verschmelzen antiker Architektur, Rousseauscher Ethik, dem Ideenreichtum der Physiokraten und dem globalen Wissen der Enzyklopädisten zu erbauen.

Mit dieser Idee stand Monville damals nicht allein. Viele Gärtner planten, zeichneten, gruben und ließen Erde ab- und auftragen, um jenen lieblichen, mystischen Ort für Götter und Menschen gleichermaßen zu schaffen, wo die Natur befriedet war, »der Löwe bei dem Lamme lag« und Mann und Weib sich ergötzten in unbefangener Lebenslust und Liebesfreude. Aber statt des Paradieses mußten sie sich mit einem Stück Erde begnügen, auf dem sie die Natur domestizierten, mit »silberner Axt« reglementierten und bis zur Perfektion begradigten. So entstanden die strengen, zypressengesäumten Gärten der Medicis, die geometrisch angelegten Parks à la *Versailles* und die der Natur abgeschauten und dennoch in ein strenges Muster gefügten Anlagen der gärtnernden Aristokratie in England: sie alle nur scheinbar Natur, in Wirklichkeit gebändigtes, strengen Regeln unterworfenes Leben im Dienste einer zu Pflanzen, Bäumen, Kieswegen, künstlichen Seen und Wasserfällen geronnenen Philosophie.

Monsieur de Monville, der von 1721 bis 1797 lebte, entsprach schon in dem Haus, das er im *Désert de Retz* bewohnte, diesem Programm. Es war jene überdimensionale, sechzehneckige dorische Säule von 15 Metern Durchmesser mit runden und quadratischen Fenstern, die Colette nur noch als Ruine kennenlernte. Dieser scheinbar unfertige Turm, ein Symbol für menschliche Eitelkeit und Anspielung auf die Hybris der Babylonier, mit ihren Bauwerken den Himmel berühren zu wollen, war für alle Besucher der Höhepunkt des Spaziergangs durch die Zeiten und die Kontinente, deren Kopien – verstreut über das weite Gelände – sie ins Schwärmen brachten über ein solches »Wunder an Vollendung, Gedankentiefe und Lieblichkeit«.

Eine in der Tat veritable Landschaft des Geistes tat sich ihnen auf. Die Mauerreste einer gotischen Kirche dokumentierten die Vergänglichkeit alles Irdischen; eine Minipyramide, in derem Inneren sich ein Eiskeller verbarg, erinnerte an die Pharaonen Ägyptens; ein Tempel des Gottes Pan symbolisierte die griechische und römische Klassik; ein Tatarenzelt und ein China-Haus erweckten das Interesse für jene weit entfernten Länder, deren Menschen damals so schwer vorstellbar waren. Die Exotik des Orients, die versunkene Antike, die geheimnisvolle Fremdheit Asiens und die damals noch rätselhafte Welt der Pharaonen finden sich hier wieder in Ruinen, Pagoden, Tempeln, Alhambren, Pyramiden und griechischen Säulen, die Besucher zu elegischen Betrachtungen über das Leben und die Liebe, die Vergänglichkeit und die Ewigkeit anregen.

Die kunstvoll angelegte Natur des Parkes tat ihr übriges, um die Wirkung dieses philosophischen Geländes noch zu steigern: Auf sanft hügeligen Wiesen, umgeben von Pappeln und Fliederbüschen, Ebenholz- und Apfelbäumen, servierten die Diener des Monsieur de Monville seinen prominenten Gästen Obst und Erfrischungen.

Betreten mußten sie den Park durch einen Eingang in Form einer kleinen Grotte (ein Symbol für die Herkunft des Menschen aus dem Chaos), um sich dann mit der Natur zu vereinigen.

Monsieur de Monville empfing in diesem Mikrosmos von Natur

und Kunst Zelebritäten wie den Duc d'Orléans, das königliche Paar Louis XVI. und Marie-Antoinette, König Gustav von Schweden und Thomas Jefferson. Der Amerikaner, später zum Präsidenten seines Landes gewählt, ließ sich beim Bau des Capitols in Washington und der Universität von Virginia in Charlesville von der *Désert* inspirieren; die Königliche Hoheit aus dem hohen Norden war so begeistert, daß sie sich Grafiken und Pläne erbat, um sie für ihren Palast Drottningholm zu verwenden. Ein Glück für die heutigen Restauratoren Olivier de Choppin de Janvry und Jean-Marc Heftler, die schon einen Großteil der Bauten nach diesen Vorlagen wieder in ihren ursprünglichen Zustand versetzten.

Als Monsieur de Monville diesen Garten seiner Träume anlegen ließ, ahnte er noch nicht, wie schnell ihm die Freude an diesem Gelände vergehen würde. Während der Revolution wurde er enteignet, verhaftet und eingekerkert. Drei Jahre nach seiner Freilassung, 1794, starb er. *Le Désert de Retz* wechselte von da an oft den Besitzer und wurde im Laufe der Zeiten zur Wildnis, war nur noch »ein Gedicht über das Bild einer Epoche«, wie Colette schrieb. Aber letztlich rettete man dieses Gedicht. Der Park ist größtenteils restauriert und lädt Besucher ein. Verboten sind Jogging und Ballspielen!

■ Zu erreichen ist *le Désert de Retz* von *Paris* aus auf der A 13, Ausfahrt *Poissy*, dann Richtung *Orgeval*. Oder per Zug (RER) nach *St. Germain* und dann mit der Buslinie C.G.E.A. Richtung *Chambourcy* bis zur Haltestelle *André Derain*.

25 Oignies (le Nord): *Reise ans Ende der Nacht*

Die Menschen in Zolas Romanen sterben nicht an gebrochenem Herzen. Sie sind auch keine Helden. In »Germinal« vegetieren verarmte Arbeiter und Proletarier in den Siedlungen des nordfranzösischen Kohlenreviers. Viele sind Alkoholiker, weil das Milieu ihrem Instinkt in ihrer Freizeit nichts anderes bietet als die Schnapsbuden am Straßenrand. Aber die soziale Revolution ist nicht mehr weit für die da unten in »rauchiger Nacht« im 19. Jahrhundert. Bald werden sie sich von der Unterdrückung durch das Kapital befreien. ». . . bald würde dieses Keimen die Erde sprengen . . .«

So endet Zolas Buch mit einem Inferno am Horizont. 1884 wurde »Germinal« geschrieben – ein Stück engagierter Weltliteratur und der große Roman eines Schriftstellers, der sich nichts aus den Fingern gesogen, sondern vor Ort recherchiert hatte. Seine Klaustrophobie überwindend, war Zola selbst 675 Meter tief in die Erde gefahren und hatte die Arbeiter beobachtet, wie sie sich kriechend durch die Stollen quälten und die weißen Zugpferde antrieben, die hier in ewiger Nacht ihren Dienst taten, bevor die Erde sie als Kadaver wieder freigab. Der berühmte Mann aus *Paris* hatte einen Streik miterlebt, die Lebensnot in den Siedlungen registriert und die lockeren Gespräche der Dirnen notiert. Er sah den Dreck auf den Straßen und Unrat in den Häusern, die miserablen Löhne, die Uniformität einer Existenz, die man nicht mehr Leben nennen konnte, und dann beschrieb er, ganz öffentlicher Ankläger, in »Germinal« diese Apokalypse: »Beeilen Sie sich mit der Gerechtigkeit, denn sonst droht Gefahr: Die Erde wird sich öffnen und die Nationen in einer der fürchterlichsten Umwälzungen der Geschichte verschlingen.«

Im Jahr 1989 wird die letzte Grube im nordfranzösischen Kohlenrevier geschlossen. Im Schacht neun von *Oignies* bei *Lens* spuckt der Förderkäfig ein letztes Mal eine Schicht abgearbeiteter Bergleute aus. Dann schließen sich die eisernen Gittertüren für

immer. »Germinal« ist nur noch eine Legende. Die wird fünf Jahre später zum Film. Ironie des Schicksals: 150 Millionen Francs darf der Regisseur an diesem Ort der Armut verschwenden, um in den wieder geöffneten Schächten das Schicksal des arbeitslosen Etienne Lantier und des Hauers Toussaint Maheu und somit das Elend dieser Bergleute auf Zelluloid zu bannen. 150 Millionen! Eine Summe, von der sich vor hundert Jahren Tausende jahrelang hätten ernähren können. Und heute? Am historischen Ort entstand ein Flop, der teuerste der französischen Filmgeschichte. In dem stimmen nur die Lokalitäten wie das Büro des Direktors, wo die paar Kröten an Tagesverdienst ausgezahlt wurden, und die große Kathedrale über dem Schachteingang, wo die kleinen Waggons ihre schwarze Ladung auswarfen.
Oignies ist ein Name, der nicht nur durch Zufall auf der Liste der historischen Monumente Frankreichs gelandet ist. Denn von den Hunderten von Kohlenminen und gußeisernen Fördertürmen, die während zweier Jahrhunderte das platte Land im Norden punktiert haben, existieren nur noch dreißig. Von diesen wurden sechs als besonders wertvoll klassifiziert. Manche dank einer traurigen Vergangenheit wie der Schacht vier von *Liévin*, in dem 1974 eine Schlagwetterexplosion 42 Kumpel tötete.
Oignies ist wie *Liévin* der Archetyp einer Mine, wie man sie sich eben vorstellt, wenn man weit entfernt von einem Kohleabbaugebiet aufgewachsen ist. Ein rostiger Gitterzaun umgibt sie, eine rote Kiesallee führt in ihr Zentrum. Zur Rechten die Verwaltungsgebäude, die Duschen, die Räume, in denen man die Lampen reparierte und nach Gebrauch in langen Holzgestellen deponierte, zur Linken die Mine: zwei große Hallen, Langschiffe, aus Beton, Ziegeln und Steinen errichtet, und herausragend aus dem Dach der Förderturm aus Gußeisen und Stahl.
Die, die dort im Jahr 1989 zur letzten Schicht gehörten, werden diesen Tag nie vergessen. Sie werden ihr ganzes Leben von ihrer Mine sprechen. »Dreißig Jahre unter Tag zeichnen einen Mann«, sagen sie. Diese Kumpel haben eine Organisation gegründet, die den Schacht 9 von *Oignies* als kulturelles Projekt betreibt.

In den großen Hallen ließen sie alles beim alten. Die Waggons stehen, ordentlich aneinandergekoppelt, an ihren Plätzen; die Gerätschaften glänzen ebenso wie die Kompressoren, die unter Druck die Luft hinabschickten in die Schächte, um dort die Preßlufthämmer und Bohrmaschinen anzutreiben – die einzige technische Konzession im Universum des Émile Zola.
Und auch der Bohrturm scheint intakt zu sein. Hier war das Heiligtum der Mine, hier schlug ihr Herz, wenn unter blechernem Gerassel die Taue abliefen. Getauft auf den barbarischen Namen »bicylindroconigue« ist die Trommel ein Monster aus Gußeisen, eine riesige Spindel von fast sieben Metern Durchmesser. Tag und Nacht spulte sie zwei gigantische Kabel aus Hanf und Metall ab, zwei 800 Meter lange Bänder, die die Käfige mit den Arbeitern beförderten. Und die Pferde lebendig hinunter und tot wieder hinauf . . .
Diese Spindel, die Käfige, die Fördertürme, die Einfahrt in die Schächte . . . alles ist noch da. Aber die Minen hat man verschlossen und unter Wasser gesetzt, so als fürchte man das Geschwür einer Revolution, das dort unten aufplatzen und seinen Eiter hinaufquellen lassen könnte . . .
Aber die halsstarrigen Kumpel haben eine Mine rekonstruiert, mit ihren Eisenbögen, um einen Zusammenbruch der Grube zu verhindern. Dort empfangen sie, unbeugsam stolz, Besucher, klären auf, reden, erklären . . .
»Le Nord, c'étaient les corons . . .« (Der Norden, das waren die Bergarbeitersiedlungen) heißt es in einem Chanson. In *Oignies*, wie überall, wo in diesem Landschaftsbecken Kohlenminen waren, wurden diese Siedlungen durch kleine Häuser aus roten Ziegelsteinen ersetzt, alle gleich mit gleichem Vorgarten und wie an einer Schnur gezogen längs den Straßen, die irgendwo enden . . . in einem Weizen- oder Rübenfeld.
Nichts ist hier für die Ewigkeit. Auch nicht das Leben der Kumpel, das vor einem Jahrhundert ablief wie das Ritual in einer kleinen, in sich geschlossenen Welt mit ihren Festen und Freuden, ihren Vereinen, ihren Liedern, ihren Kneipen und den Nähstu-

ben der Frauen. Die Stadt war für diese armen Kreaturen nur ein großer Supermarkt. Ihr Leben spielte sich in den grau-roten Siedlungen ab, irgendwo am Rand der Felder.
Heute gibt es keine Minenarbeiter mehr in *Oignies* und anderswo. Die letzten schulten um, sind Maurer geworden oder Taxifahrer. Oder – schlimmstenfalls – arbeitslos. Aber in *Oignies*, im Schatten der Halden, die sich immer mehr mit Grün bewachsen, trocknet in den Fenstern der Bergarbeitersiedlung noch immer die Wäsche, und auf den Straßen spielen die Kinder wie früher immer noch »Himmel und Hölle«.

■ Zu erreichen ist *Oignies* von *Paris* aus über die Autoroute A 1 Richtung *Lille* (Ausfahrt *Carvin-Libercourt-Oignies)* und von *Lille* aus über die N 17.

26 Fermont (Ardennes): *auf dem Gipfel des Ruhms?*

Vor 50 Jahren war das Wort Erbfeindschaft noch gang und gäbe in den Beziehungen zwischen Frankreich und Deutschland. Es waren die dunklen Tage des Zweiten Weltkriegs, in denen man jenseits des *Rheins* auf die blaue Horizontlinie der *Vogesen* starrte, von wo das Unheil schon so oft gekommen war. Allein innerhalb von siebzig Jahren – 1870 und 1914 – hatten zwei verheerende Kriege hier, in den nördlichen Provinzen, ihren Ausgang genommen, und die immer gleichen Orte und Landschaften verknüpfen sich zu höllischen Erinnerungen an *Verdun*, an die *Champagne*, die *Argonnen*. Und nun, im Juni 1940, brach das Inferno erneut los, als von *Cherbourg* bis *Dunkerque* die Küste für die Invasion reifbombardiert wurde. Bis zu 30 Meter tief unter der Erde, dort, wo sich die Verteidiger des Landes an der luxembourgischen Grenze verbarrikadiert hatten, hörte man das Grollen der Geschütze.

Fermont! Ein banaler Name für eine ganz banale Befestigung, wie sie zu Hunderten im Osten Frankreichs existieren. Aber unter den schweren Bunkern aus grauem Beton erstreckt sich über 27 Hektar eine unterirdische Stadt.
Tief in die Erde der *Lorraine* eingegraben ist *Fermont*, 15 Kilometer entfernt von *Longwy* und 50 Kilometer von *Verdun*, eine Art Hauptquartier der *Maginot-Linie*, jener befestigten Front mit ihren Bunkern, Panzerhindernissen und betonierten Stellungen, die die deutschen Truppen an der belgischen Grenze, der Haupteinfallspforte, aufhalten sollte.
Die Bauarbeiten hatten im Mai 1931 begonnen, nachdem der damalige Kriegsminister des Landes, André Maginot, vom Nationalparlament die Genehmigung für diesen Verteidigungswall erhalten hatte. Befestigungen dieser Art hatte es schon während des Ersten Weltkriegs gegeben; die *Maginot-Linie* sollte sie übertreffen.
Sie wurde nie fertig. Die *Maginot-Linie* blieb unvollständig. So wie auch *Fermont*. Denn im Jahr der Kriegserklärung (3.9.1939) waren erst sieben Bunker als Wächter eines weitverzweigten unterirdischen Kanalsystems ausgebaut worden.
Am 30. September 1939 bezogen 599 Männer als Besatzung den Posten *Fermont*. Sie kontrollierten die Funktionstüchtigkeit der Fahrstühle und Lastenaufzüge, der Ventilation und des Telefonnetzes und begannen, die Geschütze in den Bunkern zu bewegen und Schießübungen zu machen.
Im Unterschied zu vielen anderen Kasernen und isolierten Befehlsständen war *Fermont*, zumindest eine Woche lang, unabhängig von Waffen- und Verpflegungszulieferern. Lebensmittel wie das Instrumentarium des Krieges – Kanonen, Maschinengewehre, Munition – wurden reichlich gelagert. Per Lastzug wurde alles hinunter- und auf Schienen in die verschiedenen Segmente des Tunnelsystems befördert, wo sich die Menschen per Fahrrad von ihrem Arbeitsort zu ihren Unterkünften bewegten, die über alle Annehmlichkeiten wie Kühlräume, Küchen und gut durchlüftete Schlafräume verfügten. Und würde der Feind wirk-

lich angreifen, dann wären dort oben, einhundert Stufen über ihnen, erst einmal panzerabwehrende Gräben zu überwinden und das gezielte Geschützfeuer aus den Bunkern.
Die Befestigung war eine gewaltige Bombe mit eingebautem Zeitzünder. Aber die Gefahr einer zufälligen Explosion wurde weitgehend gemindert durch die gepanzerten Türen, jede sieben Tonnen schwer, und durch eiserne Nischen überall in den Gängen.
Ein Hauptproblem war die Ventilation. Aber man hatte ein spezielles System erfunden, das sowohl bei einem Gasangriff als auch bei einem Bombenangriff die giftigen Oxyde nach draußen wirbelte.
Trotz aller Bequemlichkeiten und Sicherheiten glich das Leben der Menschen in den Stollen von *Fermont* dem der Besatzung eines U-Bootes auf Feindfahrt. Eingeteilt in Gruppen, benutzten auch sie Periskope und akustische Kanäle, um die Bewegungen des Feindes schon früh auszumachen.
Und dann, in der Nacht vom 12. auf den 13. Juni 1940, geschah es, daß die unterirdische Truppe von der Einnahme *Dunkerques* durch die Deutschen erfuhr. Den Engländern war es noch gelungen, ihre Armee und einen Teil der französischen Streitkräfte, 350 000 Mann im ganzen, einzuschiffen und nach England zu bringen. Der Kampf schien verloren, und wie alle Soldaten bekamen auch die in *Fermont* den Befehl, sich zurückzuziehen. Der Krieg hatte sie erreicht . . .
Aber dieser Rückzug, verordnet durch die feige Pétain-Regierung, wurde von der empörten Besatzung im Schneckentempo vorgenommen. So geriet *Fermont* doch noch unter Beschuß, als die Deutschen am 21. Juni um vier Uhr in der Früh angriffen. Das Bombardement dauerte länger als zwei Stunden. Die Besatzung überstand das Inferno unter der Erde, um dann aus allen Rohren zu feuern, als sich der Feind anschickte, das Fort im Bodenkampf zu erobern.
Als am 27. August 1940 ein Waffenstillstandsabkommen unterzeichnet wurde, war *Fermont* die letzte Festung der *Maginot-Linie*, die sich ergab. Besiegt worden war die Besatzung nicht, als ihnen die Aufgabe befohlen wurde.

»Franzosen und Deutsche«, sollte Charles de Gaulle Jahre später in einer Rede über die Kämpfe im Osten pathetisch formulieren, »haben hier den Gipfel ihres Ruhmes erreicht, aber sie mußten erkennen, daß die Frucht dieser gewaltigen Anstrengungen am Ende nur Leiden waren.«
Fermonts Geschichte nach dem 27. August 1940 verläuft wechselhaft: Besetzt durch die Deutschen und dann durch die Amerikaner, anschließend der französischen Armee zurückgegeben, sollte es nach dem Ende des Zweiten Weltkriegs wie viele andere Befestigungen der *Maginot-Linie* endgültig verschwinden. Aber eine »Gesellschaft der Freunde von Fermont und der Maginot-Linie« sicherten die Anlage vor dem Abbruch und machten sie zur Gedenkstätte einer leidvollen Erbfeindschaft, die sich heute in eine Allianz und Union verwandelt hat. Wie schnellebig dieses Jahrhundert doch ist. Knapp 150 Jahre haben sich Deutsche und Franzosen als unversöhnliche Gegner gegenübergestanden, nun ringen beide gemeinsam um ein vereintes Europa.

■ *Fermont* ist von *Paris* aus zu erreichen über die Autoroute A 4 Richtung *Metz* bis *Verdun*, von da über die Route N 3 Richtung *Metz* bis *Étain* und dann über die N 18 über *Loguyon* und die D 17 Richtung *Longwy*.

Bibliographie

Baier, Die große Ketzerei, Berlin 1984
Benjamin, Paris capitale du XIX. siècle, Les éditions du Cerf, 1989
Burland, Le savoir caché des Alchimistes, Paris 1967
Carré, La vie aventureuse de Jean-Arthur Rimbaud, Plon, 1962
Cabanne, Guide des Musées de France, Bordas, 1984
Le Siècle de Picasso, 2 Bd., Denoel, 1974
Chailley, Histoire de la Musique du Moyen Âge, PUF, 1969
Chailley, Petit guide pédestre de la littérature française au XVII. siècle, Hatier, 1990
Clébert, Paris insolite, Denoel, 1952
Les Hauts Lieux de la Littérature en France, Bordas, 1990
Le Paris mysterieux, Tchou Princesse, 1987
Les Hauts Lieux de la Littérature à Paris, Bordas, 1992
Coulson, Dictionnaire historique des Saints, Laffont, 1964
Duby, Le Moyen Âge de Hugues Capet à Jeanne d'Arc, 987–1460, Hachette, 1987
Dumay, Ma route de provence, Juillard, 1948
Ma route d'Aquitaine, Juillard, 1949
Gallotti, Le Paris des poètes et des romanciers, Elsevier, 1955
Guide des Maisons d'hommes célèbres, Pierre Horay, 1991
Heer, L'Univers du Moyen Âge, Fayard 1970
lalande, Madame Rimbaud, Presses de la Renaissance, plon, 1932
Les Histoires secrètes de provinces de France, Albin Michel
Les Plaques Commemoratives des rues de Paris, La Documentation Française 1984
Lex, Zum Sterben schön – Pariser Friedhöfe, Hamburg 1986

Male, L'art réligieuse en France du XII. siècle de la fin du Moyen Âge, Paris, diff. éditeurs
Moreau, Le Romantisme, Del Duca, 1957
Pernoud, Heloisa und Abaelard, ein Frauenschicksal im Mittelalter, München 1991
Quitton, Problème et Mystère de Jeanne d'Arc, Paris, 1961
Rahn, La Cour de Lucifer, Pardès, 1994
Rakova, Le Bogomilisme et L'Église Bosniaque, in: Heresis 19
von Roll, die Katharer, Stuttgart, 1979
Rottenwöhrer, Der Katharismus, 3 Bd., Bad Honnef, 1990
Schneider, Matisse, Flammarion, 1986
Schottmüller, Der Untergang des Templerordens, Berlin, 1887
Sharkey, Mystères Celtes, Seuil, 1975
Suffran, L'Aquitaine de Mauriac
van Tieghem, Le romantisme dans la littérature européenne, Albin Michel, 1984
Wolff, Histoires des provinces et histoire des villes, Collection Univers de la France et des pays francophones, Toulouse

Zitiert wurde u. a. aus Werken von Pierre Abélard, Marcel Allain, Honoré de Balsac, Charles Baudelaire, Samuel Beckett, Albert Camus, Colette, Lawrence Durrell, Alexandre Dumas, Wolfram von Eschenbach, Léon-Paul Fargue, Gustav Flaubert, Heinrich Heine, Friedrich Hölderlin, Victor Hugo, Maurice Leblanc, François Mauriac, Louis-Sébastien Mercier, Henry Miller, Gérard de Nerval, Nostradamus, Marcel Proust, François Rabelais, Arthur Rimbaud, Jean-Jaques Rousseau, Alphons-Donatien de Sade, George Sand, Eugène Sue, Pierre Suvestre, Chrétien de Troyes, Kurt Tucholsky, Vincent van Gogh, François Villon, Richard Wagner, Émile Zola

Wichtige Informationen zum Thema fand ich in der Bibliotheque Nationale, Paris.

Register

Die Namen der Regionen sind in Großbuchstaben gesetzt. Reine Aufzählungen von Burgen und Ortschaften im Text sind ebenso wie Ortschaften und Regionen außerhalb Frankreichs (bis auf wenige Ausnahmen) nicht berücksichtigt worden. Die Schreibweise der Namen entspricht dem Französischen. Ausführlicher behandelte Personen und Themen sind den jeweiligen Ortschaften oder Regionen zugeordnet und kursiv gesetzt.